LISTE CHRONOLOGIQUE

DES

ÉDITS ET ORDONNANCES

DES

PAYS-BAS

RÈGNE DE CHARLES-QUINT

(1506-1555.)

Bruxelles,

FR. GOBBAERTS, IMPRIMEUR DU ROI,

RUE DE LA LIMITE, 21.

1885

COMMISSION ROYALE

POUR LA PUBLICATION

DES ANCIENNES LOIS ET ORDONNANCES

DE LA BELGIQUE.

LISTE CHRONOLOGIQUE

DES

ÉDITS ET ORDONNANCES

DES

PAYS-BAS

—

RÈGNE DE CHARLES-QUINT

(1506-1555.)

Bruxelles,

FR. GOBBAERTS, IMPRIMEUR DU ROI,

RUE DE LA LIMITE, 21.

—

1885

MEMBRES DE LA COMMISSION.

PRÉFACE.

Dans sa séance du 14 juillet 1846, où elle posa les bases de la grande entreprise confiée à ses lumières et à son zèle, la Commission décida que le Recueil des ordonnances des anciens Pays-Bas serait divisé en trois séries ; que la première série irait jusqu'à l'avènement de Charles-Quint, la deuxième jusqu'à la mort de Charles II, la troisième jusqu'à la réunion de la Belgique à la France (1).

Elle décida, dans la même séance, qu'elle s'occuperait d'abord de la troisième série (2).

Le 9 février 1847, la Commission, délibérant sur les moyens de former un Recueil aussi complet que possible des ordonnances à publier, jugea qu'il fallait, au préalable, en dresser une Liste chronologique et analytique, qu'on livrerait à l'impression et qui serait envoyée aux archivistes et aux bibliothécaires du royaume, ainsi qu'aux

(1) *Procès-verbaux*, t. Ier, p. 5.
(2) *Ibid.*

sociétés savantes, desquels on réclamerait le concours pour combler les lacunes qui y pourraient exister (1).

La forme dans laquelle serait rédigée cette Liste fut arrêtée en la séance du 9 juin de la même année (2).

La Commission fit paraître, en 1851, la *Liste chronologique des ordonnances de* 1700 *à* 1750; en 1853, la *Liste de* 1751 *à* 1780; en 1858, la *Liste de* 1781 *à* 1794.

La publication du Recueil des ordonnances suivit de près celle des Listes chronologiques.

Le premier volume en fut donné au public en 1860.

Quatre autres volumes ont vu le jour en 1867, 1873, 1877, 1882.

Le sixième volume est presque entièrement terminé; il conduira le *Recueil des ordonnances des Pays-Bas autrichiens* jusqu'à la fin de la première moitié du XVIIIe siècle.

La Commission ayant achevé les travaux préparatoires de la troisième série du Recueil, elle a entamé ceux de la deuxième série.

Le règne de Charles-Quint lui a coûté des recherches longues et laborieuses, comme on peut le voir en parcourant les procès-verbaux de ses séances (3).

Malgré toutes les peines qu'elle s'est données, elle est loin de se flatter que la Liste qu'elle présente au public soit complète; aussi recevra-t-elle avec gratitude toutes les communications dans lesquelles on lui signalera des actes qui s'y trouveraient omis.

Une observation essentielle doit être placée ici.

L'arrêté royal du 18 avril 1846 par lequel a été insti-

---

(1) *Procès-verbaux*, t. 1er, pp. 137 et 138.
(2) *Ibid.*, p. 176.
(3) Tome VI, pp. 1, 10, 25, 53, 207, 312.

tuée la Commission porte : « Il sera publié, aux frais de
« l'État, un Recueil des dispositions qui ont régi les divers
« territoires dont se compose la BELGIQUE ACTUELLE, avant
« leur réunion à la république française. »

Dans sa séance du 3 août 1847, la Commission, s'occupant des règles à adopter pour cette publication, eut à
discuter la question suivante posée par l'un de ses membres : « Si l'on rencontre des ordonnances qui concernent
« des LOCALITÉS DEVENUES ÉTRANGÈRES, faut-il les insérer? »
Elle la résolut négativement.

Les principes ainsi fixés ont reçu une exacte application
dans la partie du Recueil qui est consacrée aux Pays-Bas
autrichiens; ils ont été suivis de même dans la réd
de la Liste que l'on donne aujourd'hui au publ   Par
conséquent, l'on en a exclu tous les actes relati   à des
provinces et à des villes qui faisaient partie des Pays-Bas
lorsqu'ils étaient soumis au sceptre de Charles-Quint, mais
qui sont étrangers à la Belgique actuelle.

Nous ne terminerons pas sans payer un juste tribut de
regrets à la mémoire de M. Louis GALESLOOT, chef de
section aux Archives générales du royaume.

Cet honorable fonctionnaire avait prêté à la Commission
un concours aussi actif qu'intelligent pour la rédaction et
la publication de la présente Liste; il venait d'en dresser
la Table alphabétique et analytique lorsqu'il fut atteint de
la maladie qui l'a conduit au tombeau.

Janvier 1885.

INDICATION

DES DOCUMENTS IMPRIMÉS ET MANUSCRITS QUI ONT ÉTÉ CONSULTÉS

POUR LA RÉDACTION

DE LA LISTE CHRONOLOGIQUE DES ORDONNANCES DES PAYS-BAS,

DE 1506 A 1555.

—◦≡◦—

DOCUMENTS IMPRIMÉS.

1. *Placards de Flandre,* douze volumes in-folio, sans la table des matières, 1602-1786.

2. *Placards de Brabant,* onze volumes in-folio, y compris le volume des placards concernant les droits d'entrée et de sortie, 1648-1760.

3. *Groot Placaat-boek van Holland,* neuf volumes in-folio, sans la table, 1658-1796.

4. Collection chronologique de placards détachés, des années 1516 à 1790, formée aux Archives du royaume. Dix-huit volumes in-4°.

5. Différentes collections d'édits et ordonnances, à partir de 1520, conservées à la Bibliothèque royale, n°⁸ 21160 et suivants (fonds Van Hulthem).

6. Collection de placards de feu M. Grandgagnage, membre de la Commission, des années 1204 à 1793.

7. Collection de placards de feu M. De Jonghe, membre de la Commission, des années 1530 à 1794.

8. *Recueil imprimé de placards sur la chasse.* Gand, 1720, in-4°.

9. *Recueil d'édits, d'ordonnances, de déclarations et de règlements concernant le duché de Luxembourg et le comté de Chiny.* Luxembourg, 1800, in-4°.

10. *Ancien droit belgique. Analyse chronologique de chartes, coutumes, édits, ordonnances et règlements qui, depuis l'an 1200, ont régi les diverses localités qui composaient le comté de Hainaut au moment de l'invasion française*, par J.-B. Bivort. Bruxelles, 1846, in-8°.

11. *Chartes, statuts et ordonnances de politie* (sic) *de la ville d'Ath*, 1612.

12. *Table générale chronologique et analytique des chartes, lettres, ordonnances, traités et autres documents contenus dans les 1re, 2e et 3e séries des Bulletins de la Commission royale d'histoire*, par J.-J.-E. Proost, sous-chef de section aux Archives du royaume. Bruxelles, 1874, in-8°.

13. *Privilegia Academiæ Lovaniensi per summos pontifices et supremos Belgii principes concessa*, etc. Louvain, 1728, in-4°.

14. Miræus, *Opera diplomatica*. Bruxelles, 1723-1748, quatre volumes in-fol.

15. Du Mont, *Corps diplomatique*. Amsterdam, 1739-1731, huit tomes en onze volumes in-fol.

16. Bibliothèque d'Isaac Meulman : *Catalogus van Tractaten, pamfletten*, etc. Amsterdam, 1866-1868, trois volumes in-4°.

17. *Bibliotheek der Nederlandsche pamfletten*, 1858.

18. Verachter, *Inventaire des anciennes chartes et privilèges et autres documents conservés aux archives de la ville d'Anvers. 1193 à 1850*. Anvers, 1860, in-4°.

19. *Inventaire chronologique et analytique des chartes et documents sur parchemin, appartenant aux archives de la ville de Louvain*. Louvain, 1873, in-8°.

20. P.-J. Van Doren et V. Hermans, *Inventaire des archives de la ville de Malines*. Malines, 1859-1876, six volumes in-8°.

   (La première partie comprend les chartes, édits, ordonnances, etc.)

21. P. Van Duyse, *Inventaire analytique des chartes et documents de la ville de Gand*. Gand, 1853, 1857, 1867, in-4°.

22. I.-L.-A. Diegerick, *Inventaire analytique et chronologique des chartes et documents appartenant aux archives de la ville d'Ypres*. Bruges, 1853-1868, sept volumes in-8°.

23. Le même, *Inventaire analytique et chronologique des chartes et documents appartenant aux archives de l'ancienne abbaye de Messines*. Bruges, 1876, in-8°.

24. Ch. Messely, *Inventaire des archives de la ville de Courtrai, 1854-1858*. Deux tomes en un volume, in-8°.

25. A. De Vlaminck, *Analyse sommaire des registres aux privilèges de la ville de Termonde*. Termonde, 1876, in-8°.

26. J. Borgnet et St. Bormans, *Cartulaire de la commune de Namur*, 1878, in-8°.

27. J. Borgnet, *Cartulaire de la commune de Bouvignes*. Namur, 1862, deux volumes in-8°.

28. St. Bormans, *Cartulaire des petites communes du comté de Namur*. Namur, 1878, in-8°.

29. Le P. H. Goffinet, *Cartulaire de Clairefontaine, ou Recueil de documents presque tous inédits concernant cette ancienne abbaye*. Arlon, 1877, in-8°.

30. *Lois, chartes et coutumes du chef-lieu de la ville de Mons et des villes et villages de son ressort, avec les décrets qui y sont relatifs*. Mons, 1761, in-8°.

31. *Placards, édits et ordonnances concernant les chartes générales de Haynaut*. Douai, 1771, in-4°.

32. *Coutumes et ordonnances du pays et comté de Namur, décrétées et autorisées par Sa Majesté, le 2 mai 1682, etc.* Malines, 1733, in-4°.

33. *Les coutumes, stils et usages de l'écherinage de la ville et cité de Tournay, pouvoir et banlieue d'icelle, etc.* Tournai, 1778, in-4°.

34. Le Recueil des coutumes de Flandre, publié à Gand par de Goesin. 1771-1780, quatorze volumes, in-8°.

35. *Coutumes du pays et duché de Brabant*, publiées par M. De Longé, président de la Commission. Bruxelles, 1870-1878, sept volumes in-4°.

36. *Coutumes des pays et comté de Flandre*, publiées par M. le comte de Limburg-Stirum, membre de la Commission. Bruxelles, 1878, 1883, in-4°.

37. *Coutume de la ville de Gand*, publiée par feu M. Gheldolf, membre de la Commission. Bruxelles, 1868, in-4°.

38. *Coutume de la ville de Bruges*, publiée par M. Gilliodts-Van Severen, membre de la Commission. Bruxelles, 1874-1875, deux volumes in-4°.

39. *Coutume du Franc de Bruges*, publiée par le même. Bruxelles, 1879-1880, trois volumes in-4°.

40. *Coutumes du pays et comté de Hainaut*, publiées par M. Faider, membre de la Commission. Bruxelles, 1871-1878, trois volumes in-4°.

41. *Coutumes des pays, duché de Luxembourg et comté de Chiny*, publiées par M. Leclercq, ancien président de la Commission. Bruxelles, 1867, 1869, deux volumes in-4°.

42. GACHARD, *Collection de documents inédits concernant l'histoire de Belgique*. Bruxelles, 1833-1835, trois volumes in-8°.

43. Le même, *Relation des troubles de Gand sous Charles-Quint*. Bruxelles, 1846, in-4°.

44. STEUR, *Insurrection des Gantois sous Charles-Quint*. Bruxelles, 1834, in-4°.

45. GALLIOT, *Histoire générale, ecclésiastique et civile de la ville et province de Namur*. Liége, 1701, six volumes in-8°.

46. P. GÉNARD, *Antwerpsch Archievenblad*. Anvers, 1864 et années suivantes, neuf volumes in-8°.

47. A. DE PORTEMONT, *Recherches historiques sur la ville de Grammont en Flandre*. Gand, 1870, deux volumes in-8°.

48. E. MATHIEU, *Histoire de la ville d'Enghien*. Mons, 1876, in-8°.

49. *Thieltsche mengelingen getrokken uit de archieven van stad, roede en leenhof*. Thielt, 1878, in-8°.

50. Inventaire des registres des chambres des comptes, précédé d'une notice sur ces anciennes institutions. 1837-1870, cinq volumes in-fol.

DOCUMENTS MANUSCRITS.

1. Archives générales du royaume : *a*. Collection de placards originaux faisant partie des archives du conseil des finances ; *b*. Collection d'ordonnances originales et minutes conservée dans les papiers d'État et de l'audience ; *c*. Différents registres aux ordonnances du même fonds ; *d*. Registres aux placards et ordonnances de la chambre des comptes de Brabant, commençant à 1543 ; *e*. Registres aux chartes, privilèges octrois, etc., de la même chambre (n°* 137 et suivants de l'inventaire) ; *f*. Autre série de registres aux octrois, etc., expédiés sous le sceau du duché de Brabant (n°* 635 et suivants) ; *g*. Différents autres registres des chambres des comptes ; *h*. Collection de registres aux ordonnances du grand conseil de Malines, commençant à 1503 ; *i*. Archives du conseil de Brabant : Correspondance et fonds de la chancellerie et de l'office fiscal.

2. Archives de l'État, à Gand : Registres aux ordonnances du conseil de Flandre, commençant à 1204.

3. Archives de la ville de Gand : registre dit *Gheluwenboeck* alias *Roodenboeck*.

4. Archives de la ville de Bruges : Registres dits aux *Hallegheboden*, à partir de celui commençant à 1503.

5. Archives de la ville de Furnes : Cartulaire du Furnambacht.

6. Archives de l'État, à Mons : *a*. Registres aux ordonnances du conseil de Hainaut, commençant à 1526 ; *b*. Archives des états de Hainaut.

7. Archives de la ville de Mons : Registres aux ordonnances de 1543 à 1584.

8. Archives de l'État, à Tournai : Registres aux ordonnances du bailliage de Tournai-Tournaisis, commençant à 1503.

9. Archives de la ville de Tournai : Registres aux chartes et ordonnances originales.

10. Archives de l'État, à Namur : Registres aux plaids du souverain bailliage, commençant à 1511.

11. Un registre aux ordonnances, de 1383 à 1634, ayant appartenu à feu
    M. Grandgagnage, membre de la Commission.

12. Archives grand-ducales, à Luxembourg. Registres aux ordonnances de
    l'ancien conseil provincial, des années 1531 à 1795.

LISTE CHRONOLOGIQUE.

LISTE CHRONOLOGIQUE

DES

ÉDITS ET ORDONNANCES

DES

PAYS-BAS.

RÈGNE DE CHARLES-QUINT
1506-1555.

---

7 octobre 1506, à Gand. — Ordonnance du conseil de Flandre prescrivant la publication et l'observation de l'ordonnance, y insérée, de Philippe, roi de Castille, du 22 septembre précédent, rendue contre les « ribauds, coquins, brigands et vagabonds » qui se tenaient dans la Flandre.

> Arch. de la ville de Bruges : reg. aux *Hallegheboden*, 1503-1513, fol. 102.

12 octobre 1506, à Gand. — Ordonnance du conseil de Flandre prescrivant aux gens de loi des villes, châtellenies et métiers de la Flandre de continuer à administrer la justice comme par le passé.

> Arch. de la ville de Bruges : reg. aux *Hallegheboden*, 1503-1513, fol. 103.

27 octobre 1506, à Scheyveltingen. — Lettre de Maximilien, roi des Romains, au conseil établi pour le gouvernement des Pays-Bas, à Malines (1). Il répond à une lettre où ce conseil lui noti-

---

(1) L'adresse de la lettre est : « A nos très-chiers et féaulx le Sr de Chievres, nostre cousin et

1.

flait le décès du roi de Castille, son fils. Déjà il avait appris cette perte douloureuse. Il approuve le conseil d'avoir assemblé les états généraux et l'engage à faire tout ce qu'il pourra pour que la concorde règne entre ses sujets. Il maintient le conseil au gouvernement du pays (1) sous lui, Roi, et son fils (*sic*) l'archiduc Charles d'Autriche, en attendant son arrivée, qu'il hâtera pour pourvoir à toutes choses, ayant, dans cette intention, retardé son voyage à Rome. Enfin il recommande particulièrement au conseil la garde de ses enfants (*sic*), qui, à cet effet, devront demeurer à Malines.

Arch. de la ch. des comptes, carton n° 211, pièce n° 33.

1er novembre 1506, à Gand. — Ordonnance du conseil de Flandre, rendue ensuite d'une lettre du conseil à Malines, du 30 octobre précédent, et par laquelle il maintient provisoirement dans leurs fonctions tous les officiers, tant de justice que de recette, conformément à ce qui a été résolu par les états généraux.

Arch. de la ville de Bruges : reg. aux *Hallegheboden*, 1505-1513, fol. 105 v°.

29 décembre 1506, à Gand. — Ordonnance du conseil de Flandre prescrivant la publication de la paix publique de Flandre dite *heerlicke vrede*, proclamée, au nom du prince, le 24 décembre, veille de Noël (2).

Arch. de la ville de Bruges : reg. aux *Hallegheboden*, 1505-1513, fol. 112 v°.

16 janvier 1506 (1507, n. st.), à Malines. — Lettres patentes par lesquelles Charles, archiduc d'Autriche, duc de Bourgogne, de Brabant, de Luxembourg, etc., prolonge de quatre années le délai que des lettres du roi de Castille du 19 juin 1503 avaient accordé à la ville de Damme pour le payement de ses dettes ; défend

» lieutenant général, le Sr de Maigny, nostre chancelier, évesque d'Arras, le prince de Chimay,
» les Srs de Fiennes et de Sempy, aussi nos cousins, et autres du conseil en nos pays de
» Brabant, Flandre et autres de par delà. »
(1) C'étaient les états généraux qui l'y avaient établi.
(2) Par cette paix il était défendu de satisfaire des haines particulières. C'était une trève entre les partis hostiles.

de procéder contre elle de ce chef, et règle en plusieurs points ses dépenses.

Arch. de la ville de Bruges : reg. aux Hallegheboden, 1503-1513, fol. 113 v°.

13 février 1506 (1507, n. st.), à Malines. — Lettre des chancelier et gens du conseil de l'archiduc Charles « estant lez-» lui », aux président et gens des comptes, à Lille. Les trois mois pour lesquels les officiers de tous les pays « de par deçà » ont été continués, à la première assemblée des états généraux tenue après le trépas du roi de Castille, étant expirés, le conseil, en vertu de l'autorité que le roi des Romains lui a conférée, continue les président et gens des comptes en leurs états et offices (1).

Arch. de la ch. des comptes, cart. n° 281, pièce 33.

18 mars 1506 (1507, n. st.), à Strasbourg. — Lettres patentes de Maximilien, roi des Romains, commettant l'archiduchesse Marguerite, sa fille, pour recevoir, en son nom, comme tuteur et mambour de son petit-fils, l'archiduc Charles, le serment des états des Pays-Bas.

Bulletins de la Commission royale d'histoire, 2e série, t. V, p. 303.

18 mars 1506 (1507, n. st.), à Strasbourg. — Lettres

---

(1) Dans une lettre particulière du secrétaire Haneton à la chambre des comptes, de la même date que celle-ci, on lit que le conseil de l'Archiduc, lorsqu'il reçut la lettre de Maximilien du 27 octobre 1506, en envoya copie aux différents conseils de justice, mais » sans faire aucune » mention de leur continuation. « Haneton ajoute : « Et si n'en ont depuis fait aucune » poursuite. «

La même lettre contient les curieuses particularités que nous transcrivons ici :

« Par les derrenières lettres que mess" nos ambassadeurs estans en Allemaigne ont escriptes » par deçà, l'on a sceu que, le xxix° jour du mois passé, ils eurent audience devers le Roy, » lequel leur fist très-bon et bénin recueil, et, après les avoir oyz pour la première fois en » publicque, communicqua longuement avec eulx à part de toutes choses.

« Les députez des pays de par deçà qui sont allez avec lesdicts S" ambassadeurs eurent aussi » audience publicque, chacun à part, lesdicts ambassadeurs présens.

« Et eulx tous oyz, le Roy accepta joyeusement la tutelle et mainbournie de Messeigneurs, » leurs pays et subjects, disant qu'il entendoit entretenir leeulx pays et subjects en bonne paix » et tranquillité, et conduire les affaires d'eeulx par l'advis et conseil des gens de bien de » par deçà ; disant, en oultre, ausdicts ambassadeurs que bien brief il les despescheroit et » renvoieroit pour préparer toutes choses contre sa venue, qu'il entendoit aussi estre bien » briefve.

« Et depuis n'est autre chose survenue. «

patentes de Maximilien, roi des Romains, commettant Guillaume, duc de Juliers, Christophe, marquis de Bade, Rodolphe, prince d'Anhalt, et le docteur Sigismond Plouch, son conseiller et doyen de Notre-Dame, à Anvers, pour, en son nom, comme mambour et tuteur de l'archiduc Charles, son petit-fils, prêter serment aux états des Pays-Bas.

Bulletins de la Commission royale d'histoire, 2ᵉ série, t. V, p. 308.

En avril 1507, à Louvain. — Lettres patentes par lesquelles Guillaume, duc de Juliers, Rodolphe, prince d'Anhalt, et le docteur Sigismond Plouch, en vertu des pouvoirs que le roi Maximilien leur a conférés, jurent l'observation de la Joyeuse-Entrée de Brabant. Ces lettres sont données sous le nom de Maximilien lui-même.

Reg. de la ch. des comptes, nᵒ 633, fol. 3.

15 avril 1507, à Bruxelles. — Lettres de l'archiduc Charles par lesquelles il promet de ne pas charger de logements militaires les habitants des pays de Limbourg, Fauquemont et Daelhem; il garantit à ces habitants leurs privilèges, conformément à la Joyeuse-Entrée du feu roi de Castille, son père; il statue que les sentences des hommes de fief et celles des échevins des chefs-bancs et des bancs subalternes dont on appellera par réformation au conseil de Brabant, seront néanmoins exécutoires, sous caution; les procès devront être jugés sur les pièces de la première instance; le clergé ne pourra faire d'autres mandements que ceux qu'il a faits jusqu'alors : le tout selon les engagements pris par ledit roi de Castille ensuite d'une aide de 8,000 florins carolus que lui avaient accordée les états desdits pays.

Reg. de la ch. des comptes, nᵒ 633, fol. 1.

30 avril 1507, à Bruxelles. — Ordonnance de l'archiduc Charles enjoignant aux hommes valides, âgés de dix-huit à soixante ans, de se tenir prêts en leur logis, armés et équipés, pour défendre le pays contre l'invasion des Gueldrois.

Reg. de la ch. des comptes, nᵒ 136, fol. 210 vᵒ.

10 mai 1507, à Meerlugen. — Ordonnance de Maximilien,

roi des Romains, et de l'archiduc Charles, statuant que les deniers provenant des droits de relief des fiefs et autres y spécifiés seront, pendant douze ans, appliqués à l'exécution du testament du feu roi de Castille (1).

Reg. de la ch. des comptes, n° 120, fol. 30 v°, et n° 130, fol. 212 et 213.

27 mai 1507, à Gand. — Lettres de Maximilien, roi des Romains, et de l'archiduc Charles confirmant celles du 3 octobre 1500 qui permettaient aux échevins de Gand de faire exécuter, par les officiers du comte, en la châtellenie de Gand, les sentences prononcées par eux, en matière civile et personnelle, à l'avantage des bourgeois de Gand, contre les débiteurs de ceux-ci demeurant au plat pays de ladite châtellenie. De plus, le Roi et l'Archiduc ordonnent au conseil de Flandre et à tous officiers de justice de faire exécuter, selon leur forme et teneur, les sentences et autres actes du magistrat de Gand.

P. Van Duyse, *Inventaire analytique des chartes et documents de la ville de Gand*, p. 302.

28 mai 1507, à Gand. — Lettres par lesquelles Maximilien, roi des Romains, à la demande des échevins de Gand, interprète l'article 5 de la paix de Cadsant (2).

Arch. de la ville de Gand, reg. G, fol. 163 v°.

28 mai 1507, à Gand. — Lettres patentes de Maximilien, roi des Romains, et de l'archiduc Charles qui déterminent différents points relatifs à la juridiction de la keure de Gand.

P. Van Duyse, *Inventaire analytique des chartes et documents de la ville de Gand*, p. 303.

28 mai 1507, à Gand. — Lettres de Maximilien, roi des Romains, confirmant le privilège dit *de la lieue*, accordé aux Gantois par des lettres du 22 décembre 1505 (3).

P. Van Duyse, *Inventaire analytique des chartes et documents de la ville de Gand*, p. 302.

---

(1) Par lettres patentes du même jour, le roi des Romains et l'Archiduc nommèrent, pour recevoir et appliquer ces deniers, maître Philippe Haneton, leur premier secrétaire et audiencier.

(2) Cet article concernait le renouvellement du doyen des tisserands.

(3) Ces lettres, émanées de l'archiduc Philippe, portaient que personne ne pourrait exercer

30 mai 1507, à Gand. — Lettres de Maximilien, roi des Romains, et de l'archiduc Charles statuant que toutes lettres de rappel en faveur de personnes bannies par le magistrat de Gand ne seront pas sujettes à l'entérinement.

> P. Van Duyse, *Inventaire analytique des chartes et documents de la ville de Gand*, p. 505.

31 mai 1507, à Gand. — Ordonnance de Maximilien, roi des Romains, et de l'archiduc Charles réitérant la défense de fournir des vivres aux Gueldrois.

> Reg. de la ch. des comptes, n° 136, fol. 211.

6 juin 1507, à l'Écluse. — Ordonnance de Maximilien, roi des Romains, et de l'archiduc Charles prescrivant à tous leurs vassaux, arrière-vassaux et sujets qui sont accoutumés de porter les armes, de se trouver, le 12 dudit mois, au plus tard, à Louvain, afin de repousser, sous les ordres du comte de Nassau, une invasion des Français dans la Gueldre. Les hommes valides de dix-huit à soixante ans doivent, le même jour, se rassembler à Hérenthals, afin que le comte de Nassau fasse un choix parmi eux.

> Reg. de la ch. des comptes, n° 136, fol. 214.

14 juin 1507, à Breda. — Ordonnance de Maximilien, roi des Romains, et de l'archiduc Charles qui, vu la non-exécution de celle du 6 juin, enjoint aux hommes en état de porter les armes de se trouver, le 21 dudit mois, au plus tard, à Hérenthals.

> Reg. de la ch. des comptes, n° 136, fol. 216.

9 août 1507, à Bruxelles. — Ordonnance de Maximilien, roi des Romains, et de l'archiduc Charles prescrivant à tous vassaux, arrière-vassaux et gens en état de porter les armes, de se tenir constamment prêts à marcher contre les Gueldrois.

> Reg. de la ch. des comptes, n° 136, fol. 216 v°.

12 août 1507, à Bruxelles. — Ordonnance de Maximilien, roi

un métier à Gand ou dans le rayon de la ville, à la distance d'une lieue, sans avoir obtenu la franchise du métier.

des Romains, et de l'archiduc Charles enjoignant à leurs vassaux et arrière-vassaux de Flandre de se tenir prêts à marcher, au premier signal, contre les ennemis qui menaçaient d'envahir les Pays-Bas.

> Arch. de la ville de Bruges : reg. aux *Hallegheboden*, 1503-1513, fol. 134 v°.

12 août 1507, à Gand. — Ordonnance du conseil de Flandre rendue en conformité d'une lettre, y insérée, que lui avait écrite l'archiduchesse Marguerite, le 9 août précédent, et prescrivant de faire des prières publiques pour le succès du voyage du roi des Romains, qui allait ceindre la couronne impériale à Rome.

> Arch. de la ville de Bruges : reg. aux *Hallegheboden*, 1503-1513, fol. 135 v°.

22 août 1507, à Bruxelles. - Ordonnance de Maximilien, roi des Romains, et de l'archiduc Charles prescrivant à leurs vassaux et arrière-vassaux, en état de porter les armes, de s'équiper et de rejoindre immédiatement à Tirlemont le prince d'Anhalt, capitaine général de l'armée, afin de repousser les Gueldrois qui menaçaient d'envahir les Pays-Bas.

> Reg. de la ch. des comptes, n° 136, fol. 217. — Arch. de la ville de Bruges : reg. aux *Hallegheboden*, 1503-1513, fol. 145 v°.

28 août 1507, à Malines. — Ordonnance de Maximilien, roi des Romains, et de l'archiduc Charles renouvelant la défense d'exporter des grains.

> Arch. de la ville de Bruges : reg. aux *Hallegheboden*, 1503-1513, fol. 137 v°.

7 septembre 1507, à Paris. — Arrêt du parlement de Paris confirmant une sentence du conseil de Flandre, du 13 octobre 1505, qui maintenait les habitants de Nieuport dans leurs droits concernant l'exemption des tonlieux, et ordonnait à ceux d'Ypres de les en laisser jouir, sous peine d'une amende de 2,000 livres de gros.

> Diegerick, *Inventaire des chartes et documents de la ville d'Ypres*, p. 59.

19 septembre 1507, à Anvers. — Lettres de Maximilien,

roi des Romains, et de l'archiduc Charles prolongeant de cinq années les six années de répit accordées, en 1501, par le feu roi de Castille au magistrat de Lierre pour le payement des rentes et des dettes de cette ville. Ces lettres contiennent, de plus, des dispositions relatives à l'administration financière de la ville, qui se trouvait dans un état très précaire. Pour la repeupler, le Roi et l'Archiduc statuent que, pendant ce prolongement de répit, les hommes et les femmes qui voudront entrer dans un corps de métier y seront admis gratuitement.

Reg. de la ch. des comptes, n° 635, fol. 31.

5 octobre 1507, à Gand. — Ordonnance du conseil de Flandre concernant la visite des chemins dans le Furnambacht.

Arch. de Furnes: *Cartulaire du Furnambacht,* fol. 62 v°.

29 octobre 1507, à Anvers. — Déclaration de l'archiduchesse Marguerite portant que tous et quelconques allant, avec navires, biens, denrées et marchandises, du pays de Brabant vers la mer, ou autres venant de la mer audit pays, par la rivière de la Hont et les lieux de Flessingue, la Vere, Ramekens, Armude, etc., seront exempts de droits de tonlieu, gabelle ou imposition, au cas qu'ils ne rompent charge : le tout selon le contenu des lettres données aux états de Brabant par l'archiduc Philippe, roi de Castille, le 10 novembre 1505.

Reg. de la ch. des comptes, n° 13735, fol. 8 v°.

30 octobre 1507, à Malines. — Ordonnance de l'archiduc Charles défendant à ses sujets, et notamment à ceux du Hainaut, de saisir les marchandises importées de France, sous prétexte de certaines saisies faites en ce royaume de marchandises exportées des Pays-Bas, et levant toutes les saisies qui auraient pu être faites.

Reg. de la ch. des comptes, n° 136, fol. 219. — Arch. de la ville de Bruges : reg. aux *Halleghehoden,* 1505-1513, fol. 141 v°..

3 novembre 1507, à Bruxelles. — Ordonnance de Maximilien, roi des Romains, et de l'archiduc Charles prescrivant de poursuivre en justice ceux qui médisent de l'Archiduc, de l'archiduchesse Marguerite, sa tante, des chevaliers de la Toison d'or et des personnes qui sont à la tête du gouvernement.

Reg. de la ch. des comptes, n° 136, fol. 319 v°.

5 novembre 1507, à Malines. — Ordonnance de Maximilien, roi des Romains, et de l'archiduc Charles enjoignant à l'amman do Bruxelles de ne point laisser passer en cette ville et son district des gens de guerre qui ne seraient pourvus de passe-ports de leurs capitaines.

Reg. de la ch. des comptes, n° 136, fol. 280.

4 janvier 1507 (1508, n. st.), à Gand. — Ordonnance du conseil de Flandre prescrivant de faire des prières publiques à cause du mariage conclu entre l'archiduc Charles et la princesse Marie d'Angleterre, lequel lui avait été annoncé par lettre, y insérée, de l'archiduchesse Marguerite, du 31 décembre précédent.

Arch. de la ville de Bruges : reg. aux *Hallegheboden*, 1503-1513, fol. 111 v°.

10 janvier 1507 (1508, n. st.), à Paris. — Arrêt du parlement de Paris annulant un arrêt du grand conseil de Malines, rendu entre les habitants du west-quartier de Flandre, d'une part, et l'official de la Morinie, joint à lui les curés des paroisses dudit quartier, d'autre part, au sujet des sommes considérables que ces derniers exigeaient pour la célébration des mariages, l'administration des derniers sacrements, la confession et les enterrements. L'arrêt du grand conseil était entaché de nullité, parce que le west-quartier de Flandre était du ressort dudit parlement (1).

DIEGERICK, *Inventaire des chartes et documents de la ville d'Ypres*, t. V, p. 45.

31 janvier 1507 (1508, n. st.), à Malines. — Ordonnance de Maximilien, roi des Romains, et de l'archiduc Charles enjoignant à l'amman de Bruxelles de faire publier de nouveau les défenses,

---

(1) Cet arrêt est suivi de lettres du parlement de Paris, du même jour, chargeant le bailli de Tournai-Tournaisis, ou celui d'Amiens, ou tout autre officier de justice, de le faire exécuter en tous ses points.

faites précédemment, à tous et un chacun de porter atteinte aux relations d'amitié, de fréquentation et de hantise existantes entre les sujets
de leurs pays et ceux du pays de Liége.

Reg. de la ch. des comptes, n° 130, fol. 220 v°.

26 février 1507 (1508, n. st.), à Bruxelles. — Lettres
de Maximilien, roi des Romains, et de l'archiduc Charles, par lesquelles, vu l'état déplorable où se trouvait la ville de Tirlemont, et
pour prévenir sa ruine totale, ils concèdent et octroient au magistrat un délai de douze années pour le payement des arrérages des
rentes à charge de ladite ville et un autre délai de six années pour le
payement des rentes courantes : le tout aux conditions insérées dans
ces lettres. Il est dit, au préambule, qu'en 1487 3,000 hommes de
troupes allemandes furent logés dans la ville et aux environs pendant
dix-neuf semaines, aux frais de celle-ci : de là une dette de 4,700 livres
qui n'avait pas été payée. En 1489 la ville fut prise, saccagée et incen-
diée ; elle dut payer 14,000 florins d'indemnité aux intéressés, etc.

Reg. de la ch. des comptes, n° 835, fol. 43.

7 mars 1507 (1508, n. st.), à Gand. — Ordonnance de Maximilien, roi des Romains, et de l'archiduc Charles défendant aux officiers de justice et aux sergents de la Flandre de faire des compositions
avec les paysans qui détruisent le gibier, de quelque manière que ce
soit, ou de les autoriser à chasser, à dénicher les oiseaux de proie, etc.

Arch. de la ville de Bruges : reg. aux *Hallegheboden*, 1503-
1513, fol. 152.

14 mars 1507 (1508, n. st.), à Gand. — Déclaration
de l'archiduchesse Marguerite statuant sur la préséance prétendue
respectivement par les états de Brabant et les états de Flandre à
l'assemblée des états généraux tenue à Gand.

Bulletins de la Commission royale d'histoire, 3° série, t. I,
p. 313. — Reg. de la ch. des comptes, n° 873, fol. 281 v°.

17 mars 1507 (1508, n. st.), à Gand. — Ordonnance
du conseil de Flandre portant règlement pour l'entretien des chemins,
des cours d'eau et des ponts dans l'étendue de son ressort.

Plac. de Fl., liv. I°', p. 438. — Arch. de la ville de Bruges :
reg. aux *Hallegheboden*, 1503-1513, fol. 153.

18 mars 1507 (1508, n. st.), à Gand. — Ordonnance du conseil de Flandre prescrivant de republier l'ordonnance de Philippe, roi de Castille, du 22 septembre 1506, rendue contre les ribauds, truands et vagabonds qui se tenaient dans la Flandre.

Arch. de la ville de Bruges: reg. aux *Halleghebodeu,* 1503-1513, fol. 150.

18 mars 1507 (1508, n. st.), à Gand. — Lettres par lesquelles Maximilien, roi des Romains, et Charles, archiduc d'Autriche, promettent de rendre indemnes la ville de Malines et quelques autres villes de leurs pays, qui s'étaient constituées cautions de la somme de 50,000 couronnes d'or à payer au roi d'Angleterre, dans le cas où le mariage conclu entre l'Archiduc et la fille de ce roi ne s'accomplirait point.

Original, aux archives de la ville de Malines.

24 mai 1508, à ..... — Lettre de l'archiduchesse Marguerite au magistrat de Valenciennes (1) touchant les titres à donner dorénavant à l'Empereur, son père, à l'Archiduc, son neveu, et à elle-même, suivant l'ordre qu'elle en a reçu de l'Empereur (2).

Bulletins de la Commission royale d'histoire, 3ᵉ série, t. VII, p. 23.

24 mai 1508, à Malines. — Ordonnance de l'Empereur et de l'archiduc Charles défendant l'exportation des grains.

Arch. de la ville de Bruges: reg. aux *Halleghebodeu,* 1503-1513, fol. 163 vᵒ.

---

(1) La même lettre dut être adressée aux magistrats des autres villes et aux conseils de justice.

(2) Les titres pour l'Empereur et l'Archiduc étaient les suivants :

« MAXIMILIEN, par la grâce de Dieu, esleu empereur, tousjours auguste, roy de Germanie, » de Hongrie, de Dalmachie, de Croachie, etc., et CHARLES, par la meisme grâce, archiduc » d'Austriche, etc., prince d'Espaigne, des Deux-Céciles, de Jérusalem; ducz de Bourgoigne, » de Lothier, de Brabant, de Stier, de Carinte, de Carniole, de Lembourg et de Luxembourg et » de Gheldres, etc.; contes de Flandres, de Habsbourg, de Thirol, d'Artois, de Bourgoigne, » palatin et de Haynnau; lantgraves d'Elsatte; marquis de Bourgauw et du Sainct-Empire, » de Hollande, de Zellande, de Ferrette, de Kiburg, de Namur et de Suytphen; contes » seigneurs de Frize, des Marches d'Esclavonie, de Portenauw, de Salins et de Malines. »

Quant à Marguerite, elle devait être intitulée : « régente et gouvernante des pays de par » deçà. »

Au mois de juin 1508, à Colombiers. — Ordonnance de Louis XII, roi de France, portant approbation et confirmation de certains points et articles, y insérés, conçus par les prévôts, jurés, échevins, esgardeurs, doyens, sous-doyens des métiers et toute la communauté de la ville de Tournai pour la restauration des maisons et édifices de cette ville ruinés, tant par suite des guerres que par « plusieurs inconvénients et fortunes de feu. »

Arch. de la ville de Tournai : reg. des chartes, n°8, fol. 180.

7 juin 1508, à Bruxelles. — Lettres de l'Empereur et de l'archiduc Charles libérant la ville de Bruxelles de sa part de garantie dans la somme de 50,000 couronnes d'or promise au roi d'Angleterre, au cas que lui, Archiduc, se dédirait de son mariage convenu avec la princesse Marie, fille dudit roi.

Reg. de la ch. des comptes, n° 156, fol. 225.

27 juin 1508, à Bruxelles. — Ordonnance de l'Empereur et de l'archiduc Charles défendant aux Anglais et aux Écossais résidant dans les Pays-Bas, ainsi qu'aux habitants de ces provinces, de médire du roi Henri d'Angleterre, à peine d'une amende de 12 livres, de 40 gros de Flandre et de punition arbitraire.

Reg. de la ch. des comptes, n° 156, fol. 240.

11 juillet 1508, à Malines. — Ordonnance de l'Empereur et de l'archiduc Charles prescrivant à leurs vassaux et arrière-vassaux, en état de porter les armes, de se rendre incontinent à Louvain, afin de marcher contre les Français.

Arch. de la ville de Bruges : reg. aux Halleghebeden, 1503-1513, fol. 107 v°.

15 septembre 1508, à Malines. — Ordonnance de l'Empereur et de l'archiduc Charles portant que toute action intentée par un bourgeois de Gand à un membre ou suppôt du conseil de Flandre ressortira à ce conseil, et qu'elle sera de la compétence du banc de la keure, si elle est intentée à un bourgeois par un membre dudit conseil.

P. Van Duyse, Inventaire analytique des chartes et documents de la ville de Gand, p. 301.

24 septembre 1508, à Malines. — Ordonnance de l'Empereur et de l'archiduc Charles prescrivant aux propriétaires riverains de faire mettre immédiatement en bon état les chemins du duché de Brabant qui ne le sont pas, à peine qu'il y sera procédé aux doubles frais de ceux qui seront restés en défaut.

Reg. de la ch. des comptes, n° 136, fol. 210 v°.

29 septembre 1508, à Malines. — Ordonnance de l'Empereur et de l'archiduc Charles statuant que les vins de France et de Bourgogne devront être vendus et délivrés à la jauge, à peine de confiscation des vins qui seront trouvés dans des futailles d'une mesure trop petite.

Plac. de Fl., liv. Iᵉʳ, p. 657. — Arch. de la ville de Bruges ; reg. aux Halleghebodeu, 1503-1513, fol. 86.

30 septembre 1508, à Malines. — Ordonnance de l'Empereur et de l'archiduc Charles statuant que l'on devra déclarer la jauge de toutes les futailles de vin importées dans la Flandre.

Arch. de la ville de Bruges : reg. aux Halleghebodeu, 1503-1513, fol. 176 v°.

26 octobre 1508, à Malines. — Ordonnance de l'Empereur et de l'archiduc Charles modifiant et amplifiant en quelques points l'ordonnance du feu roi de Castille, en date du 14 août 1499, sur le cours des monnaies.

Reg. de la ch. des comptes, n° 136, fol. 211.

5 novembre 1508, à Malines. — Ordonnance de l'Empereur et de l'archiduc Charles prescrivant des mesures pour la répression des actes de brigandage que commettaient les mercenaires venant de la guerre et « qui tenaient les champs ».

Arch. de la ville de Bruges : reg. aux Halleghebodeu, 1503-1513, fol. 177 v°.

5 décembre 1508, à Anvers. — Ordonnance de l'Empereur et de l'archiduc Charles portant que les deniers des aides de la Flandre devront être versés dans la caisse de Roland Lescure, seigneur de Tamise, receveur général des aides de Flandre, ou de son commis, et non dans celle de messire Jérôme Lauwerin, dernier titulaire dudit office.

Arch. de la ville de Bruges : reg. aux *Hallegheboden*, 1503-1513, fol. 182. v°.

5 décembre 1508, à Gand. — Ordonnance du conseil de Flandre défendant le port d'armes offensives, telles qu'arbalétes, longs couteaux, poignards, etc., excepté par les personnes y désignées.

Arch. de la ville de Bruges : reg. aux *Hallegheboden*, 1503-1513, fol. 178 v°.

13 décembre 1508, à Berg-op-Zoom. — Ordonnance de l'Empereur et de l'archiduc Charles défendant de chasser dans la forêt de Soigne et dans les bois qui en dépendent, à peine d'être tenu pour désobéissant et de se voir appliquer les peines anciennement établies.

Reg. de la ch. des comptes, n° 136, fol. 213 v°.

24 décembre 1508, à Gand. — Ordonnance du conseil de Flandre prescrivant la publication de la paix dite *heerlicke vrede van Vlaenderen*, laquelle continuera jusqu'à la Saint-Jean de l'année suivante (1).

Arch. de la ville de Bruges : reg. aux *Hallegheboden*, 1503-1513, fol. 180.

31 décembre 1508, à Malines. — Ordonnance de l'Empereur et de l'archiduc Charles déclarant vacants tous les offices depuis le décès du roi Philippe de Castille, à l'exception de ceux qui ont été donnés en ferme ou en admodiation, ainsi que de ceux de leur cour, et statuant qu'il sera pourvu au maintien ou au remplacement des personnes qui les remplissent, avant le 15 février suivant.

Reg. de la ch. des comptes, n° 136, fol. 241. — Arch. de la ville de Bruges : reg. aux *Hallegheboden*, 1503-1513, fol. 187.

(1) Voy. p. 3, note 3.

En janvier 1508 (1509, n. st.), à ..... — Lettres de l'Empereur et de l'archiduc Charles établissant à Bruges une franche foire annuelle de six semaines, du 5 janvier au 16 février.

Arch. de la ville de Bruges : reg. aux *Hallegheboden*, 1505-1513, fol. 189.

3 janvier 1508 (1509, n. st.), à Malines. — Décret de l'archiduchesse Marguerite portant que les navires qui partent du Brabant et se rendent à Berg-op-Zoom, sans aller au delà, ne sont pas assujettis, du chef de leur chargement, aux droits de tonlieu ou de gabelle.

Inventaire chronologique et analytique des chartes et documents sur parchemin appartenant aux archives de la ville de Louvain, p. 182.

4 février 1508 (1509, n. st.), à Bruxelles. — Lettres patentes de l'Empereur et de l'archiduc Charles confirmant celles du 20 juillet 1489 et du 9 octobre 1490 qui accordaient différents privilèges et exemptions à la ville de Vilvorde, laquelle avait été prise et détruite aux trois quarts par les rebelles de Bruxelles. Les lettres de 1489, émanées de Maximilien et de l'archiduc Philippe, et celles de 1490, données sous le nom de l'Archiduc, sont insérées dans celles-ci.

Reg. de la ch. des comptes, n° 635, fol. 51 v°.

18 février 1508 (1509, n. st.), à Bruxelles. — Lettres de l'Empereur et de l'archiduc Charles confirmant les privilèges accordés aux habitants de Nederyssche, près de Louvain, par Henri, duc de Brabant, au mois d'août 1211, par Antoine, duc de Brabant, le 26 novembre 1414, et par Marie, duchesse de Bourgogne, le 29 mai 1477.

Reg. de la ch. des comptes, n° 635, fol. 70.

Dernier février 1508 (1509, n. st.), à Bruxelles. — Édit de l'Empereur et de l'archiduc Charles déterminant le nombre des huissiers et sergents d'armes, ordinaires et extraordinaires, du grand conseil de Malines, désignant les lieux de leur résidence, réglant leurs devoirs et fixant leurs salaires.

Reg. du grand conseil, n° 1, fol. 33.

18 mars 1508 (1509, n. st.), à Anvers. — Lettres par lesquelles l'empereur Maximilien commet de nouveau l'archiduchesse Marguerite au gouvernement des Pays-Bas.

> *Bulletins* de la Commission royale d'histoire, 3e série, t. XII, p. 108.

23 mars 1508 (1509, n. st.), à Gand. — Ordonnance du conseil de Flandre portant règlement pour l'entretien des chemins, notamment de ceux qui servent aux marchands étrangers et du pays pour amener leurs marchandises.

> Arch. de la ville de Bruges: reg. aux *Halleghebocden*, 1505-1513, fol. 208 v°.

25 mars 1508 (1509, n. st.), à Grave. — Lettres de l'Empereur et de l'archiduc Charles confirmatives et ampliatives de celles du 10 mai 1507 (1) qui affectaient les deniers de l'épargne et autres à l'exécution du testament du feu roi Philippe.

> Reg. de la ch. des comptes, n° 136, fol. 211 v°, et 137, fol. 28.

31 mars 1508 (1509, n. st.), à Anvers. — Lettres de l'Empereur et de l'archiduc Charles statuant, en interprétation d'une charte de Gui, comte de Flandre, de l'année 1286, que tout bourgeois et toute bourgeoise de la ville de Gand, y ayant résidé toute l'année ou une grande partie de l'année, seront exempts du droit de mainmorte.

> P. Van Duyse, *Inventaire analytique des chartes et documents de la ville de Gand*, p. 304.

5 avril 1508 avant Pâques (1509, n. st.), à Cologne. — Ordonnance de l'Empereur et de l'archiduc Charles statuant que nul, de quelque condition qu'il soit, ou quel que soit son pouvoir, ne pourra donner ou disposer des bénéfices, offices et autres provisions et droits qui leur appartiennent aux Pays-Bas, et en réservant la collation exclusive à eux-mêmes ou à leur lieutenant, en leur absence.

> *Plac. de Fl.*, liv. Ier, p. 313. — Reg. de la ch. des comptes, n° 136, fol. 217.

(1) *Voy.* p. 4.

12 mai 1509, à Bruxelles. — Ordonnance de l'Empereur et de l'archiduc Charles qui, pour remédier à la fâcheuse situation financière où se trouvait la ville de Bruxelles, confie la recette et le maniement des finances à dix receveurs, dont neuf à élire le jour de la Saint-Jean suivante dans le corps des neuf nations, un par nation, et le dixième à choisir parmi les lignages. Aux termes de cette ordonnance, les receveurs en fonctions devaient se démettre de leur emploi au jour précité; leurs successeurs seraient dispensés de payer les arrérages des rentes à charge de la ville pendant un terme de quatre années; les nouveaux receveurs rendraient leurs comptes devant des commissaires à nommer par eux, Empereur et Archiduc, et chaque nation devait répondre pour celui qu'elle avait élu; les nations pourraient remplacer les receveurs qui viendraient à mourir; la ville était autorisée à nommer un pensionnaire pour soigner et défendre ses intérêts et ses affaires. Quant à l'administration de la police et de la justice, elle serait désormais dans les attributions exclusives des lignages.

> Reg. de la ch. des comptes, n° 035, fol. 85. — Arch. de la ville de Bruges : reg. aux *Hallegheboden*, 1503-1513, fol. 215 v°.

27 mai 1509, à Breda. — Ordonnance de l'Empereur et de l'archiduc Charles statuant que l'ordonnance sur le cours des monnaies du feu roi de Castille, du 8 décembre 1499, à laquelle on faisait de nombreuses infractions, devra être ponctuellement observée dans tous les Pays-Bas, sauf en certains points auxquels il est dérogé (1).

> Reg. de la ch. des comptes, n° 130, fol. 248, et n° 580, fol. 113.

27 mai 1509, à Breda. — Ordonnance de l'Empereur et de l'archiduc Charles renouvelant une ordonnance du feu roi de Castille, du 2 novembre 1501, rendue contre les bélîtres, vagabonds et autres malfaiteurs qui se tenaient dans la Flandre.

> - Van Duyse, *Inventaire analytique des chartes et documents de la ville de Gand*, p. 305. — Arch. de la ville de Bruges : reg. aux *Hallegheboden*, 1503-1513, fol. 228.

(1) Les archives de la ville de Gand, reg. C, fol. 196, et celles de Bruges, reg. aux *Hallegheboden*, 1503-1513, fol. 215, renferment une ordonnance semblable de l'Empereur et de l'Archiduc, datée de Dordrecht, le 31 mai suivant.

10 juin 1509, à la Haye. — Ordonnance de l'Empereur et de l'archiduc Charles statuant que les marchands de chevaux et tous autres particuliers ne pourront acheter ni vendre des chevaux quinze jours avant les foires et « franches fêtes » des villes des Pays-Bas, permettant de le faire dans lesdites foires, et défendant l'exportation des chevaux âgés de moins de quatre ans.

> Arch. de la ville de Bruges : reg. aux *Hallegheboden*, 1503-1513, fol. 231.

10 juin 1509, à Bruxelles. — Édit de l'Empereur et de l'archiduc Charles rendu pour le duché de Brabant et concernant : 1° les hommes qui entretiennent des femmes et en reçoivent des cadeaux ; 2° les vagabonds et les gens sans aveu ; 3° ceux qui trichent au jeu ; 4° les incendiaires et ceux qui menacent d'incendie ; 5° les rassemblements illicites de gens de guerre ; 6° le transport des *brandereelen* de plomb, de fer et de pierre ; 7° les banquets ; 8° les mendiants et la mendicité, et 9° les blasphémateurs.

> Reg. de la ch. des comptes, n° 136, fol. 250.

6 août 1509, à Bruxelles. — Ordonnance de l'Empereur et de l'archiduc Charles renouvelant la défense de la sortie des grains.

> Arch. de la ville de Bruges : reg. aux *Hallegheboden*, 1503-1513, fol. 23..

27 août 1509, à Bruxelles. — Ordonnance de l'Empereur et de l'archiduc Charles sur le cours et l'évaluation de quelques monnaies omises dans l'ordonnance du feu roi de Castille, du 8 décembre 1499.

> Reg. de la ch. des comptes, n° 136, fol. 235 et 284. — Arch. de la ville de Bruges : reg. aux *Hallegheboden*, 1503-1513, fol. 238.

18 septembre 1509, à Bruxelles. — Ordonnance de l'Empereur et de l'archiduc Charles défendant d'acheter, en mer, aux pêcheurs, le long des côtes de la Flandre, le hareng et le poisson que ces pêcheurs ont pris, et statuant que ce poisson doit être vendu dans les ports d'Ostende, Dunkerque, Gravelines, etc., à la *minque*, selon l'ancienne coutume.

> *Plac. de Fl.*, liv. V, p. 110.

24 septembre 1509, à Bruxelles. — Lettres patentes par lesquelles l'Empereur et l'archiduc Charles, vu la négligence que l'on mettait dans le Brabant à entretenir annuellement les chemins, créent l'office de maître ou inspecteur des chemins (*wechmeester*) de cette province et règlent ses attributions. Ils nomment à cet emploi Jean Vander Eycken, huissier au conseil de Brabant.

Reg. de la ch. des comptes, n° 130, fol. 262.

12 octobre 1509, à Bruxelles. — Lettres de l'Empereur et de l'archiduc Charles prorogeant jusqu'au 20 mai 1511 le délai accordé par des lettres du roi de Castille, du 20 mai 1504, à la ville de Gand pour le payement des arrérages des rentes à sa charge et de ses autres dettes.

Reg. de la ch. des comptes, n° 633, fol. 93.

20 décembre 1509, à Bruxelles. — Décret de l'archiduchesse Marguerite défendant au grand conseil de Malines et au conseil de Brabant de décerner des provisions de justice l'un contre l'autre, dans les cas où ils seraient en contestation pour la connaissance de certaines causes, et leur ordonnant, lorsque de tels cas se présenteront, de les lui soumettre.

Arch. du conseil de Brabant, Office fiscal, dossier n° 5072.

24 décembre 1509, à Gand. — Ordonnance du conseil de Flandre prescrivant la publication et l'observation de la paix dite *de heerlicke vrede van Vlaenderen*, laquelle continuera jusques à la Saint-Jean 1510 (1).

Arch. de la ville de Bruges : reg. aux Hallegheboden, 1503-1513, fol. 261 v°.

17 janvier 1509 (1510, n. st.), à ..... — Ordonnance de l'Empereur et de l'archiduc Charles permettant, par dérogation à l'ordonnance du 10 juin précédent (2), la vente, aux foires d'Oudenbourg, de Bruges, de Gand et d'Ypres, qui se tiennent entre la

---

(1) Voy. au 21 décembre 1509, p. 14.
(2) Voy. p. 18.

Noël et les Pâques, des chevaux qui n'atteindront quatre ans d'âge qu'au mois de mai suivant.

Arch. de la ville de Bruges : reg. aux *Hallegheboden*, 1503-1513, fol. 263.

17 janvier 1509 (1510, n. st.), à Bruxelles. — Ordonnance de l'Empereur et de l'archiduc Charles statuant que, pendant le terme de deux ans, la vente des aluns, dans les Pays-Bas, ne sera permise qu'aux fermiers et admodiateurs des lumières (*sic*) de la chambre apostolique, et cela ensuite d'un contrat passé avec ces fermiers.

Arch. de la ville de Bruges : reg. aux *Hallegheboden*, 1503-1513, fol. 204.

16 février 1509 (1510, n. st.), à Bruxelles. — Ordonnance de l'Empereur et de l'archiduc Charles sur l'emploi des poids dits de *Troie*, servant à peser les matières d'or et d'argent.

Plac. de Fl., liv. Ier, p. 409. — Reg. de la ch. des comptes, n° 136, fol. 259 et 285 v°. — Arch. de la ville de Bruges : reg. aux *Hallegheboden*, 1503-1513, fol. 275.

26 février 1509 (1510, n. st.), à Bruxelles. — Ordonnance de l'Empereur et de l'archiduc Charles portant confirmation de l'établissement du conseil de Namur fait, en 1491, par Jean de Berghes, gouverneur et souverain bailli de la province, et statuant différents points pour la bonne administration de la justice dans la même province.

Galliot, *Histoire générale de Namur*, t. VI, p. 141. — Mirels, *Opera diplomatica*, t. II. p. 1047.

L'avant-dernier jour de février 1509 (1510, n. st.), à Bruxelles. — Lettres patentes de l'Empereur et de l'archiduc Charles approuvant et confirmant l'institution, à Louvain, du serment des couleuvriniers, lequel s'était formé pendant que les Gueldrois menaçaient la ville.

Reg. de la ch. des comptes, n° 635, fol. 283.

28 février 1509 (1510, n. st.), à Bruxelles. — Décret

de l'archiduchesse Marguerite, rendu sur les remontrances des quatre principaux officiers de justice des chefs-villes de Brabant, lequel, par manière de provision et durant la minorité de l'archiduc Charles, apporte certaines modifications aux ordonnances de 1459 et de 1498 qui réglaient l'exercice des fonctions de ces officiers.

Reg. de la ch. des comptes, n° 23, fol. 70, et n° 130, fol. 264.

1er mars 1509 (1510, n. st.), à Bruxelles. — Lettre de l'archiduchesse Marguerite prescrivant à la chambre des comptes de Brabant de faire prêter le serment requis et donner la caution ordinaire par les officiers de justice et de recette dont les commissions ont été renouvelées depuis la mort du roi Philippe de Castille, et qui n'auraient pas rempli ces formalités, selon l'ancien usage.

Reg. de la ch. des comptes, n° 130, fol. 257 v°.

14 mars 1509 (1510, n. st.), à Gand. — Ordonnance de l'Empereur et de l'archiduc Charles enjoignant aux gens nommés *Égyptiens* de quitter le pays dans les quatre jours, à peine de forfaire corps et biens.

Reg. de la ch. des comptes, n° 130, fol. 283.

18 mars 1509 (1510, n. st.), à Gand. — Lettres patentes de l'Empereur et de l'archiduc Charles par lesquelles ils accordent sûreté et sauf-conduit à toutes les personnes qui se rendront au monastère de *Sinte-Marien-Throen*, de l'ordre de Sainte-Brigitte, à Termonde, pour y bénéficier des indulgences accordées par les papes le quatrième dimanche du carême et le jour de Saint-Pierre-aux-Liens de chaque année.

Arch. de la ville de Bruges : reg. aux *Hallegheboden*, 1503-1513, fol. 289 v°.

18 mars 1509 (1510, n. st.), à Bruxelles. — Instruction du conseil et de la chambre des comptes de Brabant faite, par ordre de l'Empereur et de l'archiduc Charles, pour les sergents et serviteurs de l'amman de la ville de Bruxelles.

Reg. de la ch. des comptes, n° 130, fol. 263 v°.

21 avril 1510 après Pâques, à Bruges. — Ordonnance de l'Empereur et de l'archiduc Charles défendant de laisser courir des chiens sans qu'ils aient une entrave. Cette ordonnance renferme différentes dispositions pour la conservation du gibier.

> Arch. de la ville de Bruges : reg. aux *Hallegheboden*, 1503-1513, fol. 270. — Recueil imprimé de placards sur la chasse ; Gand, 1726, in-4°.

24 avril 1510, à Bruxelles (1). — Ordonnance du conseil de Brabant portant règlement pour l'entretien des chemins, des ponts, rivières et autres cours d'eau. Elle est suivie d'un tableau de la largeur que doivent avoir les différentes espèces de chemins.

> *Plac. de Brab.*, t. II, p. 138, et t. III, p. 588. — Reg. de la ch. des comptes, n° 136, fol. 200, et n° 137, fol. 207.

7 mai 1510, à Malines. — Ordonnance de l'Empereur et de l'archiduc Charles défendant, conformément à l'ordonnance du 24 août 1486 (2), d'attraire des *francs hôtes* du Franc de Bruges devant le juge ecclésiastique pour des actions personnelles et civiles.

> Arch. du royaume : Trésorerie des chartes de Flandre, layette *Flandre*.

17 mai 1510, à Paris. — Arrêt du parlement de Paris portant que les échevins de Courtrai sont en droit, selon leurs anciens privilèges, de juger leurs bourgeois ayant commis des crimes ou délits dans la seigneurie d'Ingelmunster.

> C. Mussely, *Inventaire des archives de la ville de Courtrai*, t. II, p. 18.

17 mai 1510, à Paris. — Arrêt du parlement de Paris défendant au bailli de la seigneurie d'Ingelmunster d'empêcher les échevins de Courtrai de traduire devant eux et de juger leurs bourgeois forains demeurant dans ladite seigneurie (3).

> C. Mussely, *Inventaire des archives de la ville de Courtrai*, t. II, p. 17.

(1) Au t. II des *Placards de Brabant*, cette ordonnance porte la date du 21 avril ; au t. III, où elle est en double, celle du 15 du même mois. La première date est la bonne, étant celle de la transcription officielle dans les registres de la chambre des comptes.

(2) Voy. *Plac. de Flandre*, liv. I, p. 45.

(3) Le 1er septembre précédent, le conseil de Flandre avait déjà rendu une sentence en faveur des échevins de Courtrai.

1er juillet 1510, à Bruxelles. — Ordonnance de l'Empereur et de l'archiduc Charles autorisant tous officiers de justice à arrêter les criminels et malfaiteurs qui, après avoir commis des délits sur le territoire d'une seigneurie, auraient cherché asile sur celui d'une autre.

> Plac. de Fl., liv. Ier, p. 3. — Arch. de la ville de Bruges :
> reg. aux *Hallegheboden*, 1503-1513, fol. 202.

16 juillet 1510, à Bruxelles. — Ordonnance de l'Empereur et de l'archiduc Charles défendant d'exercer la médecine à Louvain et à deux milles à la ronde, sans avoir été examiné et admis par la faculté de médecine de l'université.

> Reg. de la ch. des comptes, n° 035, fol. 113.

26 juillet 1510, à Bruxelles. — Ordonnance de l'Empereur et de l'archiduc Charles rétablissant l'usage, aboli en 1496, d'accorder chaque année une robe (*tabbaert*) aux membres du magistrat de la ville de Louvain.

> *Inventaire des chartes de la ville de Louvain*, p. 185.

14 août 1510, à Paris. — Arrêt du parlement de Paris confirmant une sentence du conseil de Flandre, du 4 février 1508 (n. st.), rendue dans un différend entre les échevins de Nieuport et la corporation des poissonniers d'Ypres. Les premiers prétendaient que cette corporation ne pouvait pas lever certain droit sur le poisson importé de Nieuport à Ypres ; ils furent déboutés. De là appel au parlement.

> DIEGERICK, *Inventaire des chartes et documents de la
> ville d'Ypres*, t. V, p. 55.

23 août 1510, à Gand. — Ordonnance du conseil de Flandre défendant le port d'armes, telles qu'arbalètes, couteaux, dagues, etc., si ce n'est aux personnes y désignées.

> Arch. de la ville de Bruges : reg. aux *Hallegheboden*, 1503-
> 1513, fol. 204.

1er novembre 1510, à .... — Ordonnance de l'Empereur et

de l'archiduc Charles touchant les procès qu'on plaidait devant les échevins de la ville de Bruges.

> Arch. de la ville de Bruges : reg. aux *Halleghebοden*, 1503-1513, fol. 302.

14 novembre 1510, à Bruxelles. — Lettres de l'Empereur et de l'archiduc Charles confirmant, sauf quelques restrictions, les privilèges accordés par les ducs de Brabant à la ville de Landen, laquelle avait été prise, saccagée et pillée par les Liégeois en 1482.

> Reg. de la ch. des comptes, n° 635, fol. 49 v°.

18 novembre 1510, à Blois. — Arrêt du grand conseil de Louis XII, roi de France, portant interprétation des lettres du mois de juin 1508 (1) sur le rachat des rentes foncières et d'autres points du gouvernement intérieur de la ville de Tournai.

> Arch. de la ville de Tournai : orig. — *Coutumes de Tournay*, édit. de 1651, p. 72.

22 décembre 1510, à .... — Lettres de l'Empereur et de l'archiduc Charles affectant au payement des dettes et à l'exécution du testament de feu le roi de Castille, outre les deniers de l'épargne et autres désignés dans celles du 10 mai 1507 et du 23 mars 1509 (2), la somme de 3,000 florins, par an, à fournir par les receveurs généraux de Flandre, de Hainaut, de la Hollande méridionale et de la Brielle.

> Citées dans les lettres du 28 mars 1513 ci-après.

21 janvier 1510 (1511, n. st.), à Bruxelles. — Mandement de l'Empereur et de l'archiduc Charles prescrivant à tous huissiers, requis par le procureur général de Brabant, de contraindre les officiers de recette et de justice que ledit procureur général leur désignera à remettre, sans plus de retard, leurs comptes arriérés à la chambre des comptes.

> Reg. de la ch. des comptes, n° 130, fol. 208 v°.

28 janvier 1510 (1511, n. st.), à Bruxelles. —Lettres

(1) Voy. p. 12.
(2) Voy. pp. 4 et 16.

patentes de l'Empereur et de l'archiduc Charles confirmant les dispositions réglementaires y insérées, que les mayeur et échevins du village d'Hoeylaert, près de Bruxelles, avaient prises le 4 décembre 1509,
touchant la vente du pain et de tous autres vivres, ainsi que la fabrication et le débit de la bière.

Reg. de la ch. des comptes, n° 635, fol. 165.

27 mars 1510 (1511, n. st.), à Gand. — Ordonnance
de l'Empereur et de l'archiduc Charles renouvelant celle du 29 septembre 1508 (1) touchant les vins, et défendant de décharger ou vendre
les vins de France et de Bourgogne ailleurs qu'aux grues (crane) les
plus proches des lieux de déchargement.

Plac. de Fl., liv. Ier, p. 657. — Arch. de la ville de Bruges :
reg. aux *Hallegheboden*, 1503-1513, fol. 337 v°.

29 mars 1510 (1511, n. st.), à Bruxelles. — Lettres
patentes de l'Empereur et de l'archiduc Charles approuvant et
confirmant l'érection, à Bruxelles, des deux chambres de rhétorique dites du *Lys* et de la *Violette*, unies sous le nom de *Marie
Cransken;* tenant pour leur chapelle celle qu'elles avaient érigée dans
l'église de Saint-Géry et la prenant sous leur protection, de même que
les membres desdites chambres. L'Empereur et l'Archiduc les auto-
risent, en outre, à orner cette chapelle de leurs armes et à y faire
célébrer les offices, en conformité d'une bulle papale.

Arch. du royaume : Conseil de Brabant, procès plaidé devant
les échevins de Bruxelles : La confrérie de *Corebloem*
contre le capitaine Camusel, 1709.

9 avril 1510 avant Pâques (1511, n. st.), à Gand.
— Ordonnance de l'Empereur et de l'archiduc Charles portant abolition des tables de prêt, défendant l'usure et révoquant « les fermes,
« censures, contrats, appointements et lettres d'octroi sur ce
« expédiés ».

Plac. de Fl., liv. Ier, p. 520. — Arch. de la ville de Bruges :
reg. aux *Hallegheboden*, 1503-1513, fol. 313.

(1) Voy. p. 13.

1er mai 1511, à Bruges. — Décret de l'Empereur et de l'archiduc Charles portant, en conformité des privilèges accordés par leurs prédécesseurs, que les fonctions d'échevin du Franc de Bruges sont inamovibles.

> Reg. du grand conseil de Malines, n° 1, fol. 257.

6 mai 1511, à Bruges. — Lettres patentes de l'Empereur et de l'archiduc Charles autorisant les mayeur et échevins de la ville de Namur à rendre des ordonnances de police.

> Sr. Borgnet, *Cartulaire de la commune de Namur*, t. III, p. 303.

22 juin 1511, à Bruxelles. — Ordonnance de l'Empereur et de l'archiduc Charles touchant l'entretien des digues dans les quatre métiers de Flandre.

> Reg. du grand conseil de Malines, n° 1, fol. 282.

25 juin 1511, à Bruxelles. — Manifeste de l'Empereur et de l'archiduc Charles contre le duc Charles de Gueldre.

> *Bulletins* de la Commission royale d'histoire, 3e série, t. Ier, p. 352. — Reg. de la chambre des comptes, n° 130, fol. 283 v°.

30 juin 1511, à Bruxelles. — Mandement (1) de l'Empereur et de l'archiduc Charles à l'amman de Bruxelles lui prescrivant de faire publier et savoir dans son ressort que ceux qui sont tenus, du chef de corvée, de leur livrer des chevaux pour l'artillerie, aient à les envoyer à Malines avant le 15 juillet, au plus tard, afin qu'on puisse s'en servir dans la guerre contre le duc de Gueldre.

> Reg. de la ch. des comptes, n° 130, fol. 280.

2 juillet 1511, à Bruxelles. — Ordonnance de l'Empereur et de l'archiduc Charles défendant aux gens sans aveu, se disant gens de guerre, de passer et repasser par leurs pays et seigneuries, et

---

(1) « Brief van placcate », dit le texte.

aux gens de guerre pourvus de passe-ports, de léser ou piller les habitants : le tout à peine de la hart.

> Arch. de la ville de Bruges : reg. aux *Hallegheboden*, 1505-1513, fol. 123 (1).

2 juillet 1511, à .... — Ordonnance de l'Empereur et de l'archiduc Charles statuant que le droit de *sgraven* propre est compris dans les servitudes dont ceux de Gand sont exempts.

> Arch. de la ville de Gand : reg. C, *Gheluwen Boeck*, alias *Rooden Boeck*, fol. 149 v°.

11 juillet 1511, à Bruxelles. — Ordonnance de l'Empereur et de l'archiduc Charles prescrivant aux habitants du duché de Limbourg de venir travailler, comme ils y sont tenus, aux fortifications de la ville de Limbourg, soit par le transport de matériaux, ou personnellement quant à ceux qui n'ont ni chevaux ni charrettes.

> Reg. de la ch. des comptes, n° 136, fol. 273 (2).

25 juillet 1511, à Gand. — Lettres patentes de l'Empereur et de l'archiduc Charles interprétant celle du 31 mars 1509 (3) concernant l'exemption du droit de mainmorte, à Gand.

> P. Van Duyse, *Inventaire analytique des chartes et documents de la ville de Gand*, p. 300.

28 juillet 1511, à Anvers. — Ordonnance de l'Empereur et de l'archiduc Charles statuant que ceux qui appelleront des sentences des bourgmestres et échevins de la ville de Bruges au conseil de Flandre et qui succomberont, seront condamnés chaque fois à une amende de 60 livres parisis.

> Arch. de la ville de Bruges : reg. aux *Hallegheboden*, 1505-1513, fol. 371.

20 août 1511, à Bruxelles. — Lettres patentes de l'Empe-

---

(1) Une ordonnance semblable, datée du 8 juillet suivant et adressée à l'amman de Bruxelles, est transcrite au reg. n° 136, fol. 257, de la chambre des comptes.

(2) Cette ordonnance est précédée, dans le registre, d'une déclaration des échevins de Limbourg, en date du 30 juin, où ils affirment l'obligation des habitants du duché.

(3) Voy. p. 16.

reur et de l'archiduc Charles octroyant l'établissement, dans la franchise de Perwez, au Brabant-Wallon, d'une foire pour la vente de toute espèce de denrées et de marchandises, à tenir annuellement le jour de Saint-Remy et les deux jours suivants.

Reg. de la ch. des comptes, n° 633, fol. 176.

13 septembre 1511, à Bois-le-Duc. — Lettres patentes de l'Empereur et de l'archiduc Charles autorisant les habitants de Dickebusch à établir dans cette paroisse une société ou confrérie d'archers sous l'invocation de saint Sébastien.

DIEGERICK, *Inventaire des chartes et documents de la ville d'Ypres*, t. V, p. 55.

8 octobre 1511, à Bois-le-Duc. — Ordonnance de l'archiduchesse Marguerite défendant de communiquer avec les habitants de Nimègue et de Gueldre et de leur livrer des vivres.

F. VERACHTER, *Inventaire des chartes et privilèges de la ville d'Anvers*, p. 108.

13 novembre 1511, à Bruxelles. — Décret de l'Empereur et de l'archiduc Charles portant que les possesseurs de biens situés dans la franchise d'Arendonck doivent contribuer dans les subsides du pays, et que ceux qui s'y refuseront seront attraits devant les échevins d'Anvers.

F. VERACHTER, *Inventaire des chartes et privilèges de la ville d'Anvers*, p. 190.

21 novembre 1511, à Gand. — Ordonnance du conseil de Flandre prescrivant aux habitants des quatre métiers de Flandre, Hulst, Axel, Assenede et Bouchout, d'entretenir soigneusement les digues de la mer, pour préserver le pays des inondations.

Arch. de l'État, à Gand : reg. aux ordonnances du conseil de Flandre de 1204-1337, litt. U, fol. 83 v°.

2 décembre 1511, à Gand. — Ordonnance du conseil de Flandre défendant aux officiers de justice, receveurs et fermiers des domaines, ainsi qu'aux avocats et procureurs, d'intenter ou soutenir des procès concernant les droits du souverain, sans en référer d'abord au procureur général et au conseiller fiscal audit conseil.

Plac. de Fl., liv. Iᵉʳ, p. 280. — Arch. de l'État, à Gand : reg. aux ordonnances du conseil de Flandre de 1291-1557, *litt. U*, fol. 130 vᵒ.

12 décembre 1511, à Malines. — Ordonnance de l'Empereur et de l'archiduc Charles statuant sur un différend entre les habitants de la ville de l'Écluse et ceux de la ville de Damme. Elle confirme les derniers dans leur ancien privilège de pouvoir encaquer le hareng, et révoque les lettres de l'an 1497, quant à la clause qui permettait le déchargement et la vente du hareng encaqué à l'Écluse.

P. Van Duyse, *Inventaire analytique des chartes et documents de la ville de Gand*, p. 300.

17 décembre 1511, à Luve (sic). — Ordonnance de l'Empereur et de l'archiduc Charles défendant l'exportation des grains.

Arch de la ville de Bruges : reg. aux *Hallegheboden*, 1503-1513, fol. 311.

31 décembre 1511, à Malines. — Lettres patentes de l'Empereur et de l'archiduc Charles révoquant, jusqu'à nouvel ordre, et pour des raisons majeures, la franchise de tonlieu dont les habitants d'Aix-la-Chapelle jouissaient dans le Brabant.

F. Verachter, *Inventaire des chartes et privilèges de la ville d'Anvers*, p 101. — Reg. de la ch. des comptes, nᵒ 136, fol. 289.

10 Janvier 1511 (1512, n. st.), à Malines. — Ordonnance de l'Empereur et de l'archiduc Charles prescrivant de republier les ordonnances sur le cours des monnaies, et défendant de donner ou recevoir des monnaies d'or ou d'argent non évaluées dans ces ordonnances.

Reg. de la ch. des comptes, nᵒ 136, fol. 287.

16 Janvier 1511 (1512, n. st.), à Gand. — Ordonnance du conseil de Flandre prescrivant l'expulsion immédiate de la Flandre des Égyptiens qui s'y trouvent, avec défense à ceux-ci d'y revenir, à moins de produire une autorisation de l'Empereur.

> Arch. de la ville de Bruges : reg aux *Halleghebodden*, 1503-1513, fol. 241 v°.

31 janvier 1511 (1512, n. st.), à Malines. — Ordonnance de l'Empereur et de l'archiduc Charles enjoignant à Félix, se disant *comte de la petite Égypte*, et à tous les Égyptiens en général qui se trouvent aux Pays-Bas, d'en sortir dans les quatre jours, avec stricte défense d'y rentrer.

> F. VERACHTER, *Inventaire des chartes et privilèges de la ville d'Anvers*, p. 191. — VAN DOREN, *Supplément à l'inventaire des chartes de la ville de Malines*, t. Ier, p. 89. — Arch. de la ville de Bruges : reg aux *Halleghebodden*, 1503-1513, fol. 313.

31 janvier 1511 (1512, n. st.), à Malines. — Ordonnance de l'Empereur et de l'archiduc Charles portant défense de vendre des vins de France et d'Espagne dans des futailles qui ne seraient pas jaugées, examinées et marquées par les jaugeurs jurés.

> F. VERACHTER, *Inventaire des chartes et privilèges de la ville d'Anvers*, p. 191.

3 février 1511 (1512, n. st.), à Malines. — Ordonnance de l'Empereur et de l'archiduc Charles défendant à tous officiers de justice et aux juges subalternes en Flandre, etc., d'accorder aux criminels condamnés et exécutés la sépulture en terre sainte, et statuant que leurs cadavres resteront attachés aux gibets, roues, fourches, etc., pour servir d'exemple.

> *Plac. de Fl.*, liv. Ier, p. 214. — Arch. de la ville de Bruges : reg. aux *Halleghebodden*, 1503-1513, fol. 311.

18 février 1511 (1512, n. st.), à Malines. — Ordonnance de l'Empereur et de l'archiduc Charles portant règlement pour la fabrication et la vente de la bière et pour la vente du pain et d'autres denrées dans les communes de Contich et de Waerloos.

> Reg. de la ch. des comptes, n° 633, fol. 189 v°.

2 mars 1511 (1512, n. st.), à Malines. — Ordonnance de l'Empereur et de l'archiduc Charles qui, vu la violation des traités par les villes de Lubeck, Stralsund, Wismar et Lunebourg et leurs vexations, défend d'avoir avec elles des relations commerciales ou autres.

F. Verachter, *Inventaire des chartes et privilèges de la ville d'Anvers*, p. 191.

5 mars 1512, à Francfort. — Lettres patentes de l'Empereur confirmant les privilèges accordés par ses prédécesseurs aux habitants du duché de Brabant, et notamment celui de l'empereur Charles IV, du 8 des calendes d'août 1349, en vertu duquel ils ne pouvaient être attraits en justice hors de ce duché.

Plac. de Brab., t. Ier, p. 217.

29 mars 1511 avant Pâques (1512, n. st.), à Malines. — Lettres patentes de l'Empereur et de l'archiduc Charles autorisant le magistrat de Tirlemont à rétrécir les fortifications de la ville, selon le plan qui a été dressé, et, à cet effet, à démolir l'enceinte existante et à acquérir les terrains nécessaires pour former la nouvelle enceinte. Les habitants de la ville et de sa mairie, sans exception, étaient tenus de travailler à ces fortifications et d'y employer leurs chevaux et leurs charrettes.

Reg. de la ch. des comptes, n° 633, fol. 107.

31 mars 1511 avant Pâques (1512, n. st.), à Malines. — Ordonnance de l'Empereur et de l'archiduc Charles rendue sur la requête du magistrat de la ville de Landen. Elle statue que tous les habitants de cette ville et de sa mairie, de quelque condition qu'ils soient, sont tenus de travailler à la restauration des remparts, d'y employer leurs chevaux et leurs charrettes deux jours par mois, et d'y veiller la nuit, chaque fois qu'ils en seront requis.

Reg. de la ch. des comptes, n° 633, fol. 104.

21 mai 1512, à .... — Ordonnance de l'Empereur et de l'archiduc Charles statuant qu'en cas de rappel de ban, les échevins de Gand peuvent et doivent donner leur consentement pour que les bannis rentrent dans la ville.

Arch. de la ville de Gand : *Rooden Boeck*, fol. 170.

25 mai 1512, à Bruxelles. — Ordonnance de l'Empereur et de l'archiduc Charles prescrivant aux marchands de bière, en Flandre, de restituer à leurs propriétaires les tonneaux de bière de Gouda, dès qu'ils seront vides, avec défense d'acheter ces tonneaux et de les remplir de leurs propres produits, en vendant ceux-ci pour de la bière de Gouda.

Plac. de Fl., liv. Ier, p. 605.

25 mai 1512, à Gand. — Ordonnance du conseil de Flandre prescrivant de republier celle, y insérée, de Philippe, roi de Castille, du 21 juillet 1506, rendue contre les vagabonds et gens sans aveu.

Arch. de la ville de Bruges : reg aux *Hallegheboden*, 1503-1513, fol. 352.

29 mai 1512, à Bruxelles. — Ordonnance de l'Empereur et de l'archiduc Charles défendant d'exporter des tonneaux de harengs qui ne seraient ni jaugés ni marqués ou qui n'auraient pas les dimensions voulues, à peine de confiscation.

Plac. de Fl., liv. Ier, p. 315. — F. Verachter, *Inventaire des charles et privilèges de la ville d'Anvers*, p. 192. — Arch. de la ville de Bruges : reg aux *Halleghebalen*, 1503-1513, fol. 355.

5 juin 1512, à Gand. — Ordonnance du conseil de Flandre par laquelle, vu les fraudes commises dans la contenance des tonneaux à harengs, il est enjoint à ceux qui les confectionnent de les faire jauger et marquer.

Arch. de la ville de Bruges : reg. aux *Halleghebalen*, 1503-1513, fol. 355.

18 juin 1512, à Bruxelles. — Ordonnance de l'Empereur et de l'archiduc Charles statuant que personne ne pourra vendre à des étudiants ou à des étrangers des rentes constituées à charge du

pays durant les divisions des années 1488 et 1489, comme l'ayant été
à haute monnaie et sans les solennités requises.

Van Duyse, *Inventaire des chartes et documents de la
ville de Gand*, p. 306.

22 juin 1512, au château de Tervueren. — Lettres
de l'Empereur et de l'archiduc Charles par lesquelles, à la demande
des nations de la ville de Bruxelles, ils déchargent et destituent de
leur administration les neuf receveurs institués par les lettres du
12 mai 1509 (1) et leur prescrivent d'en rendre compte. Les nations
sont autorisées à remplacer ces receveurs par quatre autres,
qu'elles éliront et qui administreront les finances de la ville de
concert avec un receveur des lignages qu'eux, Empereur et Archiduc,
nommeront suivant les règles à observer pour l'élection susdite, qui
se fera annuellement à la Saint-Jean. Pour le surplus, les lettres
de 1509 resteront en vigueur.

Reg. de la ch. des comptes, n° 633, fol. 208.

6 juillet 1512, à Bruxelles. — Ordonnance de l'Empereur et de l'archiduc Charles défendant la sortie des armes offensives
et défensives et des munitions de guerre, sous peine de confiscation.

Plac. de Fl., liv. I⁰ʳ, p. 714. — Arch. de la ville de Bruges :
reg. aux *Hallegheboden*, 1503-1513, fol. 358.

11 juillet 1512, à Maestricht. — Ordonnance de l'Empereur et de l'archiduc Charles statuant que les marchands piémontais
autorisés à tenir des tables de prêt dans le Brabant et les pays d'Outre-
Meuse pourront pleinement et librement jouir des privilèges qu'ils
ont obtenus à cet effet, nonobstant l'ordonnance du 9 avril 1511 (n. st.),
qui supprimait les tables de prêt (2).

Reg. de la ch. des comptes, n° 633, fol. 221.

12 juillet 1512, à Bruxelles. — Ordonnance de l'Empereur et de l'archiduc Charles défendant aux gens de guerre de moles-

(1) Voy. p. 17.
(2) Voy. p. 25.

ter, d'une manière quelconque, les marchands qui parcourent le pays, à peine d'être tenus pour perturbateurs de la paix et violateurs des chemins publics.

Arch. de la ville de Bruges : reg aux *Hallegheboden*, 1503-1513, fol. 559.

12 août 1512, à Bruxelles. — Ordonnance de l'Empereur et de l'archiduc Charles défendant de tuer ou prendre le gros gibier, tel que cerfs, chevreuils et sangliers.

Arch. de la ville de Bruges : reg aux *Hallegheboden*, 1503-1513, fol. 331 v°.

16 août 1512, à Bruxelles. — Ordonnance de l'Empereur et de l'archiduc Charles statuant, à la requête des échevins d'Ypres, que les seize poissonniers dont ils viennent d'augmenter la corporation des poissonniers de cette ville devront être choisis parmi les personnes capables et bien famées, et qu'ils seront obligés d'exercer le métier par eux-mêmes, et non par personnes interposées.

Diegerick, *Inventaire des chartes et documents de la ville d'Ypres*, t. V, p. 63

17 août 1512, à .... — Ordonnance de l'Empereur et de l'archiduc Charles défendant aux brasseurs d'employer les tonnes vides de bière de Gouda (1).

Arch. de la ville de Bruges : reg. aux *Hallegheboden*, 1503-1513, fol. 303 v°.

15 octobre 1512, à Bruxelles. — Ordonnance de l'Empereur et de l'archiduc Charles défendant d'introduire dans les Pays-Bas et d'y vendre ou échanger, d'une manière quelconque, des marchandises prises en mer sur des sujets de puissances voisines, et prescrivant, le cas échéant, de saisir les marchandises et de les mettre en dépôt.

Arch. de la ville de Bruges : reg. aux *Hallegheboden*, 1503-1513, fol. 569 v°.

---

(1) Voy. au 25 mai précédent, p. 32.

1ᵉʳ novembre 1512, à .... — Déclaration de l'Empereur et de l'archiduc Charles donnée sur la requête de la confrérie de Saint-George, à Gand, et statuant que les dons mortuaires dont des membres de cette confrérie ont fait la promesse sont dus par leurs veuves, et doivent leur être demandés en justice au lieu de leur domicile.

Arch. de la ville de Gand, *Ouden rooden Boeck*, D, fol. 359.

10 novembre 1512, à Bruxelles. — Ordonnance de l'Empereur et de l'archiduc Charles défendant de chasser dans les forêts et bois de Soigne, de Meerdael, de Grootenhout, Saventerloo et Grootheyst, réservés au souverain.

Plac. de Brab., t. III, p. 500. — Reg. de la ch. des comptes, n° 130, fol. 304 v°.

11 décembre 1512, à Malines. — Instruction de l'archiduchesse Marguerite au procureur général près le grand conseil de Malines, envoyé vers le conseil de Flandre et les sièges de la gouvernance de Lille et de Douai, pour leur signifier la défense de donner suite, en Flandre, aux nominations à des bénéfices que faisaient les cardinaux du concile de Pise et l'université de Paris.

Reg. du grand cons. de Malines, n° 1, fol. 299.

24 décembre 1512, à Gand. — Ordonnance du conseil de Flandre prescrivant la publication de la paix publique (*heerlike vrede*).

Arch. de la ville de Bruges : reg. aux *Halleghcboden*, 1503-1513, fol. 378.

24 janvier 1512 (1513, n. st.), à Malines. — Ordonnance de l'Empereur et de l'archiduc Charles défendant, vu l'état de pauvreté de la ville de Nivelles, aux membres et aux suppôts du chapitre de Sainte-Gertrude de vendre, pendant le terme de trois ans, du vin en gros ou en détail, à l'exception de celui qui est déposé dans le cellier commun du chapitre.

Reg. de la ch. des comptes, n° 635, fol. 239 v°.

3 février 1512 (1513, n. st.), à Paris. — Arrêt du

parlement de Paris défendant aux habitants de la ville de Tournai, les privilégiés exceptés, de recevoir du vin en leurs maisons sans en acquitter l'accise ; statuant toutefois qu'ils en peuvent recevoir en franchise, quand les privilégiés seuls sont admis à en boire, et interdisant aux habitants d'aller boire chez les privilégiés, à moins qu'ils n'en payent l'accise.

Original, aux archives de la ville de Tournai.

14 février 1512 (1513, n. st.), à Malines. — Ordonnance de l'Empereur et de l'archiduc Charles défendant de tenir des marchés de grains au plat pays, en Flandre, ces marchés étant réservés aux villes privilégiées.

Arch. de la ville de Bruges : reg aux Hallegheboden, 1505-1513, fol. 580

19 février 1512 (1513, n. st.), à Malines. — Ordonnance de l'Empereur et de l'archiduc Charles prescrivant la publication et la stricte observation de la dernière ordonnance sur le cours des monnaies, vu qu'on ne cessait d'y contrevenir.

Arch. de la ville de Bruges : reg. aux Hallegheboden, 1505-1513, fol. 578 v°.

23 février 1512 (1513, n. st.), à Malines. — Ordonnance de l'Empereur et de l'archiduc Charles défendant toutes relations avec les habitants de la Gueldre, sous peine de confiscation de corps et de biens.

F. Verachter, Inventaire des chartes et privilèges de la ville d'Anvers, p. 192.

24 mars 1512 avant Pâques (1513, n. st.), à Malines. — Lettres patentes de l'Empereur et de l'archiduc Charles confirmant le règlement de la confrérie et chambre de rhétorique de Gand nommée *Jesus metter balsem blommen*, fait par Pierre Deltiers, prêtre, prince de ladite confrérie.

P. Van Duyse, Inventaire des chartes et documents de la ville de Gand, p. 507.

1er avril 1513, à .... — Décret de l'archiduchesse Marguerite

touchant la manière dont les jeunes chanoinesses du chapitre d'An-
denne doivent être tenues, régies, gouvernées et enseignées pendant
le temps de leur écolage et l'année de leur stricte résidence.

> Cité dans un décret de l'archiduchesse Marie-Élisabeth,
> du 20 mai 1730, qui est au registre n° 308 du conseil
> privé, fol 660.

6 avril 1513, à Malines. — Ordonnance de l'Empereur
et de l'archiduc Charles portant qu'ils prennent sous leur sauvegarde
les officiers de justice et les exécuteurs des hautes œuvres; défendant
de les injurier ou maltraiter, sous peine de la vie (1).

> *Plac. de Fl.*, liv. 1er, p. 215. — Arch. de la ville de Bruges :
> reg. aux *Halleghebolen*, 1503-1513, fol. 383.

28 avril 1513, à Bruxelles. — Mandement de l'archiduchesse Marguerite aux receveurs des droits de tonlieu pour qu'ils ne
lèvent pas ces droits sur les marchands d'Anvers qui déclarent les
marchandises dont leurs navires sont chargés.

> F. Verachter, *Inventaire des chartes et privilèges de la
> ville d'Anvers*, p. 192.

4 mai 1513, à Bruxelles. — Ordonnance de l'Empereur
et de l'archiduc Charles défendant, en conformité des ordonnances
antérieures, la chasse dans la Flandre à tous et un chacun, sauf aux
gentilshommes et aux gens de bien qui ont le droit de chasser.

> Arch. de la ville de Bruges : reg. aux *Halleghebolen*, 1503-
> 1513, fol. 389.

20 mai 1513, à Bruxelles. — Ordonnance de l'Empereur
et de l'archiduc Charles défendant strictement aux gens de guerre de
loger chez les habitants sans payer leur écot.

> Arch. de la ville de Bruges : reg. aux *Halleghebolen*, 1503-
> 1513, fol. 383 v°.

24 mai 1513, à Bruxelles. — Ordonnance de l'Empereur

---

(1) L'ordonnance rappelle qu'à Malines le peuple avait tellement maltraité le bourreau pour
avoir mal exécuté un condamné, qu'il était mort de ses blessures.

et de l'archiduc Charles défendant d'acheter des draps anglais à Middelbourg, où des marchands d'Angleterre en avaient déballé sans aucune déclaration préalable, au détriment de la franche foire d'Anvers.

F. VERACHTER, *Inventaire des chartes et privilèges de la ville d'Anvers*, p. 193.

22 juin 1513, à Bruxelles. — Lettres patentes de l'Empereur et de l'archiduc Charles par lesquelles, sur la requête des neuf nations de Bruxelles, ils prorogent, pour un terme de quatre années, et à certaines conditions, les dispositions concernant l'administration de cette ville prescrites le 12 mai 1509 (1). Les nations avaient sollicité une prorogation de dix ou douze années.

Reg. de la ch. des comptes, n° 635, fol. 203 v°.

22 juin 1513, à Bruxelles. — Ordonnance de l'Empereur et de l'archiduc Charles prescrivant, en faveur de la ville de Vilvorde, différentes mesures pour le payement et le remboursement des rentes à la charge de cette ville et pour la constitution de rentes nouvelles.

Reg. de la ch. des comptes, n° 635, fol. 259 v°.

6 juillet 1513, à Bruxelles. — Ordonnance de l'Empereur et de l'archiduc Charles défendant aux Égyptiens d'entrer dans la Flandre, et prescrivant d'expulser ceux qui s'y trouvent.

Arch. de la ville de Bruges : reg. aux *Hallegheboden*, 1503-1513, fol. 201.

21 juillet 1513, à Bruxelles. — Ordonnance par laquelle l'Empereur et l'archiduc Charles, sur la plainte des francs bouchers de la ville d'Ypres, défendent aux échevins de cette ville d'autoriser des bouchers non francs, ou d'autres quelconques personnes, à vendre de la viande hors du local des boucheries, et enjoignent de mettre à néant toutes les keures et ordonnances qui ont été faites à cet égard.

DIEGERICK, *Inventaire des chartes et documents de la ville d'Ypres*, t V, p. 97.

(1) Voy. p. 17.

4 août 1513, à .... — Mandement de l'Empereur et de l'archiduc Charles à l'amman de Bruxelles pour que, le 9 août, il fasse publier en cette ville le traité de trève qui a été conclu, en leur nom, entre l'archiduchesse Marguerite et le duc Charles de Gueldre, le 31 juillet précédent, ainsi qu'ils ont ordonné que cela soit fait dans les autres chefs-villes de Brabant, à Maestricht et dans les pays d'Outre-Meuse.

Reg. de la ch. des comptes, n° 136, fol 507.

23 août 1513, à Lille. — Ordonnance de l'Empereur et de l'archiduc Charles défendant, en conformité de l'ordonnance du 3 juillet 1512 (1), la sortie des armes et munitions de guerre.

Plac. de Fl., liv Ier, p. 714.— Arch. de la ville de Bruges: reg. aux *Halleghcboden*, 1513-1530, fol. 1 v°.

3 septembre 1513, à .... — Mandement de l'Empereur et de l'archiduc Charles défendant à leurs gens de guerre de molester les Tournaisiens.

Original, aux archives de la ville de Tournai.

29 septembre 1513, à Bruxelles. — Ordonnance de l'Empereur et de l'archiduc Charles enjoignant aux habitants du Limbourg de faire les corvées nécessaires, en journées et en charriages, pour la réparation des remparts et du château de la ville de Limbourg, où un grand incendie avait éclaté (2).

Reg. de la ch. des comptes, n° 136, fol. 306.

30 septembre 1513, à Tournai. — Lettres d'Henri VIII, roi de France et d'Angleterre, par lesquelles il confirme et approuve tous les privilèges, droits, coutumes, usages, franchises, libertés, noblesses, prérogatives, dons, grâces et octrois dont les bourgeois et habitants de Tournai jouissaient lors de la réduction de cette ville sous son obéissance.

Original, aux archives de la ville de Tournai.

(1) Cette ordonnance n'a pas été trouvée.
(2) *Voy.*, p. 27, l'ordonnance du 11 juillet 1511.

1er octobre 1513, à Tournai. — Lettres de non-préjudice données par Henri VIII aux Tournaisiens, à cause qu'il avait rendu l'habitation de la ville aux bannis.

Original, aux archives de la ville de Tournai.

5 octobre 1513, à Bruxelles. — Ordonnance de l'Empereur et de l'archiduc Charles défendant de chasser à quiconque n'en a pas le droit, sous peine de cinquante livres d'or, et statuant que les paysans seront obligés de mettre une entrave au cou de leurs chiens mâtins.

Arch. de la ville de Furnes: Recueil imprimé de placards sur la chasse, Gand, 1726, in-4°.

6 octobre 1513, à Tournai. — Lettres d'Henri VIII accordant aux habitants de Tournai qui voudront quitter cette ville et emporter leurs biens, la faculté de le faire, pourvu que ce ne soit pas pour se retirer en pays ennemi.

Original, aux archives de la ville de Tournai.

8 octobre 1513, à Tournai. — Lettres de l'Empereur et de l'archiduc Charles par lesquelles ils permettent aux bourgeois et habitants de Tournai de hanter leurs pays, terres et seigneuries, et y commercer franchement et sûrement.

Original, aux archives de la ville de Tournai.

10 octobre 1513, à Tournai. — Lettres d'Henri VIII par lesquelles il confirme les priviléges, droits, seigneuries, possessions, juridictions et prérogatives octroyés par ses prédécesseurs et toutes autres dévotes personnes aux doyen et chapitre de l'église cathédrale de Tournai.

Cartulaire de la cathédrale de Tournai.

28 octobre 1513, à Gand. — Lettres patentes de l'Empereur et de l'archiduc Charles octroyant et accordant aux bourgmestres, échevins et conseil de la ville de Bruges que les marchands qui apporteront en cette ville, le vendredi et le samedi de chaque semaine, leurs marchandises et denrées, ou qui y en viendront acheter, pourront le faire en toute sûreté, sans que, sous prétexte d'arrérages de rentes et autres dettes, les magistrats des villes d'où ils partent et où ils demeurent puissent les faire arrêter ou molester : le tout tant qu'il plaira auxdits Empereur et Archiduc.

> Arch. de la ville de Bruges : reg aux *Hallegheboden*, 1513-1530, fol. 7 v°.

20 octobre 1513, à Gand. — Ordonnance par laquelle l'Empereur et l'archiduc Charles, vu les excès auxquels se livraient, dans le west-quartier de Flandre, les gens de guerre qui avaient été au service du roi d'Angleterre, statuent que tous gens d'armes quelconques auront à se retirer incontinent, savoir : ceux retenus ou avoués de maîtres dans leurs garnisons, et les autres non retenus ni avoués, chacun dans sa demeure, à peine d'être sévèrement punis.

> Arch. de la ville de Bruges : reg aux *Hallegheboden*, 1513-1530, fol. 7.

25 novembre 1513, à Bruxelles. — Lettres patentes de l'Empereur et de l'archiduc Charles par lesquelles ils promettent, et donnent leur parole de princes, de ne plus accorder de lettres quelconques qui suspendent le payement des rentes viagères constituées par la ville de Bruxelles et qu'elle allait encore constituer à concurrence de 1,200 florins de Rhin par an.

> Reg. de la ch. des comptes, n° 633, fol 287 v°.

1er décembre 1513, à Malines. — Ordonnance par laquelle l'Empereur et l'archiduc Charles, vu le grand nombre de chevaux que les étrangers venaient acheter aux Pays-Bas, en défendent l'exportation, à peine de confiscation et de punition arbitraire.

> Arch. de la ville de Bruges : reg. aux *Hallegheboden*, 1513-1530, fol 9.

1er décembre 1513, à Malines. — Ordonnance de l'Empereur et de l'archiduc Charles défendant la sortie des grains en ce qui concerne la Flandre, attendu, y est-il dit, que cette province n'en produit pas assez pour sa consommation.

> Arch. de la ville de Bruges : reg aux *Hallegheboden*, 1513-1530, fol. 10.

11 décembre 1513, à Malines. — Ordonnance de l'Empereur et de l'archiduc Charles réitérant la défense d'exporter du salpêtre, de la poudre, des munitions et des équipements de guerre.

> Arch. de la ville de Bruges : reg. aux *Hallegheboden*, 1513-1530, fol. 11 v°.

16 décembre 1513, à Bruxelles. — Lettres patentes de l'Empereur et de l'archiduc Charles révoquant leurs lettres de franchise accordées aux habitants d'Aix-la-Chapelle.

> F. Verachter, *Inventaire des chartes et privilèges de la ville d'Anvers*, p. 104.

17 décembre 1513, à Malines. — Ordonnance de l'Empereur et de l'archiduc Charles qui, vu le prix élevé des aluns, en réduit l'impôt à la moitié à partir du 1er janvier suivant, avec défense aux commis préposés à la recette de cet impôt de percevoir davantage, à peine de punition arbitraire.

> Arch. de la ville de Bruges : reg. aux *Hallegheboden*, 1513-1530, fol. 14 v°.

24 décembre 1513, à Gand. — Ordonnance du conseil de Flandre statuant, ensuite des ordres de l'Empereur et de l'archiduc Charles, que la paix publique dite *heerlike vrede* continuera jusqu'à la Saint-Jean de l'année suivante.

> Arch. de la ville de Bruges : reg. aux *Hallegheboden*, 1513-1530, fol. 14.

21 janvier 1513 (1514, n. st.), à Bruxelles. — Lettres patentes de l'Empereur et de l'archiduc Charles par lesquelles, considérant que les habitants de l'avouerie de Moll, Balen et Desschel, située aux frontières du pays de Liége, doivent constamment se tenir en garde contre l'ennemi qui chercherait à pénétrer par là en Brabant, ils les exemptent, eux et leurs descendants, de l'obligation de travailler aux fortifications de la ville d'Hérenthals et de contribuer à ses charges, comme ils y étaient tenus, avec tout le quartier, ensuite des lettres de Jeanne, duchesse de Brabant, de l'année 1357, et de Jean, duc de Brabant, du 20 août 1423.

> Reg. de la ch. des comptes, n° 635, fol. 201.

7 février 1513 (1514, n. st.), à Bruxelles. — Ordonnance de l'Empereur et de l'archiduc Charles défendant de pêcher dans la Senne et autres cours d'eau, à Bruxelles et dans l'ammanie de cette ville, avec des filets de l'espèce y indiquée, à peine de confiscation de ces filets et d'une amende de dix philippus d'or pour chaque contravention; prescrivant, de plus, à tous ceux ayant des prairies et des terres le long de la Senne, de procéder au curage de cette rivière là où elle présente des éboulements et se trouve ensablée ou menacée de l'être, et cela au plus tard dans un mois ou six semaines, sous la même peine de dix philippus d'or. L'Empereur et l'Archiduc statuent, en outre, que ceux qui voudront louer la pêche de la Senne devront s'entendre pour le prix avec le receveur des domaines au quartier de Bruxelles, et qu'ils ne pourront se servir que de filets nouveaux ayant des mailles assez larges pour laisser passer le menu poisson et le frai.

Plac. de Brab., t. III, p 551 (1). — Reg. de la ch. des comptes, n° 130, fol. 313.

26 février 1513 (1514, n. st.), au palais de Westminster. — Ordonnance d'Henri VIII établissant et commettant à Tournai cinq notables personnages, clercs et licenciés, pour connaître et juger de toutes causes et matières concernant les habitants de Tournai, du Tournaisis, de Térouane et autres pays soumis à son obéissance, en la manière que le faisait la cour de parlement de Paris, avec un greffier et deux huissiers.

Original, aux archives de la ville de Tournai.

26 février 1513 (1514, n. st.), au palais de Westminster. — Ordonnance d'Henri VIII par laquelle il déclare exécutoires les arrêts rendus par le parlement de Paris avant la réduction de la ville de Tournai sous son obéissance, comme s'ils avaient été rendus par ses propres juges, à condition toutefois de prendre placet ou attache du bailli de Tournai.

Archives de la ville de Tournai.

26 février 1513 (1514, n. st.), au palais de West-

(1) Cette ordonnance y porte la date du 8 février.

minster. — Lettres d'Henri VIII par lesquelles il donne pouvoir aux prévôts, jurés, consaux et communauté de Tournai de lever, toutes les fois que bon leur semblera, la sixième partie des grains passant en cette ville, par l'Escaut, pour en tenir étaple et les vendre au peuple, ainsi qu'ils l'ont fait précédemment.

Original, aux archives de la ville de Tournai.

16 mars 1513 (1514, n. st.), en son manoir de Greenwich. — Lettres par lesquelles Henri VIII déclare que ses sujets de Tournai, Tournaisis, Mortagne, Saint-Amand et appartenances peuvent venir, hanter, converser, marchander, acquérir rentes, terres et héritages en son royaume d'Angleterre, et en exporter toute sorte de denrées et marchandises, comme ses sujets anglais, et, de plus, qu'ils doivent jouir entièrement de leurs franchises et privilèges confirmés par lui, spécialement en ce qui concerne la draperie.

Original, aux archives de la ville de Tournai.

19 mars 1513 (1514, n. st.), au manoir de Greenwich. — Lettres d'Henri VIII par lesquelles il donne aux prévôts, jurés, échevins, esgardeurs, doyens et sous-doyens de la ville de Tournai toutes les rentes et pensions, y compris les arrérages, dues par le corps de la ville à des personnes résidant en pays à lui contraires.

Original, aux archives de la ville de Tournai.

28 avril 1514, à Malines. — Lettres patentes de l'Empereur et de l'archiduc Charles approuvant et confirmant en tous ses points l'accord fait entre les échevins d'Ypres, d'une part, et les francs bouchers de la même ville, d'autre part, au sujet de difficultés surgies entre eux et pour lesquelles les deux parties étaient en procès devant le conseil de Flandre.

DIEGERICK, *Inventaire des chartes et documents de la ville d'Ypres*, t. V, p. 73.

3 mai 1514, à Bruxelles. — Lettres patentes de l'Empereur et de l'archiduc Charles autorisant le magistrat de la ville de Léau à instituer un serment de couleuvriniers et à y faire entrer qui bon lui semblera, même par contrainte. Ce serment aura à se régler et à se conduire à l'instar des couleuvriniers de Louvain et de ceux d'autres villes.

Reg. de la ch. des comptes, n° 635, fol. 300 v°.

8 mai 1514, à Malines. — Mandement de l'Empereur et de l'archiduc Charles pour l'exécution de l'union, accordée par le pape Jules II, des biens de l'église paroissiale de Saint-Martin, en la ville de Leuze, à la table capitulaire de Saint-Pierre, en la même ville, les opposants ou ceux qui refuseraient de s'y conformer devant se pourvoir par-devant le grand bailli et le conseil de Hainaut.

Arch. de l'État, à Mons : États de Hainaut, lay. XVI, n° 167.

21 mai 1514, à Malines. — Ordonnance de l'Empereur et de l'archiduc Charles concernant les mutineries des gens de guerre.

Arch. de la ville de Bruges : reg aux *Hallegheboden*, 1513-1550, fol. 23.

10 juillet 1514, à Bruxelles. — Ordonnance de l'Empereur et de l'archiduc Charles sur le glanage dans le duché de Brabant. Elle fixe le salaire extraordinaire des gardes ruraux (*preters*) à une gerbe de seigle à payer annuellement par chaque cultivateur.

Reg. de la ch. des comptes, n° 110, fol. 61, et n° 137, fol. 314.

21 août 1514, à Bruxelles. — Lettres patentes de l'Empereur et de l'archiduc Charles autorisant le magistrat d'Anvers à exercer la justice dans la seigneurie de Deurne, en y instituant un collège composé d'un écoutète et de sept échevins, en remplacement des hommes de fief, et fixant le salaire dont cet écoutète et ces échevins jouiront à titre de leurs fonctions.

F. VERACHTER, *Inventaire des chartes et privilèges de la ville d'Anvers*, p. 101. — Reg. de la ch. des comptes, n° 635, fol. 311.

En septembre 1514, à Bruxelles. — Lettres patentes de

l'Empereur et de l'archiduc Charles portant établissement, à Namur, d'un franc marché, qui se tiendra le samedi de chaque semaine.

St. Borvins, *Cartulaire de la commune de Namur*, t. III, p. 313. — Arch. de l'État, à Namur : reg aux ordonnances de 1583-1651.

9 septembre 1514, à Gand. — Sentence du conseil de Flandre confirmant le privilège en vertu duquel les bourgeois d'Ypres étaient exempts de toute imposition pour leurs propriétés situées hors de l'échevinage de cette ville, dans toute l'étendue de la Flandre, lorsqu'ils les habitaient et les exploitaient eux-mêmes, pourvu toutefois qu'ils contribuassent dans les charges et les impositions de leur ville.

Diegerick, *Inventaire des chartes et documents de la ville d'Ypres*, t. V, p. 76.

3 octobre 1514, à Bruxelles. — Ordonnance de l'Empereur et de l'archiduc Charles portant que, pour les impositions qui sont établies en dehors du transport de Flandre, tout habitant de cette province contribuera dans le lieu où il réside réellement et d'après l'importance de ses ressources dans ce lieu; qu'en outre, ceux qui possèdent des exploitations agricoles ou autres là où ils ne résident pas, y seront également imposés d'après l'importance de ces exploitations. Cette ordonnance abroge toutes les dispositions, ordonnances, sentences, etc., qui y seraient contraires, ainsi que les dispositions du transport de Flandre avec lesquelles elle ne s'accorderait pas : les autres points du transport susdit devant rester en pleine vigueur.

Diegerick, *Inventaire des chartes et documents de la ville d'Ypres*, t. V, p. 77. — Reg. du grand conseil de Malines, n° 1, fol. 456. — Arch. de la ville de Bruges : reg aux *Hallegheboden*, 1513-1550, fol. 44.

5 octobre 1514, à Bruxelles. — Placard de l'Empereur et de l'archiduc Charles défendant sévèrement de chasser en Flandre à quiconque n'en a pas le droit.

Plac. de Fl., liv Ier, p. 409. — Arch. de la ville de Bruges : reg. aux *Hallegheboden*, 1513-1550, fol. 37 v°.

17 octobre 1514, à Bruxelles. — Ordonnance de l'Empereur et de l'archiduc Charles défendant, sous peine d'encourir leur indignation et de punition arbitraire, d'enlever de vive force des mains des lieutenants et sergents du grand bailli de Flandre les malfaiteurs qu'ils conduisent.

Plac. de Fl., liv. Ier, p. 231.

3 novembre 1514, à Gand. — Ordonnance du conseil de Flandre prescrivant la publication de la paix qui venait d'être conclue entre le roi d'Angleterre et le roi de France, et dans laquelle était compris l'archiduc Charles. En conséquence, les rapports commerciaux et autres étaient rétablis entre les trois États, et les intéressés qui auraient des réclamations à faire pour dommages soufferts par suite de la guerre, pourraient les présenter aux conférences qui auraient lieu à Péronne le 15 décembre suivant.

Arch. de la ville de Bruges : reg. aux *Hallegheboden*, 1513-1550, fol. 35 v°.

12 décembre 1514, à Bruxelles. — Lettres patentes de l'Empereur et de l'archiduc Charles permettant aux magistrats de Gand d'accepter, de leurs bourgeois, les sommes nécessaires pour racheter des forains et étrangers les rentes que ceux-ci possédaient à charge de la ville, et qui avaient été créées dans des circonstances urgentes.

P. Van Duyse, *Inventaire des chartes et documents de la ville de Gand*, p. 308.

12 décembre 1514, à .... — Déclaration de l'archiduchesse Marguerite portant, ensuite des réclamations des échevins de Bruges et d'Ypres, que l'ordonnance du 3 octobre précédent (1) sera exécutoire, sauf les priviléges desdites villes, et sans porter aucun préjudice ni à ces priviléges, ni aux sentences prononcées à cet égard, ni aux conventions et transactions passées.

Diegerick, *Inventaire des chartes et documents de la ville d'Ypres*, t. V, p. 78.

16 décembre 1514, à Bruxelles. — Ordonnance de

(1) *Voy.* p. 46.

l'Empereur et de l'archiduc Charles statuant, par interprétation de
celle du 17 octobre précédent (1), que le grand bailli de Flandre, ses
lieutenants et sergents, en étant requis, doivent remettre aux magistrats des villes où ils passent les malfaiteurs qu'ils conduisent, lorsque
ceux-ci sont des bourgeois desdites villes.

Plac. de Fl., liv. 1er, p 253. — DIEGERICK, *Inventaire des
charles et documents de la ville d'Ypres*, t. V, p. 79. —
Arch. de l'État, à Gand : reg. aux ordonnances du conseil
de Flandre de 1294-1557, *litt. U*, fol. 47 v°. — Arch. de
la ville de Bruges : reg aux *Halleghebeden*, 1313-1550,
fol. 43 v°.

21 décembre 1514, à Inspruck. — Lettres patentes de
l'Empereur par lesquelles il commet l'archiduchesse Marguerite, le
duc Frédéric de Bavière, le comte Félix de Wurtemberg, le président
de Pleine et Nicaise Hackeney pour, en son nom, émanciper son
petit-fils l'archiduc Charles.

Bulletins de la Commission royale d'histoire, 2e série,
t. VII, p. 71.

0 janvier 11 (1515, n. st.), à Bruxelles. — Lettre de
Charles, prince d'Espagne, etc., archiduc d'Autriche, duc de Bourgogne, de Lothier, de Brabant, etc., au grand conseil de Malines (2),
par laquelle il l'informe que l'Empereur, son grand-père, l'a émancipé
et qu'il a pris possession du gouvernement des Pays-Bas; qu'en conséquence, c'est en son nom que devront être dorénavant expédiés
les actes du conseil. Cette dépêche est accompagnée d'un formulaire
contenant les titres officiels du prince (3).

Reg. du grand conseil de Malines, n° 1, p. 504.

10 janvier 1514 (1515, n. st.), à Louvain. — Commission donnée par Charles, prince d'Espagne, archiduc d'Au-

---

(1) Voy. p. 46.

(2) La même lettre dut être adressée aux autres conseils des Pays-Bas.

(3) Voici ce formulaire : « CHARLES, par la grâce de Dieu, prince d'Espaigne, des Deux-
» Céciles, de Hiérusalem, etc., archiduc d'Austriche, duc de Bourgogne, de Lothier, de
» Brabant, de Stiere, de Carinte, de Carniole, de Limbourg, de Luxembourg et de Gheldres,
» conte de Flandres, de Hababourg, de Tirol, d'Artois, de Bourgoigne, palatin, et de Haynault,
» lantgrave d'Elsate, prince de Swave, marquis de Burgauw et du Saint-Empire, de Hollande,
» de Zeelande, de Ferrette, de Kybourg, de Namur et de Zutphen, conte seigneur de Frise,
» des marches d'Esclavonie, de Portenauw, de Salins et de Malines. »

triche, etc., au comte Henri de Nassau pour prêter, en son nom, à cause des comtés de Flandre et d'Artois, foi et hommage au roi de France.

Bulletins de la Commission royale d'histoire, 2ᵉ série, t. V, p. 318.

23 janvier 1514 (1515, n. st.), à Louvain. — Lettres patentes de la Joyeuse-Entrée de Charles, prince d'Espagne, etc., comme duc de Brabant et de Limbourg. Cette charte fondamentale comprend soixante-six articles.

Plac. de Brab., t. IV, p. 405. — *Luyster van Brabant*, p. 231. — Reg. de la ch. des comptes, nᵒ 110, fol. 77, et nᵒ 137, fol. 12.

5 février 1514 (1515, n. st.), à Malines. — Lettres de Charles, prince d'Espagne, etc., contenant le serment prêté par lui, ce jour, à sa réception comme seigneur de Malines, et la confirmation des privilèges de cette ville.

Original, aux archives de la ville de Malines.

19 février 1514 (1515, n. st.), à Anvers. — Déclaration de Charles, prince d'Espagne, statuant sur les différentes doléances que lui avaient faites les députés des villes du duché de Brabant au sujet de l'administration de ce duché.

Reg. de la ch. des comptes, nᵒ 110, fol. 56.

24 février 1514 (1515, n. st.), à Bruxelles. — Ordonnance de Charles, prince d'Espagne, etc., statuant que les officiers de justice et les échevins des villes de Brabant et du plat pays devront jurer, avant les Pâques, qu'ils observeront les articles de sa Joyeuse-Entrée.

Reg. de la ch. des comptes, nᵒ 137, fol. 8.

En mars 1514 avant Pâques (1515, n. st.), à Gand. — Ordonnance de Charles, prince d'Espagne, etc., autorisant toute personne à apporter et vendre, le samedi, jour du marché, dans la ville d'Ypres, toute espèce de viande et de poisson, nonobstant les dispositions contraires des règlements des corporations des bouchers et poissonniers de cette ville.

DIEGERICK, *Inventaire des chartes et documents de la ville d'Ypres*, t. V, p. 82.

4 mars 1514 (1515, n. st.), en son parlement, à Westminster. — Ordonnance d'Henri VIII établissant à Tournai deux tabellions et un scelleur royal, pour y recevoir et sceller tous contrats, marchés et conventions; prescrivant que ces actes seront exécutoires en Angleterre, et que les contrats qui seront faits dans ce royaume par les Tournaisiens seront de même exécutoires à Tournai et dans le Tournaisis.

Original, aux archives de la ville de Tournai.

9 mars 1514 (1515, n. st.), à Gand. — Lettres patentes de Charles, prince d'Espagne, etc., qui prorogent de dix années l'autorisation, accordée par le feu roi de Castille au magistrat de Vilvorde, de lever un droit sur chaque bateau chargé naviguant sur la Senne et passant par cette ville. Les mêmes lettres statuent que dorénavant tous les biens-fonds, les fiefs exceptés, situés dans la franchise de ladite ville, contribueront avec celle-ci dans les aides et autres charges auxquelles elle sera imposée.

Reg. de la ch. des comptes, n° 635, fol. 333.

10 mars 1514 (1515, n. st.), à Gand. — Lettres patentes de Charles, prince d'Espagne, etc., par lesquelles, sur la requête des neuf nations de la ville de Bruxelles, il proroge, pour un nouveau terme de quatre années, les dispositions réglementaires du 12 mai 1509 (1).

Reg. de la ch. des comptes, n° 635, fol. 330.

26 mars 1514 avant Pâques (1515, n. st.), à Gand. — Ordonnance de Charles, prince d'Espagne, etc., portant instruction pour la conduite et le gouvernement de ses finances (2).

Reg. de la ch. des comptes, n° 120, fol. 36 v°, et n° 137, fol. 13.

(1) Voy. p. 17.
(2) Par une lettre du 1er avril suivant, le prince Charles prescrivit aux chambres des comptes

28 mars 1514 avant Pâques (1515, n. st.), à Gand.
— Ordonnance de Charles, prince d'Espagne, etc., par laquelle,
« considérant les grans et pesans affaires qu'il a à supporter et qui
« journellement croissent et lui surviengnent en plusieurs et diverses
« manières, » il casse, révoque et rappelle toutes les pensions,
grandes, moyennes et petites, qui courent à sa charge.

Reg. de la ch. des comptes, n° 137, fol. 12 v°.

28 mars 1514 (1515, n. st.). — Lettres patentes de Charles,
prince d'Espagne, etc., portant que les offices dont il dispose en
Flandre ne pourront être exercés par des étrangers, « excepté par les
« chevaliers de l'Ordre, les seigneurs tenant bannières au pays et
« les étrangers pourvus présentement de tels offices. »

Arch. de la ville de Gand : Nieuwen Roodenboeck, E,
fol. 280 v°.

28 mars 1514 avant Pâques (1515, n. st.), à Gand.
— Lettres patentes de Charles, prince d'Espagne, etc., confirmatives
de celles du 10 mai 1507, du 25 mars 1509 et du 22 décembre 1510 (1)
qui affectent les deniers de l'épargne et autres y désignés à l'exécution
du testament du roi Philippe, son père, et au payement de ses dettes.

Reg. de la ch. des comptes, n° 137, fol. 27 v°.

1er avril 1514 avant Pâques (1515, n. st.), à Gand.
— Mandement de Charles, prince d'Espagne, etc., au conseil de
Flandre pour qu'il fasse connaître, par voie de publication, que tous
ceux qui occupent des offices en vertu de commissions de lui, prince,
ou de ses prédécesseurs, aient à se présenter devant lui, avant le
18 mai suivant, munis de ces commissions, afin qu'il soit décidé s'ils
seront maintenus, ou non, dans lesdits offices.

Arch. de la ville de Bruges : reg. aux Hallegheboden, 1513-
1530, fol. 50 v°.

3 avril 1514 avant Pâques (1515, n. st.), à Gand.

---

de Lille, de Bruxelles et de la Haye de faire lire et publier cette ordonnance, dont copie fut
adressée aussi aux conseils de justice.
(1) Voy. pp. 5, 16 et 21.

—Lettres patentes de Charles, prince d'Espagne, etc., par lesquelles, à l'occasion de son inauguration comme comte de Flandre, il accorde un nouveau terme de quatre ans à la ville de Gand pour payer ses arrérages de rentes et autres dettes.

Arch. de l'État, à Gand : reg. aux ordonnances du conseil de Flandre, 1204-1337, litt. U, fol. 81 v°.

3 avril 1514 avant Pâques (1515, n. st.), à Gand.

— Mandement de Charles, prince d'Espagne, etc., au conseil de Flandre pour qu'il défende, par une ordonnance, la sortie des grains, à peine de confiscation et d'amende.

Arch. de la ville de Bruges : reg. aux *Hallegheboden*, 1513-1530, fol. 80.

4 avril 1514 avant Pâques (1515, n. st.), à Gand.

— Lettres patentes de Charles, prince d'Espagne, etc., statuant, par forme de privilège et à l'occasion de son inauguration comme comte de Flandre, que les bourgeois et habitants de Gand pourront attraire devant les échevins de cette ville leurs débiteurs domiciliés dans tout le quartier de Gand.

Arch. de l'État, à Gand : reg. aux ordonnances du conseil de Flandre, 1204-1337, litt. U, fol. 80.

4 avril 1514 avant Pâques (1515, n. st.), à Gand.

— Lettres patentes de Charles, prince d'Espagne, etc., statuant, en interprétation de la paix de Cadsant, et par forme de privilège, à l'occasion de son inauguration comme comte de Flandre, que chaque fois que quelqu'un, mis en cause devant les échevins de Gand, proposera une exception déclinatoire « laquelle est préjudiciable et non « réparable par définitive en principal », il pourra être appelé du jugement desdits échevins au conseil de Flandre, mais qu'il n'y aura point d'appel quand il s'agira d'exception dilatoire seulement. Ces lettres contiennent encore des dispositions concernant la juridiction des échevins sur les lois subalternes de leur ressort.

Arch. de l'État, à Gand : reg. aux ordonnances du conseil de Flandre, 1204-1337, litt. U, fol. 93.

4 avril 1514 avant Pâques (1515, n. st.), à Gand.

— Lettres patentes de Charles, prince d'Espagne, etc., par lesquelles, à l'occasion de son inauguration comme comte de Flandre, il confirme aux bourgeois de Gand ce privilège, que les personnes étrangères à la ville, arrêtées civilement par eux, sont justiciables des échevins de ladite ville. Le prince statue, en outre, que les bourgeois de Gand ne doivent répondre que devant leurs propres échevins des délits qu'ils pourraient commettre dans les villes closes du quartier de Gand.

Arch. de l'État, à Gand : reg. aux ordonnances du conseil de Flandre, 1204-1557, *litt. U*, fol. 02.

4 avril 1514 avant Pâques (1515, n. st.), à Gand.
— Lettres de Charles, prince d'Espagne, etc., par lesquelles, à l'occasion de son inauguration comme comte de Flandre, il concède à la ville de Gand le droit de faire établir des accises par la collace pour le terme de quatre ans, à condition qu'elles ne soient pas plus fortes que celles qui ont été levées depuis le traité de Cadsant.

P. Van Duyse, *Inventaire des chartes et documents de la ville de Gand*, p. 310.

4 avril 1514 avant Pâques (1515, n. st.), à Gand.
— Lettres de Charles, prince d'Espagne, etc., par lesquelles, à l'occasion de son inauguration comme comte de Flandre, il déclare que les lettres de rappel de ban délivrées, sous son nom, en faveur d'individus condamnés par les échevins de Gand, « ne seront chargées d'aucun entérinement ».

Arch. de l'État, à Gand : reg. aux ordonnances du conseil de Flandre, 1204-1557, *litt. U*, fol. 03.

4 avril 1514 avant Pâques (1515, n. st.), à Gand.
— Lettres de Charles, prince d'Espagne, etc., par lesquelles, à l'occasion de son inauguration comme comte de Flandre, il octroie à la ville de Gand ce privilège : que nul ne pourra exercer un métier dans la ville ni dans un rayon d'une lieue de son enceinte, sans être dûment admis dans le corps de ce métier.

Arch. de l'État, à Gand : reg. aux ordonnances du conseil de Flandre, 1204-1557, *litt. U*, fol. 83.

4 avril 1514 avant Pâques (1515, n. st.), à Gand.
— Lettres de Charles, prince d'Espagne, etc., par lesquelles, à l'occasion de son inauguration comme comte de Flandre, il confirme la ville de Gand dans la possession de l'étape des grains venant de Béthune, d'Estaires, de Lille, etc., et transportés par la Lys. Ces grains devront être dirigés sur ladite étape sans pouvoir prendre un autre chemin.

Arch. de l'État, à Gand : reg. aux ordonnances du conseil de Flandre, 1204-1557, *litt. U,* fol. 90 v°.

6 avril 1514 avant Pâques (1515, n. st.), à Gand.
— Ordonnance du conseil de Flandre prescrivant la publication de la paix qui venait d'être conclue, à Paris, entre le prince d'Espagne et le roi de France (1), ainsi que « l'alliance de mariage » entre ledit prince et madame Renée de France; prescrivant, en outre, de faire des processions et des prières publiques pour ces heureux évènements.

Arch. de la ville de Bruges : reg. aux *Hallegheboden,* 1513-1530, fol. 51.

En avril 1515 après Pâques, à Gand. — Lettres de Charles, prince d'Espagne, etc., confirmant les exemptions accordées aux abbés et abbesses de Brabant par le duc Jean II, en 1312, et par le duc Jean III, le 24 octobre 1336.

Reg. de la ch. des comptes, n° 636, fol. 7.

En avril 1515 après Pâques, à Gand. — Lettres de Charles, prince d'Espagne, etc., approuvant et confirmant les lettres, y insérées, en date du 5 mars 1481 (n. st.), par lesquelles Maximilien, archiduc d'Autriche, etc., reconnaissait que les prélats du duché de Brabant ne devaient lui fournir ni chevaux ni chariots de transport, si ce n'était en temps de guerre, et leur garantissait de ce chef une rémunération raisonnable, plus le bon entretien des chevaux et chariots livrés.

Reg. de la ch. des comptes, n° 636, fol. 4 v°.

1) Le traité de paix du 24 mars précédent.

10 avril 1515 après Pâques, à Gand. — Lettres de Charles, prince d'Espagne, etc., par lesquelles il confirme les privilèges des Gantois à l'égard des points suivants : 1° Ils ne pourront, soit en leur particulier, soit comme collège d'échevins ou corps de magistrat, encourir une amende plus forte que 60 livres parisis, ni la peine capitale, sauf le cas d'infraction à une paix légale. 2° Ils sont exempts de toute corvée (*dienstmanscepe, hoofdgarelen*), du droit de meilleur catel (*besten hoofde*) et de toute servitude personnelle envers quelque seigneur que ce soit, et, par conséquent, du droit dit *van 's graven propre*. 3° Quant aux bourgeois forains, membres des trois métiers, à savoir : les tisserands, les foulons et les meuniers, ils jouiront des privilèges qui leur sont particuliers. 4° L'amman, chargé de garder les détenus criminels et civils et d'exécuter les jugements des échevins de la keure, se conformera en toutes choses aux anciens règlements; avant d'entrer en fonctions, il prêtera serment devant le magistrat. Le tarif de ce qui lui revient du chef desdites exécutions est rappelé dans ces lettres.

P. Van Duyse, *Inventaire des chartes et documents de la ville de Gand*, p. 312.

10 avril 1515 après Pâques, à Gand. — Lettres de Charles, prince d'Espagne, etc., statuant, en exécution de celles du 31 mars 1509 (1), que tous bourgeois de Gand jouissant de la franchise d'un des métiers devront se faire inscrire, dans le délai d'un mois, sur un registre tenu à cet effet par des commissaires spéciaux, et que, pour jouir de ce droit, ils devront, au moins pendant les trois jours de Pâques et les trois jours de Noël, occuper en cette ville une chambre meublée et louée, d'une valeur annuelle de 20 escalins de gros.

P. Van Duyse, *Inventaire des chartes et documents de la ville de Gand*, p. 312.

10 avril 1515 après Pâques, à Gand. — Mandement de Charles, prince d'Espagne, etc., au conseil de Brabant pour qu'il contraigne les habitants des villes et pays de Limbourg à travailler à

(1) Voy. p. 16.

la restauration du château de ladite ville, nonobstant tous privilèges ou exemptions qu'ils pourraient alléguer.

Reg. n° 4 de la chancellerie de Brabant.

12 avril 1515 après Pâques, à Gand. — Lettres de Charles, prince d'Espagne, etc., confirmant le privilège du 31 mars 1509 (1) en vertu duquel tous bourgeois et bourgeoises de Gand, y résidant, soit continuellement, soit la majeure partie de l'année, étaient affranchis du droit de mainmorte ou de meilleur catel; statuant, de plus, qu'en seront aussi exempts tous ceux qui font partie des trois métiers s'exerçant au plat pays, dans le district de Gand, savoir : les tisserands, les foulons et les meuniers. En outre, ces derniers ne seront justiciables, pour leurs délits, que des échevins de Gand.

Arch. de l'État, à Gand : reg. aux ordonnances du conseil de Flandre, 1201-1557, litt. U, fol. 87.

12 avril 1515 après Pâques, à Gand. — Lettres de Charles, prince d'Espagne, etc., confirmant le privilège accordé au métier des drapiers de Gand par Jean de Flandre et Gui de Flandre, son frère (1302), aux termes duquel on ne pouvait vendre, à la halle ou en tout autre endroit de la ville, que du drap tissé et foulé à Gand, sous peine de confiscation et d'une amende de 15 livres parisis, tant à charge des étrangers que des bourgeois, outre la perte de franchise du métier à l'égard de ces derniers.

P. Van Duyse, *Inventaire des chartes et documents de la ville de Gand*, p. 312. — Arch. de l'État, à Gand : reg. aux ordonnances du conseil de Flandre, 1204-1557, litt. U, fol. 91. — Arch. de la ville de Bruges : reg. aux *Halleghebodeñ*, 1513-1530, fol. 84 v°.

12 avril 1515 après Pâques, à Gand. — Lettres de Charles, prince d'Espagne, etc., amplifiant les privilèges accordés aux habitants du Brabant et du Limbourg par sa Joyeuse-Entrée.

Plac. de Brab., t. Ier, p. 203. — Reg. de la ch. des comptes, n° 110, fol. 62.

(1. Voy. p. 16.

12 avril 1515 après Pâques, à Gand. — Lettres de Charles, prince d'Espagne, etc., approuvant et confirmant les lettres, y insérées, de Charles, duc de Bourgogne, du 8 juillet 1475, sur le fait des amortissements des biens du clergé dans le duché de Brabant.

Plac. de Brab., t. III, p. 166. — Reg. de la ch. des comptes, n° 636, fol. 1°.

13 avril 1515 après Pâques, à Gand. — Mandement de Charles, prince d'Espagne, etc., au magistrat de Bruges, pour qu'il rende une ordonnance qui remédie à la cherté des vivres en cette ville, laquelle provenait de deux causes : de ce que les vivres passaient par trop de mains avant d'être vendus aux consommateurs, et des prétentions de certains corps de métier qui, sous prétexte de privilèges, ne voulaient pas permettre que d'autres en vendissent.

Arch. de la ville de Bruges : reg. aux *Hallegheboden*, 1513-1530, fol. 48 v°.

20 avril 1515 après Pâques, à Bruges. — Ordonnance de Charles, prince d'Espagne, etc., statuant que ceux qui appelleront des jugements rendus par les magistrats des villes de Courtrai, Audenarde, Alost, Grammont et Termonde seront condamnés, si le jugement est confirmé, à 60 livres parisis d'amende.

Arch. de l'État, à Gand : reg. aux ordonnances du conseil de Flandre, 1204-1557, *litt.* U, fol. 07.

26 avril 1515, à Bruges. — Lettres de Charles, prince d'Espagne, etc., par lesquelles, sur les remontrances des députés des villes et franchises du Brabant, il ajoute encore de nouveaux articles à sa Joyeuse-Entrée.

Plac. de Brab., t. 1°, p. 207. — Reg. de la ch. des comptes, n° 23, fol. 110, et n° 137, fol. 10.

8 mai 1515, à Bruges. — Ordonnance de Charles, prince d'Espagne, etc., rendue sur la requête des quatre membres de Flandre, et statuant que les foires des villes d'Anvers et de Berg-op-Zoom ne pourront durer au-delà des termes fixés par les anciennes chartes.

Arch. de l'État, à Gand : reg. aux ordonnances du conseil de Flandre, 1204-1557, *litt.* U, fol. 07 v°.

8 mai 1515, à Bruges. — Ordonnance de Charles, prince d'Espagne, etc., sur la fabrication et la vente des objets d'orfèvrerie, à Bruges, Gand, Ypres, Lille, Douai et dans la Flandre en général.

Plac. de Fl., liv. Ier, p. 594. — DIEGERICK, *Inventaire des chartes et documents de la ville d'Ypres*, t. V, p. 30. — Arch. de l'État, à Gand : reg. aux ordonnances du cons. de Flandre, 1204-1557, *litt. U*, fol. 90 v°. — Arch. de la ville de Bruges : reg. aux *Hallegheboden*, 1513-1530, fol. 62.

8 mai 1515, à Bruges. — Ordonnance de Charles, prince d'Espagne, etc., prescrivant des mesures pour empêcher, en Flandre, le monopole des vivres, tels que la viande, le beurre, le fromage, le grain, les fèves, etc.

Coll. de plac. imp. des arch. du royaume, in-4°. — *Plac. de Fl.*, liv. Ier, p. 601, et liv. II, pp. 582 et 584. — DIEGERICK, *Inventaire des chartes et documents de la ville d'Ypres*, t. V, p. 85. — Arch. de l'État, à Gand : reg. aux ordonnances du cons. de Flandre, 1204-1557, *litt. U*, fol. 101 v°.

8 mai 1515, à Bruges. — Ordonnance de Charles, prince d'Espagne, etc., concernant la vente, en Flandre, des veaux et des moutons destinés à la consommation.

Arch. de l'État, à Gand : reg. aux ordonnances du cons. de Flandre, 1204-1557, *litt. U*, fol. 101.

9 mai 1515, à Bruges. — Ordonnance de Charles, prince d'Espagne, etc., statuant, pour remédier aux abus qui se commettaient en matière d'exemption des impôts par les monnayeurs et ceux se disant tels, que dorénavant ne jouiront de cette exemption que les personnes réellement employées à la monnaie du souverain. Cette ordonnance porte, en outre, que les monnayeurs seront justiciables des gens de loi du lieu où ils habitent pour les délits étrangers à la monnaie; pour ceux concernant la monnaie, ils répondront devant les prévôts et maîtres de la monnaie.

DIEGERICK, *Inventaire des chartes et documents de la ville d'Ypres*, t. V, p. 37. — P. VAN DUYSE, *Inventaire des chartes et documents de la ville de Gand*, p. 313. — Arch. de l'État, à Gand : reg. aux ordonnances du cons. de Flandre, 1204-1557, fol. 100 v°.

10 mai 1515, à Bruges. — Ordonnance de Charles, prince d'Espagne, etc., rendue sur la remontrance des quatre membres de Flandre, et statuant que les exploits de justice pour le payement des impôts dus au souverain seront faits par les officiers du lieu où résident les contribuables en retard.

> *Plac. de Fl.*, liv. Ier, p. 71. — DIEGERICK, *Inventaire des chartes et documents de la ville d'Ypres*, t. V, p. 87. — Arch. de l'État, à Gand : reg. aux ordonnances du cons. de Flandre, 1291-1557, *litt. U*, fol. 100. — Arch. de la ville de Bruges : reg. aux *Halleghebodden*, 1513-1530, fol. 61 vº.

16 mai 1515, à Middelbourg. — Lettres de Charles, prince d'Espagne, etc., portant nomination de commissaires pour procéder au renouvellement et à la « modération » du transport de Flandre dressé en 1408 et servant à l'assiette des aides, des tailles et autres charges publiques (1).

> *Plac. de Fl.*, liv. Ier, p. 811.

18 mai 1515, à Middelbourg. — Ordonnance de Charles, prince d'Espagne, etc., prescrivant aux gens d'église, en Flandre, de faire une déclaration exacte des biens et rentes qu'ils ont acquis depuis quarante ans, afin de savoir s'ils en ont obtenu l'amortissement.

> *Plac. de Fl.*, liv. Ier, p. 51. — Reg. de la ch. des comptes, nº 1323, fol. 203 et 209.

23 mai 1515, à Middelbourg. — Ordonnance de Charles, prince d'Espagne, etc., révoquant et annulant, comme entachées d'irrégularités, les fermes qui avaient été passées, pendant sa minorité, des droits de tonlieu, péages, passages et autres parties de ses domaines.

> Reg. du grand cons. de Malines, nº 3, fol. 3. — Arch. de la ville de Bruges : reg. aux *Halleghebodden*, 1513-1530, fol. 58.

28 mai 1515, à Berg-op-Zoom. — Ordonnance de Charles,

---

1) On lit, dans le préambule de ces lettres, que la Flandre était considérablement appauvrie, et qu'une juste répartition des impôts apporterait un soulagement à cet état de choses.

prince d'Espagne, etc., renouvelant une ordonnance du roi de Castille, son père, touchant l'entérinement des lettres de grâce accordées à des criminels et à d'autres délinquants.

Reg. du grand cons. de Malines, n° 1, fol. 377.

28 juin 1515, à Gand. — Ordonnance du conseil de Flandre défendant, pour prévenir le monopole, la vente des vivres au plat pays, et statuant que cette vente doit se faire aux marchés publics, dans les villes closes, aux heures réglées, à peine de confiscation des denrées et de punition.

Arch. de la ville de Bruges : reg. aux *Hallegheboden*, 1513-1830, fol. 63.

28 juin 1515, à Gand. — Ordonnance du conseil de Flandre sur la vente des veaux et des moutons destinés à la consommation.

Arch. de la ville de Bruges : reg. aux *Hallegheboden*, 1513-1830, fol. 63 v°.

24 juin 1515, au château de la Haye. — Ordonnance de Charles, prince d'Espagne, etc., défendant aux administrateurs d'églises, hôpitaux et hospices, en Brabant, de prélever ou recevoir de l'argent au moyen de lettres d'indulgence et de grâces qu'ils auraient obtenues et dont ils disposaient.

F. Verachter, *Inventaire des chartes et privilèges de la ville d'Anvers*, p. 197.

27 juin 1515, à Bruxelles. — Lettres de Charles, prince d'Espagne, etc., par lesquelles, sur la requête du magistrat de la ville de Bruxelles, il statue que ladite ville peut payer les rentes à sa charge trois mois après la date des échéances.

Reg. de la ch. des comptes, n° 633, fol. 331.

1er juillet 1515, à Gand. — Ordonnance du conseil de Flandre défendant de publier ou de faire annoncer des indulgences, pardons ou autres grâces, en vertu de bulles et de lettres apostoliques d'évêques et de prélats, et de recevoir de ce chef de l'argent.

Arch. de la ville de Bruges : reg. aux *Hallegheboden*, 1513-1830, fol. 64 v°.

7 juillet 1515, à Bruxelles. — Lettres de Charles, prince d'Espagne, etc., ampliatives de celles du 22 juin 1513 concernant le remboursement et la constitution de rentes par la ville de Vilvorde(1).

Reg. de la ch. des comptes, n° 035, fol. 333 v°.

3 des nones de juillet (9 juillet) 1515, à Rome. — Bulle du pape Léon X portant qu'aucun sujet du prince Charles d'Espagne ne peut être attrait en première instance hors des États de ce prince pour des causes ressortissant au for ecclésiastique.

Plac. de Fl., liv. 1er, p. 51. — Arch. de l'État, à Gand : reg. aux ordonnances du cons. de Flandre, 1204-1537, litt. U, fol. 1°.

28 juillet 1515, à Bruxelles. — Ordonnance de Charles, prince d'Espagne, etc., fixant la valeur de certaines monnaies françaises; défendant de recevoir ou de donner des espèces d'or sans les avoir d'abord pesées, et d'en mettre en circulation qui n'auraient pas été évaluées par les placards.

Reg. de la ch. des comptes, n° 137, fol. 20.

29 juillet 1515, à Bruxelles. — Lettres de Charles, prince d'Espagne, etc., confirmant l'autorisation, donnée par Jean Timmermans, prêtre, son chapelain, écolâtre de Bruxelles, aux frères du couvent de l'Annonciation de la Vierge, dit de *Nazareth*, établi près de l'église de Saint-Géry, d'instruire dans la grammaire, la logique et la musique et tenir chez eux en pension soixante élèves de la ville. Les frères de Nazareth pourront admettre les élèves domiciliés ailleurs en tel nombre qu'ils se présenteront, de même que tous les écoliers pauvres. L'écolâtre fixe les rétributions qu'ils toucheront et les soumet à son inspection annuelle, en les obligeant de lui fournir, ou à ses délégués, la liste de leurs élèves en général. Il leur défend d'attirer chez eux des élèves de l'école principale de la ville et les maîtres des grandes écoles. Enfin il leur prescrit de faire assister, chaque année, les écoliers aux processions de l'église de Sainte-Gudule, quand le chapitre les en requerra.

Reg. de la ch. des comptes, n° 035, fol. 338.

(1) Voy. p. 38.

11 août 1515, à Bruxelles. — Ordonnance de Charles, prince d'Espagne, etc., déterminant les quantités de vin et de bière pour lesquelles les prêtres séculiers qui habitent dans la ville d'Ypres seront exempts des droits d'accise.

> DIEGERICK, *Inventaire des chartes et documents de la ville d'Ypres*, t. V, p. 80.

15 août 1515, à Bruxelles. — Ordonnance de Charles, prince d'Espagne, etc., défendant aux pâtissiers, taverniers, cabaretiers et vivandiers, en Flandre, d'acheter de la venaison, quelle qu'elle soit, avec injonction de dénoncer au grand veneur de Flandre ceux qui viennent leur en présenter. Tous ceux ayant des engins pour prendre le gibier devront incontinent les remettre audit grand veneur, afin qu'ils soient détruits.

> Arch. de la ville de Bruges : reg. aux *Hallegheboden*, 1513-1530, fol. 74.

16 août 1515, à Bruxelles. — Ordonnance de Charles, prince d'Espagne, etc., statuant que ceux qui appelleront sans fondement des jugements et des appointements rendus par les gens de loi et les cours féodales du pays d'Alost, encourront une amende de 60 livres parisis.

> Arch. de l'État, à Gand : reg. aux ordonnances du cons. de Flandre, 1204-1537, *litt. U*, fol. 102 v°.

28 août 1515, à Bruxelles. — Ordonnance de Charles, prince d'Espagne, etc., portant instruction pour le gruyer (*warantmeester*) de Brabant.

> *Plac. de Brab.*, t. III, p. 493. — Arch. du royaume : Ordonnances, minutes, t. I. — Reg. de la ch. des comptes, n° 187, fol. 300.

23 octobre 1515, à Bruxelles. — Ordonnance de Charles, prince d'Espagne, etc., défendant, sous peine de la hart, de prendre parti pour des princes étrangers ou de se mettre à leur service.

> Arch. de la ville de Bruges : reg. aux *Hallegheboden*, 1513-1530, fol. 77 v°.

23 octobre 1515, à Bruxelles. — Ordonnance de Charles, prince d'Espagne, etc., statuant que ceux qui appelleront sans fondement des jugements et appointements rendus par les échevins de Menin et de Heerlinkhove et par les hommes de fief du château, en ladite ville de Menin, encourront une amende de 60 livres parisis.

> Arch. de l'État, à Gand : reg. aux ordonnances du cons. de Flandre, 1204-1557, litt. U, fol. 101.

27 octobre 1515, à Bruxelles. — Ordonnance de Charles, prince d'Espagne, etc., concernant l'entérinement des lettres de rémission à accorder aux criminels et délinquants.

> Reg. de la ch. des comptes, n° 137, fol. 21. — Reg. du grand cons. de Malines, n° 1, p. 185.

6 novembre 1515, à Bruxelles. — Ordonnance de Charles, prince d'Espagne, etc., prescrivant aux gens de mainmorte du duché de Limbourg et des pays d'Outre-Meuse de produire une déclaration des biens qu'ils ont acquis ou reçus depuis le décès du duc Charles de Bourgogne, à peine de confiscation.

> Arch. de la cour féodale de Brabant.

12 novembre 1515, à Mons. — Acte du serment prêté par Charles, prince d'Espagne, etc., lors de son inauguration comme comte de Hainaut.

> Arch. de l'État, à Mons : États de Hainaut, lay. IV, n° 2.

19 novembre 1515, à Nivelles. — Lettres de Charles, prince d'Espagne, etc., par lesquelles il déclare que, ses grandes affaires ne lui ayant pas permis de se rendre dans le duché de Limbourg, comme il le devait, pour y recevoir la foi et hommage de ses hommes de fief, de la chevalerie et des bourgmestres et échevins des villes du duché, et leur prêter serment à son tour, plusieurs d'entre eux, au nom de tous, sont venus le trouver à Nivelles; que là ils lui ont juré fidélité, comme à leur prince et seigneur naturel; que, de son côté, il leur a juré, sur le saint Évangile, de les maintenir dans leurs anciens droits, libertés et coutumes, tels que les leur ont concédés ses prédécesseurs les ducs Philippe et Charles de Bourgogne et les ducs de Brabant. Il reconnaît, en outre, que ces députés sont venus vers lui à sa demande, sans y être légalement tenus (*bekennen vorts, mits dien, dat zy hierom tot ons commen zyn, dat zy dat hebben gedaen tot onser begeerte ende bescriven, ende niet van rechte*).

Arch. de l'État, à Liége : collection des états de Limbourg.

En décembre 1515. — Ordonnance de Charles, prince d'Espagne, etc., portant règlement sur la succession des bâtards sous la juridiction de Malines.

Van Doren, Inventaire des chartes de Malines, t. Ier, p. 196.

4 décembre 1515, à Bruxelles. — Ordonnance de Charles, prince d'Espagne, etc., prescrivant aux gens d'église du pays et comté de Hainaut de fournir une déclaration exacte et détaillée de tous les biens qu'ils ont acquis depuis quarante ans, afin de s'assurer s'ils en ont obtenu l'amortissement.

Arch. du royaume : Ordonnances minutes, t. I ; Cartulaires et manuscrits, n° 274.

6 décembre 1515, à Bruxelles. — Lettres de Charles, prince d'Espagne, etc., confirmant, avec des additions, la charte des arbalétriers de Namur.

St. Borman, Cartulaire de la commune de Namur, t. III, p. 320.

8 décembre 1515, à Bruxelles. — Lettres de Charles, prince d'Espagne, etc., portant confirmation de celles, y insérées, de Maximilien, roi des Romains, et de l'archiduc Philippe, son fils, par lesquelles étaient déterminées la juridiction et la compétence du recteur et du conservateur des priviléges de l'université de Louvain.

Plac. de Brab., t. III, p. 50. — Reg. de la ch. des comptes, n° 110, fol. 110. — Arch. de l'État, à Gand : reg. aux ordonnances du conseil de Flandre, 1204-1557, litt. U, fol. 125 v°.

8 décembre 1515, à Bruxelles. — Ordonnance de Charles, prince d'Espagne, etc., renouvelant la défense faite par les ordon-

nances antérieures aux particuliers d'extraire et apprêter le salpêtre, et de l'exporter, à moins d'en avoir la permission par octroi.

> Arch. de la ville de Bruges : reg. aux *Hallegheboden,* 1513-
> 1530, fol. 87 v°.

8 décembre 1515, à Bruxelles. — Ordonnance de Charles,
prince d'Espagne, etc., défendant aux maîtres ouvriers et à tous et
un chacun de fondre et confectionner de l'artillerie, grosse ou
moyenne, pour la vendre à des étrangers (1), sans en avoir obtenu
son autorisation ou celle du maître de son artillerie, Jean de Tenre-
monde, à peine de confiscation et de punition arbitraire.

> Arch. de la ville de Bruges : reg. aux *Hallegheboden,* 1513-
> 1530, fol. 87.

10 décembre 1515, à Bruxelles. — Ordonnance de
Charles, prince d'Espagne, etc., prescrivant à tous ceux qui ont des
hypothèques sur ses domaines d'en exhiber les titres à la chambre
des comptes, à Bruxelles.

> Reg. de la ch. des comptes, n° 137, fol. 21 v°.

11 décembre 1515, à Bruxelles. — Lettres par lesquelles
Charles, prince d'Espagne, etc., prend sous sa sauvegarde, en leur
promettant toute sécurité, les fidèles, quels qu'ils soient (sauf ses
ennemis et les bannis), qui se rendront dans les villes, par terre ou
par eau, à pied, à cheval ou en voiture, pour y bénéficier des
indulgences, grâces et pardons que le pape Léon X lui a accordés
pour son peuple, pendant le terme de trois ans. Le prince prend
aussi sous sa protection son conseiller maître Adrien d'Utrecht,
prévôt de Saint-Sauveur, à Utrecht, commissaire principal délégué
par le pape pour organiser lesdites indulgences.

> Arch. de la ville de Bruges : reg. aux *Hallegheboden,* 1513-
> 1530, fol. 82.

12 décembre 1515, à Bruxelles. — Ordonnance de
Charles, prince d'Espagne, etc., prescrivant à ceux qui se disent ses

---

(1) C'était surtout l'exportation des pièces d'artillerie en Turquie que cette ordonnance
visait.

officiers et qui portent « des boîtes et émaux armoriés à ses armes »,
de se présenter, dans les trois semaines, devant son grand et premier
écuyer d'écurie, le seigneur de Senzeille, munis de leurs commissions, afin qu'elles soient dûment vérifiées, et cela à peine d'encourir son indignation et d'être tenus pour désobéissants.

Arch. de la ville de Bruges : reg. aux *Halleghebroden*, 1513-1530, fol. 83 v°.

12 décembre 1515, à Bruxelles. — Lettres par lesquelles
Charles, prince d'Espagne, etc., nonobstant les édits et ordonnances
qui interdisent de « cueillir, vendre ou acheter par les villages et
« plat pays aucuns vivres, comme bure, fromaige et autres semblables
« provisions » sans passer par le marché de la ville la plus proche,
accorde à ceux du Franc de Bruges qu'ils puissent vendre, en tel
endroit que bon leur semblera, mais non à des étrangers, les bêtes
à cornes en toute saison, et les blés, seigles et autres grains depuis
le 1er octobre jusqu'à la mi-mars, à condition que ces marchandises
ne sortent point du pays.

Original, aux arch. de l'État, à Bruges, carton XX, n° 202.

12 décembre 1515, à Bruxelles. — Lettres de Charles,
prince d'Espagne, etc., augmentant la rétribution que l'écoutète,
les échevins, les receveurs et les secrétaires de la ville de Lierre touchaient annuellement pour se faire confectionner une robe (*tabbaert*).
Antérieurement ils recevaient dix aunes de drap chaque année.

Reg. de la ch. des comptes, n° 030, fol. 107.

13 décembre 1515, à Bruxelles. — Lettres par lesquelles
Charles, prince d'Espagne, etc., sur la représentation des trois états
de Hainaut, à sa joyeuse-entrée et réception au gouvernement de
ce pays, confirme celles de son aïeul le duc de Bourgogne, du
26 mars 1473 (n. st.), portant que les habitants du Hainaut ne pouvaient être attraits en justice ailleurs que par-devant la cour souveraine de Mons, et statue que dorénavant nulle lettre, mandement ou
provision ne pourra être donné ou dépêché, en son nom, en sa
chancellerie ou son grand conseil de Malines, à l'effet d'y ajourner
lesdits habitants, sauf en ce qui concerne ceux des terres dites *de*

débat, pour lesquels il devra être procédé comme anciennement et jusqu'à autre disposition.

> Reg. du grand cons. de Malines, n° 1, p. 493. — Arch. de l'État, à Mons : États de Hainaut, lay. XVI, n° 169, orig.

15 décembre 1515, à Bruxelles. — Mandement de Charles, prince d'Espagne, etc., au grand bailli de Hainaut pour qu'il fasse curer et entretenir les rivières de cette province, conformément aux dispositions qui y sont prescrites. C'est à la demande des états que cette mesure est prise.

> Arch. de l'État, à Mons : États de Hainaut, lay. VII, n° 72. — Arch. de la ville de Mons, Liv. rouge, t. I, fol. 125.

17 décembre 1515, à Bruxelles. — Ordonnance de Charles, prince d'Espagne, etc., concernant la vente, en Flandre, du bois mis en fagots et du bois à brûler.

> Plac. de Fl., liv. Ier, p. 667. — Arch. de l'État, à Gand : reg. aux ordonnances du cons. de Flandre, 1204-1537, litt. U, fol. 74. — Arch. de la ville de Bruges : reg. aux *Hallegheboden*, 1513-1530, fol. 83.

18 décembre 1515, à Bruxelles (1). — Ordonnance de Charles, prince d'Espagne, etc., défendant aux taverniers, cabaretiers, hospitaliers, en Flandre, de loger des truands et truandes, bélîtres et bélîtresses et autres gens de cette espèce, et prescrivant contre ceux-ci différentes mesures pour mettre un terme à leurs excès. L'ordonnance permet de loger les pèlerins, gens débiles et mendiants vivant « en honneste povreté. »

> Arch. de la ville de Bruges : reg. aux *Hallegheboden*, 1513-1530, fol. 80 v°. — Arch. de la ville de Gand : *Eersten Swaerten Boeck*, fol. 221.

20 décembre 1515, à Bruxelles. — Lettres de Charles, prince d'Espagne, etc., confirmant l'institution du grand conseil de Malines, et réglant sa composition ainsi que ses attributions.

> Reg. du grand cons., n° 1, p. 509. — Reg. de la ch. des comptes, n° 913.

----

(1) La même ordonnance se trouve, avec la date du 22 décembre, dans les *Placards de Flandre*, liv. I, p. 8, et dans le registre du conseil de Flandre de 1511 à 1555, fol. 37.

En janvier 1515 (1516, n. st.), à Bruxelles. — Lettres de Charles, prince d'Espagne, etc., confirmant les privilèges et exemptions accordés par l'archiduc Philippe, son père, le 11 février 1501, au clergé de la province de Hainaut.

> Arch. de l'État, à Mons : États de Hainaut, layette première, nº 10.

18 janvier 1515 (1516, n. st.), à Bruxelles, en son hôtel sur Coudenberg. — Sentence arbitrale prononcée par Charles, prince d'Espagne, etc., dans un différend qui s'était élevé entre le clergé de Bruxelles et le magistrat de cette ville à propos de l'exemption des accises prétendue par le premier.

> Reg. de la ch. des comptes, nº 636, fol. 43 vº.

28 janvier 1515 (1516, n. st.), à Bruxelles. — Lettres de Charles, prince d'Espagne, etc., portant approbation de certains statuts faits par le magistrat d'Anvers concernant les négociants étrangers et autres qui quittaient la ville pour cause de dettes.

> F. Verachter, *Inventaire des chartes et privilèges de la ville d'Anvers*, p. 197. — Reg. de la ch. des comptes, nº 636, fol. 73 vº.

17 février 1515 (1516, n. st.), à Bruxelles. — Ordonnance de Charles, prince d'Espagne, etc., fixant le salaire du secrétaire et greffier du conseil de Flandre pour les actes et pièces quelconques qu'il est chargé d'expédier et qui y sont énumérés.

> *Inventaire des archives des ch. des comptes*, t. III, p. 338. — Reg. de la ch. des comptes, nº 20, fol. 903.

18 février 1515 (1516, n. st.), à Bruxelles. — Ordonnance par laquelle Charles, prince d'Espagne, etc., considérant que des bourgeois de la ville d'Ostende étaient souvent attraits devant la cour spirituelle à Tournai, même pour des affaires de commerce et de finances, statue que les citations obtenues des juges ecclésiastiques à charge de bourgeois de ladite ville devront contenir le motif des citations, afin que les personnes citées sachent si la cause est de la compétence du juge ecclésiastique, ou non.

> Arch. de la ville de Bruges : reg. aux *Hallegheboden*, 1513-1530, fol. 67 vº.

Dernier février 1515 (1516, n. st.), à Bruxelles.
— Ordonnance de Charles, prince d'Espagne, etc., contenant des dispositions réglementaires pour la vente du pain, de la bière et d'autres denrées dans le village de Gierle, ainsi que différentes mesures de police. Les poids employés à Hérenthals seront de rigueur à Gierle.

> Reg. de la ch. des comptes, nᵒ 630, fol. 70.

En mars 1515 (1516, n. st.), à Bruxelles. — Lettres de Charles, roi de Castille, etc., confirmant les privilèges octroyés au corps des monnayeurs de Brabant par le duc Jean Iᵉʳ, en 1291, renouvelés et ratifiés par ses successeurs.

> Reg. de la ch. des comptes, nᵒ 137, fol. 31, et nᵒ 638, fol. 70.

12 mars 1515 (1516, n. st.), à Bruxelles. — Ordonnance de Charles, prince d'Espagne, etc., statuant que les prélats et autres gens d'église du pays de Namur ne pourront succéder à des fiefs, maisons ou autres héritages, du chef des religieux ou religieuses reçus dans leurs églises et couvents, que dans certains cas qui y sont déterminés, et que tous les fiefs et alleux acquis par lesdits prélats et gens d'église, depuis la mort du duc Charles de Bourgogne, pourront être rachetés par les parents et amis des vendeurs.

> Reg. de la ch. des comptes, nᵒ 1002, fol. 102 vᵒ. — Arch. de l'État, à Namur : reg. aux plaids du souverain bailliage, de 1511-1520, fol. 141.

13 mars 1515 (1516, n. st.), à Bruxelles. — Lettres de Charles, prince d'Espagne, etc., autorisant le remboursement des rentes constituées sur des immeubles situés à Namur.

> St. Bormans, *Cartulaire de la commune de Namur*, t. III, p. 320.

17 mars 1515 (1516, n. st.), à Bruxelles. — Lettre de Charles, roi de Castille, etc., aux chambres des comptes et aux conseils de justice, pour les informer que, après grande et mûre délibération de conseil, il a pris et accepté le titre de roi qui lui a été attribué par le pape et le collège des cardinaux, et leur ordonner d'user de ce titre dans les lettres et provisions, actes et autres choses qu'ils dépêcheront en son nom, selon le formulaire qu'il leur envoie (1).

Reg. de la ch. des comptes, n° 137, fol. 20.

En avril 1516, à Bruxelles. — Lettres de Charles, roi de Castille, etc., confirmant et amplifiant les privilèges des férons du comté de Namur.

Arch. de l'État, à Namur : reg. aux placards de 1383-1634.

En avril 1516, à Bruxelles. — Charles et privilèges accordés par Charles, roi de Castille, etc., au métier des boulangers, à Namur.

St. Bormans, *Cartulaire de la commune de Namur*, t. III, p. 321.

8 avril 1516 après Pâques, à Bruxelles. — Ordonnance de Charles, roi de Castille, etc., portant règlement pour la vente publique du poisson à la *minque*, à Bruxelles.

Reg. de la ch. des comptes, n° 636, fol. 85 v°.

12 avril 1516 après Pâques, à Bruxelles. — Apaisements et concordats faits par Claude de Carondelet, seigneur de Solre, conseiller et chambellan du Roi catholique, et Hugues Marmier, aussi conseiller du Roi, sur les doléances et différends d'entre l'évêque duc de Cambrai et les trois états de Hainaut, touchant l'administration de la justice spirituelle et temporelle dans cette province.

Reg. de la ch. des comptes, n° 110, fol. 698.

15 avril 1516, à Bruxelles. — Lettres de Charles, roi de Castille, etc., par lesquelles il prolonge de douze années les octrois d'Antoine, duc de Brabant, et de Philippe, duc de Bourgogne, qui autorisaient la ville de Bruxelles à employer le produit des accises y établies et à les élever ou diminuer à son gré. ·

Reg. de la ch. des comptes, n° 636, fol. 103.

(1) Voici ce formulaire : « CHARLES, par la grâce de Dieu, roy de Castille, de Léon, de Grenade, « d'Arragon, de Navarre, des Deux-Céciles, de Jhérusalem, de Valence, de Majorque, de « Sardene, de Corsice, etc., archiduc d'Austrice, duc de Bourgoigne, de Lothier, de Brabant, « de Stiere, de Carinte, de Carniole, de Lembourch, de Luxembourch et de Gheldres, conte de « Flandres, de Habsbourg, de Tyrol, d'Artois, de Bourgoigne, palatin, et de Haynnau, lant- « grave d'Elsate, prince de Zwave, marquis de Burgauw et du Saint-Empire, de Hollande, « de Zeelande, de Ferrette, de Kibourch, de Namur et de Zutphen, conte seigneur de Frise, « des marches d'Esclavonie, de Portenauw, de Salins et de Malines. »

22 avril 1516, à Bruxelles. — Déclaration de Charles, roi de Castille, etc., statuant sur un différend entre le clergé du Brabant et les députés des villes de cette province touchant le droit que prétendait avoir le clergé de pouvoir acquérir des biens immeubles.

Arch. de la cour féodale de Brabant.

26 avril 1516, à Bruxelles. — Ordonnance de Charles, roi de Castille, etc., concernant la pêche dans la Meuse et la Sambre, à Namur.

Arch. du royaume : Ordonnances minutes, t. I.

8 mai 1516, à Bruxelles. — Lettres de Charles, roi de Castille, etc., par lesquelles, en exécution d'un accord fait entre le chapitre de Sainte-Gertrude, à Nivelles, et les rentiers, jurés et conseil de cette ville, il autorise ces derniers à prendre les mesures nécessaires pour s'assurer si les personnes de la ville non exemptes et non comprises dans ledit accord ne vont pas acheter du vin au cellier dudit chapitre, sans payer les accises dues à la ville.

Reg. de la ch. des comptes, n° 630, fol. 91.

9 mai 1516, à Paris. — Arrêt du parlement de Paris confirmant une sentence du conseil de Flandre du 15 septembre 1515, rendue au désavantage des poissonniers d'Ypres, plaidant contre les échevins de cette ville pour un impôt mis sur le poisson dont ils se plaignaient.

Diegerick, *Inventaire des chartes et documents de la ville d'Ypres*, t. V, p. 91.

14 juin 1516, en la maison d'Héverlé, près de Louvain. — Lettres de Charles, roi de Castille, etc., approuvant et confirmant les lettres du 1er mars 1364 (1365, n. st.), par lesquelles Wenceslas et Jeanne, duc et duchesse de Brabant, avaient autorisé les habitants de l'avouerie de Moll, Baelen et Desschel à tenir, le mardi de chaque semaine, un marché franc et deux franches foires annuellement.

Reg. de la ch. des comptes, n° 630, fol. 105.

1er juillet 1516, à Bruxelles. — Lettres de Charles, roi de Castille, etc., autorisant la ville de Louvain à constituer des rentes afin de pouvoir rebâtir les parties ruinées de ses remparts.

Reg. de la ch. des comptes, n° 636, fol. 120 v°.

7 Juillet 1516, à Bruxelles. — Sentence de Charles, roi de Castille, etc., prononcée en son conseil privé, entre les villes de Malines et de Bruxelles, au sujet des trois étapes. Cette sentence reconnaît à ceux de Malines le droit de tendre la chaîne à Heffen; déboute de leurs prétentions ceux de Bruxelles, qui soutenaient pouvoir circuler librement sur la rivière (1); les condamne aux dépens, et met à néant toutes les procédures entamées de ce chef entre les parties depuis le 2 avril 1489, en réservant toutefois à ceux de Bruxelles le droit de soutenir devant le conseil du Roi le procès au sujet des étapes, et à ceux de Malines le droit de s'y défendre.

Van Doren, *Inventaire des chartes de Malines*, t. I°, p. 197.

10 Juillet 1516, à Bruxelles. — Lettres de Charles, roi de Castille, etc., par lesquelles, à la requête de maître Jean Timmerman, écolâtre de Bruxelles, il confirme les lettres de Jean, duc de Brabant, du 12 avril 1361 (2), de Wenceslas et Jeanne, duc et duchesse de Brabant, du 13 février 1381, et de Philippe, duc de Bourgogne, du 13 juin 1431, relatives à l'institution, au nombre et au règlement des écoles publiques dans la ville de Bruxelles.

Reg. de la ch. des comptes, n° 110, fol. 71.

11 Juillet 1516, à Bruxelles. — Acte du conseil privé du roi de Castille portant que, conformément à un octroi de Philippe, duc de Bourgogne, les habitants de Namur pourront racheter les rentes que les gens d'église ont acquises ou acquerront sur leurs maisons situées dans la « fermeté » de la ville.

Coutumes de Namur, publiées par Grandgagnage, t. I, p. 361. — Arch. de la ville de Namur : reg. dit *aux boutons,* fol. 111 v°.

5 août 1516, à Inspruck. — Lettres par lesquelles l'empe-

---

1) Il s'agit de la Senne. (Voy. au 5 août suivant.)
(2) Cette date est fautive. Jean III, duc de Brabant, mourut en 1355.

reur Maximilien déclare que ceux de Bruxelles ont perdu, à cause de leur révolte, le droit qu'ils prétendent avoir de passer librement dans la Senne, à Heffen, avec des bateaux chargés de sel, de poisson et d'avoine; que les étapes de ces denrées ont été accordées aux Malinois en récompense de leurs services, et que la sentence du roi de Castille du 7 juillet précédent (1) ne restitue point ces étapes à ceux de Bruxelles, mais qu'elles continuent à appartenir aux Malinois.

VAN DOREN, *Inventaire des chartes de Malines*, t. Ier, p. 108.

4 septembre 1516, à Bruxelles. — Lettres de Charles, roi de Castille, etc., approuvant et confirmant, pour autant qu'il lui plaît, et de grâce spéciale, les lettres y insérées, datées du château de Westerloo, le 17 août précédent, par lesquelles Jean de Mérode, son conseiller et chambellan, à l'occasion de son inauguration comme seigneur de Gheel, accorde aux habitants de cette commune différents statuts pour l'administration et la police.

Reg. de la ch. des comptes, n° 636, fol. 116 v°.

4 septembre 1516, à Bruxelles. — Lettres par lesquelles Charles, roi de Castille, etc., ordonne aux sœurs noires ou cellites de se rendre partout où elles seront demandées pour soigner les malades atteints de maladie pestilentielle ou autre, et où les échevins de la ville d'Ypres voudront les envoyer pour soigner ces malades. Il ordonne à tout huissier, sergent d'armes ou autre officier de police de faire obéir lesdites sœurs noires, et, en cas de continuation dans leur refus, de faire saisie de tous leurs biens temporels, et de les ajourner devant le conseil de Flandre.

DIEGERICK, *Inventaire des chartes et documents de la ville d'Ypres*, t. V, p. 100.

17 septembre 1516, à Bruxelles. — Lettres de Charles, roi de Castille, etc., approuvant et confirmant les franchises et exemptions octroyées au béguinage d'Hooghstraeten par des lettres de Philippe, duc de Brabant, du 20 janvier 1430 (n. st.), de Philippe, duc de Bourgogne, du 26 avril 1431, et de Maximilien, archiduc d'Autriche, du 20 juillet 1481.

Reg. de la ch. des comptes, n° 636, fol. 132.

(1) Voy. p. 72.

21 octobre 1516, à Bruxelles. — Ordonnance de Charles, roi de Castille, etc., statuant que les criminels et délinquants ayant obtenu des lettres de rémission chargées d'amendes civiles, et qui ne seront pas en état de payer ces amendes, devront être punis par l'emprisonnement au pain et à l'eau, ou autrement, selon leur cas.

> *Plac. de Fl.*, liv. Ier, p. 42. — Arch. de l'État, à Gand : reg. aux ordonnances du cons. de Flandre, 1294-1557, *litt. U*, fol. 30. — Reg. du grand cons. de Malines, n° 1, p. 633.

1er novembre 1516, à Bruxelles. — Lettres de Charles, roi de Castille, etc., par lesquelles il octroie que les bourgeois forains affranchis en l'un des trois métiers des tisserands, foulons et meuniers de la ville de Gand, ne seront pas tenus dorénavant, pour jouir pleinement de leur franchise, de passer à Gand la première journée de Pâques et de Noël tout entière, mais seulement les trois derniers jours de ces deux fêtes (*dander drie heleghe Pueschdagen ende Kersdayen*).

> Van Drysz, *Inventaire des chartes de la ville de Gand*, p. 313. — Arch. de l'État, à Gand : reg. aux ordonnances du cons. de Flandre, de 1294-1557, *litt. U*, fol. 105.

18 novembre 1516, à Bruxelles. — Ordonnance de Charles, roi de Castille, etc., enjoignant à tous ceux ou celles qui ont connaissance des auteurs des libelles et des caricatures que l'on affichait à la porte de la maison échevinale de Gand et à la maison du seigneur de Fiennes, gouverneur de la Flandre, en cette ville, de les dénoncer dans les trois jours, et promettant cent florins de récompense à tout dénonciateur, fût-il complice du principal coupable.

> Arch. de la ville de Bruges : reg. aux *Halleyheboden*, 1513-1530, fol. 106 v°.

23 novembre 1516, à Bruxelles. — Ordonnance de Charles, roi de Castille, etc., défendant la circulation, dans les pays de Limbourg, de Fauquemont, de Daelhem et autres d'Outre-Meuse, sur d'autres chemins que sur les routes seigneuriales (*herbonen*), et prescrivant différentes mesures pour garantir celles-ci des brigands.

> Reg. de la ch. des comptes, n° 137, fol. 143 v°.

2 décembre 1516, à Bruxelles. — Lettres de Charles, roi de Castille, etc., par lesquelles, statuant sur le débat surgi, au sujet de l'étape des grains, entre ceux de Gand, d'une part, ceux de Bruges, d'Ypres, etc., d'autre part, il décide que, provisoirement, jusqu'à décision définitive et sans préjudice des deux parties, tous les attentats commis contre l'ordonnance du 4 avril 1515 (1) seront réparés de part et d'autre; que les appelants, c'est-à-dire ceux de Bruges, d'Ypres, etc., seront réintégrés dans leur premier état; que la clause « nonobstant opposition et appellation » insérée dans ladite ordonnance sera tenue en état et surséance; que les parties seront contraintes en enquête, et qu'il nommera des commissaires pour la faire end̄ans les six semaines.

DIEGERICK, *Inventaire des chartes et documents de la ville d'Ypres*, t. V, p. 101.

2 janvier 1516 (1517, n. st.), à Bruxelles. — Ordonnance étendue de Charles, roi de Castille, etc., sur le fait et conduite des monnaies.

Reg. de la ch. des comptes, nᵒ 137, fol. 51 vᵒ.

23 janvier 1516 (1517, n. st.), à Bruxelles. — Ordonnance de Charles, roi de Castille, etc., contenant des dispositions réglementaires pour la conservation du bois appelé *de Heegde*, près de Bruxelles.

Reg. de la ch. des comptes, nᵒ 137, fol. 46.

30 janvier 1516 (1517, n. st.), à Bruxelles. — Ordonnance de Charles, roi de Castille, etc., portant règlement pour l'établissement nommé la *minque*, à Bruxelles, où se vendait le poisson à la criée.

Reg. de la ch. des comptes, nᵒ 137, fol. 47.

6 février 1516 (1517, n. st.), à Bruxelles. — Lettres de Charles, roi de Castille, etc., par lesquelles il octroie aux maîtres ouvriers du métier des caudreliers (chaudronniers) établis à Nivelles, Perwez et partout ailleurs dans le Brabant wallon, qu'ils puissent

---

(1) *Voy.* p. 51.

élire parmi eux quatre hommes entendus audit métier, devant lesquels tous ceux qui voudront passer maîtres devront faire « un « chef-d'œuvre » valant au moins deux sols de Brabant, ou faire conster qu'ils ont travaillé chez un maître pendant deux ans au moins. Ces quatre élus pourront faire graver un scel portant cette inscription : *Scel des jurez du mestier des candreliers au roman pays de Brabant.* Tous ceux qui exerceront le métier, sans y être reçus, payeront une amende.

Reg. de la ch. des comptes, n° 636, fol. 160 v°.

19 mars 1516 (1517, n. st.), à Bruxelles. — Lettres de Charles, roi de Castille, etc., statuant que ceux du Franc de Bruges pourront vendre et acheter, au plat pays, toute espèce de grains, du bétail, des vivres et autres denrées et marchandises, pour les mener librement, franchement et paisiblement en Zélande, Anvers, Hollande et partout où bon leur semblera, nonobstant les édits et ordonnances à ce contraires.

Original, aux arch. de l'État, à Bruges, carton XX, n° 203.

20 mars 1516 (1517, n. st.), à Bruxelles. — Ordonnance par laquelle Charles, roi de Castille, etc., pour remédier aux abus que commettaient les veneurs de Boitsfort dans la coupe des bois de la forêt de Soigne, détermine la quantité de bois et de charbon qui leur devra être délivrée annuellement, et leur défend de faire des coupes dans ladite forêt.

Reg. de la ch. des comptes, n° 137, fol. 35.

24 mars 1516 avant Pâques (1517, n. st.), à Bruxelles. — Lettres de Charles, roi de Castille, etc., par lesquelles il prend sous sa sauvegarde les personnes qui se rendront dans les villes de la Flandre, pour y jouir des pardons et indulgences que le pape lui a accordés pendant trois années consécutives, sans qu'on puisse les arrêter pour dettes et affaires privées antérieures à la date desdites lettres, ni pour cause de dettes dans les villes et localités où ils demeurent (1).

Arch. de la ville de Bruges : reg. aux Halleghebocden, 1515-1530, fol. 107.

1. *Voy.* p. 65, à la date du 11 décembre 1515.

25

3 avril 1516 avant Pâques (1517, n. st.), à Bruxelles. — Lettres de Charles, roi de Castille, etc., par lesquelles, sur la requête des états de Brabant, il confirme un article de sa Joyeuse-Entrée relatif au payement des aides.

> Reg. de la ch. des comptes, n° 636, fol. 185 v°.

3 avril 1516 avant Pâques (1517, n. st.), à Bruxelles. — Lettres de Charles, roi de Castille, etc., prorogeant encore de quatre années les dispositions pour l'administration des finances de la ville de Bruxelles prescrites le 12 mai 1509 (1).

> Reg. de la ch. des comptes, n° 636, fol. 187.

3 avril 1516 avant Pâques (1517, n. st.), à Bruxelles. — Lettres de Charles, roi de Castille, etc., approuvant et confirmant les lettres y insérées, en date du 18 septembre 1422, par lesquelles Jean, duc de Brabant, avait accordé différents priviléges aux habitants de la franchise de Lommel : ceux, entre autres, de pouvoir construire des remparts, de porter des armes pour leur défense et pour la garde de leurs biens, de tenir trois francs marchés chaque année, etc.

> Reg. de la ch. des comptes, n° 636, fol. 172.

3 avril 1516 avant Pâques (1517, n. st.), à Bruxelles. — Lettres de Charles, roi de Castille, etc., approuvant et confirmant les lettres, y insérées, de Maximilien et Marie, archiduc et archiduchesse d'Autriche, du 20 novembre 1478, par lesquelles ces princes avaient accordé différents priviléges et statuts à l'ancien serment des archers, à Anvers.

> Reg. de la ch. des comptes, n° 636, fol. 189 v°.

6 avril 1516 avant Pâques (1517, n. st.), à Bruxelles. — Ordonnance de Charles, roi de Castille, etc., prescrivant des mesures pour l'envoi des billets et la levée des tailles, aides et autres deniers du souverain, afin de mettre un terme aux abus et exactions dont le peuple se plaignait.

> *Plac. de Fl.*, liv. Ier p. 531. — Arch. de l'État, à Gand :
> reg. aux ordonnances du cons. de Flandre, de 1511-1558,
> *litt. L*, fol. 127 v°.

(1) Voy. p. 17.

En avril 1517, à Bruxelles. — Lettres de Charles, roi de Castille, etc., par lesquelles il confirme celles du duc Charles de Bourgogne, du mois de juin 1475, et celles de son aïeul Maximilien et de l'archiduc Philippe, son père, du mois d'octobre 1489, qui affranchissaient les habitants de la ville de Malines de tous les tonlieux dans leurs pays, et les exemptaient de toutes tailles, aides et subventions pour les terres, maisons et autres biens qu'ils possédaient hors de la franchise de ladite ville.

> Reg. de la ch. des comptes, nº 137, fol. 60. — Original, aux arch. de la ville de Malines.

22 avril 1517, à Bruxelles. — Lettres de Charles, roi de Castille, etc., approuvant et confirmant les lettres, y insérées, de Jean de Mérode, seigneur de Gheel, du 18 avril précédent. Ces dernières lettres sont la reproduction de celles du 17 août 1516 (1), avec quelques additions.

> Reg. de la ch. des comptes, nº 636, fol. 79.

15 mai 1517, à Bruxelles. — Ordonnance de Charles, roi de Castille, etc., portant règlement provisoire sur l'emploi des balances et des poids par les marchands et les bourgeois de la ville d'Anvers (2).

> Reg. de la ch. des comptes, nº 137, fol. 52 vº.

4 juin 1517, à Gand. — Lettres de Charles, roi de Castille, etc., confirmant le magistrat du Franc de Bruges dans le privilège à lui anciennement octroyé et aux termes duquel aucun franc hôte ni aucune franche hôtesse dudit Franc ne pouvaient être arrêtés, détenus et jugés, soit à Bruges, soit dans tout autre lieu ressortissant à cette ville, à moins qu'ils n'eussent été pris en flagrant délit et convaincus du cas mis à leur charge (3).

> Arch. de l'État, à Gand : reg. aux ordonnances du cons. de Flandre, 1204-1557, litt. U, fol. 69 vº.

---

(1) Voy. p. 73, à la date du 1 septembre 1516.

(2) On y rappelle une ordonnance du 16 août 1516 qui n'a pas été trouvée.

(3) Le magistrat du Franc s'était plaint qu'au mépris de ce privilège l'écoutète de Bruges avait arrêté en cette ville et fait condamner un nommé Allardin Vander Halle, qui fut exécuté en présence d'un grand nombre de francs hôtes.

8 juin 1517, à Gand. — Mandement de Charles, roi de Castille, etc., au conseil de Brabant de garder et maintenir la juridiction de l'évêque de Cambrai, comme celle du Roi lui-même, principalement en matière de testaments et autres du ressort ecclésiastique.

Correspondance du cons. de Brabant, t. I, fol. 18.

10 juin 1517, à Bruxelles. — Lettres de Charles, roi de Castille, etc., autorisant la ville de Nivelles à constituer des rentes viagères, afin qu'elle puisse faire face aux charges dont elle était accablée par suite de troubles et de guerres.

Reg. de la ch. des comptes, n° 630, fol. 199 v°.

25 juin 1517, à Bruges. — Déclaration de Charles, roi de Castille, etc., portant qu'en égard aux remontrances du grand conseil de Malines, il autorise celui-ci à ne tenir aucun compte des lettres qu'il pourrait signer et lui adresser afin d'arrêter le cours de la justice: rendant, au contraire, ledit conseil responsable de la bonne et brève expédition de la justice pour le soulagement de la conscience royale.

Reg. du grand cons., n° 1, p. 567.

1er juillet 1517, à Bruges. — Mandement de Charles, roi de Castille, etc., au chancelier de Brabant de faire sceller et publier une ordonnance prescrivant de rassembler en Brabant un certain nombre de gens de guerre à pied, afin de les employer contre le duc Charles de Gueldre dont les entreprises en Hollande ne discontinuaient pas.

Chancellerie du cons. de Brabant, reg. n° 1.

17 juillet 1517, à Middelbourg. — Mandement de Charles, roi de Castille, etc., au chancelier de Brabant de sceller et mettre à exécution une ordonnance prescrivant aux vassaux et arrière-vassaux du duché de Brabant de se tenir prêts à le servir, à peine de confiscation de leurs fiefs.

Chancellerie du cons. de Brabant, reg. n° 1.

23 juillet 1517, à Middelbourg. — Ordonnance et

instruction de Charles, roi de Castille, etc., pour le conseil privé qu'il laisse « en ses pays de par deçà », durant son voyage d'Espagne, afin de « gouverner et pourvoir aux affaires d'iceux pays. »

Reg. de la ch. des comptes, n° 1325, fol. 9.

14 août 1517, à Middelbourg. — Ordonnance de Charles, roi de Castille, etc., sur l'exercice de la chasse et la vente du gibier aux Pays-Bas, et particulièrement en Flandre.

Plac. de Fl., liv. 1er, p. 407. — Arch. de l'État, à Gand : reg. aux ordonnances du cons. de Flandre de 1294-1557, *litt. L*, fol. 72 v°.

14 août 1517, à Middelbourg. — Lettres de Charles, roi de Castille, etc., autorisant le grand bailli de Courtrai à citer devant les échevins de cette ville toute personne reconnue par eux coupable de quelque délit.

Ch. Mussely, *Inventaire des archives de la ville de Courtrai,* t. II, p. 30.

18 août 1517, à Middelbourg. — Instructions de Charles, roi de Castille, etc., selon lesquelles l'archiduchesse Marguerite d'Autriche aura à se régler dans le gouvernement des Pays-Bas pendant le voyage qu'il va entreprendre en Espagne.

Reg. de la ch. des comptes, n° 128, fol. 47.

18 août 1517, à Middelbourg. — Ordonnance et instruction de Charles, roi de Castille, etc., sur la conduite de ses finances durant son voyage d'Espagne.

Arch. du royaume: original. — Reg. de la ch. des comptes, n° 120, fol. 44, et n° 137, fol. 60.

25 août 1517, à Middelbourg. — Mandement de Charles, roi de Castille, etc., au chancelier de Brabant de sceller et mettre à exécution une ordonnance « sur le fait et conduicte de la chasse. »

Chancellerie du cons. de Brabant, reg. n° 1.

5 septembre 1517, à Gand. Ordonnance du conseil de Flandre prescrivant de faire des prières publiques et des processions, pour l'heureux voyage du roi de Castille et de la princesse Éléonore, sa sœur, en Espagne.

> Arch. de la ville de Bruges : reg. aux *Hallegheboden*, 1515-1550, fol. 128.

7 octobre 1517, à Bruxelles. — Mandement du conseil du roi de Castille au chancelier de Brabant de sceller et mettre à exécution un placard prescrivant à tous officiers, bourgmestres, échevins, capitaines, châtelains, gardes et gouverneurs des villes, châteaux et forts, de laisser entrer et sortir le comte de Nassau, capitaine général, et de recevoir et loger ses gens de guerre, comme il l'ordonnera, et cela pendant l'absence de Sa Majesté et jusqu'à rappel, à peine d'être tenus et punis comme rebelles.

> Chancellerie de Brabant, reg. n° 1.

17 octobre 1517, à Termonde. — « Transport général » pour la répartition des aides, subsides et tailles dans les villes et les châtellenies de la Flandre, dressé par les commissaires nommés à cet effet par lettres patentes du 16 mai 1515 (1).

> *Pl. de Fl.*, liv. Ier, p. 518.

17 octobre 1517, à Bruxelles. — Lettres de Charles, roi de Castille, etc., nommant des commissaires pour aller taxer, d'après le nouveau transport de Flandre, les villes, châtellenies et localités y désignées, chacune selon sa juste quote-part.

> *Plac. de Fl.*, liv. Ier, p. 552.

16 novembre 1517, à Bruxelles. — Déclaration du conseil privé du roi de Castille statuant, à propos d'un procès du procureur général au conseil de Flandre contre Jacques de Thiennes, seigneur de Caestre, souverain bailli de Flandre, qu'en matière criminelle ledit conseil de Flandre juge en dernier ressort et sans appel (2).

> *Plac. de Fl.*, liv. Ier, p. 78. — Arch. de l'État, à Gand : reg. aux ordonnances du cons. de Flandre, 1294-1557, litt. U, fol. 110 v°.

---

(1) *Voy.* p. 59.

(2) Les noms des membres du conseil privé qui étaient présents se trouvent à la fin de la pièce.

La séance était présidée par Marguerite d'Autriche en personne. Deux conseillers du conseil

18 novembre 1517, à Bruxelles. — Lettres de Charles, roi de Castille, etc., autorisant les gens de loi de Dieghem (près de Bruxelles) à lever, pour l'entretien du grand chemin traversant cette commune, les droits y énoncés, sur les chariots, les charrettes, les chevaux, le bétail, etc., qui y passaient, comme cela se pratiquait dans les communes voisines de Crainhem, Perck et autres. Étaient exemptés de ces droits les membres des conseils d'État, privé et des finances, ceux de la chambre des comptes, les personnes de la cour, les chariots des voyageurs (*rolle wagen*) et les « clercs de Paris et de « Louvain (1) ».

> Reg. de la ch. des comptes, n° 656, fol. 243 v°.

22 novembre 1517, à Bruxelles. — Lettres de Charles, roi de Castille, etc., par lesquelles, vu la négligence qu'on mettait à surveiller les forêts et les bois du domaine, ainsi que les chasses du souverain, en Brabant, et vu les délits qu'on y commettait, il crée la charge de surintendant de ces forêts et la confère à Jean de Schoonvorst, chevalier, son conseiller, mayeur de Louvain, auquel il donne des instructions pour la remplir.

> Reg. de la ch. des comptes, n° 656, fol. 221 v°.

30 novembre 1517, à Bruxelles. — Ordonnance de Charles, roi de Castille, etc., défendant de blasphémer et d'outrager le nom de Dieu, de la Vierge et des saints, aux peines y énoncées.

> *Plac. de Fl.*, liv. Ier, p. 37. — Arch. de l'État, à Gand : reg.
> aux ordonnances du cons. de Flandre, de 1511-1558,
> *litt. U*, fol. 100 v°. — Arch. de la ville de Bruges : reg.
> aux *Hallegheboden*, 1513-1530, fol. 131 v°.

En novembre et décembre 1517. — « Transports » particuliers pour la répartition des aides, subsides et tailles dans la châ-

---

de Flandre, Jacques de Blasere et Thierri de Beaufremez, avaient été délégués pour exposer le cas, qui était celui-ci : le souverain bailli avait illégalement fait exécuter un nommé Malin (sic) Goderis; il avait obtenu du Roi des lettres d'abolition : mais le procureur général prétendit que c'était d'une manière subreptice. Le débat ayant été porté devant le conseil de Flandre, celui-ci prescrivit provisoirement au souverain bailli de garder la ville de Gand pour prison et de verser un cautionnement de 1,000 philippus. Le bailli appela au Roi de cette décision : mais le conseil privé mit l'appel à néant.

(1) On lit, dans le préambule de ces lettres, que les ducs de Brabant accordèrent différents privilèges à la commune de Dieghem.

tellenie d'Ypres et les autres châtellenies de la West-Flandre, dressés par les commissaires nommés le 16 mai 1515 (1).

Plac. de Fl., liv. Iᵉʳ, pp. 572-582.

7 décembre 1517, à Bruxelles. — Ordonnance de Charles, roi de Castille, etc., défendant, conformément à une ordonnance du conseil de Namur du 4 juin 1507, de donner par échange des biens-fonds, cens, rentes et « contre mailles de rentes »; tenant tous les contrats qui ont été passés, depuis ladite ordonnance de 1507, dans ces conditions, pour de véritables contrats de vente, et statuant, en conséquence, que les échangeurs seront tenus de lui payer, ainsi qu'à ses vassaux, les droits seigneuriaux accoutumés.

Arch. de l'État, à Namur : reg. aux ordonnances de 1383-1651, fol. 100.

9 décembre 1517, à Bruxelles. — Lettres de Charles, roi de Castille, etc., autorisant la ville de Tirlemont à percer un canal depuis cette ville jusqu'à Anvers, en passant par les lieux y désignés.

Reg. de la ch. des comptes, nᵒ 138, fol. 40 vᵒ, et nᵒ 638, fol. 223.

13 décembre 1517, à Bruxelles. — Lettres de Charles, roi de Castille, etc., approuvant et confirmant un contrat passé entre la ville d'Anvers et les habitants de Borgerhout et de Berchem, pour empêcher que certains habitants de la ville, tels que des ivrognes, des malfaiteurs, des mendiants, des fainéants, etc., allassent boire et brimber dans lesdites communes : d'où il résultait des crimes, des délits et des guet-apens dont les citoyens paisibles de la ville étaient les victimes.

Reg. de la ch. des comptes, nᵒ 638, fol. 232.

24 décembre 1517, à Gand. — Ordonnance du conseil de Flandre portant que le roi de Castille a prolongé le terme de la paix publique, dite de *heerlike vrede van Vlaenderen*, jusqu'à la Saint-Jean de l'année suivante.

Arch. de la ville de Bruges : reg. aux *Halleghebooden*, 1513-1550, fol. 133 vᵒ.

(1) Plac.....

18 janvier 1517 (1518, n. st.), à Malines. — Lettres de Charles, roi de Castille, etc., confirmant, ratifiant et approuvant en tous ses points un accord fait devant le conseil de Flandre, le 18 novembre précédent, entre les échevins de la ville d'Ypres, d'une part, et la corporation des bouchers de ladite ville, d'autre part.

DIEGERICK, *Inventaire des chartes et documents de la ville d'Ypres*, t. V, p. 111.

5 février 1517 (1518, n. st.), à Gand. — Ordonnance du conseil de Flandre rendue ensuite des ordres du roi de Castille et prescrivant la republication et la stricte observation de la dernière ordonnance sur les cours des monnaies, à laquelle on ne cessait de contrevenir.

Arch. de la ville de Bruges : reg. aux *Hallegheboden*, 1513-1530, fol. 137 v°.

5 mars 1517 (1518, n. st.), à Malines. — Ordonnance de Charles, roi de Castille, etc., statuant que nul ne s'avance dorénavant de « porter ou prêcher aucunes quêtes, ni aucunes grâces, « pardons ou indulgences » dans les Pays-Bas, sous prétexte de bulles apostoliques ou de lettres de congé obtenues de lui, Roi, lesquelles resteront suspendues pour la présente année.

Arch. de la ville de Bruges : reg. aux *Hallegheboden*, 1513-1530, fol. 142 v°.

3 avril 1517 avant Pâques (1518, n. st.), à Bruges. — « Transport » pour la répartition des aides et des tailles dans les communes composant le Franc de Bruges, dressé par les commissaires nommés le 16 mai 1515 (1).

Plac. de Fl., liv. 1er, p. 503.

11 avril 1518 après Pâques, à Malines. — Lettres par lesquelles Charles, roi de Castille, etc., sur la proposition des commissaires chargés de fixer le nouveau transport de Flandre, consent à ce que, pour l'aide présente et pour toutes les aides futures, la ville d'Ypres soit quitte en payant seulement le quart de sa quote-

(1) Voy. p. 69.

part fixée par le nouveau transport de Flandre. Cette faveur continuera jusqu'à ce qu'il soit prouvé que l'amélioration et la prospérité
de la ville permettent de la charger selon son état et faculté.

DIEGERICK, *Inventaire des chartes et documents de la ville
d'Ypres*, t. V, p. 113.

12 avril 1518, à Malines. — Ordonnance de Charles, roi
de Castille, etc., statuant que les brimbeurs, bélitres, vagabonds et
tous gens sans aveu devront quitter le pays dans les trois jours, à
peine de la hart.

Arch. de la ville de Bruges : reg. aux *Hallegheboden*, 1513-
1530, fol. 145 v°.

14 avril 1518, à Audenarde. — Transport particulier pour
la châtellenie du Vieux-Bourg, les Quatre Métiers, les pays de Waes,
de Beveren, d'Alost, de Rode, de Sotteghem, de Gavre et de Ninove,
la châtellenie d'Audenarde, le pays de Termonde et la châtellenie de
Courtrai, dressé par les commissaires nommés le 16 mai 1515 (1).

Plac. de Fl., liv. Ier, p. 383.

22 avril 1518, à Malines. — Ordonnance de Charles, roi
de Castille, etc., défendant à tous et un chacun de quitter le pays
pour aller faire à l'étranger des rassemblements de gens de guerre,
ou de se mettre au service de princes étrangers, une convention ayant
été faite à cet égard entre lui, Roi, et différents princes de la Basse-
Allemagne.

Arch. de la ville de Bruges : reg. aux *Hallegheboden*, 1513-
1530, fol. 147 v°.

En mai 1518, à Malines. — Lettres de Charles, roi de
Castille, etc., approuvant et confirmant les franchises octroyées à
l'abbaye d'Herckenrode par Henri, duc de Brabant, en 1218, et par
Jean, duc de Brabant, le 14 septembre 1418.

Reg. de la ch. des comptes, n° 636, fol. 261.

28 mai 1518, à Malines. — Ordonnance de Charles, roi de

(1) *Voy.* p. 69.

Castille, etc., portant défense, sous peine de la hart, de loger, soutenir ou recevoir des brigands, pillards, « insidiateurs de chemins » et
boute-feux, et prescrivant des mesures pour que ceux qui seront
trouvés par les champs soient appréhendés et délivrés à la prochaine
justice du lieu où on les aura pris : les meurtriers et les boute-feux
devant être condamnés au supplice du feu et les autres punis selon
que le cas le requerra.

Reg. de la ch. des comptes, n° 137, fol. 137 v°.

3 juin 1518, à Bruxelles. — Ordonnance de Charles, roi de
Castille, etc., établissant le tribunal de la gruerie de Brabant (*warant-
meesterschap*) (1), et le composant de sept hommes de fief dits *de la
corne* et d'un clerc.

Plac. de Brab., t. III, p. 504. — Reg. de la ch. des comptes,
n° 638, fol. 274 v°.

18 juin 1518, à Bruxelles. — Lettres de Charles, roi de
Castille, etc., approuvant et confirmant les franchises et privilèges
accordés aux habitants et aux arbalétriers de la ville de Hannut par
lettres respectives de Jeanne, duchesse de Brabant, du 5 août 1402,
d'Antoine, duc de Brabant, du 5 février 1407 (n. st.), de Jean, son
successeur, du 7 juin 1418, et de Philippe, duc de Bourgogne, du
11 juin 1434.

Reg. de la ch. des comptes, n° 636, fol. 269.

24 juillet 1518, à Saragosse. — Lettres de Charles, roi
de Castille, etc., statuant que dorénavant sa tante, l'archiduchesse
Marguerite, signera de sa propre main toutes les lettres closes et
patentes et tous les actes qui se feront, concluront et dépêcheront
de par lui et pour ses officiers, en mettant à ladite signature ces
mots : *Par le Roy*, MARGUERITE. Le Roi maintient, au surplus, la formule des actes, quant au style, au titre et autrement. En outre, il
confie à sa tante, pour qu'elle s'en serve comme si c'était lui-même,
« le signet de ses finances ».

F. VERACHTER, *Inventaire des chartes et privilèges de la
ville d'Anvers*, p. 189. — Arch. de la ville de Bruges :
reg. aux *Hallegheboden*, 1513-1530, fol. 140.

---

(1) On le nommait aussi Consistoire de la trompe.

27 Juillet 1518, à Bruges. — Ordonnance par laquelle Charles, roi de Castille, etc., vu le grand nombre de juments qu'on exportait de la Flandre, en défend la vente dans ce but d'exportation, à peine de confiscation des juments et de punition arbitraire, tant des vendeurs que des acheteurs.

> Arch. de la ville de Bruges : reg. aux *Hallegheboden*, 1513-1530, fol. 151 v°.

13 août 1518, à La Haye. — Ordonnance de Charles, roi de Castille, etc., prescrivant aux officiers de justice d'arrêter et de punir tous les homicides, bannis et malfaiteurs qui, ayant obtenu des lettres de rémission, ne les auraient pas fait entériner.

> *Plac. de Fl.*, liv. Ier, p. 43. — Arch. de l'État, à Gand : reg. aux ordonnances du cons. de Flandre, 1511-1558, *litt. U*, fol. 120 v°. — Arch. de la ville de Bruges : reg. aux *Hallegheboden*, 1513-1530, fol. 156 v°.

1er septembre 1518, à Bruxelles. — Lettres de Charles, roi de Castille, etc., accordant sauvegarde et franchise au magistrat de la ville de Diest pour la foire annuelle qui s'y tenait à la Saint-Denis, ainsi que pour la kermesse et la procession le dimanche après la fête de la Visitation de la Vierge. Tous ceux qui s'y rendront du dehors et qui en reviendront pourront le faire en toute sécurité, sans crainte d'être arrêtés ni molestés. Sont exceptés de cette sauvegarde les bannis, les malfaiteurs et les ennemis.

> Reg. de la ch. des comptes, n° 636, fol. 280.

8 septembre 1518, à La Haye. — Ordonnance de Charles, roi de Castille, etc., fixant le salaire des officiers et sergents qui font des sommations et des exécutions contre des débiteurs, à la requête et à la poursuite des receveurs des domaines et des aides.

> *Plac. de Fl.*, liv. Ier, p. 556. — Arch. de la ville de Bruges : reg. aux *Hallegheboden*, 1513-1530, fol. 159 v°.

16 décembre 1518, à Bruxelles. — Lettres de Charles, roi de Castille, etc., approuvant, confirmant et amplifiant les statuts y insérés, accordés, le 12 août 1369, par le magistrat de Vilvorde aux brasseurs de cette ville.

> Reg. de la ch. des comptes, n° 636, fol. 502 v°.

5 janvier 1518 (1519, n. st.), à Malines. — Ordonnance de Charles, roi de Castille, etc., défendant sévèrement de blasphémer, mais mitigeant sous ce rapport les peines comminées par les ordonnances précédentes (1).

> Plac. de Fl., liv. Ier, p. 58. — Arch. de l'État, à Gand : reg. aux ordonnances du cons. de Flandre de 1511 à 1558, litt. U, fol. 101 et fol. 105. — Arch. de la ville de Bruges : reg. aux Halleghcboden, 1513-1530, fol. .

22 janvier 1518 (1519, n. st.), à Bruxelles. — Ordonnance de Charles, roi de Castille, etc., statuant que les biens immeubles situés en la ville de Louvain ne pourront être aliénés, transportés ou hypothéqués que devant les mayeur et échevins de cette ville, et moyennant payement du xxe denier au profit de celle-ci.

> Coll. imp. des archives, in-4o, t. Ier. — Inventaire analytique des chartes de la ville de Louvain, p. 185. — Reg. de la ch. des comptes, no 656, fol. 510 vo.

28 janvier 1518 (1519, n. st.), à Malines. — Lettres de Charles, roi de Castille, etc., par lesquelles, vu le triste état de la ville de Tirlemont, qui avait été prise, pillée et saccagée par les Français et les Gueldrois, il accorde au magistrat un délai de dix années pour le payement des rentes dues par la ville.

> Reg. de la ch. des comptes, no 656, fol. 318 vo.

11 février 1518 (1519, n. st.), à Malines. — Ordonnance de Charles, roi de Castille, etc., portant défense d'amener, vendre et acheter, dans le comté de Namur, d'autres calamines que celles provenant des montagnes de calamines du Limbourg, et statuant que les calamines étrangères et mêlées ne pourront passer par ledit comté qu'à condition de faire conster qu'elles seront transportées hors des Pays-Bas.

> Ordonnances minutes, t. Ier. — Reg. de la ch. des comptes, no 137, fol. 85.

16 février 1518 (1519, n. st.), à Tournai. — Lettres de

---

(1) Cette ordonnance concerne plus particulièrement la Flandre. Les officiers de justice et gens de loi montraient peu d'empressement à appliquer les peines précédemment statuées, consistant à percer la langue, à marquer avec un fer rouge, à fustiger, etc.

Gaspard de Coligny, seigneur dudit lieu et de Châtillon, chevalier de l'ordre, conseiller et chambellan du roi François Ier, maréchal de France et lieutenant général pour le roi à Tournai et au pays de Tournaisis, par lesquelles, en vertu de ses pouvoirs, il confirme tous les droits, priviléges et franchises que les habitants de Tournai tenaient des rois de France et dont ils jouissaient lorsque le roi d'Angleterre usurpa leur ville.

Original, aux arch. de la ville de Tournai.

2 mars 1518 (1519, n. st.), à Barcelone. — Lettres de Charles, roi de Castille, etc., approuvant et confirmant les statuts y insérés, accordés, le 31 juillet 1446, par Philippe, duc de Bourgogne, aux bouchers de Bruxelles.

Reg. de la ch. des comptes, n° 636, fol. 333.

16 mars 1518 (1519, n. st.), à Malines. — Ordonnance de Charles, roi de Castille, etc., prescrivant à tous ses vassaux et à tous ceux qui sont habitués à la guerre de s'équiper et de se tenir prêts à marcher contre le duc de Gueldre, qui menaçait d'envahir les Pays-Bas.

Arch. de la ville de Bruges : reg. aux *Hallegheboden*, 1513-1530, fol. 107 v°.

16 mars 1518 (1519, n. st.), à Malines. — Ordonnance de Charles, roi de Castille, etc., défendant à tous et un chacun de quitter les Pays-Bas pour aller faire la guerre sous des princes étrangers, à peine de la hart et de confiscation de corps et de biens.

Arch. de la ville de Bruges : reg. aux *Hallegheboden*, 1513-1530, fol. 168.

3 avril 1519 (style d'Espagne), à Barcelone. — Ordonnance de Charles, roi de Castille, etc., défendant à tous autres que les commis de son grand veneur de Flandre, de lever ou faire lever, en ses bois, dans cette province, les bêtes rouges et noires (1) tuées ou blessées.

Plac. de Fl., liv. Ier, p. 410. — Arch. de la ville de Bruges : reg. aux *Hallegheboden*, 1513-1530, fol. 172.

---

(1) Les premières étaient des cerfs et chevreuils, les autres des sangliers.

20 avril 1518 avant Pâques (1519, n. st.), à Bruxelles. — Lettres de Charles, roi de Castille, etc., confirmant celles, y insérées, de Maximilien, roi des Romains, et de l'archiduc Philippe, du 6 août 1495, qui concernaient l'université de Louvain.

Plac. de Brab., t. Ier, p. 52. — Reg. de la ch. des comptes, nº 630, fol. 320.

1er mai 1519, à Saint-Germain-en-Laye. — Mandement de François, roi de France, par lequel il déclare la ville de Tournai quitte et déchargée envers ses sujets français, auxquels elle devait des rentes ou pensions, de tous les arrérages d'icelles échus depuis le temps de la prise de la ville par le roi d'Angleterre jusqu'à sa restitution.

Original, aux arch. de la ville de Tournai.

6 mai 1519, à Malines. — Ordonnance de Charles, roi de Castille, etc., portant règlement pour l'élection des doyens et jurés des six grands métiers de Malines (tanneurs, bouchers, brasseurs, boulangers, poissonniers et teinturiers).

Van Doren, *Inventaire des chartes de la ville de Malines*, t. Ier, p. 202.

3 juin 1519, à Bruxelles. — Lettres de Charles, roi de Castille, etc., ratifiant, approuvant et confirmant les privilèges et exemptions accordés aux habitants de La Roche, en Ardenne, par Jean, roi de Pologne, comte de Luxembourg, en 1331, confirmés depuis par Wenceslas, roi des Romains et duc de Luxembourg.

Reg. de la ch. des comptes, nº 705, fol. 116 vº.

1er juillet 1519, à Barcelone. — Lettres de Charles, roi de Castille, etc., par lesquelles, appréciant les grands services que lui a rendus l'archiduchesse Marguerite, sa tante, il la nomme régente et gouvernante des Pays-Bas, et lui donne des instructions en conséquence.

Bulletins de la Commission royale d'histoire, 3e série, t. XII, p. 172. — Arch. du royaume : Commissions des gouverneurs généraux. — Arch. de la ville de Bruges : reg. aux *Halleghebooden*, 1513-1550, fol. 170 vº.

3 juillet 1519, à Barcelone. — Lettres de Charles, roi de Castille, etc., par lesquelles, sur la remontrance des députés de Flandre, il statue que les franches foires d'Anvers et de Berg-op-Zoom ne pourront durer au delà du temps fixé par les chartes des ducs Philippe et Charles de Bourgogne.

> Reg. de la ch. des comptes, n° 630, fol. 318ᵇⁱˢ v°. — Arch. de l'État, à Gand : reg. aux ordonnances. du cons. de Flandre, 1204-1557, *litt. U*, fol. 112. — Arch. de la ville de Bruges : reg. aux *Hallegheboden*, 1513-1550, fol 185 v°.

7 juillet 1519, à Bruxelles. Lettres de Charles, roi de Castille, etc., accordant aux neuf nations de la ville de Bruxelles, sur leur requête, différents points relatifs à l'élection de leurs jurés et centeniers.

> Arch. du royaume: Cartulaires et manuscrits, n° 276ᵇⁱˢ3.

28 août 1519, à Bruxelles. — Ordonnance de Charles, roi de Castille, etc., rendue sur la requête des prélat et religieux de l'abbaye d'Everbode, et portant règlement pour le passage des bateaux par l'écluse du moulin établi sur le Demer, à Testelt, lequel appartenait à ladite abbaye.

> Reg. de la ch. des comptes, n° 630, fol. 311 v°.

20 septembre 1519, à Bruxelles. — Ordonnance de Charles, roi de Castille, etc., qui, pour les raisons y énoncées, défend le cours des nouveaux et des vieux florins d'or d'Utrecht, de même que de ceux de Gueldre.

> Arch. de la ville de Bruges : reg. aux *Hallegheboden*, 1513-1550, fol. 187.

21 septembre 1519, à Bruxelles. — Ordonnance de Charles, roi de Castille, etc., nommant des commissaires pour connaître des différends qui s'élèveront, dans le quartier d'Ypres et dans la West-Flandre, du chef des nouveaux transports pour la répartition des aides et subsides.

> *Plac. de Fl.*, liv. Iᵉʳ, p. 582.

13 octobre 1519, à Bruxelles. — Lettres par lesquelles

Charles, roi de Castille, etc., maintient provisoirement la ville de Louvain dans le droit de percevoir le quart de la cire des cierges et des torches ayant servi aux funérailles célébrées dans les églises de Saint-Pierre, de Saint-Michel, de Saint-Quentin et de Sainte-Gertrude, et cela malgré l'opposition du prélat de cette dernière église.

Inventaire analytique des chartes de la ville de Louvain, p. 180.

17 octobre 1519, à Bruxelles. — Ordonnance de l'archiduchesse Marguerite d'Autriche statuant, ensuite des ordres du Roi, que les foires d'Anvers et de Berg-op-Zoom ne peuvent se prolonger au delà du délai fixé par les anciennes chartes (1).

F. VERACHTER, *Inventaire des chartes et priviléges de la ville d'Anvers*, p. 200.

2 novembre 1519, à Bruxelles. — Ordonnance de Charles, roi de Castille, etc., statuant que, lorsque les quatre membres composant l'administration communale de Louvain voteront dans des affaires de nature à procurer le bien et l'utilité de la ville, il suffira que le deuxième membre (les lignages) et le troisième (les doyens de la gilde) votent avec le magistrat, premier membre : mais, dans les affaires concernant personnellement tous les habitants, telles que les impositions, le vote unanime des quatre membres sera nécessaire, le dernier étant composé des corps de métiers.

Reg. de la ch. des comptes, n° 656, fol. 361 v°.

10 novembre 1519, à Bruxelles. — Ordonnance de Charles, roi de Castille, etc., touchant la garde et la conservation de la forêt de Loo, près de Louvain.

Reg. de la ch. des comptes, n° 137, fol. 105 v°.

21 novembre 1519, au « palais de Molin del Rey ». — Décret de Charles, roi de Castille, etc., défendant au conseil de Brabant de « travailler et molester », comme il le faisait, le cardinal évêque de Cambrai et ses officiers en leurs droits, prééminences et juridiction.

Correspondance du cons. de Brabant, t. Ier, fol. 57.

(1) Voy. au 3 juillet précédent, p. 91.

12 décembre 1519, à Malines. — Lettres de Charles, roi de Castille, etc., par lesquelles, sur la requête de Henri de Nassau, seigneur de Diest, capitaine général des Pays-Bas, et du magistrat de Diest, il approuve et confirme une ordonnance d'Engelbert de Nassau, seigneur de ladite ville, de l'année 1509, portant qu'on lèvera au profit de celle-ci le quarantième denier de toutes les denrées et marchandises qui y seront vendues pour être revendues en seconde main, sans exempter de ce droit les habitants de Caggevinne et du hameau d'Aerde, qui s'y étaient opposés.

Reg. de la ch. des comptes, n° 636, fol. 367.

16 décembre 1519, à Bruxelles. — Lettres par lesquelles Charles, roi de Castille, etc., à la demande du gruyer et des membres du tribunal de la gruyerie ou de la corne de Brabant, leur accorde un sceau commun, qui portera au milieu une trompe de chasse avec ses courroies, surmontée du lion de Brabant, et la légende : *Sigillum hominum feudalium de cornu ducatus Brabantiae.*

Plac. de Brab., t. III, p. 507.

20 janvier 1519 (1520, n. st.) à Malines. — Décret de l'archiduchesse Marguerite ordonnant, au nom du Roi, au conseil de Brabant de rechercher et poursuivre strictement les blasphémateurs, et de s'enquérir des officiers de justice qui auraient été négligents à cet égard : le tout à peine d'encourir l'indignation royale.

Correspondance du cons. de Brabant, t. Ier, fol. 41.

8 février 1519 (1520, n. st.), à Bruxelles. — Ordonnance de Charles, élu roi des Romains, futur empereur, etc. (1),

---

(1) Charles avait été élu roi des Romains et futur empereur, à Francfort, le 28 juin 1519. L'acte du 8 février 1520 est le premier que nous trouvions où il ait pris ce titre. Voici comment furent dès lors intitulés ses actes : « CHARLES, par la divine clémence, esleu roy des Romains, « futur empereur, toujours auguste, roy de Castille, de Léon, de Grenade, d'Aragon, de « Navarre, des Deux-Siciles, de Jérusalem, de Valence, de Majorque, de Sardenne, de « Corse, etc., archiduc d'Austrice, duc de Bourgogne, de Lothier, de Brabant, de Stier, de « Carinte, de Carniole, de Lembourg, de Luxembourg, et de Geldres, conte de Flandres, « d'Absbourg, de Tirol, d'Artois, de Bourgogne, palatin, et de Haynnau, lantgrave d'Elsace, « prince de Zwave, marquis de Burgau et du Sainct-Empire, de Hollande, de Zeellande, de « Ferrette, de Kibourg, de Namur et de Zutphen, conte, seigneur de Frise, des marches « d'Esclavonie, de Portenau, de Salins et de Malines. »

défendant de couper du bois dans les forêts de Saventerloo, Moesloo, ainsi que dans le Perckenbosch, près de Vilvorde.

Reg. de la ch. des comptes, n° 137, fol. 100 v°.

28 février 1519 (1520, n. st.), à Bruxelles. — Ordonnance de Charles, élu roi des Romains, etc., concernant l'exploitation de la montagne de calamine appelée *Lansemberg*, dans le Limbourg.

Reg. de la ch. des comptes, n° 137, fol. 108.

30 mars 1519 avant Pâques (1520, n. st.), à Malines. — Ordonnance de Charles, élu roi des Romains, etc., défendant d'exporter des Pays-Bas toute espèce d'artillerie, grande, moyenne ou petite, ainsi que des boulets de fer, de la poudre et du salpêtre : le tout à peine de confiscation et, si la confiscation ne peut avoir lieu, de l'équivalent des choses exportées, outre une peine arbitraire.

Arch. de la ville de Bruges : reg. aux Halleghcboden, 1313-1530, fol. 106.

14 avril 1520 après Pâques, à Malines. — Ordonnance de Charles, élu roi des Romains, etc., défendant l'exportation des grains.

Arch. de la ville de Bruges : reg. aux Halleghcboden, 1313-1530, fol. 109.

9 mai 1520, à Gand. — Ordonnance de Charles, élu roi des Romains, etc., prescrivant d'arrêter et de poursuivre les Égyptiens que l'on trouvera dans la Flandre, malgré les ordonnances qui leur ont enjoint d'en sortir.

Arch. de la ville de Bruges : reg. aux Halleghcboden, 1313-1530, fol. 017.

27 juin 1520, à Bruxelles. — Ordonnance de Charles, élu roi des Romains, etc., par laquelle, faisant droit à la supplication des bourgmestres et échevins du Franc de Bruges, il statue que la connaissance des actions en matières réelles, mixtes et personnelles, ainsi que des procès « profanes » qui concernent ceux du Franc, ses dépendances et enclavements, appartiendra aux suppliants, et non à la cour spirituelle, conformément au droit écrit, et que leurs jugements seront exécutés, contre les laïes par prise de corps, et contre les gens d'église par la saisie de leur revenu et temporel.

> Original, aux arch. de l'État, à Bruges, carton XXI, n° 215.

27 juin 1520, à Bruxelles. — Ordonnance de Charles, élu roi des Romains, etc., prescrivant à l'amman de Bruxelles, au waut-maître de Brabant et à leurs lieutenants de veiller à ce qu'on n'enlève pas du bois dans la forêt de Soigne, et d'appliquer aux transgres-seurs les dispositions du *Keurboek* ou code pénal pour ladite forêt.

> Reg. de la ch. des comptes, n° 137, fol. 114 v°.

28 juillet 1520, à Bruxelles. — Lettres de Charles, élu roi des Romains, etc., approuvant et confirmant les statuts, y insérés, faits par le magistrat d'Anvers pour la corporation des fripiers de cette ville.

> Reg. de la ch. des comptes, n° 636, fol. 410.

28 août 1520, à Bruxelles. — Lettres de Charles, élu roi des Romains, etc., confirmant, ratifiant et approuvant les privilèges accordés aux religieux et frères de l'ordre de Saint-Jean de Jérusalem par le saint-siège et par les souverains des Pays-Bas.

> L. DEVILLERS, *Inventaire analytique des archives des commanderies belges de l'ordre de Saint-Jean de Jérusalem*, p. 17. — Arch. de l'État, à Gand : reg. aux ordonnances du cons. de Flandre de 1294-1557, *litt. U*, fol. 43.

30 août 1520, à Bruxelles. — Lettres de Charles, élu roi des Romains, etc., par lesquelles, sur la requête des mayeur et éche-vins de la ville de Namur, il révoque ses lettres patentes du mois de septembre 1514 (1) portant établissement en cette ville d'un franc marché, et remet à cet égard les choses en l'état où elles étaient auparavant.

> St. BORMANS, *Cartulaire de la commune de Namur*, t. III, p. 539.

(1) *Voy.* p. 45.

18 septembre 1520, à Bruxelles. — Lettres de Charles, élu roi des Romains, etc., par lesquelles, « ayant regard aux grans « paines, travail, diligence et sollicitude » que l'archiduchesse Marguerite « a continuellement prins, le temps passé, pour la conduite « de ses affaires, lesquels elle a tousjours tâché de mener et conduire « au bien de paix », il octroie, par forme de transaction et appointement, que, pour toutes ses prétentions en la succession de l'empereur Maximilien, elle recevra deux cent mille florins d'or philippus, valant deux cent cinquante mille livres de quarante gros ; que, de plus, lorsqu'il sera parvenu à sa succession d'Allemagne, il lui enverra « la troisième des meilleures et plus riches bagues » délaissées par l'Empereur, avec une autre bague qu'il choisira. En outre, il donne et transporte à l'Archiduchesse, « pour sa retraite, quand il « lui plaira », les ville et terroir de Malines, avec toutes les parties de son domaine, dont elle jouira sa vie durant, avec le pouvoir de nommer aux bénéfices et offices dont il a la collation, sauf l'office d'écoutète.

Reg. de la ch. des comptes, n° 137, fol. 119 v°.

27 septembre 1520, à Anvers. — Décret de Charles, élu roi des Romains, etc., concernant un différend qui s'était élevé entre les quatre membres de Flandre, d'une part, et les bourgmestres et échevins des villes d'Anvers et de Berg-op-Zoom, d'autre part, concernant la durée des franches foires de ces deux villes.

Diegerick, Inventaire des chartes et documents de la ville d'Ypres, t. V, p. 123.

30 septembre 1520, à Malines. — Lettres de l'archiduchesse Marguerite par lesquelles, approuvant et ratifiant l'appointement et transaction contenu dans les lettres du Roi, son neveu, du 18 septembre (1), elle promet de l'entretenir et accomplir, renonçant absolument à tout ce qui peut lui compéter en la succession de l'Empereur, son père.

Reg. de la ch. des comptes, n° 137, fol. 119 v°.

1er octobre 1520, à Malines (2). — Édit perpétuel de

---

(1) Voy. plus haut.

(2) Le même édit fut promulgué, avec la date du 6 octobre, dans les duchés de Brabant et de Limbourg. (Reg. de la ch. des comptes, n° 636, fol. 163 v°.)

Charles, élu roi des Romains, etc., statuant que ni les gens d'église ni les personnes séculières ne pourront lever d'autres dîmes que celles qui ont été levées depuis quarante ans et au delà; cassant et annulant les procédures pendantes devant les juges ecclésiastiques pour la levée de dîmes nouvelles et indues.

> *Plac. de Fl.*, liv. Ier, p. 508. — *Groot Placaat-boek van Holland*, t. Ier, p. 1582. — Reg. du grand cons. de Malines, n° 1, p. 661. — Arch. de l'État, à Gand : reg. aux ordonnances du cons. de Flandre de 1291-1557, *litt. U*, fol. 110 v°. — Arch. de la ville de Bruges : reg. aux *Halleghboden*, 1313-1530, fol. 213 v°.

1ᵉʳ octobre 1520, à Malines. — Lettres de Charles, élu roi des Romains, etc., prolongeant de douze années des lettres de Philippe, duc de Bourgogne, du 5 juin 1445, qui autorisaient la ville de Bruxelles à percevoir, pendant le terme de quarante ans, les accises établies en cette ville, lesdites lettres successivement prolongées par Marie, duchesse de Bourgogne, en mai 1477, par Philippe, roi de Castille, le 18 avril 1501 après Pâques, et par lui, roi des Romains, le 15 avril 1516 (1).

> Reg. de la ch. des comptes, n° 630, fol. 376 v°.

5 octobre 1520, à Louvain. — Ordonnance de Charles, élu roi des Romains, etc., défendant de nouveau la sortie des armes et des munitions de guerre, à peine de confiscation et de punition arbitraire.

> Arch. de la ville de Bruges : reg. aux *Halleghboden*, 1313-1530, fol. 213 v°.

19 octobre 1520, à Maestricht. — Lettres de Charles, élu roi des Romains, etc., par lesquelles, étant contraint, pour recevoir son sacre et couronne impériale, « de brief tirer à Aix et de là passer « oultre ès Allemaignes », il continue et de nouveau ordonne et établit l'archiduchesse Marguerite, sa tante, régente et gouvernante de ses pays « de par deçà », en déterminant les pouvoirs qu'elle exercera jusqu'à son retour dans lesdits pays.

> *Bulletins* de la Commission royale d'histoire, 3ᵉ série, t. XIII, p. 37.

(1) *Voy.* p. 70.

7

19 octobre 1520, à Maestricht. — Ordonnance de Charles, élu roi des Romains, etc., instituant de nouveau un conseil privé près la personne de l'archiduchesse Marguerite, sa tante; réglant la composition de ce conseil et lui donnant des instructions.

Reg. de la ch. des comptes, n° 1325, fol. 16 v°. — Cartulaires et Manuscrits, n° 276bis. — Reg. du grand cons. de Malines, n° 1, p. 613.

19 octobre 1520, à Maestricht. — Ordonnance et instruction de Charles, élu roi des Romains, etc., sur le fait et conduite de ses finances durant le temps du voyage qu'il va faire pour recevoir la couronne impériale.

Reg. de la ch. des comptes, n° 137, fol. 107.

19 octobre 1520, à Maestricht. — Ordonnance de Charles, élu roi des Romains, etc., par laquelle, en conformité de l'acte additionnel à sa Joyeuse-Entrée, en date du 26 avril 1515 (1), il défend aux gens de mainmorte d'acquérir, sans autorisation, des biens immeubles ou des rentes dans les duchés de Brabant et de Limbourg et dans les pays d'Outre-Meuse, comme aussi de fonder ou doter des églises, chapelles, collèges, chapitres et couvents.

Coll. imp. des arch., in-4°, t. Ier. — *Plac. de Brab.*, t. Ier, p. 80. — *Plac. de Fl.*, liv. Ier, p. 27. — Reg. de la ch. des comptes, n° 137, fol. 124 v°, et n° 636, fol. 455 v°.

23 octobre 1520, en la ville impériale d'Aix. — Décret de Charles, élu roi des Romains, etc., défendant au conseil de Brabant d'accorder, sans son autorisation, des lettres de placet ou d'autres provisions pour ériger en église paroissiale la chapelle de Saint-Géry, à Bruxelles, laquelle dépendait de l'église Sainte-Gudule, comme aussi de mettre à exécution les bulles apostoliques que les desservants de ladite chapelle avaient obtenues à cet effet. Cette défense s'applique à toutes autres chapelles semblables.

Correspondance du conseil de Brabant, t. Ier, fol. 66.

(1) Voy. p. 67.

8 novembre 1520, à Bruxelles. — Ordonnance de l'Empereur (1) statuant que toute personne civile, en Flandre, sera obligée, en étant requise, de prêter aide et assistance aux officiers de justice faisant leurs exploits, à peine de dix philippus d'amende, avec défense de les injurier, en les nommant *coordeslepers, critsers, bloedsupers,* etc., à peine de quatre philippus, sans distinction d'hommes, femmes ou enfants.

> Arch. de la ville de Bruges : reg. aux *Hallegheboden,* 1513-1530, fol. 147 v°.

12 novembre 1520, à Gand. — Ordonnance de l'Empereur prescrivant la stricte observation du nouveau transport dressé pour la répartition des aides et subsides en Flandre.

> *Plac. de Fl.,* liv. Ier, p. 583. — Arch. de l'État, à Gand : reg. aux ordonnances du cons. de Flandre de 1511-1558, *litt. U,* fol. 18.

29 novembre 1520, à Bruxelles. — Ordonnance de l'Empereur concernant la fabrication et le cours des monnaies.

> Cartulaires et Manuscrits, n° 270bis, fol. 78.

5 décembre 1520, à Gand. — Ordonnance du conseil de Flandre défendant, en conformité d'une ordonnance de l'Empereur du 26 novembre précédent, de vendre des grains ailleurs qu'aux marchés publics dans les villes.

> Arch. de la ville de Bruges : reg. aux *Hallegheboden,* 1513-1530, fol. 218 v°.

24 décembre 1520, à Malines. — Sentence de l'Empereur rendue dans un procès entre les hauts pointres et francs échevins de la châtellenie de Courtrai, d'une part, et les échevins de cette ville, d'autre part. Cette sentence annulle l'octroi accordé, le 8 juillet 1500, aux échevins de Courtrai, par l'archiduc Philippe, en vertu duquel

---

(1) C'est le seul titre que nous donnerons désormais à Charles-Quint. Aussitôt après son couronnement à Aix-la-Chapelle, qui eut lieu le 23 octobre 1520, il remplaça le titre de «roi des Romains, futur empereur, etc., par celui de «empereur des Romains, etc... Après son sacre à Bologne, le 24 février 1530, le mot «elu fut supprimé.

il était défendu de vendre des vins et des cervoises dans le rayon d'une demi-lieue autour de la ville.

> Ch. Messely, *Inventaire des archives de la ville de Courtrai*, t. II, p. 33.

24 décembre 1520, à Gand. — Ordonnance du conseil de Flandre prolongeant, conformément aux ordres de l'Empereur, jusqu'à la Saint-Jean de l'année suivante, la paix publique dite *de heerlike vreede van Vlaenderen.*

> Arch. de la ville de Bruges : reg. aux *Hallegheboden*, 1513-1530, fol. 123 v°.

15 janvier 1520 (1521, n. st.), à Bruxelles. — Ordonnance de l'Empereur défendant aux marchands de bois de la forêt de Soigne, vu les fraudes commises par eux, de vendre le bois autrement que par mesures, et non plus par charretées.

> Reg. de la ch. des comptes, n° 137, fol. 135 v°.

20 janvier 1520 (1521, n. st.), à Malines. — Lettres de l'Empereur approuvant et homologuant un acte déclaratoire, y inséré, de Jacques de Luxembourg, comte de Gavre, seigneur de Fiennes, gouverneur du comté de Flandre, du 11 janvier précédent, relatif aux différends qu'il y avait entre les quatre membres de Flandre, d'une part, et les villes d'Anvers et de Berg-op-Zoom, d'autre part, au sujet de la durée de la franche foire de chacune desdites villes. Cette déclaration, donnée par le comte de Gavre en vertu des pouvoirs qu'il avait reçus de l'Empereur, fixe à six semaines, sans prolongation, la durée de chaque foire.

> Reg. de la ch. des comptes, n° 636, fol. 400. — Arch. de l'État, à Gand : reg. aux ordonnances du cons. de Flandre de 1291-1557, *litt. U*, fol. 122 v°. — Arch. de la ville de Bruges : reg. aux *Hallegheboden*, 1513-1530, fol. 232.

22 janvier 1520 (1521, n. st.), à Malines. — Ordonnance de l'Empereur rendue sur une requête du grand bailli et des échevins des deux bancs de la ville de Gand, et statuant que les opposants, réformants et appelants des exécutions, exploits et saisies faits par lesdits échevins seront obligés préalablement de consigner une somme suffisante entre les mains des mêmes échevins, à proportion de la valeur des objets saisis.

> Arch. de l'État, à Gand : reg. aux ordonnances du cons. de Flandre, de 1204-1557, *litt. U*, fol. 159.

27 janvier 1520 (1521, n. st.), à Malines. — Ordonnance de l'Empereur par laquelle, vu l'opposition que le magistrat d'Anvers faisait à l'ordonnance du 15 mai 1517 sur l'emploi des balances et des poids en cette ville (1), il ôte au magistrat la connaissance des infractions à cette ordonnance, et l'attribue à la chambre des comptes et au conseil de Brabant.

> Reg. de la ch. des comptes, n° 636, fol. 53 v°.

4 février 1520 (1521, n. st.), à Malines. — Ordonnance et statut de l'Empereur sur la fabrication et le cours des monnaies.

> DIEGERICK, *Inventaire des chartes et documents de la ville d'Ypres*, t. V, p. 150. — Reg. de la ch. des comptes, n° 137, fol. 148. — Arch. de la ville de Bruges : reg. aux *Hallegheboden*, 1513-1530, fol. 226 v°.

9 mars 1520 (1521, n. st.), à Gand. — Ordonnance du conseil de Flandre défendant de tenir, au plat pays, hors des villes privilégiées, toute espèce de marché de grains, et de transporter les grains hors desdites villes privilégiées. Tout grain qui sera présenté à vendre devra l'être dans les susdites villes, au jour fixé pour le marché hebdomadaire.

> DIEGERICK, *Inventaire des chartes et documents de la ville d'Ypres*, t. V, p. 132.

16 mars 1520 (1521, n. st.), à Malines. — Mandement de l'archiduchesse Marguerite au chancelier de Brabant de sceller et faire publier une ordonnance, qu'elle lui envoie, fixant la durée des foires annuelles d'Anvers et de Berg-op-Zoom, et prescrivant des mesures pour le payement des lettres de change souscrites à ces foires.

> Reg. de la chancellerie du conseil de Brabant, n° 2.

(1) Voy. p. 78.

22 mars 1520 avant Pâques (1521, n. st.), à Malines.
— Ordonnance de l'Empereur prescrivant de saisir tous les livres et écrits luthériens et de les brûler en place publique.

> Arch. de l'État, à Mons : reg. du cons. de Hainaut, n° 1, fol. 17.

20 avril 1521 après Pâques, à Bruxelles. — Lettres de l'Empereur autorisant les écoutête et échevins de la franchise de Turnhout à partager toute cette franchise en six quartiers pour la perception des aides, et à établir un préposé à la recette dans chaque quartier (1).

> Reg. de la ch. des comptes, n° 636, fol. 516.

8 mai 1521, à Worms. — Édit de l'Empereur contre Luther, ses doctrines et ses adhérents.

> Plac. de Fl., liv. Ier, p. 88. — Reg. de la ch. des comptes, n° 137, fol. 228.

25 juin 1521, à Bruxelles. — Ordonnance de l'Empereur autorisant tous les marchands, de quelque nation qu'ils soient, à décharger, à Anvers, à Middelbourg et à Ter Vere, toutes sortes de grains venant de l'Est, et à les envoyer de là dans tous les pays, sans devoir payer des droits, à condition que les grains, à leur arrivée auxdits ports, soient déposés dans les magasins à ce destinés.

> F. VERACHTER, Inventaire des chartes et privilèges de la ville d'Anvers, p. 203.

20 juin 1521, à Bruxelles. — Décret de l'Empereur statuant, sur les remontrances des neuf nations de la ville de Bruxelles, que son ordonnance de l'année 1512 (2) qui fixe le nombre des receveurs de ladite ville à quatre, au lieu de dix, doit sortir son plein et entier effet. En conséquence, les nations éliront dix-huit personnes parmi lesquelles l'Empereur en prendra deux pour entrer en

---

(1) On rappelle, dans le préambule de ces lettres, que la ville de Turnhout et ses environs avaient été récemment dépeuplés par une maladie contagieuse. Dix à douze mille personnes avaient péri.

(2) Nous n'avons pas trouvé cette ordonnance.

fonctions avec les deux restées en place : le tout selon les instructions qui seront ultérieurement données. L'Empereur adjoint à ces quatre receveurs un intendant pour les aider dans leur besogne. Ce décret est suivi des ordonnances et instructions selon lesquelles les quatre receveurs établis après la Saint-Jean 1521 auront à se régler.

Correspondance du conseil de Brabant, t. Ier, fol. 93.

3 Juillet 1521, à Bruxelles. — Ordonnance de l'Empereur par laquelle, vu le nombre de pauvres et de malades nécessiteux qu'il y avait à Anvers, il permet aux maîtres des pauvres de cette ville de recevoir les rentes et biens meubles qui leur seront donnés, et ce aux conditions y exprimées.

Plac. de Brab., t. Ier, p. 84. — Reg. de la ch. des comptes, n° 630, fol. 520 v°.

15 Juillet 1521, à Anvers. — Mandement de l'Empereur au chancelier et au conseil de Brabant de rendre et faire publier une ordonnance qui enjoigne aux habitants du Brabant, voisins de la Gueldre, de se tenir prêts à marcher au son de la cloche et à aller où besoin sera.

Reg. de la chancellerie du conseil de Brabant, n° 1.

23 Juillet 1521, à Gand. — Ordonnance de l'Empereur prescrivant à tous marchands de vivres et à tous vivandiers d'amener leurs vivres à son armée, n'importe où elle se trouvera; prenant lesdits marchands et vivandiers sous sa protection, et les exemptant de tous droits quelconques lorsqu'ils se rendront à l'armée, avec défense à tous et un chacun de conduire des vivres hors du pays.

Arch. de la ville de Bruges : reg. aux *Hallegheboden*, 1513-1530, fol. 370.

23 Juillet 1521, à Gand. — Ordonnance de l'Empereur qui, vu les nombreux abus auxquels donnait lieu la vente des vivres de toute nature destinés à son armée, statue que les vivandiers et marchands devront les conduire à Malines, où, une étape y ayant été établie à cet effet, les vivres seront vendus aux personnes à ce déléguées, qui les dirigeront sur l'armée. L'Empereur prend ces personnes sous sa protection et les exempte de tous droits quelconques sur leur passage.

Arch. de la ville de Bruges: reg. aux *Hallegheboden*, 1313-1330, fol. 278.

24 Juillet 1521, à Gand. — Mandement de l'Empereur au conseil de Flandre de ne permettre dorénavant que le parlement de Paris exerce sa juridiction dans le comté de Flandre et ses dépendances.

Bulletins de la Commission royale d'histoire, 3e série, t. VII, p. 20. — Arch. de l'État, à Gand : reg. aux ordonnances du cons. de Flandre, 1201-1557, *litt. U*, fol. 79 v°.

26 Juillet 1521, à Gand. — Ordonnance de l'Empereur enjoignant aux gens de guerre, vagabonds et oisifs de se retirer, dans les trois jours, savoir : les étrangers hors du pays et les autres en leurs logis; défendant aux gentilshommes en service et à tous gens de guerre de prendre des serviteurs qui se seraient déjà engagés envers d'autres, sans le consentement de ces derniers.

Arch. de la ville de Bruges : reg. aux *Hallegheboden*, 1313-1330, fol. 274.

26 Juillet 1521, à Gand. — Mandement de l'Empereur au chancelier de Brabant de faire publier deux ordonnances qu'il lui envoie : la première touchant le « fait de la distribution des vivres et « victuailles en ses pays de par deçà » ; la seconde concernant « les « compagnons oiseux et les vagabonds. »

Reg. de la chancellerie du conseil de Brabant, n° 1.

5 août 1521, à Gand. — Ordonnance et édit perpétuel de l'Empereur portant qu'à l'avenir les citations faites à des laïques par les officiaux et autres juges ecclésiastiques des cours spirituelles de Cambrai, Arras, Tournai, Térouane et autres s'étendant au pays et comté de Flandre, devront détailler les motifs, raisons et actions pour lesquels elles sont faites, afin que les personnes citées puissent en délibérer et y répondre à bon escient.

Plac. de Fl., liv. Ier, p. 56. — Arch. de l'État, à Gand : reg. aux ordonnances du cons. de Flandre, de 1201-1557, *litt. U*. — Original, aux archives de l'État, à Bruges, cart. XXI-16, n° 218.

5 août 1521, à Gand. — Ordonnance de l'Empereur qui, vu l'état de guerre où l'on se trouvait, modifie provisoirement la valeur de quelques monnaies d'or, laquelle avait été fixée par l'ordonnance du 4 février précédent (1).

> Reg. de la ch. des comptes, n° 137, fol. 157. — Arch. de la ville de Bruges : reg. aux *Hallegheboden*, 1513-1530, fol. 275 v°.

14 août 1521, à Bruges. — Ordonnance de l'Empereur prescrivant différentes mesures pour que les vivandiers et marchands puissent conduire en toute sécurité à Malines et à Namur les vivres destinés à l'armée qu'il venait de mettre sur pied.

> Arch. de la ville de Bruges : reg. aux *Hallegheboden*, 1513-1530, fol. 270.

22 août 1521, à Bruges. — Ordonnance de l'Empereur prescrivant la saisie, sous inventaire, des villes, châteaux, maisons, fiefs, terres, seigneuries et de tous biens meubles et immeubles appartenant, tant au roi de France qu'aux prélats, gens d'église, chapitres, nobles, bourgeois, marchands et sujets du royaume de France, ainsi qu'à ceux de Tournai et du Tournaisis, de Saint-Amand et de Mortagne, tenant le parti dudit roi.

> Arch. de l'État, à Mons : États de Hainaut, lay. V, vol. I, n° 10.

24 août 1521, à Bruges. — Ordonnance de l'Empereur enjoignant, en conformité de l'ordonnance du 22 août qui précède, à tous ceux qui connaissent des biens meubles et immeubles, de quelque nature qu'ils soient, appartenant à des Français, ou qui en possèdent eux-mêmes, de les dénoncer dans les huit jours aux commissaires à ce nommés, à peine de confiscation des biens recélés et d'une amende du quadruple de leur valeur.

> Arch. de la ville de Bruges : reg. aux *Hallegheboden*, 1513-1530, fol. 281 v°.

31 août 1521, à Bruxelles. — Ordonnance de l'Empe-

_____

(1) *Voy.* p. 101.

reur qui, vu les entreprises injustes et outrageantes du roi de
France et de ses adhérents, prescrit à tous feudataires nobles et à
tous ses vassaux soumis au ban et à l'arrière-ban, en Flandre, de
s'équiper et de se tenir prêts à marcher contre lesdits ennemis.

> Arch. de la ville de Bruges: reg. aux *Hallegheboden*, 1513-
> 1530, fol. 280 v°.

En septembre 1521, à Bruxelles. — Lettres de l'Empereur par lesquelles, sur la requête des bourgmestre et échevins
d'Arschot et en considération surtout des services que lui a rendus feu
Guillaume de Croy, marquis d'Arschot, son premier chambellan,
il autorise l'établissement, en ladite ville, de deux francs marchés
annuels, de quatre jours chacun, à tenir : le premier le 14 mars, et le
second huit jours après la Saint-Denis.

> Reg. de la ch. des comptes, n° 638, fol. 538 v°.

5 septembre 1521, à Bruxelles. — Ordonnance de
l'Empereur prescrivant de nouveau à tous vassaux nobles et à tous
autres soumis au ban et à l'arrière-ban, en Flandre, de s'équiper et
de rejoindre, avant le 22 du mois, le comte de Gavre, gouverneur et
capitaine général de la Flandre.

> Arch. de la ville de Bruges: reg. aux *Hallegheboden*, 1513-
> 1530, fol. 284 v°.

6 septembre 1521, à Bruxelles. — Ordonnance de
l'Empereur portant instruction : 1° pour la confiscation des biens
des Français « de Tournai, Tournaisis, Mortaigne et Saint-Amand »
situés en Brabant et au pays d'Outre-Meuse ; 2° pour l'imposition des
fiefs du Brabant non encore taxés, et ce à cause de la guerre où
l'Empereur était engagé contre le roi de France.

> Original, aux archives du royaume.

11 septembre 1521, à Bruxelles. — Ordonnance de
l'Empereur sur la fabrication des florins carolus.

> Reg. de la ch. des comptes, n° 137, fol. 158.

12 septembre 1521, à Bruxelles. — Lettres de l'Empereur approuvant et confirmant les points et articles, y insérés, faits d'un commun accord par les deux métiers des maréchaux et des serruriers de la ville d'Anvers, pour être observés par chacun d'eux.

Reg. de la ch. des comptes, n° 030, fol. 510 v°.

13 septembre 1521, à Bruxelles. — Ordonnance de l'Empereur prescrivant un dénombrement général des fiefs relevant du duché de Brabant, afin de les taxer pécuniairement pour les besoins de la guerre.

Reg. de la ch. des comptes, n° 511, fol. 33. — Reg. de la cour féodale de Brabant, n° 005, fol. 1.

13 septembre 1521, à Bruxelles. — Ordonnance de l'Empereur par laquelle, sur une requête de l'écoutète et du magistrat de Bruges, il défend, en conformité des anciens privilèges de cette ville, à tous officiers de justice d'arrêter des bourgeois, marchands et habitants de Bruges sans en avoir des lettres patentes ou provisions émanées de lui, et cela sur certaines grosses peines.

Arch. de la ville de Bruges : reg. aux Hallegheboden, 1513-1530, fol. 285.

13 septembre 1521, à Bruxelles. — Ordonnance de l'Empereur prescrivant de faire faire des processions et des prières publiques pour remercier Dieu de l'avoir soustrait aux dangers dont l'avait environné le roi de France, et pour appeler le succès sur ses armes dans la guerre qu'il soutient contre ledit roi. A cet effet, un jour de la semaine sera choisi où tous les chefs de famille se rendront à l'église principale des villes et des villages, et joindront leurs prières à celles des ministres de la religion.

Arch. de la ville de Bruges : reg. aux Hallegheboden, 1513-1530, fol. 288 v°.

14 septembre 1521, à Bruxelles. — Ordonnance de l'Empereur prescrivant de faire arrêter et exécuter par la corde ou par l'épée les gens de guerre, quels qu'ils soient, que l'on trouvera avoir quitté son armée sans congé ou passe-port du capitaine général.

Arch. de la ville de Bruges : reg. aux Hallegheboden, 1513-1530, fol. 288.

20 septembre 1521, à Bruxelles. — Lettres de l'Empereur prorogeant de six années les lettres, y insérées, du 4 mai 1513, par lesquelles l'empereur Maximilien et lui avaient accordé à la ville de Louvain un délai de douze années pour le payement des rentes et des dettes à sa charge.

Reg. de la ch. des comptes, n° 636, fol. 513 v°.

99 octobre 1521, à Bruxelles. — Ordonnance de l'Empereur statuant sur un différend qui s'était élevé entre les villes de Gouda et d'Ostende, d'une part, les receveurs et fermiers du droit de la *grute* qui se levait à Bruges et dans le Franc de Bruges sur les bières de Gouda, joint à ceux-ci le procureur général de Flandre, d'autre part, et cela à propos de la levée dudit droit. L'Empereur prescrit de nouvelles mesures pour cette perception en conformité des lettres patentes d'octroi, ordonnance et statut du 8 novembre 1519 (1).

Arch. de l'État, à Gand : reg. aux ordonnances du cons. de
Flandre, 1204-1557, litt. U, fol. 84 v°. — Arch. de la ville
de Bruges : reg. aux Hallegheboden, 1513-1530, fol. 314 v°.

13 octobre 1521, à Valenciennes. — Mandement de l'Empereur au chancelier de Brabant de faire et publier une ordonnance qui enjoint aux gens de guerre étant à son service et à sa solde de se mettre incontinent sous leurs drapeaux, et ce à peine de la hart, et qui charge les officiers de justice de veiller à l'exécution de cette ordonnance, sous peine de privation de leur office, en cas de négligence.

Reg. de la chancellerie de Brabant, n° 4.

14 octobre 1521, à Bruxelles. — Ordonnance de l'Empereur portant interprétation de celle en vertu de laquelle les vivandiers ou fournisseurs qui suivaient l'armée et l'approvisionnaient étaient, pour toute la durée de la guerre, exempts d'arrêt et de confiscation et ne pouvaient être poursuivis judiciairement en matière civile. Sur la plainte des magistrats d'Ypres, qui lui avaient fait connaître que plusieurs individus de cette ville, afin de

(1) Ces lettres patentes n'ont pas été trouvées.

jouir des susdites exemptions, prenaient le titre de fournisseurs, mais se contentaient de porter de temps en temps à l'armée des provisions insignifiantes, et ce à des intervalles de quinze jours ou trois semaines, l'Empereur ordonne que désormais on pourra arrêter et poursuivre en matière civile tous ceux de ces fournisseurs qui sont restés pendant six jours sans suivre l'armée et sans y avoir amené des vivres.

DIEGERICK, *Inventaire des chartes et documents de la ville d'Ypres*, t. V, p. 133.

16 octobre 1521, à Gand. — Ordonnance du conseil de Flandre enjoignant aux officiers de justice de faire rentrer les gens de guerre, ayant quitté l'armée, sous leurs drapeaux, avec ordre de procéder rigoureusement contre les récalcitrants. Cette ordonnance est rendue ensuite d'une lettre que l'Empereur avait, le 13 octobre, écrite de Valenciennes au conseil.

Arch. de la ville de Bruges : reg. aux *Hallegheboden*, 1513-1530, fol. 201 v°.

19 octobre 1521, à Bruxelles. — Lettres de l'Empereur par lesquelles il octroie aux bourgmestres, échevins et conseil d'Anvers que, d'accord avec le margrave, ils puissent présenter à la nomination du chancelier de Brabant les personnes propres à remplir les offices des douze sergents ou massiers de cette ville, et cela pour un terme de trois ans et moyennant une redevance annuelle de 120 livres, de 40 gros de Flandre, à payer au receveur de ses domaines.

Reg. de la ch. des comptes, n° 137, fol. 173.

23 octobre 1521, à Gand. — Ordonnance du conseil de Flandre enjoignant aux habitants de son ressort de porter en toute hâte des vivres à Chin, près de Tournai, pour l'armée commandée par le comte de Gavre, gouverneur et capitaine général de la Flandre. Cette ordonnance est rendue par le conseil ensuite d'une lettre de l'Empereur du même jour.

Arch. de la ville de Bruges : reg. aux *Hallegheboden*, 1513-1530, fol. 203.

9 novembre 1521, à Bruxelles. — Ordonnance de l'Empereur modifiant, en faveur de ceux de Malines, le placard qui défendait aux paysans, vu la cherté des vivres, d'apporter leurs grains à d'autres marchés qu'à ceux de Louvain et de Bruxelles.

> Van Doren, *Inventaire des chartes de la ville de Malines*, t. Ier, p. 205.

20 novembre 1521, à Audenarde. — Ordonnance de l'Empereur prescrivant à tous les hommes de la Flandre, en état de porter les armes, âgés de dix-huit à cinquante ans, de s'équiper et de se mettre immédiatement sous le commandement du gouverneur de cette province pour concourir, avec son armée, au siège de Tournai.

> Arch. de la ville de Bruges : reg. aux *Hallegheboden*, 1513-1530, fol. 205.

3 décembre 1521, à Audenarde. — Ordonnance de l'Empereur prescrivant de porter à la connaissance du public les succès remportés par son armée sur les Français dans le duché de Milan, et de faire faire des processions et des prières dans toutes les églises pour en remercier le Ciel.

> Arch. de la ville de Bruges : reg. aux *Hallegheboden*, 1513-1530, fol. 206.

Au mois de décembre 1521, à Audenarde. — Lettres par lesquelles l'Empereur confirme, ratifie et approuve le traité de capitulation fait, le 1er décembre, à la Chartreuse lez-Tournai, par le comte de Nassau, son capitaine général, avec les gouverneurs, capitaines, gens d'église et de la loi de cette ville, ainsi que les articles qui y ont été ajoutés.

> Arch. de la ville de Tournai, original, et Ier reg. à tailles, n° 17, fol. 1. — Reg. aux ordonnances du bailliage de Tournai-Tournaisis, commençant en 1505, p. 322.

6 décembre 1521, à Audenarde. — Ordonnance de l'Empereur qui enjoint à tous les gens de guerre à sa solde de se remettre sous leurs drapeaux, et à tous les hommes aptes à porter les armes, âgés de dix-huit à cinquante ans, de s'équiper et de se tenir prêts à marcher. Cette ordonnance est motivée par la crainte que les

Français ne fassent quelque entreprise avant la reddition de Tournai, qui devait avoir lieu dans quatorze jours.

Arch. de la ville de Bruges : reg. aux Hallegheboden, 1513-
1530, fol. 207.

20 décembre 1521, à Paris. — Lettres de François, roi de France, par lesquelles il accorde aux Tournaisiens la jouissance de tous leurs biens, rentes, pensions, bénéfices et autres choses quelconques qu'ils possèdent en son royaume, tout ainsi qu'ils faisaient avant la réduction de leur ville sous l'obéissance du roi catholique; permet à ceux qui se trouvent dans son royaume de retourner dans leurs biens à Tournai ou dans le Tournaisis, ou de résider dans sondit royaume et d'y faire étudier leurs enfants aux universités, etc.

Arch. de la ville de Tournai, 4e cartulaire, fol. 419.

22 décembre 1521, à Gand. — Ordonnance de l'Empereur prescrivant à tous capitaines et gens de guerre qui venaient d'être licenciés de regagner sur-le-champ leur demeure, avec défense expresse de loger chez les habitants ou de les molester; leur promettant le payement de la solde qu'on trouvera leur être due.

Arch. de la ville de Bruges : reg. aux Hallegheboden, 1513-
1530, fol. 207 v°.

24 décembre 1521, à Gand. — Décret de l'Empereur statuant sur une requête des quatre membres et des petites villes et châtellenies de Flandre par laquelle ils demandaient : 1° la démolition des fortifications de Tournai ; 2° la translation par le pape du siège épiscopal de Tournai en une ville de Flandre ; 3° l'annexion au comté de Flandre de ladite ville de Tournai et du Tournaisis, etc.

P. Van Duyse, Inventaire analytique des chartes et documents de la ville de Gand, p. 317.

26 décembre 1521, à Gand. — Ordonnance de l'Empereur enjoignant à tous les gens de guerre qui avaient été levés par les états de Flandre et armés et équipés par les villes et châtellenies de la province, de restituer à celles-ci, dans les trois jours, les « corseletz, « crefz, picques, hallebardes et aultres bastons deffensibles » dont ils avaient été munis, à moins de prouver que ces armes avaient été prises par l'ennemi, et cela à peine de la hart ou d'autre punition criminelle. Ceux qui ne pourront justifier la perte de leurs armes devront en payer la valeur (1).

> Arch. de la ville de Bruges : reg. aux *Hallegheboden*, 1513-1530, fol. 298 v°.

2 Janvier 1521 (1522, n. st.), à Gand. — L'Empereur, attendu que, par ses actes d'hostilité, François, roi de France, « a « commis et fourfait l'hommaige, ressort et tout aultre droit et « souveraineté par lui prétendu aux pays de Flandre et d'Artois », statue que dorénavant toutes les causes, questions et procès civils et criminels mus et à mouvoir entre ses sujets et autres hantant lesdits pays de Flandre et d'Artois, qui étaient traités en la cour de parlement de Paris ou en d'autres cours et sièges royaux, en matière d'appel, le seront par-devant les président et gens du grand conseil de Malines.

> MUSSELY, *Inventaire des archives de Courtrai*, t. II, p. 35. — Reg. du grand cons. de Malines, n° 1, p. 709. — Arch. de l'État, à Gand : reg. aux ordonnances du cons. de Flandre, 1304-1557, *litt. U*, fol. 137 v°, — Arch. de la ville de Bruges : reg. aux *Hallegheboden*, 1513-1530, fol. 301.

8 Janvier 1521 (1522, n. st.), à Gand. — Lettres patentes de l'Empereur par lesquelles, à la requête des habitants de Tournai et du Tournaisis, il lève la mainmise apposée sur leurs biens situés en ses pays et seigneuries.

> Arch. de l'État à Tournai : reg. aux ordonnances du bailliage, commençant en 1503, p. 321.

23 Janvier 1521 (1522, n. st.), à Bruxelles. — Mandement de l'Empereur au conseil de Flandre de faire faire des prières publiques pour remercier le ciel de l'élection au souverain pontificat du cardinal Adrien, évêque de Tortose, son conseiller et vice-roi de Castille.

> Arch. de la ville de Bruges : reg aux *Hallegheboden*, 1513-1530, fol. 302 v°.

---

(1) Il résulte du préambule de l'ordonnance que les détenteurs de ces armes en disposaient par vente et autrement. De là l'ordre sévère de leur restitution dans les trois jours.

27 janvier 1521 (1522, n. st.), à Bruxelles. — Ordonnance de l'Empereur enjoignant à tous gens de guerre qui ne font pas partie de ses bandes d'ordonnance et qui courent et pillent le pays, de se retirer incontinent chez eux, sous peine de la hart et de la confiscation de leurs biens, avec prescription aux officiers de justice de contraindre les récalcitrants.

Plac. de Fl., liv. Ier, p. 755.

31 janvier 1521 (1522, n. st.), à Bruxelles. — Ordonnance de l'Empereur défendant, sous peine de la hart, aux gens de guerre de faire prisonniers ou de molester les Français et autres étrangers du parti ennemi établis aux Pays-Bas depuis deux ans.

Arch. de la ville de Bruges : reg. aux *Hallegheboden*, 1513-1530, fol. 300.

7 février 1521 (1522, n. st.), à Bruxelles. — Lettres de l'Empereur exemptant les doyen et chapitre de l'église cathédrale de Tournai et leurs suppôts du logement des gens de guerre.

Arch. de la ville de Tournai, 4e cartulaire, fol. 351.

12 février 1521 (1522, n. st.), à Bruxelles. — Lettres de l'Empereur approuvant et ratifiant l'acte y inséré par lequel lui, d'une part, et les abbés et abbesses, prieurs et prieures des abbayes et couvents du duché de Brabant, d'autre part, s'engagent à soumettre aux arbitres y mentionnés le différend qu'ils avaient au sujet d'une bulle du pape Léon X qui conférait à lui, Empereur, le droit de nommer les supérieurs desdites communautés, avec promesse des parties de se conformer à la sentence arbitrale qui sera rendue. En attendant, l'Empereur, voulant traiter le clergé avec douceur, laisse à ce dernier la faculté d'élire ses supérieurs (1).

Plac. de Brab., t. IV, p 241. — A. SANDERUS, *Chorographia sacra Brabantiæ*, t. Ier, p. 245. — Correspondance du conseil de Brabant, t. Ier, fol. 156.

(1) Les prélats de Brabant s'étant plaints à l'Empereur de ce qu'on les troublait dans cette « submission » consentie de part et d'autre, il en écrivit à l'archiduchesse Marguerite pour qu'elle fit cesser le sujet de ces plaintes et mettre fin à ce différend, la sentence des arbitres n'ayant pas encore été prononcée. A cet effet, il lui ordonna de remplacer un de ceux-ci, qui était décédé. Cette lettre, datée de Valladolid, le 3 août 1527, roule aussi sur les dîmes dues au clergé et dans la jouissance desquelles il se plaignait d'être molesté. (SANDERUS, p. 241.)

12 février 1521 (1522, n. st.), à Bruxelles. — Lettres de l'Empereur par lesquelles, à la requête des bourgeois, manants et inhabitants de la ville de Tournai, et conformément au traité fait par eux, le 1er décembre, avec le comte de Nassau, son capitaine général, il approuve, ratifie et confirme tous les privilèges, usances, droits et coutumes qui leur ont été accordés par les rois de France et par d'autres princes et seigneurs qui ont occupé leur ville, desquels privilèges ils jouissaient à l'heure dudit traité, et leur promet, de plus, qu'il les fera régir et gouverner en bonne justice.

Original, aux archives de la ville de Tournai.

14 février 1521 (1522, n. st.), à Bruxelles. — Charte de l'Empereur qui donne une nouvelle constitution à la ville de Tournai. Elle révoque les privilèges octroyés aux Tournaisiens en 1340 et 1370. Elle abolit les consistoires des eswardeurs et des doyens des métiers. Elle réduit le collège des jurés à quatorze membres, deux prévôts et douze jurés, desquels l'Empereur se réserve la nomination, ainsi que des deux mayeurs et des douze échevins. A ces deux corps sont attribués l'administration de la ville et le jugement, comme par le passé, des affaires criminelles et civiles, mais sous le ressort du conseil de Flandre et du grand conseil de Malines. Lorsque les prévôts et jurés, mayeurs et échevins auront à traiter d'affaires d'importance, ils devront appeler dans leur sein le gouverneur et le bailli royal ou leurs lieutenants, pour y résoudre à la pluralité des voix. Les doyens et sous-doyens des métiers ne conservent que la connaissance des affaires de leurs métiers et des fautes qui y seraient commises.

Original, aux archives de la ville de Tournai. — Reg. du grand cons. de Malines, n° 2, fol. 215. — Arch. de l'État, à Gand : reg. aux ordonnances du cons. de Flandre, litt. U, 1291-1557, fol. 137.

En février 1521 (1522, n. st.), à Bruxelles. — Lettres de l'Empereur par lesquelles il unit, annexe et incorpore au pays et comté de Flandre, « du sceu, bon gré et consentement des gens « d'église, bourgeois, manans et habitans et de toute la communaulté

« de la ville de Tournai, et à leur très instante prière et requeste
« dont il lui est deuement et souffisament apparu », ladite ville de
Tournai et les villes et places de Mortagne et Saint-Amand, avec tout
le Tournaisis, appartenances et dépendances : déclarant qu'à l'avenir
ils seront de la même nature, qualité et condition que les villes et
quartiers d'Alost et de Termonde, et que la seigneurie de Tournai
et Tournaisis sera comprise sous le nom et titre dudit comté; que
les gens d'église, manants et habitants de Tournai, Mortagne, Saint-
Amand et du Tournaisis, comme branche du pays de Flandre, seront
appelés aux assemblées des états dudit pays; que les commissaires
ordonnés au renouvellement des lois et à l'audition des comptes des
villes et châtellenies de Flandre renouvelleront aussi dorénavant la
loi et ouïront les comptes de la ville de Tournai, le bailli ou son lieutenant à ce évoqué et appelé; qu'en toutes causes et actions ceux de
Tournai et du Tournaisis iront en appel devant le conseil de Flandre,
sous le ressort du grand conseil; que les rebelles et fugitifs du pays
de Flandre ne pourront être reçus à Tournai ni dans le Tournaisis,
et semblablement ceux de Tournai et du Tournaisis dans les villes et
lieux du pays de Flandre; que le souverain bailli de Flandre pourra
exécuter et exploiter à Tournai et dans le Tournaisis comme il le fait
dans les autres lieux de la Flandre, etc. Afin que la présente union
soit gardée à perpétuité, l'Empereur veut que celui qui sera dorénavant comte de Flandre soit aussi seigneur de Tournai et Tournaisis,
et que ses successeurs, lors de leur réception à la seigneurie du pays
de Flandre, soient tenus de jurer aux états et les états à eux, récipro-
quement, qu'ils observeront ladite union.

Arch. de la ville de Tournai : 1er reg. à tailles, n° 17,
fol. 25 v°, et reg. des chartes, n° 8, fol. 59. — Reg du grand
cons., n° 3, fol. 105. — Arch. de l'État, à Gand : reg. aux
ordonnances du cons. de Flandre, 1506-1557, litt. U,
fol. 220 v°. — Arch. de la ville de Bruges : reg. aux
Hallegheboden, 1515-1530, fol. 318 v°.

**31 mars 1521 avant Pâques (1522, n. st.), à
Bruxelles.** — Lettres de l'Empereur par lesquelles il cède à la
ville d'Anvers les droits de balance et ceux dits du *riddertol*, du *joctol*
et de l'*uytslach*, et cela pour la somme de 40,000 livres, de 40 gros

de Flandre, sauf à pouvoir les racheter pour la même somme, soit par lui, soit par ses successeurs.

Reg. de la ch. des comptes, n° 137, fol 170.

4 avril 1521 avant Pâques (1522, n. st.), à Bruxelles.

— Lettres de l'Empereur confirmant les priviléges donnés aux bouchers d'Anvers par le duc Jean de Brabant, le 6 juin 1350, et par l'archiduc Philippe, le 25 juillet 1500. En vertu des lettres du duc Jean, les bouchers ayant des bancs pour le débit de la viande dans la boucherie se les transmettaient de père en fils, sans que ces bancs pussent être occupés par des personnes étrangères à la corporation. Les lettres de l'archiduc Philippe autorisaient la construction d'une nouvelle et grande boucherie, et portaient le nombre des bouchers de cinquante-deux à soixante-deux.

Reg. de la ch. des comptes, n° 137, fol. 170.

8 avril 1521 avant Pâques (1522, n. st.), à Bruxelles.

— Lettres de l'Empereur par lesquelles, à la demande de la ville d'Ypres, il transfère dans cette ville la cour spirituelle de Térouane, qu'il avait établie à Bergues-Saint-Winoc, et cela jusqu'à décision ultérieure (1).

Diegerick, Inventaire des chartes et documents de la ville d'Ypres, t. V, p. 138.

10 avril 1521 avant Pâques (1522, n. st.), à Bruxelles.

— Lettres de l'Empereur par lesquelles, sur la requête que les députés des tribunaux et bancs du duché de Limbourg lui ont présentée, au nom de tous les habitants, il approuve, confirme et renouvelle, pour autant que de besoin, les droits et priviléges dont ces habitants jouissaient en matière de juridiction et de lois fondamentales, les affranchissant de nouveau du ressort du juge ecclésiastique, notamment de l'official de Liége, sauf dans les trois cas que ces lettres énoncent. L'Empereur leur octroie et concède, en outre, les points suivants, savoir : qu'on ne pourra pas appeler au conseil

---

1) Le 1er juin suivant il y eut un accord passé entre la ville d'Ypres et la cour spirituelle concernant les exemptions et prérogatives des officiers de cette cour. (Diegerick, t. V, p. 141.)

de Brabant des jugements des chefs-bancs du Limbourg, mais y faire réformer ces jugements, sans que pour cela l'exécution en soit suspendue; que la représentation en ligne directe dans les affaires de succession, laquelle n'était pas observée dans le Limbourg, sauf à Baelen, le sera désormais; enfin que les plaids et audiences des tribunaux seront tenus avant midi et prolongés après midi, si c'est nécessaire, et autrement pas.

> Reg. de la ch. des comptes, n° 637, fol. 6.

15 avril 1521 avant Pâques (1522, n. st.), à Bruxelles. — Lettres de l'Empereur par lesquelles, vu son prochain voyage en Espagne, il confirme l'archiduchesse Marguerite dans la charge de gouvernante des Pays-Bas, et lui donne des instructions en conséquence.

> Arch. du royaume : Commissions des gouverneurs généraux. — Reg. intitulé *Instruction et ordonnances du grand conseil*, fol. 177 v°.

En avril 1522, à Bruxelles. — Ordonnance de l'Empereur portant règlement pour le grand conseil de Malines.

> Original, aux archives du royaume. — Reg. du grand cons. de Malines, n° 2, fol. 66.

9 mai 1522, à Bruges. — Ordonnance et instruction de l'Empereur touchant la règle, ordre et police sur le fait et administration de la justice provinciale du pays de Flandre.

> *Plac. de Fl.*, liv. Ier, p. 249.

22 mai 1522, à Bruges. — Ordonnance et instruction de l'Empereur pour l'administration des finances pendant son absence des Pays-Bas.

> Coll. de l'audience, reg. n° 78, fol. 125.

22 mai 1522, à Bruges. — Ordonnance par laquelle l'Empereur augmente les gages de ses avocat et procureur fiscaux au conseil de Flandre, en leur défendant de plaider et poursuivre, dorénavant, comme ils le faisaient, des causes pour d'autres parties et de recevoir de ce chef quelque pension ou salaire, à peine de destitution; porte de six à huit le nombre des conseillers audit conseil, et statue que les cinq conseillers sans gages qui y sont seront réduits à quatre, à la mort ou à la résignation de l'un d'eux.

Trésorerie de la ch. des comptes.

7 Juin 1522, à Bruxelles. — Ordonnance et instruction de l'Empereur pour le conseil de Brabant.

Reg. de la ch. des comptes, n° 110, fol. 67.

22 juin 1522, au château de Windsor. — Ordonnance de l'Empereur enjoignant aux Écossais qui se trouvent aux Pays-Bas d'en sortir dans les vingt jours, et défendant d'avoir avec eux et avec les Français aucunes relations, attendu que les uns et les autres sont les ennemis notoires de « son bon frère, cousin et bel-« oncle » le roi d'Angleterre, son allié. L'ordonnance fait une exception en faveur des Écossais jouissant du droit de bourgeoisie dans les villes.

Arch. de l'État, à Gand : reg. aux ordonnances du cons. de Flandre, 1511-1558, *litt. U,* fol. 43. — Arch. de la ville de Bruges : reg. aux *Halleghebodlen,* 1513-1530, fol. 336.

23 Juillet 1522, à Bruxelles. — Ordonnance de l'Empereur défendant l'exportation des chevaux, à peine de confiscation et d'une amende arbitraire, et d'être puni comme rebelle en cas de récidive.

Plac. de Fl., liv. 1er, p. 698. — Reg. de la ch. des comptes, n° 20, fol. 1. — Arch. de l'État, à Gand : reg. aux ordonnances du cons. de Flandre, 1511-1558, *litt. U,* fol. 42. — Arch. de la ville de Bruges : reg. aux *Halleghebodlen,* 1513-1530, fol. 327.

23 Juillet 1522, à Bruxelles. — Ordonnance de l'Empercur défendant l'importation des vins de France, à peine de confiscation des vin.., et, de plus, de perdre corps et biens.

Reg. de la ch. des comptes, n° 20, fol. 1. — Arch. de la ville de Bruges : reg. aux *Hallegheboden*, 1513-1530, fol. 328.

19 noût 1522, à Gand. — Ordonnance du comte de Gavre, seigneur de Fiennes, gouverneur du comté de Flandre, et du conseil de Flandre, défendant la sortie dudit comté des grains et farines et la vente des grains ailleurs qu'aux marchés publics des villes.

Plac. de Fl., liv. Ier, p. 632. — Arch. de l'État, à Gand : reg. aux ordonnances du cons. de Flandre, 1511-1558, *litt. U*, fol. 43. — Arch. de la ville de Bruges : reg. aux *Hallegheboden*, 1513-1530, fol. 328.

30 noût 1522, à Gand. — Ordonnance du conseil de Flandre prescrivant aux habitants de la province de préparer en grande quantité du pain, de la bière et des vivres de toute nature, pour les conduire à l'armée de l'Empereur et à celle du roi d'Angleterre, campées sur les frontières de Flandre.

Arch. de la ville de Bruges : reg. aux *Hallegheboden*, 1513-1530, fol. 330 v°.

1er septembre 1522, à Berg-op-Zoom. — Ordonnance de l'Empereur octroyant toute liberté, sûreté et franchise de droits à ceux qui mèneront des vivres à son armée et à celle du roi d'Angleterre sur les frontières de Picardie.

Reg. de la ch. des comptes, n° 20, fol. 2 v°. — Arch. de la ville de Bruges : reg. aux *Hallegheboden*, 1513-1530, fol 331 v°.

10 septembre 1522, à Bruxelles. — Ordonnance de l'Empereur portant règlement pour la conservation des bois de Heez, de Bossut, de Hazoy et de Nivelles et la vente des raspes desdits bois.

Reg. de la ch. des comptes, n° 137, fol 241.

10 octobre 1522, à Anvers. — Ordonnance de l'Empereur prescrivant aux officiers de justice, aux échevins et à tous juges, dans le duché de Brabant, de faire droit, en étant requis, aux membres du clergé qui, à défaut d'actes échevinaux, pour la levée des cens qui leur sont dus, se fonderont sur de vieux rôles et sur la possession.

Plac. de Brab., t. Ier, p 87.

9 novembre 1522, à Gand. — Édit perpétuel de l'Empereur statuant que quiconque, en Flandre, voudra appeler d'un jugement devra le faire dans le terme d'un an et d'un jour après que le jugement aura été prononcé, à moins que l'appelant ne soit mineur ou absent, ou ait d'autres raisons péremptoires à alléguer.

Plac. de Fl., liv. Ier, p. 80. — DIEGERICK, Inventaire des chartes et documents de la ville d'Ypres, t. V, p. 141. — Arch. de l'État, à Gand : reg aux ordonnances du cons. de Flandre, 1511-1558, litt. U, fol. 85.

12 novembre 1522, à Gand. — Ordonnance de l'Empereur prescrivant de republier dans toute la Flandre le nouveau transport fait à Termonde, le 17 octobre 1517 (1), pour la répartition des aides et autres impositions, attendu que les dispositions n'en étaient pas observées.

Arch. de la ville de Bruges : reg aux Hallegheboden, 1513-1530, fol. 359 v°.

12 novembre 1522, à Gand. — Ordonnance de l'Empereur défendant aux gens de guerre et aux vagabonds de molester, en quoi que ce soit, les habitants du comté de Flandre, aux peines y statuées.

Arch. de l'État, à Gand : reg. aux ordonnances du cons. de Flandre, 1511-1558, litt. U, fol. 17 v°.

13 novembre 1522, à Gand. — Ordonnance du comte de Gavre, seigneur de Fiennes, gouverneur du comté de Flandre, et du conseil de Flandre permettant aux habitants de la ville de Ninove, située aux frontières du Brabant et du Hainaut, le libre commerce des grains, nonobstant les ordonnances à ce contraires.

Arch. de l'État à Gand : reg. aux ordonnances du cons. de Flandre, 1511-1558, *litt. U*, fol. 48 v°.

10 novembre 1522, à Gand. — Ordonnance de l'Empereur défendant l'exportation des grains du comté de Flandre.

Arch. de l'État, à Gand : reg. aux ordonnances du cons. de Flandre, 1511-1558, *litt. U*, fol. 49.

22 novembre 1522, à Bruxelles. — Ordonnance de l'Empereur enjoignant aux gens de guerre et vagabonds qui courent et pillent le plat pays de Brabant, s'ils sont étrangers, d'en sortir, et, s'ils sont natifs de ce pays, de se retirer en leurs demeures endéans deux jours, à peine de la hart.

Reg. de la ch. des comptes, n° 20, fol. 58 v°.

2 décembre 1522, à Gand. — Édit de l'Empereur qui, vu les empiétements continuels de la juridiction spirituelle, défend de citer des personnes séculières devant le juge ecclésiastique pour des actions personnelles, réelles, mixtes et civiles, à peine de soixante livres parisis d'amende.

Plac. de Fl., liv. Ier, p. 57. — DIEGERICK, *Inventaire des chartes et documents de la ville d'Ypres*, t. V, p. 146. — MUSSELY, *Inventaire des archives de Courtrai*, t. II, p. 28. — Arch. du royaume : Cartulaires et Manuscrits, recueil de coutumes et d'ordonnances, n° 270^a. — Arch. de l'État, à Gand : reg. aux ordonnances du cons. de Flandre, 1511-1558, *litt. U*, fol. 52. — Arch. de la ville de Bruges : reg. aux *Halleghebodcn*, 1513-1550, fol. 311 v°.

2 décembre 1522, à Gand. — Ordonnance de l'Empereur statuant que tous ceux qui appelleront sans fondement des jugements et des appointements des échevins de la ville d'Ypres payeront une amende de 60 livres parisis.

DIEGERICK, *Inventaire des chartes et documents de la ville d'Ypres*, t. V, p. 147. — Arch. de l'État, à Gand : reg. aux ordonnances du cons. de Flandre, 1501-1557, *litt. U*, fol. 131 v°.

5 décembre 1522, à Gand. — Ordonnance du comte de Gavre, seigneur de Fiennes, gouverneur du comté de Flandre, et du conseil de Flandre modifiant en certains points les ordonnances sur le commerce des grains en faveur des habitants de la ville de Bruges et du Franc de Bruges.

> Arch. de l'État, à Gand : reg. aux ordonnances du cons. de Flandre, 1511-1558, *litt. U*, fol. 40 v°.

10 décembre 1522, à Gand. — Ordonnance de l'Empereur statuant que, lorsqu'il sera appelé d'une sentence ou appointement des prévôts, jurés, mayeurs et échevins de la ville de Tournai, rendu dans un procès par écrit démené par-devant eux, le conseil de Flandre sera tenu de recevoir ledit procès ainsi fait et démené, et de le juger comme procès par écrit.

> Original, aux archives de la ville de Tournai. — Arch. de l'État, à Gand : reg. aux ordonnances du conseil de Flandre, 1204-1557, *litt. U*, fol. 133.

10 décembre 1522, à Gand. — Ordonnance de l'Empereur touchant la fabrication et la vente des bières à Tournai.

> Original, aux archives de la ville de Tournai.

12 décembre 1522, à Gand. — Ordonnance de l'Empereur statuant : 1° que les prévôts et jurés de la ville de Tournai, dans les procès criminels « touchant vie ou membres » qui se plaideront devant eux, devront, selon le contenu de la charte du 14 février 1522 (1), appeler les bailli et conseillers du bailliage, pour les décider ensemble, à la pluralité des voix, mais qu'à défaut de ceux-ci de comparaître à leur première requête, ils pourront administrer et faire justice, sans les évoquer davantage; 2° que les plaids du bailliage se tiendront dorénavant tous les mardis, ainsi qu'il l'a ordonné après la réduction de la ville sous son obéissance, et que, lorsque le mardi tombera un jour de fête, ils seront remis au mardi suivant.

> Original, aux archives de la ville de Tournai.

(1) Voy. p. 114.

12 décembre 1522, à Malines. — Déclaration du grand conseil déterminant la formule des appointements à coucher sur les procès où l'une des parties est déboutée, par contumace, de toutes exceptions déclinatoires, dilatoires ou péremptoires.

> Reg. du grand cons. de Malines, n° 2, fol. 120.

12 décembre 1522, à Malines. — Déclaration du grand conseil concernant les procureurs ajournés et en défaut de comparaître, faute de pouvoirs suffisants de la part de leurs maîtres.

> Reg. du grand cons. de Malines, n° 2, fol. 120.

4 janvier 1522 (1523, n. st.), à Gand. — Ordonnance de l'Empereur fixant les droits que les clercs du greffier du conseil de Flandre pourront se faire payer des parties pour les dépêches qu'ils expédieront.

> Plac. de Fl., liv. Ier, p. 272. — Arch. du cons. de Flandre.

Dernier février 1522 (1523, n. st.), à Malines. — Décret de l'archiduchesse Marguerite par lequel, sur les remontrances du magistrat de Bruxelles, elle statue que les fermiers du grand tonlieu de Brabant par terre devront se conformer, pour la levée de ce droit, aux règles qu'observaient, vingt années auparavant et plus, leurs prédécesseurs.

> Plac. de Brab., t. III, p. 410. — Reg. de la ch. des comptes, n° 110, fol. 120 v°.

4 mars 1522 (1523, n. st.), à Malines. — Ordonnance de l'Empereur sur le cours de certaines monnaies d'or et d'argent aux Pays-Bas.

> Reg. de la ch. des comptes, n° 137, fol. 189. — Arch. de la ville de Bruges, reg. aux *Hallegheboden*, 1513-1530, fol. 350 v°.

21 mars 1522 (1523, n. st.), à Gand. — Ordonnance du conseil de Flandre prescrivant, en conformité des ordres de l'archiduchesse Marguerite, de faire faire, tous les dimanches, pendant le carême de cette année, des processions et des prières publiques pour la paix de la chrétienté et pour la prospérité de l'Empereur.

Arch. de la ville de Bruges : reg. aux *Hallegheboden*, 1513-1550, fol. 354.

20 avril 1523, à Malines. — Lettres de l'Empereur confirmant l'octroi accordé aux échevins d'Ypres par Jean, duc de Bourgogne, et d'après lequel nul ne pouvait tenir taverne, ni vendre vin ou cervoise en gros ou en détail, ni brasser aucune espèce de cervoise, dans le rayon d'une lieue de la ville d'Ypres, excepté aux endroits y désignés.

Diegerick, *Inventaire des chartes et documents de la ville d'Ypres*, t. V, p. 152.

En mai 1523, à Malines. — Lettres de l'Empereur confirmant l'octroi du 12 octobre 1421 accordé par Jean, duc de Brabant, à la ville de Louvain pour la canalisation de la Dyle jusqu'à la ville de Wavre, et autorisant ladite ville de Louvain à établir un chemin de halage le long de la Dyle, sauf à indemniser les propriétaires riverains et à payer les droits de tonlieu y fixés pour les marchandises transportées par bateaux sur cette rivière.

Inventaire analytique des chartes de la ville de Louvain, p. 188. — Reg. de la ch. des comptes, n° 137, fol. 224, et n° 037, fol. 80.

2 mai 1523, à Malines. — Ordonnance de l'Empereur révoquant indistinctement tous les sauf-conduits accordés à des marchands françois et autres, étrangers ou régnicoles, pendant la présente guerre contre la France; accordant auxdits marchands français un délai de huit jours pour sortir des Pays-Bas, et défendant à ses sujets d'avoir des relations avec les Français, à peine de confiscation de corps et de biens.

Reg. de la ch. des comptes, n° 26, fol. 4. — Arch. de la ville de Bruges : reg. aux *Hallegheboden*, 1513-1550, fol. 349 v°.

10 mai 1523, à Malines. — Ordonnance de l'Empereur

réglant le pied sur lequel la ville d'Ostende pourra acquitter les
arrérages de rentes dus par elle, ainsi que ses autres dettes.

Arch. de la ville de Bruges : reg. aux *Hallegheboden*, 1513-
1530, fol. 333.

5 des ides de mai (20 mai) 1523, à Rome. — Bulle
du pape Adrien VI ordonnant la translation à Ypres de la cour
spirituelle de Térouane. C'est à la requête de l'Empereur que cette
bulle est donnée.

Original, aux archives de la ville d'Ypres. — Arch. de l'État,
à Gand : reg. aux ordonnances du cons. de Flandre, de
1201-1537, *litt. U,* fol. 130 v°.

17 juillet 1523, à Bruxelles. — Ordonnance de l'Empereur qui renouvelle, en l'interprétant et l'étendant, l'ordonnance du
duc Philippe de Bourgogne de 1446 sur les reliefs, successions,
partages, transports et aliénations des fiefs et arrière-fiefs dans le
duché de Brabant et les pays d'Outre-Meuse.

Plac. de Brab., t. Ier, p. 205. — Reg. de la ch. des comptes,
n° 137, fol. 211 v°, et n° 037, fol. 03.

12 août 1523, à Bruxelles. — Ordonnance de l'Empereur qui, vu la prochaine arrivée aux Pays-Bas de l'armée auxiliaire
du roi d'Angleterre, enjoint aux marchands et vivandiers de se procurer des chariots, des chevaux et des vivres pour l'approvisionnement de ladite armée. L'Empereur fait savoir, en même temps, qu'une
ligue défensive a été conclue entre lui, le pape, le roi d'Angleterre,
l'archiduc d'Autriche, le duc de Milan et les villes de Florence, de
Lucques, de Sienne et autres; il ordonne qu'il soit fait des processions générales pour remercier Dieu des grâces dont il lui est
redevable.

Reg. de la ch. des comptes, n° 26, fol. 5 v°. — Reg. de la
chancellerie du conseil de Brabant, n° 2.

13 août 1523, à Bruxelles. — Lettres de l'Empereur par
lesquelles, sur la requête des bourgeois et habitants de Bruxelles, il

proroge de six années consécutives les lettres du 12 mai 1509 concernant l'administration des finances de cette ville(1).

Reg. de la ch. des comptes, n° 637, fol. 107.

22 août 1523, à Bruxelles. — Lettres de l'Empereur par lesquelles, sur la requête des membres de la fabrique de l'église de Saint-Jacques, à Anvers, récemment érigée en église paroissiale, il les autorise à accepter tous les legs qu'on leur fera, jusqu'à concurrence de la somme y énoncée, nonobstant les dispositions de la Joyeuse-Entrée et des édits concernant les mainmortes.

Reg. de la ch. des comptes, n° 637, fol. 119 v°.

22 août 1523, à Gand. — Ordonnance du conseil de Flandre rendue ensuite d'une lettre de l'archiduchesse Marguerite du 20 août précédent, et prescrivant de conduire des vivres de toute nature à l'armée que le roi d'Angleterre envoyait au secours de l'Empereur. Ceux qui les y mèneront seront exempts de tous droits quelconques sur leur passage.

Arch. de la ville de Bruges : reg. aux Hallegheboden, 1513-1530, fol. 367 v°.

3 septembre 1523, à Bruxelles. — Ordonnance de l'Empereur sur les reliefs et les dénombrements des fiefs relevant de la cour féodale de Brabant, ainsi que sur la procédure en cette cour.

Reg. de la ch. des comptes, n° 110, et 137, fol. 200.

4 septembre 1523, à Bruxelles. — Décret de l'archiduchesse Marguerite approuvant certains points formulés par les états de Brabant au sujet de la participation des administrations des hôpitaux, des maisons du Saint-Esprit et des pauvres, ainsi que des serments et des confréries, en Brabant, dans le payement d'une aide que ces états avaient accordée à l'Empereur.

Plac. de Brab., t. III, p. 381. — Collection de la Commission.

(1, Voy. p. 17.

17 septembre 1523, à Bruxelles. — Ordonnance de l'Empereur interdisant à tous religieux, prêtres et ecclésiastiques des Pays-Bas d'aller en France, sous quelque prétexte que ce soit, ou d'y entretenir des relations, à peine d'être noyés (*op de peyne van verdroncken te worden*). La même peine est comminée contre les religieux français qui viendraient aux Pays-Bas.

Reg. de la ch. des comptes, n° 26, fol. 6 v°.

21 septembre 1523, à Bruxelles. — Ordonnance de l'Empereur enjoignant aux vivandiers et autres gens accoutumés à suivre les troupes de pourvoir de vivres l'armée anglaise débarquée le mois précédent, et leur en garantissant le payement.

Reg. de la ch. des comptes, n° 26, fol. 7 v°.

28 septembre 1523, à Malines. — Décret de l'archiduchesse Marguerite rendu dans un différend qu'il y avait entre les états de Flandre et le magistrat de Tournai. L'Archiduchesse déclare que ceux de Tournai ne pourront, en vertu des lettres d'octroi qu'ils ont obtenues, lever aucun impôt de tonlieu sur les sujets du comté de Flandre.

Copie, aux archives de la ville d'Ypres.

En octobre 1523, à Malines. — Instruction faite et conclue par madame la régente et gouvernante et les gens du privé conseil et des finances de l'Empereur, avec les membres du pays de Flandre, selon laquelle le comte de Gavre, lieutenant, gouverneur et capitaine général de la Flandre, se réglera et entretiendra les garnisons ordonnées à la garde, sûreté et défense des frontières dudit pays, tant par mer que par terre, contre les ennemis.

DIEGERICK, Inventaire des chartes et documents de la ville d'Ypres, t. VII, p. 220.

6 octobre 1523, à Malines. — Ordonnance de l'Empereur statuant qu'en cas de conflits de juridiction entre les prévôts, jurés, mayeurs et échevins de la ville de Tournai, d'une part, et le bailli de Tournai-Tournaisis, d'autre part, les procès qui ont donné lieu aux conflits seront évoqués au conseil de Flandre, si l'une des parties est du comté de Flandre, mais que, les deux parties étant du Tournaisis, la cause pourra être évoquée au grand conseil de Malines; sauf encore que, si l'une des parties le demande, le renvoi se fera audit conseil de Flandre.

> Arch. de l'Etat, à Gand : reg. aux ordonnances du cons. de
> Flandre, 1511-1558, *litt. U*, fol. 83.

6 octobre 1523, à Malines. — Ordonnance de l'Empereur statuant, conformément au décret rendu, le 28 septembre précédent (1), par l'archiduchesse Marguerite, que les habitants de la Flandre ne sont sujets à aucun droit de tonlieu ou autres que levait la ville de Tournai.

> *Plac. de Fl.*, liv. 1er, p. 537. — Arch. de l'Etat, à Gand : reg.
> aux ordonnances du cons. de Flandre, 1511-1558, *litt. U*,
> fol. 83.

7 octobre 1523, à Malines (2). — Ordonnance de l'Empereur statuant que le grand conseil de Malines ne pourra connaître, en première instance, des procès des habitants de la Flandre ni des marchands qui y sont fixement domiciliés. L'ordonnance défend, en outre, au grand conseil de dépêcher des reliefs d'appel ou de réformation des sentences et appointements interlocutoires et définitifs rendus en Flandre par quelque loi que ce soit, *omisso medio*, pour en retenir par-devers lui la connaissance.

> *Plac. de Fl.*, liv. 1er, p. 85. — DIEGERICK, *Inventaire des
> chartes et documents de la ville d'Ypres*, t. V, p. 112.
> — Arch. de l'Etat, à Gand : reg. aux ordonnances du cons.
> de Flandre, 1511-1558, *litt. U*, fol. 85.

7 octobre 1523, à Malines. — Lettres par lesquelles l'Empereur confirme, ratifie et approuve un accord y inséré, fait, le dernier février 1521 (n. st.), entre les magistrats des villes de Bruges et d'Ypres et celui du Franc, d'une part, et les francs

---

(1) Voy. p. 127.

(2) Dans l'Inventaire de M. Diegerick cette ordonnance est datée du 7 octobre 1522.

monnayeurs de la Flandre, d'autre part, au sujet de la jouissance de certains droits et privilèges accordés auxdits monnayeurs (1).

> Diegerick, *Inventaire des chartes et documents de la ville d'Ypres*, t. V, p. 162. — Arch. de la ville de Bruges: reg. aux *Hallegheboden*, 1513-1530, fol. 380 v°.

21 octobre 1523, à Malines. — Ordonnance de l'Empereur statuant que, durant six années, nul brasseur ou autre ne pourra brasser ni vendre en détail, à une demi-lieue à l'entour de la ville de Tournai, « auleuns boires de grain » meilleurs, plus forts ni à plus haut prix que de demi-gros le lot, à moins que l'on n'en brasse d'une qualité et d'un prix supérieurs dans la ville, ou qu'on ne paye le droit qui se lève sur les bières brassées et vendues en icelle.

> Arch. de la ville de Tournai : 1er reg. à tailles, n° 17, fol. 22.

4 décembre 1523, à Malines. — Lettre de l'archiduchesse Marguerite au conseil de Flandre portant que le cardinal de Médicis, « grand ami de l'Empereur et du roi d'Angleterre », a été élu pape; qu'il a pris le nom de Clément VII, et que les Français évacuent l'Italie. L'Archiduchesse enjoint au conseil d'informer le public de ces « bonnes nouvelles », et d'en faire remercier le ciel par des prières et des processions.

> Arch. de la ville de Bruges : reg. aux *Hallegheboden*, 1513-1530, fol. 383 v°.

5 décembre 1523, à Bruxelles. — Ordonnance de l'Empereur défendant, pendant que les commissaires nommés *ad hoc* procèdent à la délimitation de la forêt de Soigne, aux propriétaires de terres attenantes à ladite forêt d'empiéter sur celle-ci, ou de creuser des fossés et couper du bois sur ses limites, à moins qu'ils n'aient justifié du droit qu'ils peuvent en avoir.

> Reg. de la ch. des comptes, n° 137, fol. 200.

5 décembre 1523, à Malines. — Ordonnance de l'Empe-

---

(1) Il résulte du préambule de ces lettres qu'à sa joyeuse entrée comme comte de Flandre, Charles-Quint avait fait un règlement pour les monnayeurs dont ceux-ci appelèrent au conseil de Flandre, où ils soutinrent un procès contre les magistrats de Bruges, d'Ypres et du Franc. Ce procès fut terminé par un accord du dernier février 1521.

reur qui, vu le nombre considérable des huissiers « extraordinaires » du grand conseil, leur ordonne de se présenter, dans les trente jours, munis de leur commission, devant le président dudit conseil, afin qu'il soit pris à leur égard telle mesure que l'on jugera convenir.

Reg. de la ch. des comptes, n° 20, fol. 8 v°.

24 décembre 1523, à Gand. — Ordonnance du conseil de Flandre portant, ensuite d'une décision de l'Empereur, que la paix de Flandre, dite de *heerlicke vrede*, est prolongée jusqu'à la Saint-Jean de l'année suivante, et enjoignant à tous et un chacun de l'observer.

Arch. de la ville de Bruges : reg. aux *Halleghebollen*, 1513-1530, fol. 386.

10 mars 1523 (1524, n. st.), à Malines. — Ordonnance de l'Empereur qui interprète son édit du 1er octobre 1520, défendant de lever des dîmes nouvelles (1), et prescrit de recourir au droit écrit pour tous les cas qu'il n'aurait pas résolus.

Coutumes et ordonnances du pays et comté de Namur; Malines, 1733, in-4°, p. 184. — Collection de la Commission.

23 mars 1523 (1524, n. st.), à Malines. — Ordonnance de l'Empereur défendant d'exporter du comté de Flandre des grains, des farines et du pain, et autorisant les quatre membres à commettre des gardes pour s'assurer de l'observation de cette défense.

Arch. de l'État, à Gand : reg. aux ordonnances du cons. de Flandre, 1511-1558, *litt. U*, fol. 50 v°. — Arch. de la ville de Bruges : reg aux *Halleghebollen*, 1513-1530, fol. 390. — Arch. de la ville de Tournai, 4e cartul., t. IV, fol. 470.

23 mars 1523 (1524, n. st.), à Malines. — Ordonnance de l'Empereur défendant aux gens d'armes de passer et repasser sans autorisation par le comté de Flandre, et statuant que ceux qui devront y passer seront obligés de se loger dans les hôtelleries, en

(1) Voy. p. 46.

payant exactement leur écot, sans se livrer à des exactions envers les habitants.

> Arch. de l'État, à Gand : reg. aux ordonnances du cons. de Flandre, 1511-1558, *litt. U*, fol. 57 v°. — Arch. de la ville de Bruges : reg. aux *Halleghebodcn*, 1513-1530, fol. 398.

14 avril 1524 après Pâques, à Anvers. — Ordonnance de l'Empereur enjoignant à tous ses vassaux de la Flandre, en état de porter les armes, de s'équiper et de se tenir prêts à marcher contre les Français qui menaçaient d'envahir les Pays-Bas.

> Arch. de l'État, à Gand : reg. aux ordonnances du cons. de Flandre, 1511-1558, *litt. U*, fol. 58. — Arch. de la ville de Bruges : reg. aux *Halleghebodcn*, 1513-1530, fol. 400 v°.

15 avril 1524, à Anvers. — Lettres de l'Empereur autorisant la fabrique de l'église de Notre-Dame, à Anvers, à accepter tous les legs qui lui seront faits, afin de les employer à la construction d'une nouvelle église, celle qui existait étant devenue trop petite par suite de l'affluence des fidèles et étant, d'un autre côté, fort délabrée (1).

> Reg. de la ch. des comptes, n° 637, fol. 191.

16 avril 1524, à Anvers. — Ordonnance de l'Empereur qui défend l'exportation des grains, attendu les dommages causés aux campagnes par les dernières gelées.

> Reg. de la ch. des comptes, n° 26, fol. 9.

17 avril 1524, à Anvers. — Lettres par lesquelles l'Empereur approuve l'érection de la gilde de Saint-André ou des arquebusiers, à Termonde, et lui donne des statuts.

> A. DE VLAMINCK, *Analyse sommaire des registres aux privilèges de la ville de Termonde*, p. 17.

22 avril 1524, à Malines. — Sentence définitive de l'Empereur confirmant le jugement prononcé au profit des haut bailli et

---

(1) L'Empereur rappelle, dans ces lettres, qu'il posa lui-même la première pierre de l'église en construction, au mois de juillet 1521.

échevins de Courtrai par le conseil de Flandre, le 4 juin 1522. Ce jugement condamnait le bailli de la ville de Harlebeke à une amende de 60 livres parisis, pour avoir voulu juger des bourgeois forains de la ville de Courtrai demeurant dans la verge de Harlebeke : ce qui constituait un empiétement sur les privilèges et prérogatives des échevins de Courtrai, ces derniers ayant le droit exclusif de juger leurs bourgeois forains, quoique demeurant dans d'autres verges ou seigneuries.

> C. MUSSELY, *Inventaire des archives de la ville de Courtrai*, t. II, pp. 38 et 43.

24 mai 1524, à Anvers. — Ordonnance de l'Empereur statuant que les personnes ne résidant pas sous la juridiction de la ville de Tournai, qui auront acquis ou acquerront des rentes héritières ou viagères à la charge de cette ville, seront tenues de se régler, conduire et contenter, quant au payement du cours desdites rentes, en la même sorte et manière que les habitants, sans pouvoir exiger autre ni plus ample payement.

> Arch. de la ville de Tournai : orig., et 1er reg. à tailles, n° 17, fol. 24.

10 juin 1524, à Anvers. — Ordonnance de l'Empereur défendant aux pêcheurs de mer des côtes de Flandre d'employer des filets dont les mailles seraient plus petites que celles y indiquées.

> Arch. de l'État, à Gand : reg. aux ordonnances du cons. de Flandre, 1511-1558, *litt. U*, fol. 58 v°. — Arch. de la ville de Bruges : reg. aux *Halleghebouden*, 1513-1530, fol. 410.

11 juin 1524, à Anvers. — Ordonnance de l'Empereur défendant aux gens de guerre et aux vagabonds de molester les habitants du plat pays et de vivre à leurs dépens, à peine de perdre corps et biens.

> Reg. de la ch. des comptes, n° 20, fol. 11.

15 juin 1524, à Anvers. — Lettres de l'Empereur approuvant et confirmant des lettres du magistrat d'Anvers, du 13 juin précédent, qui accordaient différents privilèges au serment des couleuvriniers de cette ville, et ce en récompense des services rendus par ledit serment durant les guerres.

Reg. de la ch. des comptes, n° 637, fol. 173 v°.

19 Juin 1524, à Anvers. — Ordonnance de l'Empereur qui, vu la non-exécution de l'ordonnance du 4 mars 1523 sur le cours des monnaies (1), prescrit aux conseils et officiers de justice de la faire republier dans l'étendue de leur ressort.

DIEGERICX, *Inventaire des chartes et documents de la ville d'Ypres,* t. V, p. 165. — Reg. de la ch. des comptes, n° 26, fol. 10 v°. — Arch. de la ville de Bruges : reg. aux *Halleghebooden,* 1513-1530, fol. 306 v°.

28 Juin 1524, à Bruxelles. — Ordonnance de l'Empereur défendant d'importer du vin et du sel de France, à peine de confiscation de la marchandise, et prescrivant de poursuivre avec rigueur les contrevenants.

Reg. de la ch. des comptes, n° 26, fol. 12.

15 Juillet 1524, à Bruxelles. — Ordonnance de l'Empereur qui, en vue de la conservation des pâturages communaux à Bierges, limite et détermine le nombre des moutons que les habitants pourront y envoyer, chacun selon sa condition.

Reg. de la ch. des comptes, n° 637, fol. 190 v°.

11 août 1524, à Bruxelles. — Ordonnance de l'Empereur, en son conseil privé, enjoignant à ses officiers en Brabant de faire publier, chacun en sa juridiction, que tous les compagnons du métier des foulons de Malines qui, sans autorisation du magistrat, ont quitté leur ouvrage, formé une réunion considérable dans la ville, et se sont ensuite rendus à Duffel et dans les villages des environs, où ils ont commis les plus grands excès, ayent à rentrer immédiatement à Malines et y reprendre leur travail; sinon, qu'on emploiera la force contre les récalcitrants.

VAN DOREN, *Supplément à l'inventaire des chartes de Malines,* p. 100.

(1) Voy. p. 123.

17 août 1524, à Bruxelles. — Ordonnance de l'Empereur défendant la chasse au pays de Malines autrement qu'au faucon.

Reg. de la ch. des comptes, nº 137, fol. 203 vº.

12 septembre 1524, à Bruxelles. — Lettres de l'Empereur octroyant à la ville de Lierre la moitié des amendes qu'encourent les marchands qui sont trouvés vendant leur bétail avant d'arriver au marché de ladite ville.

Reg. de la ch. des comptes, nº 137, fol. 203.

14 septembre 1524, à Bruxelles. — Lettres de l'Empereur autorisant Philippe, baron de Montmorency et de Nevele, son conseiller et chambellan, à faire hausser et paver le chemin dit *de Gendschen weg* allant de ses seigneuries de Burcht et de Zwyndrecht au *Veer*, devant Anvers, et déterminant les droits qu'il pourra lever sur ceux qui se serviront dudit chemin avec des chariots, charrettes, des chevaux et du bétail.

Arch. de l'État, à Gand : reg. aux ordonnances du cons.
de Flandre, 1204-1558, *litt. U*, fol. 23.

7 octobre 1524, à Malines. — Déclaration de l'archiduchesse Marguerite portant que les marchands de Flandre payeront, pour leurs linges et toiles, au tonlieu de Zélande, le même droit qu'ils payaient avant l'année 1519.

Plac. de Fl., liv. Iᵉʳ, p. 538. — Diegerick, *Inventaire des chartes et documents de la ville d'Ypres*, t. V, p. 170.

8 octobre 1524, à Malines. — Ordonnance de l'Empereur qui, vu le grand nombre d'huissiers extraordinaires du grand conseil de Malines résidant dans la Flandre, et l'incapacité et la négligence de beaucoup d'entre eux, leur prescrit de se présenter, avant le jour de la Saint-Martin suivant, devant l'archevêque de Palerme, chef et président du conseil privé, munis de leur commission et du certificat de leur résidence, afin qu'il soit pris à leur égard telle mesure qu'on jugera convenir, et cela à peine de suspension contre les défaillants [1].

Arch. de la ville de Bruges : reg. aux *Halleghcboden*, 1513-1530, fol. 413 vº.

---

[1] Une mesure du même genre avait déjà été prise le 5 décembre de l'année précédente. Voy. p. 129.

22 octobre 1524, à Gand. — Ordonnance du conseil de Flandre prescrivant, ensuite des ordres de l'archiduchesse Marguerite, de faire des processions et des prières publiques, pendant deux mois consécutifs, pour apaiser le courroux du ciel, qui s'était manifesté par les guerres, les maladies épidémiques et la cherté des grains.

> Arch. de la ville de Bruges : reg. aux *Hallegheboden*, 1513-1530, fol. 413.

28 novembre 1524, à Bruxelles. — Lettres de l'Empereur prorogeant de six années l'autorisation, accordée à la ville de Vilvorde, de lever un droit sur chaque bateau chargé traversant ladite ville par la Senne (1).

> Reg. de la ch. des comptes, n° 637, fol. 219 v°.

10 décembre 1524, à Bruxelles. — Décret de l'Empereur ordonnant de continuer le creusement de la Petite-Nèthe à Heyst, afin de rendre cette rivière navigable.

> F. Verachter, *Inventaire des chartes et privilèges de la ville d'Anvers*, p. 203.

25 janvier 1524 (1525, n. st.), à Malines. — Ordonnance de l'Empereur statuant que celui qui voudra se porter comme héritier dans une maison mortuaire bourgeoise ou privilégiée, en Flandre, devra le faire devant la justice du lieu où elle se trouve, et non « par complainte » au conseil de Flandre.

> Plac. de Fl., liv. Iᵉʳ, p. 788. — Diegerick, *Inventaire des chartes et documents de la ville d'Ypres*, t. V, p. 172. — Cartulaires et manuscrits, n° 276ᵃ, fol. 152.

31 janvier 1524 (1525, n. st.), à Malines. — Lettres de l'Empereur par lesquelles il prend sous sa protection et sauvegarde spéciale les personnes et les biens des doyen, chanoines et chapitre de l'église cathédrale de Tournai et de leurs suppôts, en nommant des conservateurs et gardiens de leursdits biens dans les différentes provinces de Pays-Bas.

> Cartulaire de la cathédrale de Tournai.

(1) Voy. p. 50.

4 février 1524 (1525, n. st.), à Malines. — Lettres par lesquelles l'Empereur interdit aux foulons et aux drapiers de Malines les réunions où ils concertaient des mesures pour faire augmenter leur salaire et diminuer les heures de travail. Il charge son écoutète, ainsi que le magistrat, d'empêcher ces réunions.

Van Doren, Inventaire des chartes de Malines, t. Ier, p. 206.

8 février 1524 (1525, n. st.), à Bruxelles. — Ordonnance de l'Empereur touchant la conservation des bois dans le pays de Malines.

Reg. de la ch. des comptes, n° 137, fol. 210 v°.

12 février 1524 (1525, n. st.), à Bruxelles. — Mandement de l'archiduchesse Marguerite au chancelier de Brabant de sceller et faire publier une ordonnance prescrivant aux Égyptiens de quitter le pays dans les trois jours, à peine de la hart.

Reg. de la chancellerie du conseil de Brabant, n° 2.

19 février 1524 (1525, n. st.), à Bruxelles. — Décret de l'archiduchesse Marguerite prescrivant au grand conseil de Malines de n'avoir aucun égard aux privilèges que l'université de Louvain avait obtenus de la cour de Rome, quarante ans auparavant, et dont ses suppôts se prévalaient pour intenter des procès à l'un et à l'autre.

Reg. du grand conseil de Malines, n° 1, p. 473.

27 février 1524 (1525, n. st.), à Bruxelles. — Ordonnance de l'Empereur par laquelle il confirme les ordonnances de ses prédécesseurs qui défendaient de mettre à exécution aucune bulle ou provision émanée de la cour de Rome, sans avoir obtenu préalablement des lettres de congé, sur placet en bonne et due forme.

Arch. de l'État, à Mons : Chapitre de Sainte-Waudru.

24 mars 1524 avant Pâques (1525, n. st.), à Bruxelles. — Ordonnance de l'Empereur défendant de nouveau à ceux qui naviguent sur la Lys de charger ou de décharger des marchandises entre Comines et Menin, et entre cette dernière ville et Courtrai, ce chargement et déchargement devant se faire par le fermier de ses tonlieux à Menin, ou par les commis de celui-ci.

Reg. de la ch. des comptes, n° 919, fol. 155.

27 mars 1524 (1525, n. st.), à .... — Lettres de l'Empereur concernant les droits et coutumes des mortuaires de la bourgeoisie, à Termonde.

A. De Vlaminck, *Analyse sommaire des registres aux privilèges de la ville de Termonde*, p. 17.

16 mai 1525, à Gand. — Ordonnance du conseil de Flandre prescrivant, ensuite des ordres de l'archiduchesse Marguerite, la republication du placard de l'Empereur sur la chasse, en date du 14 août 1517 (1).

Arch. de la ville de Bruges : reg aux *Halleghebodou*, 1515-1530, fol. 427.

18 mai 1525, à Malines. — Ordonnance de l'Empereur modifiant la charte du 14 février 1522 (2) en ce sens, que les sentences rendues par les mayeurs et échevins de Tournai, appelés et présents avec eux un des prévôts, quatre jurés et un conseiller du collège desdits prévôts et jurés, auront la même force et valeur que si elles étaient rendues par lesdits échevins et l'entier collège des prévôts et jurés.

Arch. de la ville de Tournai : orig., et 1er reg. à tailles, n° 17, fol. 11.

31 mai 1525, à Tolède. — Décret de l'Empereur prescrivant au conseil de Brabant de ne pas permettre que les officiers de l'évêque de Liége fassent quoi que ce soit de préjudiciable « aux « hauteurs, prééminences et droitures » appartenant à lui, Empereur.

Bulletins de la Commission royale d'histoire, 3e série, t. IV, p. 233. — Reg. de la chancellerie du conseil de Brabant, n° 4.

9 juin 1525, à Malines. — Mandement de l'archiduchesse

(1) *Voy.* p. 80.
(2) *Voy.* p. 114.

Marguerite au chancelier de Brabant de faire sceller et publier l'ordonnance dont elle lui envoie la minute et qui tend à empêcher plus efficacement l'exportation des chevaux.

Reg. de la chancellerie du conseil de Brabant, n° 2.

17 juin 1525, à Gand. — Ordonnance du conseil de Flandre prescrivant, ensuite des ordres de l'archiduchesse Marguerite, la republication du placard de l'Empereur du 23 juillet 1522 qui défendait la sortie des chevaux (1).

Arch. de la ville de Bruges : reg. aux Hallegheboden, 1515-1530, fol. 428.

3 juillet 1525, à Bruxelles. — Acte de l'Empereur autorisant les aumôniers de la ville d'Anvers, nommés par le magistrat pour secourir les pauvres, à accepter les legs qui leur seront faits, soit par testaments ou donations.

F. Verachter, Inventaire des chartes et privilèges de la ville d'Anvers, p. 203.

17 juillet 1525, à Breda. — Mandement de l'archiduchesse Marguerite au chancelier de Brabant de faire publier partout, en Brabant, qu'une trêve a été conclue entre l'Empereur et le roi de France, du 26 juillet au 31 décembre suivant.

Bulletins de la Commission royale d'histoire, 3e série, t. IV, p. 239. — Reg. de la chancellerie du conseil de Brabant, n° 2.

18 juillet 1525, à Breda. — Ordonnance de l'Empereur portant qu'une trêve ayant été conclue avec le roi de France à partir du 26 juillet jusqu'au 31 décembre suivant, on pourra de part et d'autre vaquer à ses affaires et se livrer au commerce ainsi qu'à la pêche des harengs.

Arch. de la ville de Bruges : reg. aux Hallegheboden, 1515-1530, fol. 430.

18 juillet 1525, à Breda. — Mandement de l'archiduchesse

(1) Voy. p. 115.

Marguerite au chancelier de Brabant de sceller et publier l'ordonnance dont elle lui envole la minute, ayant pour objet la conservation de la juridiction de l'Empereur, principalement à l'égard des officiers de l'évêque de Liége.

Reg. de la chancellerie du conseil de Brabant, n° 2.

23 juillet 1525, à Malines. — Déclaration du grand conseil fixant le salaire des huissiers qui fonctionnent, comme commis principaux ou adjoints, pour parties, soit dans la ville de Malines, soit dehors.

Reg. du grand conseil de Malines, n° 2, fol. 121.

16 août 1525, à Gorcum. — Déclaration de l'Empereur autorisant les prévôts, jurés, mayeurs et échevins de Tournai à lever des impôts pour lesquels ils avaient obtenu son octroi, quoique vingt-deux seulement des trente-six colléges ou bannières des métiers y eussent donné leur consentement, et que la coutume fût, avant la réduction de la ville sous son autorité, que le consentement de vingt-quatre au moins desdits colléges fût requis.

Arch. de la ville de Tournai, 1er reg. à tailles, n° 17, fol. 6.

8 septembre 1525, à La Haye. — Décret de l'archiduchesse Marguerite prescrivant au conseil de Brabant de publier dans l'étendue de son ressort la trêve conclue entre l'Empereur et les rois de France et d'Angleterre (1).

Bulletins de la Commission royale d'histoire, 3° série, t. IV, p. 241. — Reg. de la chancellerie du conseil de Brabant, n° 2.

11 septembre 1525, à La Haye. — Ordonnance de l'Empereur défendant, sous peine de mort et de confiscation de biens, aux habitants des côtes de la mer, en Flandre, de fournir des vivres à Nicolas Kuyfhooff et ses complices, se disant au service du roi de Danemark, lesquels se comportaient comme des pirates, ou de les favoriser d'une manière quelconque.

Arch. de la ville de Bruges : reg. aux *Hallgheboden*, 1513-1530, fol. 443.

(1) Les autres conseils de justice reçurent les mêmes ordres.
La trêve avait été conclue à Tolède le 11 août ; elle devait prendre cours au 11 septembre, pour finir le 1er janvier 1526.

6 octobre 1525, à Malines. — Déclaration du grand conseil touchant le « prouffict de deffault quand l'appellant est deffaillant « de lever la sentence de laquelle il appelle ».

Reg. du grand conseil de Malines, n° 2, fol. 120.

25 octobre 1525, à Tolède. — Lettres par lesquelles l'Empereur déclare que sa volonté est que les privilèges du chapitre de Sainte-Waudru, à Mons, soient observés sans aucun empêchement.

Arch. de l'État, à Mons : chap. de Sainte-Waudru, titres de Mons, n° 600.

20 novembre 1525, à Bruxelles. — Lettres de l'Empereur approuvant, confirmant et amplifiant les lettres de Philippe, duc de Bourgogne, du 2 juin 1446, par lesquelles ce prince octroyait des statuts et privilèges à la corporation des brasseurs, à Tirlemont.

Reg. de la chambre des comptes, n° 637, fol. 350 v°.

25 novembre 1525, à Bruxelles. — Édit par lequel l'Empereur, pour mettre un terme aux abus qui existaient dans le cours des monnaies, fixe la valeur de celles y spécifiées, tant d'or que d'argent.

Arch. de l'État, à Gand : reg. aux ordonnances du cons. de Flandre, 1511-1558, litt. U, fol. 60. — Arch. de la ville de Bruges : reg. aux Hallegheboden, 1513-1530, fol. 447 v°.

7 décembre 1525, à Bruxelles. — Ordonnance de l'Empereur statuant que les sentences prononcées par les marchands jurés de la forêt de Soigne contre les délinquants surpris dans cette forêt et poursuivis de ce chef par le forestier de Brabant (woutmeester), seront immédiatement exécutoires, nonobstant appel au conseil de Brabant.

Reg. de la ch. des comptes, n° 637, fol. 353 v°.

15 janvier 1525 (1526, n. st.), à Bruxelles. — Décret de l'Empereur interprétant l'ordonnance du 2 novembre 1519 touchant les votes des quatre membres composant l'administration communale de Louvain (1).

> *Inventaire analytique des chartes de la ville de Louvain,* p. 190. — Arch. du conseil de Brabant : office fiscal, liasse n° 2643.

12 février 1525 (1526, n. st.), à Gand. — Ordonnance du conseil de Flandre qui, en conformité d'un avis de l'archiduchesse Marguerite, daté de la veille, porte à la connaissance du public qu'un traité de paix et d'alliance a été conclu entre l'Empereur et le roi de France (2).

> Arch. de la ville de Bruges : reg. aux *Hallegheboden,* 1513-1530, fol. 458.

1er mars 1525 (1526, n. st.), à Anvers. — Ordonnance de l'archiduchesse Marguerite portant instruction pour les commissaires (3) chargés de procéder à un dénombrement général des foyers, tant dans les villes que dans les villages du duché de Brabant, afin d'établir une juste répartition des tailles, aides et subsides.

> Correspondance du conseil de Brabant, t. Ier, fol. 109.

12 mars 1525 (1526, n. st.), à Malines. — Ordonnance de l'Empereur défendant aux habitants du comté de Flandre, ressortissant au diocèse de Morinie (Térouane), de porter leurs causes, en matière spirituelle, ailleurs qu'au tribunal de l'officialité transféré à Ypres ensuite d'une bulle du pape Adrien VI, du 5 des ides de mai 1523.

> DIEGERICK, *Inventaire des chartes et documents de la ville d'Ypres,* t. V, p. 179. — Arch. de l'État, à Gand: reg. aux ordonnances du cons. de Flandre, 1201-1557, litt. U, fol. 144 v°.

21 mars 1525 (1526, n. st.), à Malines. — Lettres

---

(1) Voy. p. 93.

(2) Le traité de Madrid, du 14 janvier 1526.

(3) Ces commissaires étaient des membres du conseil et de la chambre des comptes du Brabant.

de l'Empereur prorogeant pour un nouveau terme de dix années l'autorisation de lever certaines accises que Charles, duc de Bourgogne, par des lettres du 13 février 1469 (1470, n. st.) avait accordée, pour vingt ans, à la ville de Louvain et qui avait été prorogée depuis.

Reg. de la ch. des comptes, n° 637, fol. 373.

26 avril 1526, à Malines. — Lettres de l'Empereur accordant des statuts et privilèges à la gilde de Saint-Sébastien du village de Berlaer, au pays de Malines.

Reg. de la ch. des comptes, n° 637, fol. 314.

28 avril 1526, à Malines. — Ordonnance de l'Empereur réduisant, en conformité d'une ordonnance du Roi son père, de l'année 1504, le nombre des secrétaires du conseil de Brabant, de vingt et un ou vingt-deux qu'il était, à dix, dont quatre ordinaires avec gages et six sans gages.

Arch. du royaume : Cartulaires et manuscrits, n° 278*bis*, fol. 139.

2 mai 1526, à Gand. — Ordonnance du conseil de Flandre révoquant toutes les loteries qui avaient été autorisées, sauf celles permises par l'Empereur et l'archiduchesse Marguerite aux églises, aux couvents, aux villes et aux communes.

Plac. de Fl., liv. Ier, p. 603. — Arch. de l'État, à Gand : reg. aux ordonnances du conseil de Flandre, 1511-1558, *litt. U*, fol. 64 v°. — Arch. de la ville de Bruges : reg. aux *Hallegheboden*, 1513-1530, fol. 469 v° (1).

16 mai 1526, à Malines. — Ordonnance du grand conseil touchant les frais à payer par les plaideurs pauvres qui obtiennent en fin de cause les dépens.

Reg. du grand cons. de Malines, n° 2, fol. 127 v°.

26 mai 1526, à Gand. — Ordonnance du conseil de Flandre prescrivant, en conformité d'une lettre de l'archiduchesse

_____
(1) Cette ordonnance y porte la date du 4 mai.

Marguerite, du 24 mai précédent, de republier partout la dernière ordonnance de l'Empereur sur la chasse en Flandre.

> Arch. de la ville de Bruges : reg. aux *Hallegheboden*, 1513-1530, fol. 470 v°.

29 mai 1526, à Gand. — Ordonnance de l'Empereur sur la réparation et l'entretien des chemins dans le comté de Flandre.

> Arch. de l'État, à Gand : reg. aux ordonnances du conseil de Flandre, 1511-1558, *litt. U*, fol. 65 v°.

29 mai 1526, à Gand. — Décret de l'archiduchesse Marguerite prescrivant de republier, le 15 juin suivant, l'ordonnance sur le cours des monnaies du 25 novembre 1525 (1), à cause des infractions qu'on y faisait.

> Reg. de la chancellerie du conseil de Brabant, n° 2.

17 juillet 1526, à Malines. — Ordonnance de l'Empereur défendant d'assister à des réunions où l'on met en discussion le texte des Écritures saintes, de suivre ou enseigner les doctrines de Luther et de ses adhérents, de chercher à détourner le peuple des enseignements de l'Église ; prescrivant, en outre, de livrer aux flammes les livres dudit Luther et des sectaires que l'ordonnance mentionne.

> *Plac. de Fl.*, liv. Ier, p. 103. — Arch. de l'État, à Gand : reg. aux ordonnances du cons. de Flandre, 1511-1558, *litt. U*, fol. 66 v°. — Arch. de la ville de Bruges : reg. aux *Hallegheboden*, 1513-1530, fol. 474.

27 octobre 1526, à Bruxelles. — Lettres de l'Empereur qui confirment le privilège accordé aux Yprois par Jean, duc de Bourgogne, concernant la défense de débiter de la bière dans un rayon d'une lieue à la ronde. L'Empereur augmente ce privilège en ce sens, que dans les endroits où il est permis de vendre de la bière, on ne pourra en vendre d'autre que celle qui est fabriquée dans la ville d'Ypres et les bières des pays étrangers. Pour cette extension de privilège, la ville devra, tous les ans, à la Saint-

(1) Voy. p. 110.

Jean, payer une rente annuelle de cinquante livres parisis entre les mains du receveur général de Flandre.

DIEGERICK, *Inventaire des chartes et documents de la ville d'Ypres*, t. V, p. 181.

12 novembre 1526, à Bruxelles. — Ordonnance de l'Empereur statuant que tous ceux qui emporteront ou prendront des oiseaux nobles dans le duché de Brabant devront, avant de pouvoir les vendre, les présenter au grand fauconnier des Pays-Bas, afin qu'il choisisse, moyennant payement, ceux qui lui conviendront. L'Empereur ordonne, de plus, que les faucons égarés portant des sonnettes ou d'autres signes de domesticité soient rapportés au grand fauconnier.

Arch. du royaume : Ordonnances minutes, t. Ier.

14 novembre 1526, à Bruxelles. — Lettres de l'Empereur autorisant, jusqu'à nouvel ordre, le margrave d'Anvers à destituer et à remplacer l'écoutète de cette ville, on lieutenant et ses sergents, s'ils ne lui obéissent et ne l'assistent pas, en étant requis.

Reg. de la ch. des comptes, n° 137, fol. 258, et n° 638, fol. 16.

26 novembre 1526, à Bruxelles. — Ordonnance de l'Empereur défendant l'exportation des grains.

Arch. de l'État, à Gand : reg. aux ordonnances du conseil de Flandre, 1511-1558, *litt. U*, fol. 67 v°.

27 novembre 1526. — Ordonnance de l'Empereur portant règlement pour la police de la ville d'Ath.

Citée dans le registre n° 303 du conseil privé, fol. 107.

10 décembre 1526, à Bruxelles. — Ordonnance de l'Empereur fixant la valeur des espèces d'or et d'argent y spécifiées, en mettant d'autres au billon, et prescrivant différentes mesures relatives au cours des monnaies.

Plac. de Fl., liv. Ier, p. 470. — Reg. de la ch. des comptes, n° 137, fol. 252. — Arch. de l'État à Mons : reg. du conseil de Hainaut, n° 1, fol. 1. — Arch. de l'État, à Gand : reg. aux ordonnances du cons. de Flandre, 1511-1558, *litt. U*, fol. 68. — Arch. de la ville de Bruges : reg. aux *Hallegheboden*, 1513-1530, fol. 490 v°.

18 Janvier 1526 (1527, n. st.), à Malines. — Ordonnance de l'Empereur défendant de donner des florins d'or, angelots, ducats, écus et toute autre monnaie d'or à un prix plus élevé que celui fixé par les placards, à peine d'être poursuivi.

> Arch. de l'État, à Gand : reg. aux ordonnances du cons. de Flandre, 1511-1558, *litt. U*, fol. 72. — Arch. de la ville de Bruges: reg. aux *Halleghebolen*, 1513-1530, fol. 500 v°.

31 Janvier 1526 (1527, n. st.), à Malines. — Ordonnance de l'Empereur statuant qu'il suffira, à l'avenir, de la présence d'un prévôt, d'un juré et d'un conseiller de leur collège pour que les mayeurs et échevins de Tournai puissent décider, avec eux, à la pluralité des voix, les procès intentés devant leur tribunal.

> Arch. de la ville de Tournai : orig. ; 1er reg. à tailles, n° 17, fol. 13 ; reg. des chartes, n° 8, fol. 37.

14 février 1526 (1527, n. st.), à Malines. — Ordonnance de l'Empereur fixant la valeur des monnaies d'or et d'argent y spécifiées.

> Reg. de la ch. des comptes, n° 137, fol. 250. — Arch. de l'État, à Gand : reg. aux ordonnances du cons. de Flandre, 1511-1558, *litt. U*, fol. 72 v°. — Arch. de la ville de Bruges : reg. aux *Halleghebolen*, 1513-1530, fol. 503.

14 février 1526 (1527, n. st.), à Malines. — Ordonnance de l'Empereur statuant, par forme d'édit perpétuel, que tous ceux qui se feront admettre comme bourgeois à Termonde ne jouiront des droits et prérogatives de la bourgeoisie qu'à partir d'une année après leur admission (1).

> Arch. de l'État, à Gand : reg. aux ordonnances du cons. de Flandre, 1504-1557, *litt. U*, fol. 116.

22 février 1526 (1527, n. st.), à Bruxelles. — Ordonnance de l'Empereur statuant que désormais les échevins de la ville de Limbourg et ceux des autres bancs échevinaux de la province,

(1) Les habitants de Termonde n'étant pas bourgeois étaient soumis au droit de meilleur catel. Il arrivait que des personnes se faisaient admettre comme bourgeois à leur lit de mort. De là, la mesure prise par le gouvernement.

ne devront plus se contenter, dans les procès pour dettes et autres obligations, des dénégations, sous serment, des défendeurs, mais qu'ils auront à décider ces procès conformément aux preuves et aux pièces produites par les demandeurs pour justifier leur action.

Reg. de la ch. des comptes, n° 638, fol. 21 v°.

7 mars 1526 (1527, n. st.), à Malines. — Décret de l'archiduchesse Marguerite prescrivant au grand bailli de Hainaut de faire republier l'ordonnance du 22 mars 1521 (1) concernant les livres des luthériens (2).

Reg. du cons. de Hainaut, n° 1, fol. 16.

25 mars 1526 avant Pâques (1527, n. st.), à Bruxelles. — Décret du conseil privé statuant sur une requête par laquelle les prélats de Brabant demandaient l'interprétation de différentes dispositions de l'édit du 1er octobre 1520 (3), qui défendait de lever de nouvelles dîmes (4).

Correspondance du conseil de Brabant, t. I, p. 147.

10 avril 1526 avant Pâques (1527, n. st.), à Malines. — Ordonnance du grand conseil fixant le salaire des huissiers besognant, en qualité de commis principaux ou d'adjoints, dans les affaires, hors de la ville de Malines.

Reg. du grand cons. de Malines, n° 2, fol. 128.

4 mai 1527, à Malines. — Décret de l'Empereur rendu dans un différend entre la chambre des comptes de Brabant et le chancelier de Brabant au sujet de la prestation de serment des officiers de justice et de recette. L'Empereur statue que ces officiers prêteront serment à la chambre des comptes seulement.

Original, aux arch. du royaume. — Reg. de la ch. des comptes, n° 120, fol. 211 v°, et n° 137, fol. 203.

(1) Voy. p. 102.
(2) Cette republication eut lieu, à Mons, le 20 mars suivant. Le même jour le conseil de Hainaut adressa une circulaire aux magistrats des villes, afin qu'ils eussent à procéder à la même republication.
(3) Voy. p. 96.
(4) Les prélats furent mécontents de la décision du conseil privé, et ils soumirent l'affaire au conseil et à la chambre des comptes de Brabant, lesquels, de commun accord, déclarèrent leurs réclamations non fondées.

8 mai 1527, à Bruxelles. — Ordonnance de l'Empereur prescrivant de mettre en bon état les chemins et les cours d'eau, dans le quartier de Bruxelles, avant le 31 mai suivant, à peine qu'il y sera procédé aux doubles frais des riverains défaillants.

Plac. de Brab., t. III, p. 587. — Orig., aux arch. du royaume. — Reg. de la ch. des comptes, n° 137, fol. 208 v°.

15 juin 1527, à Malines. — Lettres par lesquelles l'Empereur déclare, en confirmant les privilèges, droits, prérogatives, exemptions et franchises de messire Charles de Croy, administrateur de l'église et évêché de Tournai, « que son intention n'a été et n'est
« que les réservations des mois apostoliques, grâces expectatives,
« nominations de l'université de Louvain et *primæ præces*, non
« plus que ses lettres de placet obtenues ou à obtenir sur icelles,
« doivent avoir lieu quant aux bénéfices et offices ecclésiastiques
« étant à la collation, présentation ou exposition dudit adminis-
« trateur, si avant que les bénéfices et offices soient situés à Tournai
« et dans le Tournaisis, et révoquant toutes les provisions obtenues
« ou qu'on pourrait obtenir de lui, Empereur, au contraire. »

Reg. du grand conseil de Malines, n° 3, p. 302. — Arch. de l'État, à Gand : reg. aux ordonnances du conseil de Flandre, 1201-1557, *litt. U*, fol. 171. — Arch. de la ville de Tournai : 4° cartul., fol. 857.

10 juin 1527, à Bruxelles. — Lettres de l'Empereur approuvant et confirmant l'acte, y inséré, des échevins et conseil de la ville de Vilvorde, du 20 mai 1526, qui, séparant les graissiers, les merciers, les épiciers, les apothicaires et les fabricants de cire d'avec le métier des cordonniers, des bourreliers, des corroyeurs et des tanneurs, en faisait une corporation distincte et lui donnait des statuts.

Reg. de la ch. des comptes, n° 638, fol. 43 v°.

6 juillet 1527, à Gand. — Ordonnance de l'Empereur statuant, en conformité des anciens usages, que quiconque apportera de l'Islande, de la Norwège ou du Danemark en Flandre des faucons et d'autres oiseaux nobles et de proie, sera tenu, avant de pouvoir en disposer pour la vente ou autrement, de les présenter à Adolphe Vander Aa, écuyer, grand fauconnier des Pays-Bas, lequel pourra choisir celui de ces oiseaux qui lui conviendra. De même, ceux qui, dans la Flandre, recueilleront des faucons portant des sonnettes ou autres signes de domesticité, devront les remettre audit grand fauconnier, afin qu'il les restitue à leurs propriétaires, s'ils sont connus.

Arch. de la ville de Bruges : reg. aux *Hallegheboden*, 1513-1530, fol. 520 v°.

20 juillet 1527, à .... — Lettres de l'Empereur approuvant la convention conclue entre le bailli et les échevins de Termonde, relativement aux conditions imposées aux bourgeois forains pour jouir des prérogatives de la bourgeoisie.

A. De Vlaminck, *Analyse sommaire des registres aux privilèges de la ville de Termonde*, p. 18.

20 août 1527, à Valladolid. — Décret de l'Empereur défendant au chancelier de Brabant de délivrer des lettres de rémission d'homicides et autres méfaits, des lettres de légitimation, de placet sur bulles apostoliques, de résignation d'offices, bénéfices et autres actes de grâce : ce qui n'appartient qu'à lui, ou à l'Archiduchesse, sa tante, qui le représente aux Pays-Bas. L'Empereur veut que le chancelier obéisse à cette princesse tout comme à lui-même.

Bulletins de la Commission royale d'histoire, 3e série, t. IV, p. 231. — Reg. de la chancellerie du conseil de Brabant, n° 4.

23 août 1527, à Valladolid. — Lettres de l'Empereur par lesquelles, sur la requête de Marie de Hamal, marquise douairière d'Arschot, et de Philippe de Croy, marquis d'Arschot, il statue que les criminels condamnés à mort par les échevins de la baronnie d'Heverlé, incorporée au marquisat d'Arschot, ne seront plus livrés au mayeur de Louvain, et que leur exécution se fera par les officiers de justice des suppliants : le tout en conformité des lettres patentes d'érection dudit marquisat, datées de Saragosse en novembre 1518, données en faveur de Guillaume de Croy. Ces lettres y sont insérées.

Reg. de la ch. des comptes, n° 038, fol. 73.

1 septembre 1527, à Bruges. — Ordonnance de l'Empereur

statuant, conformément à une ordonnance du 31 août 1512(1), dont l'observation avait été négligée, que dorénavant les procès devant la cour féodale du Bourg de Bruges, relatifs à des matières réelles, devront être instruits par écrit et portés en appel, le cas échéant, devant la chambre légale de Flandre, et mettant à néant les appels de sentences de ladite cour pendants devant le conseil de Flandre. Cette ordonnance règle aussi le salaire des président, bailli, conseillers et hommes de la chambre légale vaquant à la révision des procès de ladite cour féodale du Bourg de Bruges.

> *Plac. de Fl.*, liv. Ier, p. 208. — Arch. de la ville de Bruges : reg. aux *Hallegheboden*, 1513-1530, fol. 532 v°.

18 octobre 1527, à Malines. — Ordonnance de l'Empereur interdisant l'achat et la vente des grains au plat pays et hors des marchés privilégiés des villes, avec défense d'exporter des grains des pays de son obéissance.

> *Plac. de Fl.*, liv. Ier, p. 650. — Arch. de l'État, à Gand : reg. aux ordonnances du cons. de Flandre, 1511-1558, *litt. U*, fol. 74 v°. — Arch. de l'État, à Mons : reg. du cons. de Hainaut, n° 1, fol. 20.

28 novembre 1527, à Malines. — Ordonnance de l'Empereur statuant que les vagabonds et gens sans aveu devront se retirer, dans les trois jours, au lieu de leur naissance, et quitter le pays au bout du même terme, s'ils sont étrangers, à peine de fustigation et de bannissement ; comminant la peine de la hart contre ceux d'entre eux qui seraient convaincus d'avoir molesté les habitants.

> *Plac. de Fl.*, liv. Ier, p. 7. — Arch. de l'État, à Gand : reg. aux ordonnances du cons. de Flandre, 1511-1558, *litt. U*, fol. 75. — Arch. de l'État, à Mons : reg. du conseil de Hainaut, n° 1, fol. 21. — Arch. de la ville de Bruges : reg. aux *Hallegheboden*, 1513-1530, fol. 531.

30 novembre 1527, à Gand. — Ordonnance du conseil de Flandre qui, ensuite d'une lettre de l'archiduchesse Marguerite, prescrit de faire partout, dans les églises et dans les couvents, des

(1) Elle n'a pas été trouvée.

processions et des prières publiques, chaque vendredi, à partir du
6 décembre suivant, jusqu'à la Chandeleur, et cela pour remercier
le ciel de toutes les faveurs qu'il accorde à l'Empereur, ainsi qu'au
roi de Hongrie et de Bohème, son frère.

> Arch. de la ville de Bruges : reg. aux *Halleghcboden*, 1513-
> 1530, fol. 528 v°.

1er décembre 1527, à Bruxelles. — Décret de l'archiduchesse Marguerite prescrivant au grand bailli de Hainaut de faire
republier le dernier placard sur le cours des monnaies.

> Arch. de l'État, à Mons : reg. du conseil de Hainaut, n° 1,
> fol. 23.

18 décembre 1527, à Bruxelles. — Ordonnance de
l'Empereur statuant que dorénavant les hommes de fief, pairs et
vassaux de la chambre légale de Flandre qui seront empêchés de
siéger pour administrer la justice, devront se faire remplacer par un
homme apte et capable, et que, s'ils comparaissent en personne, ils
jouiront du salaire alloué aux conseillers de ladite chambre.

> *Plac. de Fl.*, liv. Ier, p. 302.

19 décembre 1527, à Gand. — Ordonnance du conseil de
Flandre prescrivant, ensuite des ordres de l'archiduchesse Marguerite,
de faire republier et observer les dernières ordonnances sur le cours
des monnaies, afin de mettre un terme aux bruits qui couraient sur de
prétendus changements dans ce cours.

> Arch. de l'État, à Gand : reg. aux ordonnances du conseil
> de Flandre, 1511-1538, litt. U, fol. 76. — Arch. de la ville
> de Bruges : reg. aux *Halleyhcboden*, 1513-1530, fol. 538.

11 janvier 1527 (1528, n. st.), à Bruxelles. — Déclaration de l'Empereur spécifiant les cas dans lesquels le chancelier
du conseil de Brabant, de l'avis de ce conseil, pourra accorder et faire
expédier des lettres de grâce, et cela par dérogation à son décret
adressé audit chancelier le 20 août 1527 (1).

> Reg. de la ch. des comptes, n° 110, fol. 141.

(1) Voy. p. 118.

11 Janvier 1527 (1528, n. st.), à Gand. — Ordonnance du conseil de Flandre rendue en conformité des ordres qu'il a reçus de l'archiduchesse Marguerite. Le conseil, après avoir fait connaître que l'Empereur a rendu la liberté au pape, que la paix règne entre lui et le saint-père et qu'on espère une paix universelle dans la chrétienté, prescrit de faire partout des prières publiques, le dimanche 19 janvier suivant, pour la prospérité de l'Empereur et de sa famille.

> Arch. de la ville de Bruges : reg. aux *Halleghebodlen*, 1513-1550, fol. 810.

14 Janvier 1527 (1528, n. st.), à Bruxelles. — Ordonnance de l'Empereur comminant de nouveau des peines sévères contre ceux qui commettent des dégâts dans les bois de Loo, près de Louvain.

> Reg. de la ch. des comptes, nº 137, fol. 270 vº.

26 Janvier 1527 (1528, n. st.), à Bruxelles. — Ordonnance de l'Empereur prescrivant des mesures pour prévenir les fraudes que commettaient, dans le payement des accises sur la bière, formant le principal revenu de la ville de Vilvorde, les brasseurs et les habitants des hameaux de Houthem, Bossche, Peuthy, Streethem, Coninxloo et Voerde, compris dans la franchise de Vilvorde, ces derniers en allant acheter de la bière hors de ladite franchise.

> Reg. de la ch. des comptes, nº 638, fol. 73 vº.

18 février 1527 (1528, n. st.), à Malines. — Lettre de l'archiduchesse Marguerite aux communemaîtres et échevins de Malines leur ordonnant de faire saisir, dans leur juridiction, les personnes et les biens des Français, cette nation, sans déclaration de guerre préalable, ayant envahi les Pays-Bas.

> *Bulletins* de la Commission royale d'histoire, 2ᵉ série, t. VII, p. 130. — Van Doren, *Inventaire des archives de la ville de Malines*, t. IV, p. 101.

5 mars 1527 (1528, n. st.), à Malines. — Ordonnance de l'Empereur défendant aux navires qui se trouvent dans les ports de Flandre de prendre la mer, pendant le mois de mars courant, sans son autorisation, à peine que les équipages seront tenus pour rebelles et les navires confisqués.

Arch. de l'État, à Gand : reg. aux ordonnances du cons. de Flandre, 1511-1558, *litt. U*, fol. 70 v°. — Arch. de la ville de Bruges : reg. aux *Hallegheboden*, 1513-1530, fol. 544.

12 mars 1527 (1528, n. st.), à Malines. — Arrêt du conseil privé rendu dans un différend entre la chambre des comptes à Lille et le conseil de Flandre, au sujet des lettres de grâce et de rémission qu'accordaient les officiers de justice du ressort de ce conseil.

Original, aux arch. du royaume. — Arch. de l'État, à Gand : reg. aux ordonnances du cons. de Flandre, 1204-1557, *litt. U*, fol. 140 v°.

16 avril 1528, à Malines. — Ordonnance de l'Empereur défendant à ses sujets des Pays-Bas de se mettre au service de ses ennemis, à peine de confiscation de corps et de biens, et enjoignant à ceux qui s'y trouvent de le quitter et de revenir chez eux dans les trente jours.

Original, aux arch. du royaume. — Arch. de l'État, à Mons : reg. du cons. de Hainaut, n° 1, fol. 21. — Arch. de l'État, à Gand : reg. aux ordonnances du cons. de Flandre, 1511-1558, *litt. U*, fol. 77. — Arch. de la ville de Bruges : reg. aux *Hallegheboden*, 1513-1530, fol. 557 v°.

2 mai 1528, à Malines. — Ordonnance de l'Empereur prescrivant de dénoncer les biens meubles et immeubles appartenant aux Français, aux Gueldrois et aux habitants d'Utrecht, ses ennemis.

Van Doren, *Supplément à l'inventaire des chartes de la ville de Malines*, p. 101. — Arch. de l'État, à Mons : reg. du cons. de Hainaut, n° 1, fol. 23. — Arch. de la ville de Bruges : reg. aux *Hallegheboden*, 1513-1530, fol. 551.

6 juin 1528, à Malines. — Décret de l'archiduchesse

Marguerite ordonnant aux paysans du comté de Hainaut de fournir des fourrages aux gens de guerre, à un prix raisonnable.

> Arch. de l'État, à Mons : reg. du cons. de Hainaut, n° 1, fol. 28.

22 juin 1528, à Malines. — Dépêche de l'archiduchesse Marguerite au grand bailli de Hainaut lui ordonnant de publier les articles de la trève de huit mois conclue entre l'Empereur, la France et l'Angleterre (1).

> Arch. de l'État, à Mons : reg. du cons. de Hainaut, n° 1, fol. 29.

23 juin 1528, à Malines. — Dépêche de l'archiduchesse Marguerite au grand bailli de Hainaut lui ordonnant de faire republier la dernière ordonnance sur le cours des monnaies.

> Arch. de l'État, à Mons : reg. du cons. de Hainaut, n° 1, fol. 31.

6 juillet 1528, à Gand. — Ordonnance du conseil de Flandre qui, ensuite d'ordres de l'archiduchesse Marguerite, après avoir porté à la connaissance du public les succès obtenus par les armées de l'Empereur contre les Gueldrois, prescrit de faire des prières publiques pour en remercier le ciel.

> Arch. de la ville de Bruges : reg. aux *Halleghcboden*, 1513-1530, fol. 562.

14 juillet 1528, à Malines. — Ordonnance de l'Empereur prescrivant à ceux qui, depuis la trève, ont fait prisonniers des sujets français ou qui se sont emparés de biens appartenant à des Français, d'en faire la restitution, et défendant de molester les sujets de cette nation durant ladite trève.

> Arch. de l'État, à Mons : reg. du cons. de Hainaut, n° 1, fol. 33. — Arch. de l'État, à Gand : reg. aux ordonnances du cons. de Flandre, 1511-1558, *litt. L*, fol. 70. — Arch. de la ville de Bruges : reg. aux *Halleghcboden*, 1513-1530, fol. 563.

---

1) La même dépêche fut adressée aux conseils de justice des autres provinces. Le registre aux *Halleghboden* de la ville de Bruges pour les années 1513 à 1530 contient, fol. 558 v°, une ordonnance rendue en conséquence par le conseil de Flandre le 23 juin.

7 août 1528, à Malines. — Ordonnance de l'Empereur prescrivant des mesures pour la conservation de la chasse dans le comté de Flandre.

> *Plac. de Fl.*, liv. Iᵉʳ, p. 111. — Arch. de l'État, à Gand : reg. aux ordonnances du cons. de Flandre, 1511-1558, *litt. U*, fol. 79. — Arch. de la ville de Bruges : reg. aux *Hallegheboden*, 1513-1530, fol. 568.

26 août 1528, à Malines. — Dépêche de l'archiduchesse Marguerite au grand bailli de Hainaut lui remettant, pour qu'il la publie, copie de la convention faite entre l'Empereur et le roi de France au sujet des dommages que des particuliers ont soufferts par suite de la guerre, et de leur indemnisation.

> Arch. de l'État, à Mons : reg. du cons. de Hainaut, nᵒ 1, fol. 35.

29 août 1528, à Gand. — Ordonnance du conseil de Flandre prescrivant de publier la ratification, y contenue, que l'Empereur a donnée, le 24 août précédent, à une convention entre ses délégués et ceux du roi de France pour l'envoi à Cambrai de commissaires chargés de négocier la restitution réciproque des biens saisis sur des sujets des deux souverains.

> Arch. de la ville de Bruges : reg. aux *Hallegheboden*, 1513-1530, fol. 507.

28 septembre 1528, à Malines. — Ordonnance de l'Empereur statuant que les amendes pécuniaires adjugées à son profit par le conseil de Flandre, de quelque nature qu'elles soient, sont exécutoires nonobstant appel, sans préjudice toutefois de l'appel.

> *Plac. de Fl.*, liv. Iᵉʳ, p. 86. — Arch. de l'État, à Gand : reg. aux ordonnances du cons. de Flandre, 1504-1557, *litt. U*, fol. 150 vᵒ.

4 octobre 1528, à Malines. — Ordonnance de l'Empereur défendant, par mesure de représailles, sous peine de la hart et de confiscation de corps et de biens, à tous banquiers, changeurs et à qui que ce soit « de faire aucunes changes servant au roi de

« France ni aux siens, pour ses affaires, directement ou indirecte-
« ment, en manière que ce soit. »

> Arch. de la ville de Bruges : reg. aux *Hallegheboden*, 1513-
> 1530, fol. 571 v°.

10 octobre 1528, à Gand. — Ordonnance du conseil de
Flandre qui, en conformité des ordres de l'archiduchesse Marguerite (1), prescrit des prières publiques pour remercier le ciel de la
conclusion de la paix avec le duc Charles de Gueldre et des victoires
remportées sur les Français en Italie.

> Arch. de la ville de Bruges : reg. aux *Hallegheboden*, 1513-
> 1530, fol. 570 v°.

12 octobre 1528, à Malines. — Ordonnance de l'Empereur prescrivant aux gens de guerre, de quelque état ou condition
qu'ils soient, n'étant plus à son service, de quitter sans délai le plat
pays et de se retirer « chacun en son hôtel et quartier », à peine
de la hart et de confiscation de leurs biens.

> Arch. de l'État, à Gand : reg. aux ordonnances du cons.
> de Flandre, 1511-1558, *litt. U*, fol. 82. — Arch. de
> l'État, à Mons : reg. du cons. de Hainaut, n° 1, fol. 30.
> — Arch. de la ville de Bruges : reg. aux *Hallegheboden*,
> 1513-1530, fol. 574.

14 octobre 1528, à Malines. — Ordonnance de l'Empereur prescrivant à ceux de sa suite qui ont essuyé des pertes par le
fait de la guerre avec la France, de présenter leurs requêtes et
demandes aux commissaires réunis à Cambrai, et cela avant le
8 décembre suivant, à peine d'être forclos.

> Arch. de l'État, à Mons : reg. du cons. de Hainaut, n° 1,
> fol. 38. — Arch. de l'État, à Gand : reg. aux ordonnances
> du cons. de Flandre, 1511-1558, *litt. U*, fol. 82 v° (2).
> — Arch. de la ville de Bruges : reg. aux *Hallegheboden*,
> 1513-1530, fol. 572.

---

(1) Les mêmes ordres furent donnés par l'Archiduchesse aux autres conseils.
Le registre du conseil de Hainaut, n° 1 (aux archives de l'État, à Mons), contient, fol. 37, la
dépêche adressée, le 11 octobre, au grand bailli de cette province.

(2) Cette ordonnance y est suivie d'une ordonnance du roi de France, datée de Fontaine-
bleau, le 11 octobre 1528, portant mainlevée de la saisie des biens situés en son royaume et
appartenant à des sujets de l'Empereur.

18 octobre 1528, à Malines. — Ordonnance de l'Empereur défendant à tous gens de guerre, ses sujets, d'aller servir en Italie ou ailleurs sans son autorisation, à peine de confiscation de corps et de biens.

> Arch. de l'État, à Mons : reg. du cons. de Hainaut, n° 1, fol. 41.

17 novembre 1528, à Malines. — Ordonnance de l'Empereur fixant le nombre (avec leurs noms) et les attributions des huissiers ordinaires et extraordinaires du conseil privé et du grand conseil.

> Arch. du royaume : Audience, reg. intitulé *Commissions et actes touchant les privé et grand conseils*, fol. 241 ; reg. intitulé *Instructions et ordonnances du grand conseil*, fol. 47 v°. — Arch. de l'État, à Gand : reg. aux ordonnances du cons. de Flandre, 1204-1557, *litt. U*, fol. 151 v°. — Arch. de la ville de Bruges : reg. aux *Halleghebouden*, 1513-1530, fol. 580 v°.

18 novembre 1528, à Malines. — Ordonnance de l'Empereur révoquant les commissions d'huissiers ordinaires et extraordinaires, sauf celles des huissiers ordinaires du conseil privé et du grand conseil ; déterminant le nombre des huissiers qu'il y aura aux Pays-Bas, ainsi que les lieux de leur résidence, et réglant leurs fonctions et leurs salaires.

> Reg. du grand cons. de Malines, n° 2, fol. 42.

En décembre 1528, à Malines. — Décret de l'archiduchesse Marguerite ordonnant au grand conseil d'omettre, dans les lettres patentes qu'il expédiera au nom de l'Empereur, les titres de *duc de Gueldre et comte de Zutphen*, la paix étant faite avec Charles, duc de Gueldre.

> Reg. du grand cons., n° 2, fol. 170.

7 décembre 1528, à Malines. — Édit de l'Empereur touchant les religieux et religieuses qui quittent leurs couvents.

> Reg. du grand cons., n° 2, fol. 225.

30 décembre 1528, à Gand. — Lettre circulaire du conseil de Flandre portant à la connaissance des baillis de son ressort que la paix de Flandre, dite *heerlicke vrede*, est maintenue sur le même pied qu'avant, jusqu'au lendemain de la Saint-Jean d'été de l'année suivante.

P. Van Duyse, *Inventaire des chartes et documents de la ville de Gand*, p. 321.

2 janvier 1528 (1529, n. st.), à Malines. — Lettres par lesquelles l'Empereur déclare que ceux de Malines ne doivent pas contribuer dans les aides pour les biens qu'ils possèdent en Brabant, quoique, dans l'aide votée récemment pour la défense du pays, ils aient payé pour ces biens une somme considérable.

Van Doren, *Inventaire des chartes de Malines*, t. 1er, p. 211.

10 janvier 1528 (1529, n. st.), à Malines. — Déclaration de l'Empereur interprétative de l'ordonnance du 1er octobre 1520 sur la levée des dîmes (1).

Plac. de Brab., t. 1er, p. 96. — Reg. de la ch. des comptes, n° 110, fol. 113.

18 janvier 1529 (style de Liége), à Berghes. — Ordonnance d'Antoine de Berghes, chevalier, seigneur de Walhain, de Grimberghe, etc., conseiller et chambellan de l'Empereur, gouverneur et souverain bailli du pays et comté de Namur, confirmant l'établissement du conseil de Namur, réglant sa composition, fixant le salaire du greffier, des procureurs et des huissiers, et prescrivant différentes règles à suivre pour la procédure.

Arch. de l'État, à Namur : reg. aux ordonnances de 1383-1631, provenant de la bibliothèque de feu M. Grandgagnage, fol. 378.

20 janvier 1528 (1529, n. st.), à Malines. — Ordonnance de l'Empereur défendant de porter des arquebuses, arbalètes et arcs, en allant par les champs, et cela en vue de la conservation de la chasse.

Plac. de Fl., liv. 1er, p. 411. — Arch. de l'État, à Gand : reg. aux ordonnances du cons. de Flandre, 1311-1558, litt. U, fol. 83 v°. — Arch. de l'État, à Mons : reg. du cons. de Hainaut, n° 1, fol. 42. — Arch. de la ville de Bruges : reg. aux *Halleghebohen*, 1513-1530, fol. 801 v°.

(1) Voy. p. 96.

22 janvier 1528 (1529, n. st.), à Malines. — Décret de l'archiduchesse Marguerite rendu en conseil privé de l'Empereur, et statuant que l'évêque de Cambrai peut ajourner devant son official les habitants de la Flandre du diocèse de Cambrai dans les matières ecclésiastiques, et défendant au conseil de Flandre d'y mettre des empêchements.

Plac. de Brab., t. 1er, p. 15.

28 janvier 1528 (1529, n. st.), à Malines. — Ordonnance de l'Empereur portant mainlevée de la saisie des biens situés aux Pays-Bas et appartenant à des sujets du roi de France, avec lequel il venait de conclure une trève.

Arch. de l'État, à Gand : reg. aux ordonnances du cons. de Flandre de 1511-1558, *litt. U*, fol. 84 v°. — Arch. de l'État, à Mons : reg. du cons. de Hainaut, n° 1, fol. 43. — Arch. de la ville de Bruges : reg. aux *Hallegheboden*, 1513-1550, fol. 585.

4 février 1528 (1529, n. st.), à Malines. — Ordonnance de l'Empereur portant que la trève conclue entre lui et les rois de France et d'Angleterre restera en vigueur aussi longtemps que l'une ou l'autre des parties contractantes aura signifié ne vouloir plus l'observer, et comminant la peine de la hart contre les transgresseurs de ladite trève.

Arch. de l'État, à Gand : reg. aux ordonnances du cons. de Flandre, 1511-1558, *litt. U*, fol. 85. — Arch. de l'État, à Mons : reg. du cons. de Hainaut, n° 1, fol. 41. — Arch. de la ville de Bruges : reg. aux *Hallegheboden*, 1513-1550, fol. 558.

17 février 1528 (1529, n. st.), à Gand. — Ordonnance du conseil de Flandre prescrivant la publication d'un « billet » imprimé que lui avait envoyé l'archiduchesse Marguerite, pour fixer le poids légal du réal, du demi-carolus et du philippus, qu'on ne cessait de rogner.

Arch. de la ville de Bruges : reg. aux *Hallegheboden*, 1513-1550, fol. 600.

20 février 1528 (1529, n. st.), à Bruxelles. — Édit

perpétuel de l'Empereur, rendu sur les remontrances des quatre membres de Flandre. Il défend de constituer ou vendre, dans le pays et comté de Flandre, des rentes sans rachat, et permet de racheter celles qui ont été constituées sur des héritages situés dans les villes privilégiées dudit comté. Il interdit de nouveau de vendre des immeubles aux gens de mainmorte. Il statue que nuls religieux profès, nuls monastères ou cloîtres ne pourront se porter héritiers dans des maisons mortuaires, ni, à titre de succession, se mettre en possession de biens. Il défend enfin aux gens d'église de faire le négoce ou de prendre des terres en location, à peine de devoir payer les impôts comme les laïques.

> *Plac. de Fl.*, liv. Iᵉʳ, p. 717. — Arch. de l'État, à Gand : reg. aux ordonnances du cons. de Flandre, 1204-1557, litt. U, fol. 155. — Arch. de l'État, à Tournai : reg. aux ordonnances du bailliage de Tournai-Tournaisis commençant en 1503, p. 57. — Arch. de la ville de Bruges : reg. aux *Hallegheboden*, 1513-1550, fol. 599 vᵒ.

27 février 1528 (1529, n. st.). à Bruxelles. — Ordonnance de l'Empereur prescrivant à tous et un chacun de laisser jouir paisiblement les nouveaux chrétiens de Portugal de l'effet de ses lettres du 30 mars 1526 (1), qui les autorisaient à s'établir aux Pays-Bas, et défendant, en conséquence, de mettre arrêt sur leurs personnes ou sur leurs biens.

> P. Génard, *Antwerpsch archievenblad*, t. VII, p. 181.

9 mars 1528 (1529, n. st.), à Bruxelles. — Lettres de l'Empereur par lesquelles, sur la requête du magistrat de Tirlemont et eu égard à la situation précaire de cette ville, il octroie et consent que les rentes annuelles et autres dettes à charge de celle-ci ne soient payées que six mois après le jour de l'échéance.

> Reg. de la ch. des comptes, nᵒ 638, fol. 139 vᵒ.

23 mars 1528 (1529, n. st.), à Bruxelles. — Ordonnance de l'Empereur qui, pour réprimer les abus que commettaient

---

(1) Nous n'avons pas trouvé ces lettres.

les gens d'église, à Malines, dans la perception des droits pour cérémonies de baptême, de mariage, de relevailles et de funérailles, leur prescrit l'exacte observation de la bulle du pape Calixte de l'an 1426, dont elle reproduit le texte, et détermine la somme qu'ils pourront recevoir pour lesdites cérémonies.

> *Plac. de Brab.*, t. III, p. 414. — Reg. du grand cons. de Malines, n° 4, fol. 671.

24 mars 1528 avant Pâques (1529, n. st.), à Bruxelles. — Ordonnance de l'Empereur défendant d'importer des laines d'Angleterre aux Pays-Bas sans les avoir fait « étaper » à Calais et passer par Gravelines, pour y acquitter les droits de tonlieu, à peine de confiscation.

> *Plac. de Fl.*, liv. Ier. p. 503. — Arch. de l'État, à Gand : reg. aux ordonnances du cons. de Flandre, 1511-1558, *litt. U*, fol. 80. — Arch. de la ville de Bruges : reg. aux *Hallegheboden*, 1513-1530, fol. 503 v°.

25 mars 1528 avant Pâques (1529, n. st.), à Bruxelles. — Décret de l'Empereur portant que les hôpitaux, maisons du Saint-Esprit et des pauvres, ainsi que les serments et confréries du duché de Brabant ayant contribué dans l'aide que les états de ce duché lui ont accordée, seront exempts de toute contribution dans le subside que le clergé du même duché vient de lui accorder.

> *Plac. de Brab.*, t. III, p. 584.

15 avril 1529, à Bruxelles. — Ordonnance de l'archiduchesse Marguerite portant instruction pour le conseiller avocat fiscal et le procureur général au conseil de Brabant.

> Reg. de la ch. des comptes, n° 110, fol. 155, et n° 137, fol. 286 v°.

10 avril 1529, à Bruxelles. — Ordonnance de l'Empereur défendant aux gens de guerre et aux vagabonds et brimbeurs de molester ou de piller les habitants, sous quelque prétexte que ce soit.

> Arch. de l'État, à Gand : reg. aux ordonnances du cons. de Flandre, 1511-1558, *litt. U*, fol. 80 v°. — Arch. de la ville de Bruges : reg. aux *Hallegheboden*, 1513-1530, fol. 509 v°.

30 avril 1529, à Bruxelles. — Ordonnance de l'Empereur défendant de molester, en quelque façon que ce soit, les sujets français et anglais, au mépris de la trève conclue avec la France et l'Angleterre.

> Arch. de l'État, à Mons : reg. du cons. de Hainaut, n° 1, fol. 40.

9 mai 1529, à Bruxelles. — Ordonnance de l'Empereur portant que la trève de huit mois, entre lui, le roi de France et le roi d'Angleterre, conclue et commencée le 15 juin 1528 (1), continuera jusqu'à ce qu'elle soit dénoncée par l'une des parties contractantes, dont avis, en ce cas, sera donné au public.

> Arch. de l'État, à Mons : reg. du cons. de Hainaut, n° 1, fol. 47. — Arch. de la ville de Bruges : reg. aux *Halleghe-boden*, 1513-1530, fol. 507 v°.

11 mai 1529, à Bruxelles. — Édit de l'Empereur défendant d'engager ou d'hypothéquer aucun immeuble, si ce n'est devant les seigneurs, juges ou officiers sous lesquels celui-ci est situé.

> Bibliothèque d'Isaac Meulman : *Catalogus van tractaten, pamfletten, enz.*, t. Ier, p. III, n°s XLIV et XLV.

11 mai 1529, à Bruxelles. — Décret provisionnel de l'Empereur portant que les Brabançons peuvent être arrêtés en Flandre et que, sous ce rapport, la bulle d'or de l'empereur Charles IV, de 1349, n'y a pas force de loi.

> *Plac. de Fl.*, liv. III, p. 102.

3 juin 1529, à Gand. — Ordonnance du conseil de Flandre qui, ensuite des ordres de l'archiduchesse Marguerite, prescrit de faire des processions et des prières publiques dans toutes les églises de son ressort pour le succès du voyage de l'Empereur en Italie.

> Arch. de la ville de Bruges : reg. aux *Halleghe-boden*, 1513-1530, fol. 605.

18 juin 1529, à Bruxelles. — Ordonnance de l'Empereur

---

(1) Voy. DE MONT, *Corps diplomatique*, t. IV, part. I, p. 515.

enjoignant à ceux qui ont obtenu des officiers de justice et de recette des parties de domaines, telles que pâturages, etc., d'en exhiber les titres à la chambre des comptes, et statuant, en outre, que ces aliénations ne pourront désormais se faire que par celle-ci et par le conseil des finances.

Reg. de la ch. des comptes, n° 137, fol. 203 v°.

3 Juillet 1529, à Gand. — Ordonnance du conseil de Flandre prescrivant, ensuite des ordres de l'archiduchesse Marguerite, de faire des processions générales et des prières dans toutes les églises pour le succès des conférences qui doivent avoir lieu à Cambrai en vue de la conclusion de la paix avec la France.

Arch. de la ville de Bruges : reg. aux *Hallegheboden*, 1513-1530, fol. 607.

7 Juillet 1529, à Gand. — Ordonnance du conseil de Flandre prescrivant de republier l'ordonnance du 9 mai 1520 rendue contre les Égyptiens (1).

Arch. de la ville de Bruges : reg. aux *Hallegheboden*, 1513-1530, fol. 627.

9 août 1529, à Bruxelles. — Déclaration de l'Empereur annonçant la paix conclue entre lui, le pape et les rois de France, de Hongrie et d'Angleterre (2).

Arch. de l'État, à Mons : reg. du cons. de Hainaut, n° 1, fol. 40.

31 août 1529, à Bruxelles. — Ordonnance de l'Empereur prolongeant jusqu'au 1er octobre suivant le terme dans lequel devront être présentées à ses commissaires et à ceux de France, réunis à Cambrai, les réclamations pour dommages soufferts de part et d'autre par suite de la guerre, depuis le traité de Madrid jusqu'à la conclusion de la trève entre les deux puissances.

Arch. de l'État, à Gand : reg. aux ordonnances du cons. de Flandre, 1511-1558, *litt. U*, fol. 87 v°. — Arch. de la ville de Bruges : reg. aux *Hallegheboden*, 1513-1530, fol. 610.

(1) Voy. p. 91.
(2) À Cambrai le 5 août.

25 septembre 1529, à Bruxelles. — Décret de l'archiduchesse Marguerite ordonnant de republier la dernière ordonnance sur le cours des monnaies.

> Arch. de l'État, à Mons : reg. du cons. de Hainaut, n° 4, fol. 81.

27 septembre 1529, à Bruxelles. — Dépêche de l'archiduchesse Marguerite au grand conseil par laquelle, après lui avoir rappelé que les officiers et serviteurs domestiques de l'Empereur, ainsi que les suppôts du conseil privé et dudit grand conseil, ne sont justiciables que de ces conseils, elle lui ordonne, quand quelqu'un d'eux aura intenté procès devant lui, soit en demandant ou en défendant, de prendre connaissance de la cause, sans l'envoyer ailleurs, sous ombre de déclinatoire ni autrement.

> Reg. du grand cons. de Malines, n° 4, p. 412.

28 septembre 1529, à Bruxelles. — Ordonnance de l'Empereur contre les ribauds, les vagabonds, les fainéants et autres malfaiteurs.

> Reg. de la ch. des comptes, n° 138, fol. 7.

30 septembre 1529, à Gand. — Ordonnance du conseil de Flandre prescrivant, ensuite des ordres de l'archiduchesse Marguerite, la republication de l'ordonnance sur le cours des monnaies du 14 février 1527 (1), vu les abus qui se commettaient de nouveau à cet égard.

> Arch. de la ville de Bruges : reg. aux *Hallegheboden*, 1515-1530, fol. 622 v°.

1er octobre 1529, à Bruxelles. — Lettres de l'Empereur prorogeant, pour un nouveau terme de douze années, la concession que Philippe, duc de Bourgogne, avait, le 3 juin 1445, faite, pour quarante ans, au magistrat et aux habitants de la ville de Bruxelles, et qui avait été plusieurs fois prorogée depuis (2). Par cette concession

(1) Voy. p. 115.
(2) Voy. pp. 70 et 87.

le magistrat disposait du produit des accises levées dans la ville, et il avait la faculté de les augmenter ou diminuer.

Reg. de la ch. des comptes, n° 638, fol. 101.

14 octobre 1529, à Bruxelles. — Édit de l'Empereur défendant d'imprimer, vendre, acheter, lire et garder des ouvrages de Martin Luther et des autres sectaires y mentionnés; ordonnant de remettre ces ouvrages aux officiers de justice, à peine que les défaillants seront exécutés par le feu, le glaive ou la fosse. Cet édit prescrit d'autres mesures pour empêcher la propagation des doctrines de Luther et de ses adhérents dans la Flandre, qu'il concerne particulièrement (1).

Plac. de Fl., liv. Ier, p. 107. — DIEGERICK, *Inventaire des chartes et documents de la ville d'Ypres*, t. V, p. 100. — Reg. de la ch. des comptes, n° 138, fol. 8. — Arch. de l'État, à Gand : reg. aux ordonnances du cons. de Flandre, 1511-1558, *litt. U*, fol. 88.

24 octobre 1529, à Bruxelles. — Décret de l'archiduchesse Marguerite chargeant le président du grand conseil de nommer deux conseillers dudit conseil, qui ne soient gens d'église ni natifs de Malines, pour connaître des erreurs et abus de la foi dans cette ville, et de les désigner dans le placard sur cette matière qui lui sera adressé.

Reg. du grand cons. de Malines, n° 2, fol. 176.

29 octobre 1529, à Bruxelles. — Ordonnance du conseil de Brabant portant règlement pour les sergents ou valets de l'amman de la ville de Bruxelles.

Reg. de la ch. des comptes, n° 138, fol. 1.

22 novembre 1529, à Bruxelles. — Ordonnance de

(1) L'archiduchesse Marguerite soumit le projet de cette ordonnance aux conseils de justice, pour avoir leur avis, ainsi qu'on le voit par sa lettre d'envoi au conseil de Brabant, en date du 2° septembre précédent. Cette cour ayant tardé à faire connaître son opinion, l'Archiduchesse lui envoya une lettre de rappel le 27 du même mois, et y ajouta de sa propre main : *Pour l'honneur de Dieu, j'ay la chose à cœur; faites que n'y ait faulte.* (Correspondance du conseil de Brabant, t. Ier, fol. 228 et 230.)

l'Empereur défendant d'aller par les champs avec des arquebuses, arbalètes, arcs à la main et autres armes propres à tirer le gibier, sous peine de confiscation et de vingt livres d'amende.

> Plac. de Fl., liv. Ier, p. 412. — Arch. de l'État, à Gand : reg. aux ordonnances du cons. de Flandre, 1311-1538, litt. U, fol. 91. — Arch. de la ville de Bruges : reg. aux Hallegheboden, 1513-1530, fol. 637.

24 novembre 1520, à Bruxelles. — Décret de l'Empereur rendu sur les remontrances des quatre membres de Flandre assemblés à Bruxelles, et confirmant celui du 11 mai précédent (1).

> Plac. de Fl., liv. III, p. 194.

1er décembre 1520, à Bruxelles. — Lettre de l'archiduchesse Marguerite au magistrat de Bruges, pour qu'il prête son appui aux commis et députés du saint-père chargés d'organiser une croisade contre les Turcs, qui avaient envahi la Hongrie et menaçaient Vienne.

> Arch. de la ville de Bruges : reg. aux Hallegheboden, 1513-1530, fol. 626.

10 décembre 1520, à Bruxelles. — Ordonnance de l'Empereur portant règlement pour les « caudreliers » (chaudronniers) du pays de Hainaut.

> Arch. de l'État, à Mons : reg. du cons. de Hainaut, n° 1, fol. 58.

22 décembre 1520, à Bruxelles. — Lettres de l'Empereur accordant au magistrat de Courtrai le privilège de conférer annuellement à un conseiller de la ville la place de garde-orphelins de la ville et châtellenie de Courtrai.

> Ch. Mussely, Inventaire des archives de la ville de Courtrai, t. II, p. 58.

31 décembre 1520, à Bruxelles. — Ordonnance de l'Empereur rendue pour le comté de Flandre et défendant d'imprimer,

(1) Voy. p. 161.

de vendre, de garder ou de lire les ouvrages de Martin Luther et des autres auteurs hérétiques y nommés, de même que tous livres entachés d'erreurs et contraires à la foi chrétienne, aux sacrements, aux commandements de Dieu et de l'Église et à la doctrine de celle-ci; statuant, en outre, que ceux qui possèdent ces livres devront les remettre aux chefs-officiers de leur résidence avant le 15 février suivant, à peine d'être exécutés, soit par le feu, soit par le glaive, et les femmes par la fosse. Cette ordonnance renferme d'autres dispositions pour l'extirpation de l'hérésie.

> Arch. de l'État, à Gand : reg. aux ordonnances du cons. de Flandre, 1511-1558, *litt. U*, fol. 93. — Arch. de la ville de Bruges : reg. aux *Hallegheboden*, 1513-1530, fol. 630 v°.

31 décembre 1520, à Bruxelles. — Ordonnance de l'Empereur prescrivant, en conformité du traité de paix de Cambrai, à ses sujets de Flandre et d'Artois qui ont des procès pendants devant le parlement de Paris et d'autres tribunaux de France, pour des biens situés dans ces deux provinces, d'en présenter un état au conseiller Vander Sarre, à Gand, afin que lesdits procès soient renvoyés devant le grand conseil de Malines.

> Arch. de l'État, à Gand : reg. aux ordonnances du cons. de Flandre, de 1511-1558, *litt. U*, fol. 93. — Arch. de la ville de Bruges : reg. aux *Hallegheboden*, 1513-1530, fol. 628 v°.

7 janvier 1529 (1530, n. st.), à Gand. — Ordonnance du conseil de Flandre rendue ensuite des ordres de l'archiduchesse Marguerite, et prescrivant de republier, le 1er mars suivant, l'ordonnance du 14 février 1527 (n. st.) sur le cours des monnaies (1).

> Arch. de la ville de Bruges : reg. aux *Hallegheboden*, 1513-1530, fol. 633 v°.

8 janvier 1529 (1530, n. st.), à Malines. — Ordonnance de l'Empereur défendant de lever ou d'enrôler des gens de

1, Voy. p. 118.

guerre, ou de prendre du service à l'étranger, sans son autorisation.

Plac. de Fl., liv. Ier, p. 728. — Arch. de l'État, à Gand : reg. aux ordonnances du cons. de Flandre, 1511-1558, *litt. U*, fol. 00 v°. — Arch. de la ville de Bruges : reg. aux *Halleghebouden*, 1513-1530, fol. 638.

21 janvier 1529 (1530, n. st.), à Malines. — Lettres de l'Empereur autorisant le procureur général au grand conseil de Malines à choisir, nommer et remplacer, pour le terme de trois ans, six sergents chargés de l'aider dans l'arrestation des malfaiteurs et délinquants.

Reg. du grand cons. de Malines, n° 2, fol. 234.

20 février 1530, à Boulogne. — Indult du pape Clément VII par lequel, de son propre mouvement, il concède à l'Empereur la nomination aux bénéfices et dignités ecclésiastiques dans toute l'étendue des Pays-Bas.

Plac. de Fl., liv. III, p. 21.

9 mars 1529 (1530, n. st.), à Malines. — Lettre par laquelle l'archiduchesse Marguerite prescrit au conseil de Flandre de faire publier que tous ceux ayant des procès en appel devant le parlement de Paris les fassent reprendre, afin qu'ils soient décidés aux Pays-Bas, conformément au traité de paix de Cambrai.

P. Van Duyse, *Inventaire analytique des chartes et documents de la ville de Gand*, p. 326.

10 mars 1529 (1530, n. st.), à Malines. — Lettres de l'Empereur prorogeant, pour un nouveau terme de six années, l'autorisation que Philippe, roi de Castille, avait accordée à la ville de Vilvorde de percevoir un droit sur les bateaux chargés qui la traversaient. Cette autorisation avait été renouvelée en dernier lieu par des lettres du 28 novembre 1524 (1).

Reg. de la ch. des comptes, n° 638, fol. 203.

(1) Voy. p. 136.

10 mars 1530, à Bologne. — Lettre de l'Empereur au magistrat de Bruges, pour qu'il prête son appui aux envoyés du roi de Hongrie porteurs des bulles du saint-père qui accordent la croisade contre les Turcs.

> Arch. de la ville de Bruges : reg. aux *Hallegheboden*, 1513-1530, fol. 343 v°.

16 mars 1529 (1530, n. st.), à Bruxelles. — Déclaration de l'Empereur touchant les pouvoirs que certaine bulle Léonine avait conférés à la faculté des arts de l'université de Louvain, au préjudice des collateurs ordinaires du pays.

> *Plac. de Brab.*, t. III, p. 53.

17 mars 1529 (1530, n. st.), à Gand. — Ordonnance du conseil de Flandre prescrivant de célébrer, par des processions et des prières publiques, le couronnement de l'Empereur, qui a eu lieu à Bologne, par les mains du saint-père, le jour de la Saint-Mathieu, 24 février (1).

> Arch. de la ville de Bruges : reg. aux *Hallegheboden*, 1513-1530, fol. 640.

20 mars 1529 avant Pâques (1530, n. st.), à Malines. — Déclaration de l'archiduchesse Marguerite modifiant quelques articles de son ordonnance du 15 avril 1520 concernant les conseillers fiscaux de Brabant (2).

> Reg. de la ch. des comptes, n° 137, fol. 202 v°.

31 mars 1529 avant Pâques (1530, n. st.), à Malines. — Lettre de l'archiduchesse Marguerite au magistrat de Bruges portant que le saint-père a accordé de nouvelles grâces et indulgences au roi de Hongrie pour résister aux Turcs, qui avaient envahi ses États depuis plus de trois ans, et invitant ce magistrat à

---

1) Cette ordonnance est précédée, dans le registre aux *Hallegheboden*, d'une lettre de l'Empereur au magistrat de Bruges, datée de Bologne, le 27 février précédent, par laquelle il lui annonce son couronnement.

2) Voy. p. 160.

donner son appui aux commissaires chargés de faire publier lesdites indulgences.

Arch. de la ville de Bruges : reg. aux *Hallegheboden*, 1513-1530, fol. 643.

5 mai 1530, à Malines. — Ordonnance de l'Empereur défendant de nouveau aux marchands de bière de garder les tonneaux vides ayant contenu de la bière de Gouda, ou de les remplir de leurs propres bières et de vendre celles-ci pour de la bière de Gouda. Ces tonneaux devront être renvoyés aux expéditeurs.

Arch. de l'État, à Gand : reg. aux ordonnances du cons. de Flandre, 1511-1558, *litt. U*, fol. 97.

12 mai 1530, à Gand. — Lettres de l'Empereur approuvant et ratifiant l'accord fait entre les délégués du conseil privé, d'une part, et ceux de la faculté des arts, à Louvain, d'autre part, touchant la nomination aux bénéfices ensuite des indults des papes accordés à ladite faculté.

Plac. de Brab., t. II, p. 80.

14 mai 1530, à Malines. — Déclaration de l'Empereur sur diverses remontrances des états de Brabant concernant l'observation de la bulle d'or par les Flamands, les Brabançons qui étaient traduits en première instance devant le conseil privé ou le grand conseil, les nouveautés que se permettait le consistoire de la Trompe et l'appel des sentences rendues par les justices locales en matière de torture.

Plac. de Brab., t. Ier, p. 224, et t. IV, p. 424. — Reg. de la ch. des comptes, no 110, fol. 213.

18 mai 1530, à Gand. — Ordonnance du conseil de Flandre prescrivant, ensuite des ordres de l'archiduchesse Marguerite, de faire des processions et prières publiques à cause de l'heureux retour de l'Empereur de son voyage en Italie.

Arch. de la ville de Bruges : reg. aux *Hallegheboden*, 1513-1530, fol. 646.

23 mai 1530, à Bruxelles. — Lettres de l'Empereur qui

approuvent et confirment, avec quelques modifications, celles de Philippe, archiduc d'Autriche, du 8 juin 1497, portant règlement pour la fabrication des draps à Bruxelles.

Reg. de la ch. des comptes, n° 638, fol. 232.

25 mai 1530, à Malines. — Décret de l'archiduchesse Marguerite prescrivant au grand conseil de défendre l'autorité souveraine dans les procès qui pourraient être intentés devant lui pour les collations de bénéfices faites par l'Empereur en vertu d'un indult du pape (1).

Reg. du grand cons. de Malines, n° 2, fol. 260.

1er juin 1530, à Malines. — Ordonnance de l'Empereur défendant, pendant six ans, aux manants et habitants de la ville et banlieue de Tournai d'aller boire hors de la ville, à la distance d'une demi-lieue, des breuvages de grains, si ces boissons ne sont soumises aux mêmes droits que celles consommées dans la ville.

Arch. de la ville de Tournai: orig., et 1er reg. à tailles, n° 17, fol. 20 v°.

10 juin 1530, à Gand. — Ordonnance du conseil de Flandre par laquelle, après avoir porté à la connaissance du public, suivant les ordres de l'archiduchesse Marguerite, que le 1er juin précédent la reine, sœur de l'Empereur, et les enfants de France sont arrivés d'Espagne en France et y ont été reçus en grande joie et « triomphe »; que la continuation de la paix est à espérer de ces bonnes relations, et que l'Empereur tient une diète (*dachvaert*) pour aviser aux moyens de repousser les Turcs dans leurs entreprises contre la chrétienté en Hongrie, et d'extirper les sectes luthériennes, il prescrit que des processions et des prières publiques aient lieu chaque dimanche à cause de ces événements.

Arch. de la ville de Bruges : reg. aux *Hallegheboden*, 1513-1530, fol. 648 v°.

25 juin 1530, à Bruxelles. — Ordonnance de l'Empereur

___

(1, Cet indult accordait à Charles-Quint le privilège de pourvoir ceux de ses sujets des cent premiers bénéfices qui viendraient à vaquer.

sur l'administration de la forêt de s'Hertoghenwald, dans le duché de Limbourg (1).

Reg. de la ch. des comptes, nº 138, fol. 31.

30 juin 1530, à Bruxelles. — Ordonnance de l'Empereur prescrivant aux possesseurs des fiefs tenus de lui, comme duc de Brabant, dans l'ammanie de Bruxelles (2), d'en fournir le dénombrement.

Plac. de Brab., t. Iᵉʳ, p. 269. — Reg. de la ch. des comptes, nº 138, fol. 43.

30 juin 1530, à Malines. — Lettres de l'Empereur confirmant aux bourgeois, manants et habitants « dedans et dehors de sa « ville et comté de la Roche en Ardenne » les privilèges, exemptions et franchises qui leur ont été accordés par ses prédécesseurs, comtes et ducs de Luxembourg, et qu'il a lui-même confirmés déjà (3), spécialement ceux qui sont énoncés dans les lettres (y insérées) de Jean, roi de Bohême et de Pologne, comte de Luxembourg, du 3 avril 1331.

Reg. de la ch. des comptes, nº 157, fol. 113, et nº 703, fol. 181.

1ᵉʳ juillet 1530, à Augsbourg. — Lettres de l'Empereur approuvant et confirmant les lettres de privilèges dites la *Bulle d'or de Charles*, empereur d'Allemagne, du 8 des kalendes d'août 1349, accordées aux habitants du duché de Brabant, de même que les lettres confirmatives de ladite bulle d'or des emp. urs Sigismond et Maximilien, des années 1424 et 1512. Outre cette confirmation, l'Empereur incorpore au duché de Brabant la ville de Maestricht, en conformité de la donation qu'en avait faite l'empereur Philippe II au duc Henri de Brabant, en 1204.

Plac. de Brab., t. Iᵉʳ, p. 213. — Reg. de la ch. des comptes, nº 87, fol. 1, nº 110, fol. 160, et nº 138, fol. 137.

---

(1) Il est à remarquer que, dans le registre de la chambre des comptes, cette ordonnance a été tracée.

(2) La même ordonnance dut être publiée dans les autres parties du Brabant flamand. Pour le Brabant-Wallon elle le fut plus tard. (Voy. à la date du 29 décembre 1530.)

(3) Voy. p. 90, à la date du 3 juin 1519.

2 juillet 1530, à Malines. — Lettres de l'Empereur proro-geant, pour un nouveau terme de douze années, les lettres de Philippe, duc de Bourgogne, du 10 juillet 1452, qui autorisaient les rentiers, échevins, jurés et maîtres de la ville de Nivelles à percevoir les accises établies en cette ville, à les augmenter et diminuer à leur gré, et ce pendant quarante-six années.

Reg. de la ch. des comptes, n° 638, fol. 214.

23 juillet 1530, à Malines. — Lettres de l'Empereur con-firment les privilèges accordés aux habitants de Vilvorde par les lettres, y insérées, de l'empereur Maximilien et l'archiduc Philippe, en date du 20 juillet 1489.

Reg. de la ch. des comptes, n° 138, fol. 49.

19 août 1530, à Malines. — Mandement de l'archidu-chesse Marguerite au chancelier de Brabant de rendre une ordon-nance qui défende de chasser dans la forêt de Soigne « et à trois « lieues à la ronde. »

Reg. de la chancellerie du cons. de Brabant, n° 2.

15 septembre 1530, à Malines. — Ordonnance de l'Empereur interprétative de l'édit du 1er octobre 1520 touchant la levée des dîmes (1).

Plac. de Fl., liv. Ier, p. 600. — Arch. de l'État, à Gand : reg. aux ordonnances du cons. de Flandre, 1294-1557, litt. U, fol. 4. — Arch. de l'État, à Tournai : reg. aux ordonnances du bailliage de Tournai-Tournaisis, com-mençant à 1503, p. 597.

23 septembre 1530, à Mons. — Ordonnance du grand bailli de Hainaut sur les banquets de noces.

Arch. de l'État, à Mons : reg. du cons. de Hainaut, n° 1, fol. 63.

8 octobre 1530, à Malines. — Arrêt du grand conseil statuant que la philosophie, le droit civil et le droit canon ne peuvent

(1) Voy. p. 96.

être enseignés qu'à l'université de Louvain. Cet arrêt est rendu dans un procès entre les villes de Louvain et de Tournai.

Inventaire analytique des chartes de la ville de Louvain, p. 193.

10 octobre 1530, à Malines. — Ordonnance de l'Empereur défendant d'introduire et de vendre aux Pays-Bas du papier à écrire qui ne soit pas de bonne qualité, propre à recevoir l'écriture de l'un et de l'autre côté, et enjoignant aux marchands qui ont du papier de mauvaise qualité de l'envoyer hors du pays dans les six semaines, à peine de confiscation et d'amende.

Plac. de Fl., liv. Ier, p. 600. — Reg. de la ch. des comptes, n° 138, fol. 45 v°. — Arch. de l'État, à Gand : reg. aux ordonnances du cons. de Flandre, 1511-1558, *litt. U*, fol. 99 v°. — Arch. de l'État, à Mons : reg. du cons. de Hainaut, n° 1, fol. 67. — Arch. de la ville de Bruges : reg. aux *Hallegheboden*, 1530-1542, fol. 10 v°.

20 octobre 1530, à Malines. — Ordonnance de l'Empereur mettant hors de cours les monnaies de France y spécifiées, et prescrivant la stricte observation de l'ordonnance du 10 décembre 1526 (1).

Reg. de la ch. des comptes, n° 138, fol. 44. — Arch. de l'État, à Gand : reg. aux ordonnances du cons. de Flandre, 1511-1558, *litt. U*, fol. 97 v°. — Arch. de l'État, à Mons : reg. du cons. de Hainaut, n° 1, fol. 61. — Arch. de la ville de Bruges : reg. aux *Hallegheboden*, 1530-1542, fol. 7 v°.

25 octobre 1530, à Malines. — Lettres de l'Empereur par lesquelles, eu égard à la situation désastreuse de la ville de Louvain, il accorde à cette ville un nouveau répit de trois ans pour le payement de ses rentes (2).

Reg. de la ch. des comptes, n° 638, fol. 250.

12 novembre 1530, à Gand. — Ordonnance du conseil de Flandre qui, ensuite des ordres de l'archiduchesse Marguerite,

(1) Voy. p. 141.
(2) Voy. p. 109.

prescrit de faire des processions et des prières publiques pour la prospérité de l'Empereur, le bien de ses sujets et pour la paix publique.

Arch. de la ville de Bruges : reg. aux Hallegheboden, 1530-1543, fol. 13 v°.

12 novembre 1530, à Malines. — Ordonnance de l'Empereur défendant d'exporter des grains du pays de Hainaut.

Arch. de l'État, à Mons : reg. du cons. de Hainaut, n° 1, fol. 08.

5 décembre 1530, à Malines. — Résolution du conseil privé sur la forme dans laquelle, vu le décès de l'archiduchesse Marguerite (1), les lettres missives et patentes s'expédieront, par provision et jusqu'à ce que l'Empereur en ait autrement ordonné. Elle porte que toutes lettres missives se dépêcheront de par l'Empereur, sous son nom et en son privé conseil ; que les lettres patentes d'État ou d'importance s'expédieront sous le nom de l'Empereur, de l'avis dudit conseil, et que, sur le pli desdites lettres patentes, seront déclarés les présents à la délibération d'icelles.

Reg. du grand conseil, n° 2, fol. 274 v°.

20 décembre 1530, à Malines. — Ordonnance de l'Empereur interprétative de celle du 12 novembre précédent concernant l'exportation des grains.

Arch. de l'État, à Mons : reg. du cons. de Hainaut, n° 1, fol. 70.

28 décembre 1530, à Bruxelles. — Ordonnance de l'Empereur prescrivant à tous les feudataires du Brabant-Wallon qui tiennent des fiefs relevant de lui, comme duc de Brabant, de quelque nature qu'ils soient, d'en fournir, dans les deux mois, un dénombrement exact et détaillé, en y comprenant les arrière-fiefs.

Arch. de la cour féodale de Brabant, reg. n° 31, fol. 10.

25 janvier 1530 (1531, n. st.), à Malines. — Ordon-

---

(1) L'Archiduchesse était décédée dans la nuit du 30 novembre au 1er décembre.

nance de l'Empereur fixant le salaire des ouvriers employés à la réparation des digues dans la Flandre, lesquelles avaient été rompues par des tempêtes récentes; statuant que les ouvriers, en étant requis, seront obligés de travailler moyennant ledit salaire, à peine d'être fustigés sur la joue pendant une heure et, en cas de récidive, d'avoir le poignet gauche coupé. Cette ordonnance contient d'autres mesures très rigoureuses à l'égard des *dyckers* ou employés préposés à l'entretien des digues.

> Arch. de l'État, à Gand : reg. aux ordonnances du cons. de Flandre, 1511-1558, *litt. U*, fol 182 v°. — Arch. de la ville de Bruges: reg. aux *Hallegheboden*, 1530-1542, fol. 20.

10 février 1530 (1531, n. st.), à Bruxelles. — Décret de l'Empereur ordonnant de renouveler la publication de l'édit du 14 octobre 1529 sur les luthériens (1).

> Arch. de l'État, à Mons : reg. du cons. de Hainaut, n° 1, fol. 71.

10 février 1530 (1531, n. st.), à Bruxelles. — Lettres patentes de l'Empereur portant institution, à Anvers, d'une chambre de tonlieu et en déterminant la composition et les attributions.

> Reg. de la ch. des comptes, n° 138, fol. 51 v°.

17 février 1530 (1531, n. st.), à Bruxelles. — Ordonnance de l'Empereur défendant aux sauniers de la Flandre de chauffer leurs chaudières avant la fin du mois de mai suivant, attendu que tous les bateaux servant au transport de la tourbe, avec laquelle on chauffait les chaudières, devaient être employés à la restauration des digues rompues par les dernières inondations.

> Arch. de l'État, à Gand : reg. aux ordonnances du cons. de Flandre, 1511-1558, *litt. U*, fol. 163. — Arch. de la ville de Bruges: reg. aux *Hallegheboden*, 1530-1542, fol. 19 v°.

Dernier février 1530 (1531, n. st.) à Bruxelles. — Ordonnance de l'Empereur enjoignant au conseil de Flandre de faire

---

(1) *Voy.* p. 161.

publier, chaque année, le 1ᵉʳ janvier, les ordonnances rendues contre les malfaiteurs, les vagabonds, les gens sans aveu, et prescrivant des mesures pour que ces ordonnances soient ponctuellement observées.

Plac. de Fl., liv. Iᵉʳ, p. 8. — Arch. de l'État, à Gand : reg. aux ordonnances du cons. de Flandre, 1511-1538, *litt. U*, fol. 103 v°. — Arch. de la ville de Bruges : reg. aux *Hallegheboden*, 1530-1542, fol. 51.

8 mars 1530 (1531, n. st.), à Bruxelles. — Lettres de l'Empereur par lesquelles il confirme les lettres, y insérées, de Jean, duc de Brabant, du lundi après la Saint-Rémy 1336, de Wenceslas et Jeanne, duc et duchesse de Brabant, du 12 juin 1378, de Maximilien et Marie, archiduc et archiduchesse d'Autriche, du 8 octobre 1480, ainsi que de Philippe, archiduc d'Autriche, du 8 février 1497 (n. st.), portant concession et confirmation de priviléges en faveur de la franchise d'Herve, pays de Limbourg.

Reg. de la ch. des comptes, n° 638, fol. 263.

12 mars 1530 (1531, n. st.), à Bruxelles. — Décret de l'Empereur ordonnant aux conseils de justice d'administrer bonne et prompte justice aux chapelains, chantres et autres suppôts de sa chapelle, ainsi qu'à tous ses serviteurs, pourvus par lui de bénéfices en vertu de l'indult du pape (1), qui auraient à soutenir des procés devant eux contre les collateurs ordinaires.

Reg. du grand conseil de Malines, n° 2, fol. 200. — Arch. de l'État, à Gand : reg. aux ordonnances du cons. de Flandre, 1201-1557, *litt. U*, fol. 157.

20 mars 1530 (1531, n. st.), à Malines. — Ordonnance et instruction de l'Empereur pour le conseil de Brabant, en soixante-cinq articles.

Reg. de la ch. des comptes, n° 138, fol. 151. — Cartulaires et Manuscrits, n° 276, fol. 195.

27 mars 1530 (1531, n. st.), à Gand. — Ordonnance de l'Empereur défendant à ses sujets de se mettre au service de princes,

_____

(1) *Voy.* p. 167, à la date du 20 février 1530.

pays et villes étrangers sans son autorisation, et prescrivant à ceux qui sont dans un tel service de le quitter, à peine de confiscation de corps et de biens.

> Arch. de l'État, à Gand : reg. aux ordonnances du cons. de Flandre, 1511-1558, *litt. U*, fol. 102. — Arch. de la ville de Bruges : reg. aux *Hallegheboden*, 1530-1542, fol. 22.

31 mars 1530 (1531, n. st.), à Gand. — Ordonnance de l'Empereur qui porte de sept à neuf le nombre des échevins à Audenarde, « attendu que ladite ville est fort peuplée et marchande et « accroyssant de jour à autre de peuple et marchandise. »

> Reg. de la ch. des comptes, n° 31825, fol. 1 v°.

2 mai 1531, à Bruxelles. — Ordonnance de l'Empereur prescrivant de republier l'ordonnance du 13 août 1527 (1) sur le grand tonlieu de Brabant, laquelle rencontrait de l'opposition de la part des magistrats de certaines villes de la province, et défendant à ceux-ci et à tous autres de prendre connaissance des causes concernant ce tonlieu.

> Reg. de la ch. des comptes, n° 137, fol. 295.

5 mai 1531, à Gand. — Ordonnance de l'Empereur défendant rigoureusement de pêcher sur les côtes de la mer en Flandre, en bateau, à cheval ou à pied, avec des filets dits *chynnetten*, à peine de trente florins carolus d'amende à la première contravention et de confiscation des bateaux et chevaux, à la seconde.

> Arch. de l'État, à Gand : reg. aux ordonnances du cons. de Flandre, 1511-1558, *litt. U*, fol. 103. — Arch. de la ville de Bruges : reg. aux *Hallegheboden*, 1530-1542, fol. 30 v°.

5 mai 1531, à Gand. — Lettres de l'Empereur confirmant les habitants d'Ottenbourg (Brabant) dans l'exemption des droits de tonlieu et de louche.

> Reg. de la ch. des comptes, n° 138, fol. 64, et n° 639, fol. 47.

(1 Cette ordonnance n'a pas été trouvée.

7 mai 1531, à Gand. — Lettres patentes de l'Empereur approuvant en tous ses points une ordonnance des magistrats d'Ypres pour l'entretien des pauvres.

> DIEGERICK, *Inventaire des chartes et documents de la ville d'Ypres*, t. V, p. 200.

12 mai 1531, à Gand. — Lettres par lesquelles l'Empereur, sur la requête de la faculté des arts, « membre notable de sa fille « l'université de Louvain », agrée et ratifie un accord fait entre les délégués de ladite faculté et ceux du conseil privé au sujet des bénéfices conférés aux membres de la même faculté (1).

> *Privilegia Academiæ Lovaniensi concessa*, p. 125. — *Plac. de Brab.*, t. III, p. 56. — Reg. de la ch. des comptes, nº 138, fol. 97.

17 mai 1531, à Bruxelles. — Ordonnance de l'Empereur concernant le recouvrement des revenus domaniaux dans le quartier d'Overyssche.

> Reg. de la ch. des comptes, nº 138, fol. 55 vº.

23 mai 1531, à Gand. — Ordonnance de l'Empereur prescrivant différentes mesures pour rétablir les digues des polders de la Flandre que la tempête et l'inondation du 5 novembre précédent avaient renversées, et pour récupérer ces polders sur la mer.

> *Plac. de Fl.*, liv. Iᵉʳ, p. 398. — Arch. de l'État, à Gand : reg. aux ordonnances du cons. de Flandre, 1294-1557, litt. U, fol. 161. — Arch. de la ville de Bruges : reg. aux *Halleghebolen*, 1550-1542, fol. 28 vº.

18 juin 1531, à Gand. — Lettres par lesquelles l'Empereur, sur la requête des quatre membres du comté de Flandre, octroie et accorde que les officiers de justice dudit comté procèdent contre les gens d'église qui contreviennent aux ordonnances de police et autres rendues pour les villes et le plat pays (2).

> *Plac. de Fl.*, liv. Iᵉʳ, p. 60. — P. VAN DUYSE, *Inventaire analytique des chartes et documents de la ville de Gand*, p. 327.

---

(1) Un procès était pendant devant le conseil privé entre ces membres et le procureur général de l'Empereur.

(2 Les états de Flandre s'étaient plaints que les gens d'église commettaient toute espèce d'infractions aux ordonnances, sous prétexte qu'ils ressortissaient au juge spirituel.

1er Juillet 1531, à Bruxelles. — Lettres de l'Empereur prorogeant pour six années des lettres de l'Empereur, son grand-père, et de lui, du 21 août 1510, qui autorisaient la ville et franchise de Genappe à lever, pendant vingt ans, certaines accises à son profit.

Reg. de la ch. des comptes, n° 638, fol. 285.

4 Juillet 1531, à Bruxelles. — Décret de l'Empereur par lequel, voulant faire observer rigoureusement l'ordonnance qui défendait de vendre des draps étrangers à Malines, il permet que deux jurés de la draperie, accompagnés du valet du métier, visitent les maisons et boutiques suspectes, et dénoncent les contrevenants, qui seront punis comme ils le méritent.

Van Doren, *Inventaire des chartes de la ville de Malines*, t. Ier, p. 218.

2 août 1531, à Bruxelles. — Ordonnance de l'Empereur statuant que les fermiers des tonlieux et d'autres parties des domaines, dans la Flandre, seront tenus d'exposer au local où ils ont leur comptoir de recette un tableau des droits à payer, afin que le public soit dûment renseigné à cet égard.

Plac. de Fl., liv. Ier, p. 539. — P. Van Duyse, *Inventaire analytique des chartes et documents de la ville de Gand*, t. I, p. 539. — Arch. du royaume : Recueil de placards du conseil des finances.

9 août 1531, à Bruxelles. — Ordonnance de l'Empereur déterminant la longueur que devront avoir les toiles à voile qui, d'ancienneté, s'importaient de la Bretagne et servaient aux navires. Cette ordonnance concerne aussi les cordages et le fil pour fabriquer les filets, venant également de la Bretagne.

Plac. de Fl., liv. Ier, p. 346. — Arch. de l'État, à Gand : reg. aux ordonnances du cons. de Flandre, 1511-1558, litt. U, fol. 109 v°. — Arch. de la ville de Bruges : reg. aux *Hallegheboden*, 1530-1542, fol. 40.

10 août 1531, à Bruxelles. — Ordonnance de l'Empereur concernant le recouvrement des revenus domaniaux dans le quartier de Bruxelles.

Reg. de la ch. des comptes, n° 158, fol. 345.

12 août 1531, à Bruxelles. — Lettres de l'Empereur statuant, en conformité de priviléges antérieurs, confirmés par le roi de Castille, son père, que les manants et habitants de la mairie de Rondu, duché de Luxembourg, seront francs et exempts des tailles et autres charges y désignées, à condition d'être toujours équipés et armés, comme par le passé, pour la défense dudit duché.

Reg. de la ch. des comptes, n° 703, fol. 77 v°.

16 août 1531, à Bruxelles. — Ordonnance de l'Empereur statuant que les officiers de vassaux ne pourront être nommés à des fonctions judiciaires ou administratives en la ville de Grammont.

A. DE PORTEMONT, *Recherches historiques sur la ville de Grammont*, t. II, p. 387.

17 août 1531, à Bruxelles. — Lettres de l'Empereur par lesquelles, sur la requête de son cousin et conseiller Charles de Croy, administrateur de l'évêché de Tournai, il confirme et amplifie ses lettres du 15 juin 1527 accordées audit évêque (1), et impose silence perpétuel au procureur général au conseil de Flandre, qui l'avait attrait en justice à cause des mêmes lettres.

Reg. du grand cons. de Malines, n° 3, p. 315. — Arch. de l'État, à Gand : reg. aux ordonnances du cons. de Flandre, 1294-1557, *litt. U*, fol. 173 v°.

18 août 1531, à .... — Décret de l'Empereur portant que toute personne pourvue d'office de justice, de recette ou d'entremise des vassaux, ne peut être admise comme échevin à Alost.

Cité dans un consulte du conseil privé, du 27 novembre 1752. (Reg. de la secrétairerie d'État et de guerre, n° 283, fol. 21.)

22 août 1531, à Bruxelles. — Ordonnance de l'Empereur ampliative des instructions données précédemment au conseil provincial de Flandre pour l'administration de la justice.

Plac. de Fl., liv. Ier, p. 274.

(1) Voy. p. 147.

3 septembre 1531, à Malines. — Ordonnance de l'Empereur autorisant le magistrat de la ville de Bruxelles à lever, pendant six années, l'impôt y énoncé sur la bière, le houblon et le froment, malgré le vote négatif des neuf nations, représentant le troisième membre de la ville, à condition que le produit de cet impôt soit exactement employé aux charges pour lesquelles il est établi. L'Empereur rejette la demande que les nations avaient faite du rétablissement de leur arrière-conseil, supprimé, d'après ses ordres, par feu l'archiduchesse Marguerite, et défend de convoquer cet arrière-conseil, sous peine de bannissement perpétuel.

Reg. de la ch. des comptes, n° 638, fol. 201.

7 septembre 1531, à Bruxelles. — Ordonnance de l'Empereur qui, en conformité d'une ordonnance de l'empereur Maximilien du 26 février 1510 (n. st.) (1), défend le pâturage du bétail dans les digues et les dunes de la Flandre, de même que la coupe et l'enlèvement des herbages y croissants.

Plac. de Fl., liv. Ier, p. 100. — Arch. de l'État, à Gand : reg. aux ordonnances du cons. de Flandre, 1511-1558, *litt. U*, fol. 111. — Arch. de la ville de Bruges : reg. aux *Hallegheboden*, 1530-1542, fol. 111.

7 septembre 1531, à Bruxelles. — Ordonnance de l'Empereur prescrivant aux *dunherders* des dunes entre L'Écluse et Gravelines de faire pratiquer et de livrer à la circulation, dans les trois mois, un chemin commode dans lesdites dunes, avec bornes et écriteaux indicateurs, afin que les marchands y puissent passer facilement à cheval ou en voiture. En cas de négligence ou de retard, le procureur général de Flandre sera chargé de l'exécution de cette mesure, aux doubles frais des *dunherders* (2).

Plac. de Fl., liv. Ier, p. 402. — Arch. de l'État, à Gand : reg. aux ordonnances du cons. de Flandre, 1511-1558, *litt. U*, fol. 108 v°. — Arch. de la ville de Bruges : reg. aux *Hallegheboden*, 1530-1542, fol. 41.

(1) Nous n'avons pas trouvé cette ordonnance.

(2) Il résulte du préambule de l'ordonnance que ces *dunherders* molestaient les marchands et les voyageurs.

12 septembre 1531, à Bruxelles. — Lettres de l'Empereur confirmant les privilèges du chapitre de Sainte-Waudru, à Mons.

> Arch. de l'État, à Mons : chapitre de Sainte-Waudru, titres de Mons, n° 889.

23 septembre 1531, à Bruxelles. — Ordonnance de l'Empereur défendant l'exportation des grains et prescrivant différentes mesures relatives au commerce des grains.

> *Plac. de Fl.*, liv. Ier, p. 638. — Arch. de l'État, à Gand : reg. aux ordonnances du cons. de Flandre, 1511-1558, litt. *U*, fol. 100. — Arch. de l'État, à Mons : reg. du cons. de Hainaut, n° 1, fol. 75.

23 septembre 1531, à Malines. — Arrêt du grand conseil statuant que les biens temporels des ecclésiastiques peuvent être saisis pour dettes.

> A. De Vlaminck, *Analyse sommaire, etc.*, p. 18.

27 septembre 1531, à Bruxelles. — Lettres patentes de l'Empereur portant nomination de la reine Marie de Hongrie, sa sœur, comme régente et gouvernante des Pays-Bas, en remplacement de feu l'archiduchesse Marguerite, et lui donnant des instructions pour l'exercice de cette charge.

> *Bulletins* de la Commission royale d'histoire, 3e série, t. XIII, p. 41. — Reg. de la ch. des comptes, n° 121, fol. 4.

1er octobre 1531, à Bruxelles. — Lettres de l'Empereur par lesquelles, vu la nomination de la reine Marie de Hongrie, sa sœur, au gouvernement général des Pays-Bas, il renouvelle son conseil privé et nomme messire Jean Carondelet, archevêque de Palerme, chef de ce conseil.

> Arch. du royaume : Ordonnances minutes, t. I. — Collection de l'audience, reg. n° 78, fol. 43. — Reg. de la ch. des comptes, n° 120, fol. 30 v°. — Reg. du grand conseil, n° 4, p. 555. — Arch. de l'État, à Mons : États de Hainaut, lay. IV, copie.

1er octobre 1531, à Bruxelles. — Ordonnance et instruction de l'Empereur pour l'administration de ses finances.

> Original, aux arch. du royaume. — Collection de l'audience, reg. n° 78, fol. 50 et 89. — Reg. de la ch. des comptes, n° 138, fol. 75.

2 octobre 1531, à Bruxelles. — Lettres patentes de l'Empereur portant concession d'une charte de privilèges au grand serment des arquebusiers de la ville de Namur.

> St. Bormans, *Cartulaire de la commune de Namur*, t. III, p. 303.

7 octobre 1531, à Bruxelles. — Édit de l'Empereur concernant l'extirpation du luthéranisme et des autres hérésies, la monnaie, les coutumes, les notaires, les monopoles des denrées alimentaires, les banqueroutes, les pauvres et leur entretien, les excès de boisson qui se commettaient, tant dans les cabarets qu'aux fêtes de noces et de baptêmes, le luxe des habits, les blasphèmes et le commerce des chevaux.

> Coll. de plac. imp. des arch. du royaume, in-4°, t. I.— *Plac. de Fl.*, liv. Ier, p. 751. — Arch. de l'État, à Gand : reg. aux ordonnances du cons. de Flandre, 1294-1557, *litt. U*, fol. 163. — Arch. de l'État, à Tournai : reg. aux ordonnances du bailliage de Tournai-Tournaisis commençant en 1503, fol. 401. — Arch. de la ville de Bruges : reg. aux *Hallegheboden*, 1530-1542, fol. 45.

7 octobre 1531, à Bruxelles. — Ordonnance de l'Empereur prescrivant de nouvelles et rigoureuses mesures pour l'extirpation des sectaires et adhérents de Martin Luther, de Jean Wicleff, de Jean Huss et autres hérétiques y nommés.

> Coll. de plac. imp. des arch. du royaume, in-4°, t. Ier. — *Plac. de Fl.*, liv. Ier, p. 113. — Arch. de l'État, à Gand: reg. aux ordonnances du cons. de Flandre, 1511-1558, *litt. U*, fol. 113 v°. — Arch. de l'État, à Tournai : reg. aux ordonnances du bailliage de Tournai-Tournaisis commençant en 1503, p. 121.

7 octobre 1531, à Bruxelles. — Ordonnance de l'Empereur qui, en conformité de l'ordonnance du 10 décembre 1526 (1), fixe la valeur des monnaies d'or et d'argent y énoncées et met d'autres monnaies hors de cours.

Coll. de plac. imp. des arch. du royaume, in-4°, t. I°. — Plac. de Fl., liv. I°, p. 80. — Arch. de l'État, à Gand : reg. aux ordonnances du cons. de Flandre, 1511-1558, litt. U, fol. 115. — Arch. de l'État, à Mons : reg. du cons. de Hainaut, n° 1, fol. 85. — Arch. de l'État, à Tournai : reg. aux ordonnances du bailliage de Tournai-Tournaisis commençant en 1503, p. 426.

16 octobre 1531, à Bruxelles. — Décret par lequel l'Empereur, sur une « supplication » des neuf nations de la ville de Bruxelles, tient en surséance les nouveaux impôts établis en cette ville sur les grains, le pain et la bière, lesdits impôts ne devant être perçus qu'en cas d'urgente nécessité.

Reg. de la ch. des comptes, n° 635, fol. 90.

23 octobre 1531, à Bruxelles. — Lettres patentes de l'Empereur par lesquelles, ayant égard à la requête des prévôts, échevins et conseils des villes de Courtrai et Audenarde, des avoués des orphelins dudit Audenarde, des échevins et conseils des villes d'Alost, Grammont et Termonde, il statue que les parties qui appelleront au conseil de Flandre de sentences et appointements rendus par eux, dans des procès instruits par écrit, ne seront pas obligées de procéder *de novo* audit conseil.

C. Mussely, *Inventaire des archives de Courtrai*, t. II° p. 59. — A. De Portemont, *Recherches historiques sur la ville de Grammont*, t. II, p. 404. — Arch. de l'État, à Gand : reg. aux ordonnances du cons. de Flandre, 1291-1557, litt. U, fol. 171 v°.

25 octobre 1531, à Bruxelles. — Ordonnance de l'Empereur portant instruction pour le grand conseil de Malines en ce qui concerne l'administration de la justice. L'Empereur autorise cette cour supérieure à corriger d'office les irrégularités que pourraient

1 Voy p. 111.

présenter les règlements relatifs à l'administration de biens communaux, à la police, etc., qui seront produits devant elle.

> *Plac. de Brab.*, t. IV, p. 330. — Arch. du royaume : coll. de l'audience, reg. n° 305, fol. 69. — Reg. du grand cons. de Malines, n° 3, fol. 225.

En novembre 1531, à Bruxelles. — Lettres patentes de l'Empereur confirmant les priviléges accordés par ses prédécesseurs à l'université de Louvain, et notamment ceux, y insérés, de Jean, duc de Brabant, du 6 novembre 1426, et de Philippe, duc de Bourgogne, du 18 août 1460.

> *Privilegia Academiæ Lovaniensi concessa,* p. 231. — Arch. de l'État, à Gand : reg. aux ordonnances du cons. de Flandre, 1204-1557, *litt. U,* fol. 288.

7 novembre 1531, à Bruxelles. — Lettres patentes de l'Empereur confirmant les deux octrois, y insérés, accordés à la ville de Bruxelles par Philippe, duc de Bourgogne, le 19 novembre 1436 : l'un, pour approfondir la Senne en amont de Bruxelles et la rendre navigable vers le Hainaut ; l'autre, pour percer un canal de Bruxelles à l'Escaut.

> Reg. de la ch. des comptes, n° 138, fol. 58, et n° 639, fol. 20.

8 novembre 1531, à Bruxelles. — Sentence de l'Empereur rendue dans un différend entre la chambre des comptes de Lille et les procureurs généraux de l'Empereur près le grand conseil de Malines et le conseil de Flandre, au sujet du droit que prétendait avoir la chambre d'ordonner à ces officiers de se joindre à elle dans les poursuites à exercer contre ceux qui empiétaient sur les hauteurs et domaines du prince.

> Original, aux archives du royaume. — *Inventaire des archives des ch. des comptes,* t. 1er, p. 155.

18 novembre 1531, à Bruxelles. — Lettres de l'Empereur par lesquelles, sur la requête de George d'Egmond, abbé de Saint-Amand « en Pevele », il déclare qu'en confirmant aux habitants de Tournai-Tournaisis leurs franchises, libertés, prérogatives

et prééminences, son intention n'a pas été ni n'est « que les réser-
« vations des mois apostoliques, grâces expectatives, réserves,
« *primæ preces* et autres provisions quelconques inusitées aupara-
« vant », aient lieu quant aux bénéfices ou offices ecclésiastiques
étant à la collation ou disposition du suppliant.

Plac. de Fl., liv. III, p. 23.

19 novembre 1531, à Bruxelles. — Ordonnance de
l'Empereur réformant le conseil de Luxembourg, réglant sa composition et lui donnant de nouvelles instructions pour l'administration
de la justice.

Arch. du royaume : conseil privé, carton n° 2058. — Conseil
des finances, carton n° 109. — Reg. de la ch. des comptes,
n° 157, fol. 129, et n° 157bis, fol. 278 v°. — Reg. du grand
cons. de Malines, t. 3, p. 238.

4 décembre 1531, à Malines. — Instruction du grand
conseil de Malines pour les notaires admis par lui, en conformité
de l'ordonnance de l'Empereur du 7 octobre 1531 (1). Les notaires
feront le serment de se conformer à ces instructions, à peine de
destitution et de punition arbitraire.

Reg. du grand cons. de Malines, n° 3, p. 206.

2 janvier 1531 (1532, n. st.), à Bruxelles. — Ordonnance de l'Empereur concernant l'entretien des digues des polders
de Shaeftinghen et de Kieldrecht, en Flandre.

Arch. de l'État, à Gand : reg. aux ordonnances du cons. de
Flandre, 1204-1557, *litt. U*, fol. 181.

4 janvier 1531 (1532, n. st.), à Bruxelles. — Sentence
du conseil privé, prononcée au nom de l'Empereur et en sa présence,
dans un différend entre les états de Brabant et ceux de Flandre, au
sujet du privilège dit la *Bulle d'or* accordé, en 1349, par l'empereur
Charles IV à Jean III, duc de Brabant. Elle statue que ce privilège est
sans vigueur en Flandre, tant en deçà qu'au delà de l'Escaut ; en

(1) *Voy.* p. 184.

conséquence, le décret du 11 mai 1529 (1) sortira son plein et entier effet.

Plac. de Fl., liv. I⁰ʳ, p. 707, et liv. III, p. 101. — P. Van Duyse, *Inventaire analytique des chartes et documents de la ville de Gand*, p. 320. — Diegerick, *Inventaire des chartes et documents de la ville d'Ypres*, t. V, p. 210. — Reg. du grand cons. de Malines, n° 3, p. 210.

5 Janvier 1531 (1532, n. st.), à Bruxelles. — Lettres patentes de l'Empereur par lesquelles, sur la requête des gens de loi du pays de Waes, il statue que dorénavant, dans ledit pays, les neveux et nièces pourront hériter des biens de leurs oncles et de leurs tantes, nonobstant la disposition contraire de la coutume locale.

Plac. de Fl., liv. I⁰ʳ, p. 701.

28 Janvier 1531 (1532, n. st.), à Gand. — Ordonnance du conseil de Flandre, rendue ensuite de l'ordre que lui en avait donné la reine de Hongrie, et prescrivant de faire des processions publiques, des prières et des sermons, dans toutes les églises de son ressort, chaque dimanche, pendant trois mois consécutifs, pour la prospérité de l'Empereur, pour le succès de ses voyages en différents pays, ainsi que pour la paix publique et le bien de la chrétienté.

Arch. de la ville de Bruges : reg. aux *Halleghcboden*, 1530-1542, fol. 58 v°.

9 mars 1531 (1532, n. st.), à Bruxelles. — Lettres de l'Empereur prorogeant, pour un nouveau terme de six années, les lettres de Charles, duc de Bourgogne, du 15 février 1470 (n. st.), qui autorisaient le magistrat de Louvain à lever, pendant vingt ans, les accises établies en cette ville et à les augmenter ou diminuer selon les nécessités publiques.

Reg. de la ch. des comptes, n° 639, fol. 51.

11 mars 1531 (1532, n. st.), à Bruxelles. — Lettres de

(1, Voy. p. 181.

l'Empereur statuant, par forme d'octroi et de grâce spéciale, que, lorsqu'on appellera au conseil de Flandre des sentences rendues par les bailli et hauts échevins du pays de Waes, dans les procès instruits par écrit, il y sera fait droit d'après les pièces du procès, sans que les parties appelantes soient tenues d'y plaider de nouveau. L'Empereur statue, en outre, que si ces parties sont admises à alléguer de nouveaux faits, en ce cas les hauts échevins seront mis hors de cause et exempts de l'amende pour avoir mal jugé.

> *Plac. de Fl.*, liv. VI, p. 290. — Arch. de l'État, à Gand : reg. aux ordonnances du cons. de Flandre, 1204-1557, *litt. U*, fol. 170.

20 mars 1531 (1532, n. st.), à Bruxelles. — Mandement de l'Empereur à la chambre des comptes de Lille lui ordonnant de remettre à celle de Bruxelles les comptes, registres, cartulaires et autres titres concernant le Brabant et les pays d'Outre-Meuse qui existent dans ses archives.

> *Inventaire des archives des ch. des comptes*, t. Ier, p. 138.

10 avril 1532, à Bruxelles. — Lettres de l'Empereur approuvant et confirmant les lettres, y insérées, de Maximilien, archiduc d'Autriche, son aïeul, du 12 décembre 1482, par lesquelles ce prince autorisait l'établissement, dans la franchise d'Arendonck, de trois franches foires annuelles et d'un marché hebdomadaire. L'Archiduc permettait, en outre, aux échevins d'Arendonck de recevoir des amendes du chef de fraudes dans la vente du pain, de la bière et d'autres vivres.

> Reg. de la ch. des comptes, n° 639, fol. 57 v°.

13 avril 1532, à Anvers. — Ordonnance de l'Empereur prescrivant des mesures contre les malfaiteurs et les gens sans aveu.

> Reg. de la ch. des comptes, n° 138, fol. 98 v°.

16 avril 1532, à Anvers. — Ordonnance de l'Empereur statuant, après vérification faite par ses ordres des comptes de la ville de Bruxelles, que les neuf nations de cette ville pourront élire, chaque année, à la Saint-Jean, quatre personnes notables de leur corps, lesquelles, avec deux notables des lignages à nommer par lui, auront l'administration des revenus et des biens communaux. Ces administrateurs seront remplacés tous les ans, sauf deux : un des nations et un des lignages. Ils rendront annuellement leurs comptes devant ses commissaires et ceux de la ville. Vu l'état de décadence dans lequel se trouvaient les lignages, qui ne pouvaient, sans peine, lui présenter chaque année vingt et un candidats, pour en choisir sept échevins, l'Empereur déclare qu'il se réserve le droit de faire son choix parmi d'autres nobles de Bruxelles aptes à remplir ces fonctions.

> Reg. de la ch. des comptes, n° 639, fol. 54 v°.

24 avril 1532, à Gand. — Ordonnance de l'Empereur contre les malfaiteurs et les espions (1).

> Plac. de Fl., liv. Ier, p. 11. — Arch. de l'État, à Gand : reg. aux ordonnances du cons. de Flandre, de 1511-1558, litt. U, fol. 117 v°. — Arch. de la ville de Bruges : reg. aux Hallegheboden, 1530-1542, fol. 60.

14 mai 1532, à Bruges. — Ordonnance de l'Empereur défendant l'exportation des grains et prescrivant des mesures pour réprimer des fraudes qui se commettaient dans le commerce dont les grains faisaient l'objet.

> Plac. de Fl., liv. Ier, p. 640. — Arch. de l'État, à Gand : reg. aux ordonnances du cons. de Flandre, 1511-1558, litt. U, fol. 118 v°. — Arch. de l'État, à Mons : reg. du cons. de Hainaut, n° 1, fol. 113. — Arch. de la ville de Bruges : reg. aux Hallegheboden, 1530-1542, fol. 62.

18 juin 1532, à Bruxelles. — Ordonnance de la reine Marie portant instruction pour le conseiller avocat fiscal et le procureur général au grand conseil de Malines.

> Reg. du grand cons. de Malines, n° 3, p. 404.

(1) Une récompense de 20 carolus d'or était promise par cette ordonnance à ceux qui arrêteraient des malfaiteurs. Le receveur général fit des difficultés pour payer cette prime : mais, sur les plaintes des quatre membres de Flandre, la reine de Hongrie y pourvut par un acte du 18 juillet 1532.

14 juillet 1532, à Gand. — Ordonnance du conseil de Flandre qui, ensuite des ordres de la reine de Hongrie, prescrit de faire des prières et des processions publiques pour l'Empereur et son frère le roi des Romains, lesquels s'apprêtaient à arrêter les Turcs dans leur marche contre l'Allemagne.

> Arch. de la ville de Bruges : reg. aux *Halleghboden*, 1530-1542, fol. 65 v°.

27 juillet 1532, à Bruxelles. — Déclaration de l'Empereur portant que ses sujets des Pays-Bas pourront de nouveau librement naviguer dans l'*Oosterschezee* avec leurs marchandises, conformément au traité fait entre lui et le duc Frédéric de Holstein en 1524, attendu que le différend qu'il avait avec ce prince est aplani.

> Arch. de l'État, à Gand : reg. aux ordonnances du cons. de Flandre, de 1511-1558, *litt. U*, fol. 121 v°. — Arch. de la ville de Bruges : reg. aux *Halleghboden*, 1530-1542, fol. 07 v°.

14 août 1532, à Bruxelles. — Ordonnance par laquelle l'Empereur, vu que des nouveaux chrétiens de Portugal viennent secrètement et en grand nombre aux Pays-Bas et se rendent de là à Salonique et en d'autres endroits de la Turquie, leur interdit l'entrée de ces provinces et défend aux négociants de se charger du transport de leurs biens et effets. L'Empereur ordonne qu'on dénonce ces nouveaux chrétiens et tout ce qui leur appartient.

> P. Génard, *Antwerpsch archievenblad*, t. VII, p. 250.

6 septembre 1532, à ... — Décret de l'Empereur déterminant les attributions du châtelain d'Ath.

> J.-B. Bivort, *Ancien droit belgique. Analyse chronologique de chartes, coutumes, édits, etc.*

11 septembre 1532, à Bruxelles. — Édit de l'Empereur portant règlement pour le conseil de Luxembourg et déterminant le style et manière d'y procéder, ainsi que les salaires des conseillers et autres suppôts dudit conseil.

> Arch. du royaume : Ordonnances minutes, t. Ier. — Reg. de la ch. des comptes, n° 157, fol. 120.

8 novembre 1532, à Bruxelles. — Ordonnance et instruction de l'Empereur pour la chambre des tonlieux instituée à Anvers.

Reg. de la ch. des comptes, n° 138, fol. 121.

16 novembre 1532, à Binche. — Ordonnance de l'Empereur réitérant la défense aux marchands de bières de garder les tonneaux vides ayant contenu de la bière de Gouda, et leur prescrivant de renvoyer ces tonneaux aux expéditeurs.

Arch. de l'État, à Gand : reg. aux ordonnances du cons. de Flandre, 1511-1558, *litt. U*, fol. 123 v°.

En décembre 1532, à Mons. — Lettres patentes de l'Empereur accordant rémission, pardon et abolition aux habitants de la ville de Bruxelles, qui s'étaient soulevés à cause de la cherté des grains (1).

Bulletins de la Commission royale d'histoire, 3e série, t. III, p. 374. — Reg. de la ch. des comptes, n° 110, fol. 130, n° 138, fol. 120, et n° 659, fol. 133.

28 décembre 1532, à Gand. — Déclaration du conseil de Flandre portant que l'Empereur, par l'organe de son bailli et de la chambre légale de Flandre, a prolongé la trève ou paix publique de Flandre entre tous les partis hostiles, depuis le jour de Noël précédent jusqu'à la Saint-Jean de l'année suivante.

Arch. de la ville de Bruges : reg. aux *Hallegheboden*, 1530-1542, fol. 71 v°.

16 janvier 1532 (1533, n. st.), à Bruxelles. — Lettres de l'Empereur par lesquelles, sur la requête des bourgmestres et échevins et des corporations de marchands de poisson des villes de Dordrecht, Rotterdam, Schoonhove, Gertrudenberg, Beckerkerke, Anvers et Malines, ces deux dernières villes au nom de leurs habitants, il modère, pour un terme de dix ans, le droit de tonlieu dit le *grand tonlieu de Brabant*, qu'on levait sur le saumon importé dans le duché de Brabant.

Reg. de la ch. des comptes, n° 659, fol. 91 v°.

(1) Le préambule renferme le récit de cette émeute et l'exposé des points stipulés entre les commissaires impériaux et les députés de la ville.
Par un acte du 20 janvier suivant, le magistrat, le large conseil et les nations promirent de se conformer au contenu des lettres de l'Empereur.

24 janvier 1532 (1533. n. st.), à Malines. — Décret du grand conseil défendant aux huissiers de son ressort d'exiger, dans les ventes qu'ils font par criées et subhastation, certaine rémunération à titre de « vin de charité. »

> Arch. du royaume : reg. intitulé : *Instructions et ordonnances du grand conseil.*

6 février 1532 (1533, n. st.), à Bruxelles. — Ordonnance de l'Empereur défendant à ceux qui possèdent des bateaux de naviguer hors des Pays-Bas, ces bateaux et leurs équipages devant être employés aux travaux nécessaires pour réparer les digues et récupérer les terres inondées, au commencement du mois de novembre précédent, en Brabant, en Flandre, en Hollande et en Zélande.

> Arch. de l'État, à Gand : reg. aux ordonnances du conseil de Flandre, 1511-1558, *litt. U*, fol. 122 v°.

11 mars 1532 (1533, n. st.), à Bruxelles. — Ordonnance de la reine de Hongrie prescrivant aux officiers de justice de procéder contre ceux qui contreviennent aux édits sur les monnaies.

> Arch. de l'État à Mons : reg. du conseil de Hainaut, n° 1, fol. 119.

1er avril 1532 avant Pâques (1533, n. st.), à Bruxelles. — Ordonnance de l'Empereur portant règlement provisoire pour l'admission aux cinq serments ou gildes de la ville de Bruxelles. L'Empereur statue que, pendant le terme d'un an, les gildes seront accessibles à qui voudra y entrer, sauf à se trouver dans les conditions prévues par l'ordonnance.

> Reg. de la ch. des comptes, n° 110, fol. 108.

5 avril 1532 avant Pâques (1533, n. st.), à Bruxelles. — Ordonnance de l'Empereur contre les malfaiteurs et les gens sans aveu, tels que meurtriers, incendiaires, voleurs de grands chemins, etc.

> Reg. de la ch. des comptes, n° 138, fol. 131 v°.

7 avril 1532 avant Pâques (1533, n. st.), à Bruxel-

les. — Lettres patentes de l'Empereur par lesquelles, sur la requête du magistrat de Bruxelles, il rétablit dans cette ville les centeniers et les dizainiers, à élire chaque année au renouvellement de la loi et cela afin qu'ils prêtent leur concours, comme du passé, dans les cas d'incendie, de sédition et d'autres dangers (1).

Reg. de la ch. des comptes, n° 110, fol. 204.

8 avril 1532 avant Pâques (1533, n. st.), à Bruxelles. — Ordonnance de l'Empereur prolongeant jusqu'à la mi-mai suivante la défense de naviguer à l'extérieur portée par l'ordonnance du 6 février précédent (2).

Arch. de l'État, à Gand : reg. aux ordonnances du cons. de Flandre, 1511-1558, litt. U. — Arch. de la ville de Bruges : reg. aux Hallegheboden, 1530-1542, fol. 73.

3 mai 1533, à Bruxelles. — Ordonnance de l'Empereur défendant d'acheter des aluns à l'étranger et de les introduire aux Pays-Bas, sans en faire la déclaration aux commis à ce désignés et acquitter les droits.

Arch. du royaume : Ordonnances minutes, t. Ier. — Arch. de l'État, à Mons : reg. du cons. de Hainaut, n° 1, fol. 123.

12 mai 1533, à Gand. — Ordonnance du conseil de Flandre qui, ensuite des ordres de la reine de Hongrie, prescrit de remercier le ciel par des prières publiques pour l'heureuse arrivée de l'Empereur en sa cité de Barcelone.

Arch. de la ville de Bruges : reg. aux Hallegheboden, 1530-1542, fol. 76.

15 mai 1533, à Bruxelles. — Ordonnance de l'Empereur défendant à ses sujets des Pays-Bas de naviguer dans les parages de Lubeck (*Oostwaerts*) aussi longtemps qu'il sera en guerre avec cette ville.

Arch. de l'État, à Gand : reg. aux ordonnances du cons. de Flandre, 1511-1558, litt. U, fol. 124. — Arch. de la ville de Bruges : reg. aux Hallegheboden, 1530-1542, fol. 78.

(1) Charles-Quint avait supprimé cette institution par des lettres patentes de l'année 1523, qui n'ont pas été trouvées.
(2) Voy. p. 192.

15 mai 1533, à Bruxelles. — Lettres de l'Empereur par lesquelles il confirme, en faveur du magistrat de Gand, l'octroi du 22 février 1528 portant cession de l'ammanie et *repaige* ou *tourage* en cette ville, moyennant une rente perpétuelle, et sans rachat, de deux cents livres parisis. L'Empereur y annexe l'ammanie d'Outre-Escaut.

> P. Van Duyse, *Inventaire des chartes et documents de la ville de Gand*, p. 331.

10 juin 1533, à Bruxelles. — Ordonnance de l'Empereur défendant de nouveau de naviguer dans les parages de la ville de Lubeck et d'importer des marchandises provenant de cette ville, avec laquelle il était en guerre (1).

> Arch. de l'État, à Gand : reg. aux ordonnances du cors. de Flandre, 1511-1558, *litt. U*, fol. 124 v°.

23 juin 1533, à Bruxelles. — Ordonnance de l'Empereur statuant qu'on ne peut nommer à Grammont qu'un receveur, et que celui-ci doit être libre de tout serment envers d'autres que lui.

> A. De Portemont, *Recherches historiques sur la ville de Grammont*, t. II, p. 394.

10 juillet 1533, à Bruxelles. — Ordonnance de l'Empereur défendant de porter des armes à feu, à Anvers, à ceux qui ne sont pas à son service ou au service de la ville.

> F. Verachter, *Inventaire des chartes et privilèges de la ville d'Anvers*, p. 207.

16 juillet 1533, à Bruxelles. — Ordonnance de l'Empereur par laquelle, sur la requête des quatre membres du pays de Flandre, il interprète et modifie l'ordonnance du 22 août 1531 relative à l'administration de la justice au conseil de Flandre (2).

> *Plac. de Fl.*, liv. Iᵉʳ, p. 281. — Arch. de l'État, à Gand : reg. aux ordonnances du cons. de Flandre, 1204-1557, *litt. U*, fol. 40 v°.

---

(1) Voy. au 15 mai précédent.
(2) Voy. p. 190.

15 septembre 1533, à Bruxelles. — Lettres de l'Empereur autorisant la ville de Gand à tenir, tous les vendredis, un marché aux chevaux, sur le même pied que celui des autres villes de Flandre.

> P. Van Duyse, *Inventaire analytique des chartes et documents de la ville de Gand*, p. 331.

20 octobre 1533, à Bruxelles. — Ordonnance de l'Empereur prescrivant à ceux de la nation égyptienne qui se trouvent aux Pays-Bas d'en sortir, avec défense d'y rentrer, sous peine de mort.

> Arch. de l'État, à Gand : reg. aux ordonnances du cons. de Flandre, 1511-1538, *litt. U*, fol. 125. — Arch. de la ville de Bruges : reg. aux *Hallegheboden*, 1530-1542, fol. 86.

8 novembre 1533, à Bruxelles. — Lettres de l'Empereur approuvant et confirmant un accord fait, le 30 mars précédent, entre les délégués du conseil de Brabant et ceux de la ville de Malines au sujet du ressort judiciaire des villages de Deurne, Haecht, Boort-Meerbeek, Hombeek et Wespelaer.

> Reg. de la ch. des comptes, n° 639, fol. 160. — Reg. du grand conseil de Malines, n° 3, fol. 134.

14 novembre 1533, à Bruxelles. — Lettres de l'Empereur statuant, en ampliation des lettres de l'archiduc Philippe du 1er mars 1501 (n. st.), qu'on ne pourra exercer aucun métier dans le rayon d'une demi-lieue autour de la ville de Dixmude, et cela pendant un terme de vingt années.

> Arch. de la ville de Bruges : reg. aux *Hallegheboden*, 1530-1542, fol. 87.

20 novembre 1533, à Bruxelles. — Lettres par lesquelles l'Empereur renouvelle et confirme le privilège accordé par Jean, duc de Bourgogne, aux habitants du territoire du Franc, reconnus comme francs-hôtes par les échevins, privilège d'après lequel ils étaient quittes et francs de forfaiture et de confiscation de leurs biens, fiefs et héritages. L'Empereur augmente ce privilège en ce sens, qu'il s'appliquera non-seulement aux francs-hôtes habitant le territoire du Franc et à leurs biens situés sous cette juridiction, mais en général à tous les francs-hôtes, quel que soit le lieu de leur résidence, et à leurs biens, n'importe où ils soient situés.

> DIEGERICK, *Inventaire des chartes et documents de la ville d'Ypres*, t. V, p. 213.

29 novembre 1533, à Bruxelles. — Ordonnance de l'Empereur prescrivant différentes mesures pour débarrasser le pays des malfaiteurs, tels que maraudeurs, meurtriers, incendiaires, espions, ribauds et voleurs.

> *Plac. de Fl.*, liv. Ier, p. 13. — Arch. de l'État, à Gand : reg. aux ordonnances du cons. de Flandre, 1514-1558, *litt. U*, fol. 123 vo. — Arch. de la ville de Bruges : reg. aux *Halleghenboden*, 1530-1512, fol. 89 vo.

15 décembre 1533, à Bruxelles. — Ordonnance de l'Empereur portant règlement pour l'administration de la forêt de Hertoghenwald dans le Limbourg.

> Reg. de la ch. des comptes, no 138, fol. 217.

12 janvier 1533 (1534, n. st.), à Bruxelles. — Lettres de l'Empereur approuvant et confirmant la commission (y insérée) donnée, le 15 décembre précédent, par le magistrat de Bruxelles à quatre personnes notables de cette ville, pour mettre à exécution l'ordonnance du 7 octobre 1531 touchant les pauvres (1), et avoir sous leur direction l'entretien des pauvres et l'administration de leurs biens, selon les instructions contenues dans la commission susdite.

> Reg. de la ch. des comptes, no 110, fol. 207.

20 janvier 1533 (1534, n. st.), à Bruxelles. — Ordonnance de l'Empereur concernant la chasse au pays de Flandre.

> Archives de la ville de Tournai : Plac., 1588-1611, fol. 170.

24 janvier 1533 (1534, n. st.), à Malines. — Décret du grand conseil portant que, dorénavant, lorsque des provisions de justice, une fois accordées, signées et scellées, devront être changées et

---

(1). Nous n'avons pas trouvé cette ordonnance.

renouvelées par suite de la mauvaise rédaction des requêtes, ou pour quelque cause que ce soit, on sera obligé de payer de nouveau, pour le sceau et la signature des secrétaires, les droits accoutumés.

Reg. du grand conseil de Malines, n° 2, fol. 131.

12 février 1533 (1534, n. st.), à Bruxelles. — Ordonnance de l'Empereur défendant à ses sujets des Pays-Bas de naviguer à l'Est (*Oostwaerts*) avant la mi-mars suivante, et d'importer des marchandises arrivant par la rivière la *Trave*, à peine de confiscation des navires et de leur cargaison (1).

Arch. de l'État, à Gand : reg. aux ordonnances du cons. de Flandre, 1511-1558, *litt. U*, fol. 127. — Arch. de la ville de Bruges : reg. aux *Halleghebodden*, 1550-1512, fol. 04.

16 février 1533 (1534, n. st.), à Bruxelles — Ordonnance de l'Empereur enjoignant à tous Égyptiens ou à ceux se faisant passer pour tels de quitter les Pays-Bas dans les quatre jours, sans pouvoir jamais y revenir.

Arch. de l'État, à Mons : reg. du cons. de Hainaut, n° 1, fol. 123.

28 février 1533 (1534, n. st.), à Bruxelles. — Ordonnance de l'Empereur statuant que les Égyptiens qui se trouvent dans le Brabant doivent en sortir dans les quatre jours, à peine d'être poursuivis et condamnés.

Reg. de la ch. des comptes, n° 138, fol. 109 v°.

21 mai 1534, à Bruxelles. — Décret de la reine Marie statuant sur les différends qui s'étaient élevés entre le grand serment, d'une part, et les serments de Saint-George et de Saint-Antoine, à Bruxelles, d'autre part, au sujet de la nomination du chef-doyen (*hooftman*) de ces deux derniers serments.

Reg. de la ch. des comptes, n° 110, fol. 236.

<hr>

(1) Cette mesure fut prise à cause de la guerre avec la ville de Lubeck.

10 juin 1534, à Malines. — Ordonnance de l'Empereur prescrivant de saisir les biens et revenus des bénéfices appartenant à des gens d'église qui résident à Rome, vu que les juges ecclésiastiques en cette ville s'avançaient de connaître des sentences rendues aux Pays-Bas en matière de bénéfices et de dignités ecclésiastiques.

Reg. du grand conseil de Malines, n° 5, p. 545.

31 juillet 1534, à .... Décret de la reine Marie statuant sur un différend entre les bourgmestres et échevins de la ville d'Anvers et le procureur général au conseil de Brabant, au sujet de l'occupation des bancs des poissonniers venant à vaquer en ladite ville. La Reine réserve à l'Empereur le droit de nommer à tout banc vacant une des deux personnes que les bourgmestres et échevins lui désigneront; elle ordonne que tous ceux du métier des poissonniers exercent dorénavant ce métier par eux-mêmes; elle fixe les droits à payer par ceux qui seront admis dans la corporation; elle porte le nombre des membres de celle-ci,« actendue la crue de ladite ville », de cinquante à soixante-quinze, et la soumet, comme par le passé, aux ordonnances du magistrat quant à la police du métier et tout ce qui en dépend.

Reg. de la ch. des comptes, n° 111, fol. 8 v°.

15 août 1534, à Gand. — Lettre circulaire de la reine Marie prescrivant au conseil de Flandre d'enjoindre aux officiers de justice et gens de loi de mieux faire observer la dernière ordonnance sur le cours des monnaies, à cause des grands abus qui se commettaient, malgré cette ordonnance.

Arch. de la ville de Bruges; reg. aux *Hallegheboden*, 1530-1542, fol. 111.

8 novembre 1534, à Binche. — Lettre de la reine Marie au conseil de Flandre lui prescrivant de prendre les mesures nécessaires afin qu'on envoie en Espagne, pour qu'ils servent sur les galères destinées à combattre les ennemis de la foi, tous les prisonniers entachés d'hérésie et ceux accusés de vagabondage et d'autres délits.

Arch. de l'État, à Gand : reg. aux ordonnances du cons. de Flandre, 1511-1558, *litt. U*, fol. 120.

18 janvier 1534 (1535, n. st.), à Bruxelles. — Ordonnance de l'Empereur prescrivant différentes mesures pour la conservation et la police des bois au pays et comté de Namur.

Arch. du royaume : Ordonnances minutes, t. I.

1ᵉʳ février 1534 (1535, n. st.), à Bruxelles. — Ordonnance de l'Empereur défendant à ses gens de guerre de prendre du service à l'étranger sans son autorisation, et enjoignant à ceux qui y servent d'y renoncer dans le terme d'un mois: le tout sous peine de mort et de confiscation de biens.

Arch. de l'État, à Gand : reg. aux ordonnances du cons. de Flandre, 1511-1558, *litt. U*, fol. 130.

1ᵉʳ février 1534 (1535, n. st.), à Bruxelles. — Ordonnance de l'Empereur défendant l'exportation des chevaux, à peine de confiscation et d'amende.

Arch. de l'État, à Gand: reg. aux ordonnances du cons. de Flandre, 1511-1558, *litt. U*, fol. 130 vᵒ. — Arch. de la ville de Bruges : reg. aux *Halleghebeden*, 1530-1543, fol. 123.

12 février 1534 (1535, n. st.), à Malines. — Décret du grand conseil concernant les fautes qui se glissaient dans les procurations des procureurs par la négligence que ceux-ci mettaient à les rédiger.

Reg. du grand cons. de Malines, nᵒ 3, fol. 121.

17 février 1534 (1535, n. st.), à Bruxelles. — Lettres de l'Empereur par lesquelles, sur la requête de Christophe de Roggendorf, seigneur de Renaix, son conseiller et chambellan, il permet qu'il y ait à Renaix un troisième jour de plaids par semaine, savoir : le lundi, les deux autres étant le mercredi et le vendredi. L'Empereur statue, en outre, que nul ne pourra plaider comme avocat ni remplir l'office de procureur devant le siège échevinal de cette ville, s'il n'est reconnu capable et admis par le magistrat.

Arch. de l'État, à Gand : reg. aux ordonnances du cons. de Flandre, 1291-1557, *litt. U*, fol. 188.

25 février 1534 (1535, n. st.), à Bruxelles. — Décret de la reine Marie statuant, à propos d'un procès pour viol devant les échevins d'Héverlé, et en conformité de l'acte accordé par l'Empereur aux états de Brabant le 14 juin (1) 1530, qu'on ne peut appeler des sentences en matière criminelle, soit qu'elles soient interlocutoires ou définitives.

Reg. de la ch. des comptes, n° 110, fol. 216.

25 février 1534 (1535, n. st.), à Gand. — Ordonnance du conseil de Flandre rendue ensuite d'une lettre de la reine Marie écrite par ordre de l'Empereur. Le conseil prescrit de faire faire partout, une fois la semaine, des processions générales, des prières et des sermons pour le salut et la prospérité de l'Empereur, pour que le ciel, inspirant les princes de la chrétienté, les porte à la concorde, et pour la conversion des hérétiques.

Arch. de la ville de Bruges : reg. aux *Halleghebodeu*, 1530-1543, fol. 123 v°.

1er mars 1534 (1535, n. st.), à Bruxelles. — Ordonnance du conseil de Brabant portant règlement pour les maîtres de charité ou des pauvres, les receveurs, clercs et autres administrateurs des maisons de charité, hôpitaux, etc., de la ville de Bruxelles, en ce qui concerne l'exercice de leurs fonctions et la gestion des biens de ces fondations pieuses.

Plac. de Brab., t. III, p. 131.

27 mars, veille de Pâques, 1534 (1535, n. st.), à Bruxelles. — Ordonnance de la reine Marie prescrivant à tous officiers de justice et gens de loi d'inspecter les vagabonds qu'ils tiennent en prison et d'envoyer à Anvers ceux en état de servir sur les galères de l'Empereur.

Arch. de l'État, à Gand : reg. aux ordonnances du cons. de Flandre de 1511-1558, *litt. U*, fol. 131.

(1) *Sic* dans le registre. Mais n'est-ce pas mai qu'il faut lire ? *Voy.* p. 169.

1er mai 1535, à Bruxelles. — Ordonnance de la reine Marie portant instruction pour les conseillers généraux maîtres des monnaies des Pays-Bas.

Arch. du royaume : Ordonnances minutes, t. I.

25 mai 1535, à Gand. — Ordonnance du conseil de Flandre prescrivant, ensuite des ordres de la reine Marie, de faire faire partout, une fois la semaine, des processions solennelles et générales, des prières, des sermons et autres œuvres de piété pour la conservation et la prospérité de l'Empereur, qui venait d'équiper une grande flotte dans le dessein d'aller visiter ses royaumes de Naples, de Sicile et de Sardaigne.

Arch. de la ville de Bruges : reg. aux *Halleghebode*, 1530-1543.

10 juin 1535, à Bruxelles. — Ordonnance de l'Empereur décernant la peine de mort, par le feu, l'épée et la fosse, contre tous ceux et celles qui seront convaincus de faire partie de la secte des anabaptistes.

Plac. de Fl., liv. Ier, p. 118. — Arch. de l'État, à Gand : reg. aux ordonnances du cons. de Flandre, 1511-1558, *litt. U*, fol. 131 v°.

26 juillet 1535, à Bruxelles. — Ordonnance de l'Empereur sur la pêche du hareng.

Plac. de Fl., liv. Ier, p. 348. — Arch. de l'État, à Gand : reg. aux ordonnances du cons. de Flandre, 1511-1558, *litt. U*, fol. 137 v°.

1er septembre 1535, à Gand. — Ordonnance du conseil de Flandre prescrivant, ensuite des ordres de la reine Marie, de faire partout des prières publiques pour remercier le ciel des victoires de l'Empereur, qui avait pris Tunis et délivré 20,000 chrétiens.

Arch. de la ville de Bruges : reg. aux *Halleghebode*, 1530-1543, fol. 155.

8 octobre 1535, à Gand. — Ordonnance de l'Empereur sur le commerce et la sortie des grains.

Plac. de Fl., liv. Ier, p. 611. — Arch. de l'État, à Mons : reg. du cons. de Hainaut, n° 1, fol. 138. — Arch. de l'État, à Gand : reg. aux ordonnances du cons. de Flandre, 1511-1558, *litt. U*, fol. 134 v° — Arch. de la ville de Bruges : reg. aux *Halleghebooden*, 1530-1543, fol. 160 v°.

19 octobre 1535, à Gand. — Sentence de l'Empereur rendue dans un différend entre le procureur général au grand conseil et l'écoutète de la ville de Malines, à propos des compositions de ce dernier avec les criminels. L'Empereur « ordonne que dorénavant « l'écoutète ne pourra faire aucunes compositions d'homicides non « qualifiés ou autres cas de crimes emportant punition du dernier « supplice ou toute autre peine corporelle, sans avoir fait infor- « mation de l'advenue du cas et icelle communiquée au receveur de « Malines et eu son avis, et que préalablement satisfaction soit faite « à partie. »

Reg. du grand cons. de Malines, n° 4, p. 55.

22 octobre 1535, à Gand. — Ordonnance de l'Empereur sur le fait et l'exercice de la chasse aux Pays-Bas.

Arch. de l'État, à Gand : reg. aux ordonnances du cons. de Flandre, 1511-1558, *litt. U*, fol. 133 v°. — Arch. de la ville de Bruges : reg. aux *Halleghebooden*, 1530-1543, fol. 163 v°.

10 décembre 1535, à Bruxelles. — Lettres de l'Empereur prolongeant, pour un nouveau terme de six années, l'octroi de Phi-lippe, roi de Castille, qui autorisait la ville de Vilvorde à lever un droit sur les bateaux chargés traversant cette ville par la Senne, et ce, à condition d'en employer le produit à la restauration et à l'entre-tien des fortifications (1).

Reg. de la ch. des comptes, n° 640, fol. 0 v°.

(1) Voy. pp. 40 135 et 167.

22 décembre 1535, à Bruxelles. — Lettres de l'Empereur autorisant les président et gens de son grand conseil à taxer les rapports des procès qui s'adjugent à son profit audit grand conseil, « ainsi que en leurs consciences et léaultez ilz verront au cas apper-« tenir » : lesdits rapports devant être payés, à sa charge, par le receveur des exploits.

> Reg. du grand cons. de Malines, nº 3, p. 781. — Reg.
> intitulé : *Instructions et ordonnances du grand conseil,*
> aux archives du royaume.

11 janvier 1535 (1536, n. st.), à Gand. — Ordonnance du conseil de Flandre statuant que les huissiers qui citent des personnes demeurant hors du comté de Flandre sont tenus de leur envoyer une copie de leurs exploits.

> *Plac. de Fl.*, liv. Iᵉʳ, p. 201.

6 février 1535 (1536, n. st.), à Bruxelles. — Ordonnance de l'Empereur défendant, pendant trois mois, ou jusqu'à ce qu'il en soit autrement ordonné, l'exportation des chevaux, à peine de confiscation et d'amende.

> Reg. de la ch. des comptes, nº 138, fol. 214. — Arch. de
> l'État, à Mons : reg. du cons. de Hainaut, nº 1, fol. 130.
> — Arch. de la ville de Bruges : reg. aux *Hallegheboden,*
> 1530-1513, fol. 168 vº.

7 février 1535 (1536, n. st.), à Bruxelles. — Arrêt de l'Empereur en son conseil privé, rendu dans un procès entre les mayeur et échevins de la ville d'Enghien, joint à eux le procureur général au conseil de Flandre, d'une part, et la duchesse douairière de Vendôme, dame de ladite ville, joints à elle les états du comté de Hainaut, d'autre part. Cet arrêt règle et détermine la juridiction et les attributions desdits mayeur et échevins et celle des baillis et hommes de fiefs d'Enghien.

> *Plac. de Fl.*, liv. V, p. 127.

10 février 1535 (1536, n. st.), à Bruxelles. — Ordonnance de l'Empereur statuant, par forme d'édit perpétuel, pour la

Flandre, que les obligations et condamnations passées par-devant le conseil de Flandre ou ailleurs n'engendreront dorénavant hypothèque ni réalisation sur fiefs ou terres mouvants de lui, Empereur, ou de ses vassaux, si elles ne sont reconnues et réalisées par-devant ses bailli et hommes de fiefs ou d'autres de ses officiers ou ceux de ses vassaux dont lesdits fiefs et héritages seront tenus.

> *Plac. de Fl.*, liv. 1er, p. 281. — Arch. de l'État, à Gand : reg. aux ordonnances du cons. de Flandre, 1511-1558, *litt. U*, fol. 139 v°.

12 février 1535 (1536, n. st.), à Bruxelles. — Ordonnance de l'Empereur statuant que dorénavant on ne frappera plus aux Pays-Bas des « noirs deniers », et mettant cette monnaie hors de cours.

> Arch. de l'État, à Gand ; reg. aux ordonnances du cons. de Flandre, 1511-1558, *litt. U*, fol. 137 v°. - Arch. de l'État, à Mons : reg. du cons. de Hainaut, n° 1, fol. 140.

17 février 1535 (1536, n. st.), à Bruxelles. — Ordonnance de l'Empereur défendant de loger ou recevoir les religieux et religieuses sortis de leurs cloîtres sans autorisation de leurs supérieurs, et prescrivant de les dénoncer les uns et les autres, afin qu'ils soient arrêtés.

> *Plac. de Fl.*, liv. 1er, p. 119. — Arch. de l'État, à Gand : reg. aux ordonnances du cons. de Flandre, 1201-1557, *litt. U*, fol. 195. — Arch. de la ville de Bruges : reg. aux *Halleghebóden*, 1530-1513, fol. 175.

3 mars 1535 (1536, n. st.), à Bruxelles. — Ordonnance de l'Empereur par laquelle, à cause des guerres et des troubles qui continuaient à régner dans les royaumes de Danemark et de Norwège et dans les pays voisins, il défend jusqu'à nouvel ordre à ses sujets de naviguer de ce côté, à peine de confiscation des navires et de leurs cargaisons et d'une punition sévère.

> Arch. de la ville de Bruges : reg. aux *Halleghebóden*, 1530-1513, fol. 17i.

26 avril 1536, à Audenarde. — Décret de la reine Marie

prolongeant de trois mois la défense de la sortie des chevaux prescrite par l'ordonnance du 6 février précédent (1).

Arch. de l'État, à Mons : reg. du cons. de Hainaut, n° 1, fol. 141.

18 mai 1536, à Bruxelles. — Ordonnance de l'Empereur prescrivant la mise en bon état des chemins dans la Flandre, et portant règlement pour leur entretien et leur inspection par les officiers à ce préposés.

Plac. de Fl., liv. Ier, p. 431. — Arch. de l'État, à Gand: reg. aux ordonnances du cons. de Flandre, 1511-1558, litt. U, fol. 143 v°. — Arch. de la ville de Bruges : reg. aux Hallegheboden, 1530-1543, fol. 183 v°.

1er juin 1536, à Bruxelles. — Ordonnance de l'Empereur défendant l'exportation des armures, des armes et des munitions de guerre.

Plac. de Fl., liv. Ier, p. 711. — Arch. du royaume: Ordonnances minutes, t. Ier. — Reg. de la ch. des comptes, n° 28, fol. 94, et n° 138, fol. 220. — Arch. de l'État, à Gand : reg. aux ordonnances du conseil de Flandre, 1511-1558, litt. U, fol. 141 v°. — Arch. de l'État, à Mons : reg. du cons. de Hainaut, n° 1, fol. 142. — Arch. de la ville de Bruges : reg. aux Hallegheboden, 1530-1543, fol. 181.

4 juin 1536, à Gand. — Ordonnance du conseil de Flandre par laquelle, ensuite des ordres de la reine Marie, il prescrit, au 12 juin suivant, des prières et des processions publiques pour le succès des armes de l'Empereur, obligé de se défendre contre les agressions de la France.

Arch. de la ville de Bruges : reg. aux Hallegheboden, 1530-1543, fol. 182 v°.

14 juin 1536, à Bruxelles. — Ordonnance de l'Empereur défendant strictement la pêche du hareng avant le jour de Saint-Jacques suivant (25 juillet), sous peine de confiscation des navires et de leurs cargaisons.

Arch. de l'État, à Gand : reg. aux ordonnances du cons. de Flandre, 1511-1558, litt. U, fol. 141 v°. — Arch. de la ville de Bruges : reg. aux Hallegheboden, 1530-1543, fol. 184 v°.

(1) Voy. p. 203.

15 juin 1536, à Bruxelles. — Ordonnance de l'Empereur défendant à ses sujets des Pays-Bas de naviguer dans la mer du Nord (*Oostwaerts*), par le *Belt* ou *Sund*, avant que les vaisseaux de guerre qu'il se proposait d'envoyer dans ces parages soient prêts à prendre la mer (1).

> Arch. de l'État, à Gand ; reg. aux ordonnances du cons. de Flandre, 1511-1558, *litt. U*, fol. 144 v°. — Arch. de la ville de Bruges ; reg. aux *Hallegheboden*, 1530-1543, fol. 185 v°.

16 juin 1536, à Bruxelles. — Décret de la reine Marie par lequel, sur la requête des états de Brabant, elle statue que, chaque fois que ces états accorderont une aide à l'Empereur, la chambre des comptes sera tenue d'en envoyer le taux général aux receveurs généraux des aides, et ceux-ci aux villes et quartiers, en leur faisant connaître ensuite leur quote particulière : le tout pour mettre un terme aux abus que commettaient les messagers et autres exécuteurs des aides.

> *Plac. de Brab.*, t. III, p. 583.

16 juin 1536, à Bruxelles. — Décret de la reine Marie statuant, à propos d'un différend entre les états et le gruyer de Brabant, que les instructions de celui-ci seront revisées, et en attendant, qu'il devra faire juger les délits de chasse et autres de sa compétence par trois hommes de fiefs du duc de Brabant, dans les quartiers respectifs où ces délits auront été commis. La Reine lui défend de connaître des délits de l'espèce perpétrés dans les seigneuries dont les possesseurs exercent la haute justice.

> *Plac. de Brab.*, t. III, p. 544. — Reg. de la ch. des comptes, n° 110, fol. 220, et n° 672, fol. 0.

28 juin 1536, à Bruxelles. — Lettre de la reine Marie à la chambre des comptes de Brabant par laquelle, sur les remontrances des états de cette province, elle ordonne que les compositions avec

---

(1) La reine de Hongrie, par une lettre du 17 juin suivant, fit savoir au conseil de Flandre que la navigation vers l'Ouest (*West*) était également interdite.

Ce conseil prescrivit, le 19 du même mois, la publication de l'ordonnance et de la lettre. (*Hallegheboden.*)

les criminels se fassent par les officiers de justice en prenant au préalable l'avis de ladite chambre, de la manière accoutumée.

Reg. de la ch. des comptes, n° 138, fol. 233 v°.

30 juin 1536, à Bruxelles. — Décret de la reine Marie statuant sur les doléances des états de Brabant à propos de la non-observation de la Joyeuse-Entrée dans les points et articles y énoncés.

Reg. de la ch. des comptes, n° 673, fol. 10 v°.

9 Juillet 1536, à Gand. — Ordonnance du conseil de Flandre rendue ensuite des ordres de la reine Marie, et prescrivant de faire des prières et des processions publiques pour les succès du voyage de l'Empereur à Nice.

Arch. de la ville de Bruges: reg. aux *Hallegheboden*, 1530-1543, fol. 183.

17 Juillet 1536, à Mons. — Ordonnance du grand bailli de Hainaut enjoignant à tous gens de guerre qui ont abandonné leurs enseignes pour retourner chez eux, de les rejoindre incontinent, sous peine de la hart.

Arch. de l'État, à Mons: reg. du cons. de Hainaut, n° 1, fol. 147.

18 Juillet 1536, à Bruxelles. — Ordonnance de l'Empereur prescrivant de dénoncer les biens appartenant aux sujets du roi de France, biens qui lui « sont dévolus et échus à titre de droit de « guerre. »

Arch. de l'État, à Gand : reg. aux ordonnances du cons. de Flandre, 1511-1558, *litt. U*, fol. 144. — Arch. de l'État, à Mons : reg. du cons. de Hainaut, n° 1, fol. 148. – Arch. de la ville de Bruges : reg. aux *Hallegheboden*, 1530-1543, fol. 187.

21 Juillet 1536, à Bruxelles. — Ordonnance de l'Empereur autorisant les habitants de la Flandre à équiper des navires pour résister aux corsaires français qui se montraient le long des côtes, et à faire des prises à leur profit, sauf à se soumettre aux mesures énoncées dans l'ordonnance.

> Arch. de l'État, à Gand : reg. aux ordonnances du cons. de Flandre, 1511-1558, *litt. U*, fol. 140. — Arch. de la ville de Bruges : reg. aux *Halleghebouden*, 1530-1543, fol. 191.

21 Juillet 1536, à Bruxelles. — Ordonnance de l'Empereur par laquelle, vu les services que lui ont rendus les habitants de la Flandre, il défend aux gens de guerre de passer et repasser par cette province, leur enjoignant, en cas de passage nécessaire, de loger dans les hôtelleries et d'y acquitter leurs dépenses.

> Arch. de l'État, à Gand : reg. aux ordonnances du cons. de Flandre, 1511-1558, *litt. U*, fol. 140 v°. — Arch. de la ville de Bruges : reg. aux *Halleghebouden*, 1530-1543, fol. 180 v°.

1er août 1536, à Bruxelles. — Ordonnance de l'Empereur défendant de laisser passer les gens de guerre licenciés par le comte de Nassau, capitaine général de l'armée des Pays-Bas, à moins qu'ils ne soient porteurs de congés de leurs capitaines.

> Arch. de l'État, à Gand : reg. aux ordonnances du cons. de Flandre, 1511-1558, *litt. U*, fol. 140 v°. — Arch. de l'État, à Mons : reg. du cons. de Hainaut, n° 1, fol. 149. — Arch. de la ville de Bruges : reg. aux *Halleghebouden*, 1530-1543, fol. 102.

8 août 1536, à Bruxelles. — Ordonnance de l'Empereur qui, vu la guerre avec la France, prescrit aux feudataires et arrière-feudataires nobles de s'équiper et de rejoindre le comte de Nassau, capitaine général, pour être passés en revue.

> Arch. de l'État, à Gand : reg. aux ordonnances du cons. de Flandre, 1511-1558, *litt. U,* fol. 147 v°. — Arch. de la ville de Bruges : reg. aux *Halleghebouden*, 1530-1543, fol. 103 v°.

11 août 1536, à Bruxelles. — Ordonnance de l'Empereur

défendant d'importer des marchandises du royaume de France, si ce n'est avec son autorisation.

Arch. de l'État, à Gand : reg. aux ordonnances du cons. de Flandre, 1511-1558, *litt. U*, fol. 148. — Arch. de l'État, à Mons : reg. du cons. de Hainaut, n° 1, fol. 151. — Arch. de la ville de Bruges : reg. aux *Hallegheboden*, 1530-1513, fol. 195 v°.

11 août 1536, à Bruxelles. — Ordonnance de l'Empereur statuant que dorénavant on frappera, dans ses monnaies, aux Pays-Bas, une pièce d'argent, laquelle tiendra sept deniers dix grains d'argent fin au marc, et vaudra quatre patards. Cette ordonnance fixe, en outre, le prix de l'argent que les marchands et autres personnes apporteront auxdites monnaies, et permet la sortie de la fine cendrée d'argent, à condition d'en livrer le quart aux mêmes monnaies.

Plac. de Fl., liv. Ier, p. 488. — Arch. de l'État, à Gand : reg. aux ordonnances du cons. de Flandre, 1511-1558, *litt. U*, fol. 148 v°. — Arch. de la ville de Bruges : reg. aux *Hallegheboden*, 1531-1513, fol. 191 v°.

25 août 1536, à Bruxelles. — Ordonnance de l'Empereur prescrivant de bien recevoir et traiter les sujets du roi d'Angleterre, son frère, cousin et allié, qui se rendent aux Pays-Bas, sans faire le contraire sous prétexte de la guerre contre la France.

Arch. de l'État, à Gand : reg. aux ordonnances du cons. de Flandre, 1511-1558, *litt. U*, fol. 148 v°. — Arch. de la ville de Bruges : reg. aux *Hallegheboden*, 1530-1513, fol. 197.

30 août 1536, à Bruxelles. — Ordonnance de l'Empereur portant que les lettres de cession, dans le duché de Brabant et les pays d'Outre-Meuse, ne seront désormais délivrées que par lui, sous le sceau dudit duché, et déterminant, en outre, les conditions requises pour obtenir de pareilles lettres et pour en jouir.

Reg. de la ch. des comptes, n° 110, fol. 217, et n° 072, fol. 55.

31 août 1536, à Bruxelles. — Ordonnance de l'Empereur

prescrivant un dénombrement général des fiefs et arrière-fiefs relevant de lui, afin de faire équiper pour la guerre les feudataires astreints au service militaire et de mettre une taxe sur ceux qui ne pourront servir en personne.

Arch. de l'État, à Gand : reg. aux ordonnances du cons. de Flandre, 1511-1558, *litt.* U, fol. 149. — Arch. de l'État, à Mons : reg. du cons. de Hainaut, n° 1, fol. 152.

8 septembre 1536, à Bruxelles. — Instruction de la reine Marie pour les commissaires chargés d'exiger et recevoir les aveux et dénombrements des fiefs tenus immédiatement et médiatement de l'Empereur.

Arch. du royaume : Ordonnances minutes, t. Ier.

18 septembre 1536, à Bruxelles. — Lettres de sauf-conduit de l'Empereur pour la pêche du hareng, données par réciprocité, nonobstant la guerre avec la France, suivies de pareilles lettres du roi de France, datées de Valence, le 26 août précédent. D'après ces lettres, les sujets des deux puissances pouvaient librement se livrer à la pêche susdite, sans se nuire.

Arch. de l'État, à Gand : reg. aux ordonnances du cons. de Flandre, 1511-1558, *litt.* U, fol. 150-153. — Arch. de la ville de Bruges : reg. aux *Hallegheboden*, 1530-1543, fol. 207 v°.

19 septembre 1536, à Gand. — Acte du conseil de Flandre par lequel il approuve une ordonnance des bailli, mayeur et échevins de la ville de Renaix portant règlement pour le clerc desdits échevins, les avocats, les procureurs, et fixant leur salaire respectif.

Arch. de l'État, à Gand : reg. aux ordonnances du cons. de Flandre, 1294-1557, *litt.* U, fol. 190.

27 septembre 1536, à Bruxelles. — Ordonnance de l'Empereur enjoignant à tous vagabonds et gens sans aveu qui courent le pays, de se retirer au lieu de leur domicile, s'ils sont du pays, et, s'ils sont étrangers, au lieu de leur naissance, à peine de la hart, avec ordre aux officiers de justice d'arrêter et juger sommairement ceux qui n'auront pas obtempéré à cette ordonnance.

Arch. de l'État, à Gand : reg. aux ordonnances du cons. de Flandre, 1511-1558, *litt. U*, fol. 148 v°. — Arch. de la ville de Bruges : reg. aux *Hallegheboden*, 1530-1543, fol. 202.

18 octobre 1536, à Gènes. — Lettres de placet de l'Empereur pour la mise à exécution d'une bulle du pape Paul III, du 9 des calendes d'août précédent, donnée à sa demande et érigeant le monastère de Saint-Bavon, à Gand, en église collégiale, capitulaire et paroissiale.

Miræus, *Opera diplomatica*, t. II, p. 1291.

21 octobre 1536, à Bruxelles. — Ordonnance de l'Empereur enjoignant aux gens de guerre « hors de service » qui se tiennent dans la Flandre de se retirer incontinent chez eux, et à ceux qui sont à ses « gages et solde » dans leur garnison, avec défense de molester les habitants de quelque manière que ce soit, à peine d'être punis criminellement et capitalement.

Arch. de la ville de Bruges : reg. aux *Hallegheboden*, 1530-1543, fol. 210.

7 novembre 1536, à Gand. — Ordonnance du conseil de Flandre prescrivant de faire republier aux lieux ordinaires l'ordonnance du 20 octobre 1533 relative à l'expulsion des Égyptiens (1).

Arch. de l'État, à Gand : reg. aux ordonnances du cons. de Flandre, 1511-1558, *litt. U*, fol. 155 v°. — Arch. de la ville de Bruges : reg. aux *Hallegheboden*, 1530-1543, fol. 211.

7 décembre 1536, à Bruxelles. — Ordonnance de l'Empereur portant règlement pour la police et la conservation des bois dans la Flandre.

Plac. de Fl., liv. Ier, p. 678. — Arch. de l'État, à Gand : reg. aux ordonnances du cons. de Flandre, 1291-1557, *litt. U*, fol. 188 et fol. 193.

(1) Voy. p. 195.

16 décembre 1536, à Bruxelles. — Lettre circulaire de la reine Marie aux conseils de justice leur prescrivant de publier le traité de paix récemment conclu entre l'Empereur et le duc de Gueldre (1).

> Arch. de l'État, à Mons : reg. du cons. de Hainaut, n° 1, fol. 157. — Arch. de la ville de Bruges : reg. aux *Halle-gheboden*, 1530-1543, fol. 211.

1er janvier 1536 (1537, n. st.), à Bruxelles. — Ordonnance de l'Empereur portant règlement pour la police et la conservation des bois dans le comté de Namur.

> Arch. de l'État, à Namur : reg. aux ordonnances de 1585-1654, provenant de M. Grandgagnage.

17 janvier 1536 (1537, n. st.), à Bruxelles. — Lettres de l'Empereur approuvant et confirmant les anciennes ordonnances des échevins de la franchise de Grez sur le pâturage dans les prés communaux, tombées en désuétude par suite « des « grandes guerres de Brabant », et y ajoutant quelques dispositions nouvelles.

> Reg. de la ch. des comptes, n° 640, fol. 101.

30 janvier 1536 (1537, n. st.), à Gand. — Ordonnance du conseil de Flandre rendue ensuite des ordres de la reine Marie, et prescrivant de remercier le ciel par des prières publiques, pour l'heureuse arrivée de l'Empereur dans le port de Palamos en Catalogne.

> Arch. de la ville de Bruges : reg. aux *Hallegheboden*, 1530-1543, fol. 216.

1er février 1536 (1537, n. st.), à Gand. — Ordonnance du conseil de Flandre interprétant les articles 5 et 7 de l'ordonnance du 19 septembre 1536 concernant le salaire des clercs, avocats et procureurs à Renaix (2).

> Arch. de l'État, à Gand : reg. aux ordonnances du cons. de Flandre, 1291-1557, *litt. U*, fol. 192 v°.

---

(1) Le traité conclu à Grave, le 10 décembre.
2 Voy. p. 210.

5 février 1538 (1537, n. st.), à Bruxelles. — Ordonnance de l'Empereur enjoignant aux nobles et à ceux qui se réputent pour tels de s'équiper dans les quinze jours, afin de repousser l'invasion dont les Français menaçaient les Pays-Bas.

> Arch. de l'État, à Mons : reg. du cons. de Hainaut, nº 1, fol. 100. — Arch. de l'État, à Gand : reg aux ordonnances du cons. de Flandre, 1511-1558, *litt. U*, fol. 154 vº. — Arch. de la ville de Bruges : reg. aux *Hallegheboden*, 1530-1542, fol. 217 vº.

16 février 1538 (1537, n. st.), à Bruxelles. — Lettres de l'Empereur par lesquelles, pour encourager les habitants de la ville de Halen à restaurer les fortifications de leur ville, il approuve, confirme et amplifie les privilèges, y énoncés, qui leur ont été accordés par les ducs de Brabant, ses prédécesseurs, en 1206, 1295, 1383, 1383 et 1459, privilèges dont les titres avaient péri durant les guerres.

> CH. PIOT, *Inventaire des chartes, cartulaires et comptes de la ville de Léau*, p. 44. — Reg. de la ch. des comptes, nº 138, fol. 226 vº, et nº 640, fol. 111 vº.

27 février 1538 (1537, n. st.), à Bruxelles. — Lettres de l'Empereur par lesquelles il permet, nonobstant sa défense faite antérieurement (1), aux nouveaux chrétiens du royaume de Portugal de venir se fixer à Anvers et dans les autres villes des Pays-Bas, avec leurs femmes, enfants, serviteurs et avec leurs biens meubles quelconques, en y jouissant de tous les droits, libertés et franchises dont jouissent les marchands étrangers. L'Empereur les autorise, en outre, à retourner en Portugal quand bon leur semblera, sans pouvoir être arrêtés ni molestés pour les crimes et délits qu'ils auraient pu commettre dans ce pays avant leur arrivée aux Pays-Bas : quant à ceux qu'ils commettraient à Anvers ou ailleurs, dans les dits Pays-Bas, l'Empereur statue que la connaissance en appartiendra aux officiers ordinaires, et que les nouveaux chrétiens ne pourront être emmenés prisonniers hors du lieu de leur résidence.

> Arch. du royaume : papiers restitués par l'Autriche en 1802, liasse 19.

---

(1) Voy. au 14 août 1532, p. 190.

Dernier février 1536 (1537, n. st.), à Bruxelles.
— Ordonnance de l'Empereur enjoignant aux gens de guerre licenciés et aux vagabonds qui hantent le plat pays de se retirer chez eux
dans les huit jours, et aux capitaines et autres officiers de ne pas
permettre que leurs soldats vivent aux dépens des paysans.

> Arch. de l'État, à Mons : reg. du cons. de Hainaut, n° 1,
> fol. 161.

6 mars 1536 (1537, n. st.), à Bruxelles. — Ordonnance de l'Empereur défendant à qui que ce soit de se mettre au
service de puissances ennemies, sous peine de mort et de confiscation
de biens, avec ordre aux officiers des villes et des villages de faire
bonne garde pour empêcher les gens de guerre de passer la frontière.

> Arch. du royaume, fonds de l'audience : reg. aux ordon-
> nances de 1537 et 1538. — Arch. de l'État, à Mons : reg.
> du cons. de Hainaut, n° 1, fol. 162. — Arch. de l'État,
> à Gand : reg. aux ordonnances du cons. de Flandre,
> 1511-1538, *litt. U*, fol. 151 v°. — Arch. de la ville de
> Bruges : reg. aux *Halleghebodeu*, 1530-1542, fol. 221.

6 mars 1536 (1537, n. st.), à Bruxelles. — Ordonnance de l'Empereur défendant à tous bateliers de naviguer en
pays ennemi, pour y charger du sel, du vin et d'autres marchandises,
à peine de punition corporelle et de confiscation de biens.

> Arch. du royaume, fonds de l'audience : reg. aux ordon-
> nances de 1537 et 1538.

7 mars 1536 (1537, n. st.), à Bruxelles. — Ordonnance de l'Empereur statuant, par forme d'édit perpétuel, que celui
qui souscrit des lettres d'obligation pour cause de négoce, doit y
satisfaire aux termes des échéances, et que, s'il se laisse attraire de ce
chef en justice, il sera tenu de reconnaître ou de nier sa signature,
et, dans le premier cas, de nantir immédiatement la somme due.

> *Plac. de Brab.*, t. Ier, p. 513. — Reg. de la ch. des comptes,
> n° 118, fol. 217.

**25 mars 1536 avant Pâques (1537, n. st.), à
Bruxelles.** — Ordonnance de l'Empereur par laquelle, vu les

abus qu'ils commettaient, il enjoint à tous Français qui fréquentaient les Pays-Bas avec ses lettres de sauf-conduit, d'en sortir dans les six jours.

Arch. de l'État, à Mons : reg. du conseil de Hainaut, n° 1, fol. 181. — Arch. de la ville de Bruges : reg. aux *Halle-gheboden*, 1530-1543, fol. 233 v°.

26 mars 1536 avant Pâques (1537, n. st.), à Bruxelles. — Lettres par lesquelles l'Empereur autorise le haut bailli de Termonde à nommer deux sergents de police, qui seront aux ordres du bailli ou de son lieutenant et du chef-mayeur.

A. DE VLAMINCK, *Analyse sommaire des registres aux privilèges de la ville de Termonde,* p. 18.

14 avril 1537, à Bruxelles. — Lettres de l'Empereur autorisant la corporation des drapiers de la ville de Limbourg à faire graver un sceau, à l'image de saint Georges, pour marquer ses draps, et prescrivant diverses dispositions réglementaires pour cette corporation.

Reg. de la ch. des comptes, n° 640, fol. 133.

25 avril 1537, à Bruxelles. — Ordonnance de l'Empereur défendant de nouveau de pêcher le long des côtes de la Flandre avec des filets dits *cheynetten,* soit en bateau, à cheval ou à pied, vu que ces filets détruisaient tout le menu poisson et le frai. Les contrevenants à cette ordonnance seront punis d'une amende de trente florins carolus et de la confiscation des bateaux, chevaux et engins.

Arch. de la ville de Bruges : reg. aux *Hallegheboden,* 1530-1543, fol. 243.

30 avril 1537, à Bruxelles. — Ordonnance de l'Empereur prescrivant des mesures pour la surveillance et l'arrestation des espions qui s'introduisaient dans le pays, sous prétexte de négoce, ou qui feignaient d'être des prêtres pauvres, des religieux, des gens de guerre, etc. L'ordonnance enjoint, de plus, aux habitants des villes, de quelque condition qu'ils soient et nul excepté, qui logent des personnes étrangères à leurs maisons, d'en déclarer, chaque soir, après la fermeture des portes, les noms et prénoms et lieux de résidence à l'officier principal de la ville.

> *Plac. de Fl.*, liv. Iᵉʳ, p. 16. — Arch. de l'État, à Gand : reg. aux ordonnances du cons. de Flandre, 1511-1558, litt. U, fol. 156. — Arch. de la ville de Bruges : reg. aux *Halleghebboden*, 1530-1542, fol. 230.

30 avril 1537, à Bruxelles. — Ordonnance de l'Empereur exemptant des tonlieux, des péages et d'autres impositions les vivandiers qui approvisionneront ses troupes rassemblées en Hainaut et en Artois pour repousser l'invasion des Français, et statuant qu'ils ne pourront être arrêtés pour dettes, avec défense très expresse de transporter aucuns grains hors du pays.

> *Plac. de Fl.*, liv. Iᵉʳ, p. 742. — Arch. de l'État, à Gand : reg. aux ordonnances du cons. de Flandre, 1511-1558, litt. U, fol. 155 vᵒ. — Arch. de la ville de Bruges : reg. aux *Halleghebboden*, 1530-1542, fol. 228.

4 mai 1537, à Gand. — Ordonnance du conseil de Flandre qui, ensuite des ordres de la reine Marie, prescrit de faire des prières et des processions publiques pour le succès des armes de l'Empereur, en guerre avec la France.

> Arch. de la ville de Bruges : reg. aux *Halleghebboden*, 1530-1542, fol. 230 vᵒ.

7 mai 1537, à Bruxelles. — Lettre par laquelle la reine Marie ordonne au magistrat de Malines de publier la trêve conclue entre l'Empereur et le roi de Danemark.

> Van Doren, *Inventaire des chartes de la ville de Malines*, t. IV, p. 113.

9 mai 1537, à Bruxelles (1). — Ordonnance de l'Empereur portant interprétation de l'ordonnance du 7 mars précédent touchant le payement des effets de commerce (2).

> *Plac. de Brab.*, t. Iᵉʳ, p. 516.

(1) Dans l'*Inventaire des chartes et privilèges de la ville d'Anvers*, par M. Verachter, cette ordonnance est datée du 19 mai.

(2) *Iby.* p. 211.

9 mai 1537, à Bruxelles. — Ordonnance de l'Empereur défendant de nouveau, sous peine du dernier supplice et sans espoir de rémission, de se mettre au service de princes ennemis.

> *Plac. de Fl.*, liv. Ier, p. 720. — Arch. de l'État, à Mons : reg. du cons. de Hainaut, n° 1, fol. 103. — Arch. de l'État, à Gand : reg. aux ordonnances du cons. de Flandre, 1511-1558, *litt. U*, fol. 157. — Arch. de la ville de Bruges : reg. aux *Hallegheboden*, 1530-1513, fol. 235. — Archives grand-ducales, à Luxembourg.

9 mai 1537, à Bruxelles. — Ordonnance de l'Empereur défendant, sous des peines sévères, de vendre des grains à l'ennemi ou à l'étranger.

> F. Verachter, *Inventaire des chartes et privilèges de la ville d'Anvers*, p. 210.

9 mai 1537, à Bruxelles. — Ordonnance de l'Empereur défendant, sous peine de la hart, aux gens de guerre de molester les habitants, et prescrivant à ceux qui sont débandés et sans solde de retourner dans leurs foyers : faute de quoi ils seront arrêtés et poursuivis.

> Arch. de l'État, à Mons : reg. du cons. de Hainaut, n° 1, fol. 116. — Arch. de l'État, à Gand : reg. aux ordonnances du cons. de Flandre, 1511-1558, *litt. U*, fol. 157 v°. — Arch. de la ville de Bruges : reg. aux *Hallegheboden*, 1530-1513, fol. 236 v°.

11 mai 1537, à Gand. — Ordonnance du conseil de Flandre prescrivant, ensuite d'une lettre de la reine Marie, de publier le « billet » d'avertissement, y joint, de la trève de trois ans que l'Empereur venait de conclure avec le Danemark, la Norwège, le Schleswig et le Holstein.

> P. Van Duyse, *Inventaire des chartes et documents de la ville de Gand*, p. 335. — Arch. de la ville de Bruges : reg. aux *Hallegheboden*, 1530-1513, fol. 332 v°.

25 mai 1537, à Bruxelles. — Ordonnance de l'Empereur statuant que, lorsqu'on présentera à quelqu'un des lettres de change ou d'assurance, il sera tenu immédiatement de les accepter ou de les refuser : l'Empereur prescrivant différentes règles à suivre, en cas de contestation devant la justice (1).

Plac. de Brab., t. Ier, p. 511. — F. Verachter, *Inventaire des chartes et privilèges de la ville d'Anvers*, p. 210. — Reg. de la ch. des comptes, n° 110, fol. 240.

22 juin 1537, à Lille. — Ordonnance de l'Empereur enjoignant aux malfaiteurs et assassins qui se sont réfugiés dans des lieux d'asile, en Flandre, tels qu'églises, cimetières et couvents, qu'ils en sortent incontinent et vident le pays, à peine d'être expulsés et poursuivis criminellement. Néanmoins, pour ne pas les priver du bénéfice de l'immunité, les officiers de justice ne pourront ni arrêter ni molester ceux qui partiront volontairement, ensuite de cette ordonnance.

Arch. du royaume, fonds de l'audience : reg. aux ordonnances de 1537 et 1538, fol. 12.

16 juillet 1537, à Aire. — Ordonnance de l'Empereur déterminant la valeur des monnaies y spécifiées et en mettant d'autres hors de cours.

Arch. du royaume, fonds de l'audience : reg. aux ordonnances de 1537 et 1538, fol. 12. — Arch. de l'État, à Mons : reg. du cons. de Hainaut, n° 1, fol. 160. — Arch. de l'État, à Gand : reg. aux ordonnances du cons. de Flandre, 1511-1558, *litt. U*, fol. 158 v°.

31 juillet 1537, à Saint-Omer. — « Billet » de la reine Marie portant à la connaissance du public qu'une trève de dix mois a été conclue avec la France, par terre et par mer, à partir de la veille, avec ordre à un chacun de l'observer, sous peine d'être puni comme infracteur de paix.

Arch. de la ville de Bruges : reg. aux *Hallegheboden*, 1530-1542, fol. 240.

21 août 1537, à Gand. — Ordonnance du conseil de Flandre prescrivant aux baillis de Gand, de Bruges, du Franc de Bruges et

(1) Voy. au 7 mars et au 9 mai précédents, pp. 215 et 216.

d'Ypres et à tous autres officiers de justice de prêter aide et assistance au doyen des lépreux résidant à Gand, chargé, par ordre de
l'Empereur, de visiter les lépreux dans la Flandre, pour reconnaître
l'état des individus qui, sous prétexte de cette maladie, se livraient à
la mendicité.

> *Plac. de Fl.*, liv. 1er, p. 588. — Arch. de l'État, à Gand :
> reg. aux ordonnances du cons. de Flandre, 1511-1558,
> *litt. U*, fol. 100 v°.

26 septembre 1537, à Bruxelles. — Lettres par lesquelles
l'Empereur déclare que ceux de Malines restent affranchis de toutes
aides et impositions à établir dans les villes et pays de ses États,
conformément à leurs anciens privilèges, quoique, pour cette fois
seulement, il aient contribué dans l'aide de 100,000 florins votée
par le Brabant pour la solde de l'armée.

> VAN DOREN, *Inventaire des chartes de la ville de Malines*,
> t. 1er, p. 231.

3 novembre 1537, à Liége. — Lettres de l'Empereur
approuvant et confirmant les lettres, y insérées, de Jean, duc de
Brabant, du 20 novembre 1417, par lesquelles ce prince défendait
à ses officiers du duché de Limbourg de grever ou molester l'église
et prévôté de Saint-Pierre, à Liége, en ses seigneuries de Gaudri-
chen, Lambermont et Wagnées, de laquelle église et prévôté il était
avoué.

> Reg. de la ch. des comptes, n° 640, fol. 167 v°.

16 novembre 1537, à Gand. — Ordonnance du conseil de
Flandre qui, ensuite des ordres de la reine Marie, porte à la connaissance du public que l'Impératrice est accouchée d'un fils, et prescrit,
en conséquence, de faire des prières publiques pour cet heureux
événement.

> Arch. de la ville de Bruges : reg. aux *Hallegheboden*, 1530-
> 1543, fol. 261 v°.

27 novembre 1537, à Bruxelles. — Ordonnance de
l'Empereur statuant, en conformité d'un privilège accordé à l'université de Louvain, par Charles, duc de Bourgogne, que personne

ne pourra attraire en justice, hors de la ville de Louvain, les suppôts et étudiants de cette université, notamment sous prétexte de rescrits ou de citations obtenus en cour de Rome.

Plac. de Brab., t. III, p. 58. — *Privilegia Academiæ Lovaniensi concessa*, 1re partie, p. 214 (').

19 décembre 1537, à Bruxelles. — Lettres de l'Empereur concernant la constitution, le jugement et la saisie des rentes à charge de la ville de Louvain, laquelle avait à soutenir, à ce sujet, un procès devant le conseil de Brabant contre le procureur général.

Bibliothèque royale, MS. n° 13845.

22 décembre 1537, à Bruxelles. — Lettres de l'Empereur approuvant un arrangement fait, le 5 juillet précédent, entre la ville d'Anvers et les gouverneur et commerçants de la nation anglaise.

F. VERACHTER, *Inventaire des chartes et priviléges de la ville d'Anvers*, p. 211.

11 janvier 1537 (1538, n. st.), à Gand. — Ordonnance du conseil de Flandre prescrivant, ensuite des ordres de la reine Marie, de faire chaque semaine des processions et des prières publiques, afin que les ambassadeurs de l'Empereur et ceux du roi de France, réunis à la frontière d'Espagne, parviennent à s'entendre et à conclure la paix.

Arch. de la ville de Bruges : reg. aux *Halleghebeden*, 1530-1542, fol. 204 v°.

17 janvier 1537 (1538, n. st.), à Bruxelles. — Lettre de la reine Marie au grand conseil de Malines lui ordonnant d'ajouter aux titres de l'Empereur ceux de *duc de Gueldre* et de *comte de Zutphen*, ainsi qu'on l'avait fait précédemment.

GACHARD, *Collection de documents inédits concernant l'histoire de la Belgique*, t. Ier, p. 303. — Reg. du grand cons., n° 4, fol. 155.

---

1) A la page 216 on lit : « Idem privilegium in cancellaria Brabantiæ expeditum. » Suit le texte en langue flamande.

7 février 1537 (1538, n. st.), à Bruxelles. — Ordonnance de l'Empereur touchant le payement des avocats des criminels poursuivis par le mayeur de Louvain, ainsi que des autres frais résultés de ces poursuites.

Reg. de la ch. des comptes, nº 130, fol. 44 vº.

9 février 1537 (1538, n. st.), à Bruxelles. — Ordonnance de l'Empereur défendant d'introduire aux Pays-Bas des livres qui ont été imprimés à l'étranger depuis trois ans, sans préalablement en avoir envoyé aux conseils de justice les inventaires (sic) indiquant les noms des auteurs, le sujet des livres et les lieux d'impression ; prescrivant, en outre, aux imprimeurs et libraires de transmettre auxdits conseils un inventaire des livres qu'ils ont chez eux (1).

Arch. du royaume, collection de l'audience : reg. aux ordonnances de 1537 et 1538.

15 février 1537 (1538, n. st.), à Bruxelles. — Ordonnance de l'Empereur enjoignant à ceux qui se disent de la nation égyptienne ou qui en portent les vêtements, de sortir des Pays-Bas dans les quatre jours, avec défense d'y revenir, sous peine de mort et de confiscation de biens.

Plac. de Fl., liv. Iᵉʳ, p. 17. — Arch. de l'État, à Gand : reg. aux ordonnances du cons. de Flandre, 1511-1558, litt. U, fol. 161 vº. — Arch. de la ville de Bruges : reg. aux Hallegheboden, 1530-1542, fol. 207 vº.

25 février 1537 (1538, n. st.), à Bruxelles. — Ordonnance de l'Empereur prescrivant des règles pour la levée régulière des tailles, des aides et d'autres impôts, dans la Flandre, et pour la répression des abus et exactions que commettaient sous ce rapport les gens de loi et les receveurs.

Plac. de Fl., liv. Iᵉʳ, p. 810. — Arch. de l'État, à Gand : reg. aux ordonnances du cons. de Flandre, 1511-1558, litt. U, fol. 162 vº. — Arch. de la ville de Bruges : reg. aux Hallegheboden, 1530-1542, fol. 272.

---

(1) Cette ordonnance est adressée, en forme de mandement, au conseil de Brabant. Elle le fut aussi, dans la même forme, mais avec la date du 15 février, aux conseils de Hainaut et de Flandre. (Voy. les Bulletins de la Commission royale d'histoire, 2ᵉ série, t. VIII, p. 27, et le registre aux ordonnances du conseil de Flandre, de 1511-1558, litt. U, fol. 162.)

25 février 1537 (1538, n. st.), à Bruxelles. — Ordonnance de l'Empereur touchant l'expédition des lettres d'octroi par le conseil de Flandre.

Plac. de Fl., liv. Ier, p. 727.

25 février 1537 (1538, n. st.), à ..... — Placard et ordonnance touchant la manière d'expédier les billets des aides du prince, ensemble qu'on n'y peut compter aucuns dépens, et du salaire de l'exécution d'iceux (1).

Archives grand-ducales, à Luxembourg.

26 février 1537 (1538, n. st.), à Bruxelles. — Ordonnance de l'Empereur défendant d'exporter des chevaux en France et en d'autres pays ennemis.

Arch. du royaume, collection de l'audience : reg. aux ordonnances de 1537 et 1538, fol. 2.

5 mars 1537 (1538, n. st.), à Bruxelles. — Ordonnance de l'Empereur contenant des mesures pour empêcher la fraude des droits de tonlieu à Malines.

Arch. du royaume, collection de l'audience : Ordonnances minutes, t. Ier.

7 mars 1537 (1538, n. st.), à Bruxelles. — Lettres de l'Empereur par lesquelles il octroie, consent et accorde que dorénavant les bailli, mayeur et échevins de la ville de Lessines puissent mettre à due exécution leurs sentences, nonobstant appel au grand conseil de Malines, savoir : en actions personnelles, jusqu'à concurrence de dix carolus d'or, et en actions réelles, jusqu'à concurrence de vingt sols tournois, de rente. Pour les causes excédant ces sommes, s'il en est appelé, l'exécution sera suspendue, sauf aux appelants à fournir caution pour les dépens. L'Empereur abolit, en même temps, une coutume consistant en ce que lesdits bailli, mayeur et échevins fournissaient de l'argent aux plaideurs pour « aller à leur

(1, Titre littéral.

« chef de sens, avant que sentencier les procès pendans devant
« eux. »

Arch. du royaume : reg. du grand conseil de Malines, n° 4,
p. 157.

10 mars 1537 (1538, n. st.), à Bruxelles. — Décret
de la reine de Hongrie portant que l'Empereur prélèvera le septième
denier des douaires constitués sur les fiefs tenus de lui, à cause de
son comté de Hainaut et cour de Mons, conformément à l'usage
qui était observé avant l'ordonnance de 1534 sur le fait desdits
douaires (1).

Arch. du royaume, collection de l'audience : reg. aux
ordonnances de 1537 et 1538, fol. 5.

18 mars 1537 (1538, n. st.), à Gand. — Ordonnance
du conseil de Flandre prescrivant de publier un « billet » où il est
dit, au nom de la reine Marie, que la trêve avec la France a été
prolongée jusqu'au 1er juin suivant. (Suit la teneur dudit billet, qui
contient le traité de cette prolongation, conclu entre les ambassadeurs
de l'Empereur et ceux du roi de France.)

Arch. de la ville de Bruges : reg. aux *Hallegheboden*, 1530-
1542, fol. 200 v°.

22 mars 1537 (1538, n. st.), à Bruxelles. — Sentence
provisionnelle rendue par la reine Marie dans un différend entre le
magistrat de Malines et les états de Brabant, né de ce que ceux-ci
avaient imposé les biens des Malinois situés en Brabant pour le
payement d'une aide qu'ils avaient accordée à l'Empereur, lesdits
Malinois se fondant sur d'anciens privilèges pour se prétendre
exempts de toute imposition de cette nature. La Reine suspend le
payement de l'imposition susdite jusqu'à ce que, par fin de cause,
il soit décidé laquelle des deux parties est tenue de la payer.

Van Doren, *Inventaire des chartes de la ville de Malines*,
t. 1er, p. 223. — Reg. de la ch. des comptes, n° 110, fol. 237.

28 mars 1537 avant Pâques (1538, n. st.), à Bru-

---

(1) Nous n'avons pas trouvé cette ordonnance.

xelles. — Ordonnance de l'Empereur défendant de chasser en ses forêts et garennes, et à ceux qui demeurent dans lesdites forêts et à l'entour, d'y faire des dommages quelconques.

> Arch. de la ville de Mons : reg. aux ordonnances de 1513 à 1564, fol. 10.

8 mai 1538, à Gand. — Ordonnance du conseil de Flandre prescrivant, ensuite des ordres de la reine Marie, de faire des prières et des processions publiques pour que le ciel inspire le cœur des princes de la chrétienté et les porte à la concorde, chose d'autant plus nécessaire que les Turcs rassemblaient de grandes forces.

> Arch. de la ville de Bruges : reg. aux *Hallegheboden*, 1530-1512, fol. 277.

1er Juin 1538, à Bruxelles. — Ordonnance de l'Empereur défendant de chasser dans la forêt de Soigne et dans ses autres franches garennes, en Brabant, de quelque manière que ce soit.

> Reg. de la ch. des comptes, no 138, fol. 273 vo.

6 juin 1538, à Gand. — Ordonnance du conseil de Flandre prescrivant de publier le « billet », y inséré, de la reine Marie, du 3 juin précédent, portant à la connaissance du public que la trève conclue avec la France était prolongée de trois mois.

> Arch. de l'État, à Tournai : reg. aux ordonnances du bailliage, no 5, fol. 228 vo. — Arch. de la ville de Bruges : reg. aux *Hallegheboden*, 1530-1512, fol. 278 vo.

10 juin 1538, à Bruxelles. — Ordonnance de l'Empereur contre les anabaptistes.

> Arch. du royaume, collection de l'audience : reg. aux ordonnances de 1537 et 1538, fol. 11.

21 juin 1538, à Bruxelles. — Acte de la reine Marie par lequel, pour débarrasser le comté de Flandre des vagabonds et malfaiteurs qui y affluaient, elle consent et accorde que Gérard Straglers, souverain bailli de Flandre, renforce ses sergents et serviteurs de six cavaliers et de douze piétons, et cela pour le terme de deux mois, à partir du 1er juillet suivant, aux gages y énoncés.

Arch. du royaume, collection de l'audience : reg. aux ordonnances de 1537 et 1538, fol. 11.

5 juillet 1538, à Gand. — Ordonnance du conseil de Flandre prescrivant de publier l'avis, y inséré, de la reine Marie, du 2 juillet précédent, portant à la connaissance du public que l'Empereur a conclu, à Nice, le 18 juin, une trêve de dix années avec le roi de France.

Arch. de la ville de Bruges; reg. aux *Halleghebodcn*, 1530-1542, fol. 281 v°.

18 juillet 1538, à Bruxelles. — Acte de la reine Marie par lequel elle commet Guillaume De Lare pour se transporter partout où besoin sera et arrêter, hors de la ville d'Anvers, les nouveaux chrétiens qui venaient secrètement de Portugal en ladite ville, dans le but de passer à Salonique et en d'autres endroits du territoire ottoman, pour y abjurer la religion catholique.

Arch. du royaume, collection de l'audience : reg. aux ordonnances de 1537 et 1538, fol. 13 v°.

22 juillet 1538, à Bruxelles. — Ordonnance de l'Empereur commettant le prévôt de la ville et prévôté de Luxembourg pour veiller à la conservation des oiseaux de proie dans les forêts du duché de Luxembourg et du comté de Chiny, avec défense à un chacun de prendre ou vendre de tels oiseaux.

Arch. du royaume, collection de l'audience : ordonnances minutes, t. Ier ; reg. aux ordonnances de 1537 et 1538, fol. 15.

23 juillet 1538, à .... — Édit de l'Empereur touchant les gagières tenues de lui.

Archives grand-ducales, à Luxembourg.

30 juillet 1538, à Gand. — Ordonnance du conseil de Flandre portant à la connaissance du public, ensuite des ordres de la reine Marie, la cordiale entrevue que l'Empereur et le roi de

France venaient d'avoir à Aigues-Mortes et où ils s'étaient promis de rester frères, alliés et amis, en observant perpétuellement la paix. En conséquence, le conseil de Flandre prescrit de faire des processions et des prières publiques pour un aussi heureux événement, et de le célébrer par toute espèce de réjouissances.

> P. Van Duyse, *Inventaire analytique des chartes et documents de la ville de Gand*, p 338. — Arch. de la ville de Bruges : reg. aux *Halleghebodden*, 1550-1543, fol. 281 v°.

1er août 1538, à Bruxelles. — Lettre de la reine Marie ordonnant au grand conseil de Malines d'ajouter encore aux titres de l'Empereur celui de *seigneur de Groningue*.

> Gachard, *Collection de documents inédits concernant l'histoire de la Belgique*, t. 1er, p. 501.

2 août 1538, à .... — Mandement de l'Empereur à l'écoutète d'Anvers et margrave du pays de Ryen touchant la perception des droits de tonlieu que les marchands cherchaient à frauder. L'Empereur prend les receveurs de ces droits et leurs commis sous sa protection, et il défend de les injurier ou molester, à peine d'encourir son indignation.

> Arch. du royaume, collection de l'audience : reg. aux ordonnances de 1537 et 1538, fol. 16.

24 novembre 1538, à Bruxelles. — Ordonnance de l'Empereur défendant strictement, et sous des peines sévères, l'exportation des grains, ainsi que l'achat de grains ailleurs que dans les marchés publics, et prescrivant différentes mesures relativement au commerce de cette denrée.

> Arch. de l'État, à Gand : reg. du cons. de Flandre, 1511-1538, litt. U, fol. 103 v°. — Arch. de la ville de Bruges : reg. aux *Halleghebodden*, 1550-1542, fol. 290.

27 novembre 1538, à Bruxelles. — Ordonnance de l'Empereur portant que, jusqu'à nouvel ordre, ses sujets des Pays-Bas ne pourront prendre la mer pour naviguer à l'est ou à l'ouest (*oost noch west*), sans son autorisation ou celle de la reine de Hongrie, sa sœur (1).

Arch. de l'État, à Gand : reg. du cons. de Flandre, 1511-1558, *litt. U*, fol. 105. — Arch. de la ville de Bruges : reg. aux *Hallegheboden*, 1550-1513, fol. 208.

29 novembre 1538, à Bruxelles. — Ordonnance de l'Empereur sur le fait et l'exercice de la chasse dans la Flandre.

Arch. de l'État, à Gand : reg. du conseil de Flandre, 1511-1558, *litt. U*, fol. 165 v°. — Arch. de la ville de Bruges : reg. aux *Hallegheboden*, 1550-1513, fol. 300 v°.

23 décembre 1538, à Bruxelles. — Lettre de l'Empereur à l'amman de la ville de Bruxelles lui prescrivant d'arrêter, dans les huit jours, les malfaiteurs qui, dans l'étendue de son ressort, auraient encouru la peine de mort, ainsi que tous autres malfaiteurs et vagabonds, pour être dirigés sur Anvers et employés sur la flotte qui de Zélande allait cingler vers l'Espagne.

Reg. de la ch. des comptes, n° 138, fol. 208 v°.

3 janvier 1538 (1539, n. st.), à Bruxelles. — Ordonnance de l'Empereur portant règlement pour l'administration de la charité publique à Bruxelles, en confirmation et ampliation de son ordonnance du 7 octobre 1531 (2).

Plac. de Brab., t. III, p. 155.

13 février 1538 (1539, n. st.), à Bruxelles. — Ordonnance de l'Empereur défendant aux gens de mer, quels qu'ils soient, et à ceux qui se livrent à la construction et au gréement des navires, de s'absenter des Pays-Bas, et leur enjoignant de se tenir prêts, lorsqu'ils en seront requis, à servir sur la flotte en voie de formation sur les côtes de la Zélande.

Arch. de l'État, à Gand : reg. aux ordonnances du cons. de Flandre, 1511-1558, *litt. U*, fol. 108 v°.

---

(1) Le conseil de Flandre différa la publication de cette ordonnance pour des raisons dont il fit part à la reine Marie. Celle-ci répondit qu'elle les approuvait, et que le placard de défense de la navigation « d'oost et west » ne devait être publié que dans les villes maritimes : l'Écluse, Blankenberg, Ostende, Nieuport et Gravelines. (Reg. du conseil de Flandre, fol. 166.)

(2) Voy. p. 181.

13 février 1538 (1539, n. st.), à Bruxelles. — Ordonnance de l'Empereur défendant de nouveau à ses sujets des Pays-Bas de naviguer en mer à l'est ou à l'ouest (*oost ofte west*) avant les Pâques suivantes, à moins qu'ils n'y soient autorisés par lui ou par la reine Marie.

> Arch. de l'État, à Gand : reg. aux ordonnances du cons. de Flandre, 1511-1558, *litt. U*, fol. 105. — Arch. de la ville de Bruges : reg. aux *Hallegheboden*, 1530-1542, fol. 308 v°.

7 avril 1539 après Pâques, à Bruxelles. — Ordonnance de l'Empereur prescrivant l'exacte observation des ordonnances du 7 mars 1537 (n. st.) et du 25 mai suivant (1) touchant le payement des lettres de change contractées aux foires d'Anvers et de Berg-op-Zoom, et y ajoutant de nouvelles dispositions.

> *Plac. de Brab.*, t. Ier, p. 513. — F. Verachter, *Inventaire des chartes et privilèges de la ville d'Anvers*, p. 217.

19 avril 1539, à Bruxelles. — Ordonnance de l'Empereur fixant la valeur des monnaies d'or et d'argent y spécifiées, à partir du 8 mai jusqu'au 1er juillet suivant.

> Reg. de la ch. des comptes, n° 138, fol. 281. — Arch. de l'État, à Gand : reg. aux ordonnances du cons. de Flandre, 1511-1558, *litt. U*, fol. 170 v°. — Arch. de la ville de Bruges : reg. aux *Hallegheboden*, 1530-1542, fol. 312.

2 mai 1539, à Bruxelles. — Ordonnance de l'Empereur portant règlement et instruction pour les changeurs commis à l'échange des monnaies d'or et d'argent déclarées billon par son dernier placard sur les monnaies.

> Reg. de la ch. des comptes, n° 86, fol. 6.

7 mai 1539, à Bruxelles. — Ordonnance de l'Empereur concernant la réparation et l'entretien des chemins dans le duché de Luxembourg et comté de Chiny.

> Arch. grand-ducales, à Luxembourg. — Recueil de placards de M. Bonjean, t. II, p. 46.

_____

(1) Voy. pp. 214 et 217.

10 mai 1539, à Bruxelles. — Ordonnance de l'Empereur statuant qu'on ne pourra brasser de la bière, dans la ville de Louvain et sa franchise, qu'avec le grain et l'orge qui auront été moulus au moulin domanial situé en cette ville et à ce destiné.

> Collection d'ordonnances imprimées du cons. de Brabant, t. Iᵉʳ. — Reg. de la ch. des comptes, nº 138, fol. 150.

12 juin 1539, à Bruxelles. — Ordonnance de l'Empereur fixant la valeur des monnaies d'or et d'argent y spécifiées, et prescrivant différentes mesures en ce qui concerne les changeurs et ceux qui rognent les monnaies ou commettent d'autres fraudes. L'Empereur institue une commission de six personnes pour poursuivre les délinquants devant les gens de loi des lieux où les délits auront été commis.

> Plac. de Fl., liv. Iᵉʳ, p. 489. — Arch. du royaume : ordonnances minutes, t. Iᵉʳ. — Reg. de la ch. des comptes, nº 80, fol. 8, et nº 138, fol. 282 vº. — Arch. de l'État, à Gand : reg. aux ordonnances du cons. de Flandre, 1511-1558, litt. U, fol. 171. — Arch. de la ville de Bruges : reg. aux Halleghebooden, 1530-1542, fol. 317 vº. — Arch. grand-ducales, à Luxembourg.

20 juin 1539, à Bruxelles. — Ordonnance de l'Empereur concernant les moulins, maisons, écluses, etc., situés sur le Demer, la Gèthe et les autres rivières y énoncées.

> Arch. du royaume : office fiscal du conseil de Brabant, liasse 522, nº 4715.

27 juin 1539, à Malines. — Ordonnance de l'Empereur par laquelle il renouvelle et amplifie les dispositions de ses prédécesseurs sur le fait de la reddition et audition des comptes des receveurs et officiers ressortissants à la chambre des comptes de Brabant.

> Reg. de la ch. des comptes, nº 138, fol. 551 vº.

30 juin 1539, à Malines. — Ordonnance de l'Empereur concernant la vérification des comptes des receveurs du ressort de la chambre des comptes de Lille. Toutes les recettes dont le montant excède cent livres, de quarante gros, monnaie de Flandre, seront vérifiées à la fin de l'année, ou, au plus tard, trois mois après. Celles qui n'excèdent pas les cent livres le seront tous les trois ans, ou, au plus tard, trois mois après l'expiration de la troisième année. Le receveur général des finances, le trésorier des guerres, les receveurs de l'artillerie, de l'épargne, l'audiencier et les autres receveurs particuliers seront tenus de rendre leurs comptes quand l'Empereur ou le conseil des finances le leur ordonnera.

DIEGERICK, Inventaire des chartes et documents de la ville d'Ypres, t. V, p. 257.

27 août 1539, à La Haye. — Édit de l'Empereur défendant de vendre, sans l'assentiment du souverain, des terres, seigneuries ou fiefs situés sur les frontières à des princes ou seigneurs étrangers, ou à d'autres personnes ne résidant pas dans le pays, sous peine de forfaiture, d'une amende égale au prix de la vente et de punition arbitraire, suivant l'exigence du cas.

Recueil d'édits, d'ordonnances, de déclarations et de règlements concernant le duché de Luxembourg et le comté de Chiny, p. 50. — Arch. grand-ducales, à Luxembourg.

20 septembre 1539, à Malines. — Ordonnance de l'Empereur défendant aux officiers sans gages, tels que les huissiers extraordinaires, notaires et sergents, de se déporter de leurs offices pour les vendre aux plus offrants; statuant que ceux qui voudront s'en démettre devront présenter une requête au conseil privé.

Plac. de Fl., liv. Ier, p. 217. — Reg. du grand cons. de Malines, n° 4, fol. 192. — Arch. de l'État, à Gand; reg. aux ordonnances du cons. de Flandre, 1294-1557, litt. U, fol. 100 v°. — Archives grand-ducales, à Luxembourg.

21 septembre 1539, à Malines. — Règlement de la reine Marie pour le concierge de la cave de sa cour, à Bruxelles. Ce règlement est fait à la requête du magistrat, pour empêcher les fraudes nombreuses qui se commettaient à ladite cave.

Van Doren, *Inventaire des chartes de la ville de Malines,* t. Ier, p. 235.

24 septembre 1539, à Malines. — Lettres de l'Empereur par lesquelles, en conformité d'autres lettres du roi de Castille, son père (1), il autorise les bourgmestres, échevins et conseil de la ville de Bruges à prendre et à assermenter un certain nombre de pilotes des plus expérimentés pour diriger les navires dans le Zwyn et les conduire au port de l'Écluse, lesquels pilotes porteront un signe distinctif sur une manche de leur habit. L'Empereur statue, pour édit perpétuel, que nul autre ne pourra conduire les navires audit port, avec défense aux pilotes de prêter leur signe distinctif à autrui, et injonction à leurs veuves ou à leurs enfants de remettre ce signe au magistrat quatorze jours après le décès de celui qui le portait.

Arch. de la ville de Bruges : reg. aux *Hallegheboden,* 1530-1543, fol. 340 v°.

11 octobre 1539, à Malines. — Ordonnance de l'Empereur prescrivant différentes mesures pour l'arrestation des vagabonds et des gens désœuvrés qui vivent aux dépens des habitants du plat pays dans la Flandre.

Arch. de l'État, à Gand : reg. aux ordonnances du cons. de Flandre, 1511-1558, *litt.* U, fol. 169 v°. — Arch. de la ville de Bruges : reg. aux *Hallegheboden,* 1530-1543, fol. 351 v°.

17 octobre 1539, à Bruxelles. — Lettre de la reine Marie au magistrat de Malines lui ordonnant de faire faire des prières publiques pour la prospérité de l'Empereur, pour le repos de ses sujets et pour les fruits de la terre.

Van Doren, *Inventaire des chartes de la ville de Malines,* t. IV, p. 118.

21 octobre 1539, à Bruxelles. — Lettre de l'Empereur à

---

(1) La date n'est pas indiquée.

l'écoutète de Bruges lui prescrivant de faire savoir aux habitants de sa juridiction qu'ils ne doivent pas craindre d'être molestés, en quoi que ce soit, par l'escorte à cheval qui accompagne la reine de Hongrie, gouvernante des Pays-Bas, dans ses voyages d'une ville à une autre, des ordres ayant été donnés pour que les cavaliers de cette escorte payent exactement leurs consommations (1). Dans le cas où ils ne le feraient point, ils y seraient contraints en justice.

> Arch. de la ville de Bruges : reg. aux *Hallegheboden*, 1530-1542, fol. 352 v°.

15 novembre 1539, à Bruxelles. — Ordonnance du conseil de Brabant portant règlement pour le cipier de la prison dite *le Steen,* à Anvers.

> F. Verachter, *Inventaire des chartes et privilèges de la ville d'Anvers,* p. 215. — Reg. de la ch. des comptes, n° 138, fol. 289.

22 novembre 1539, à Bruxelles. — Ordonnance de l'Empereur défendant d'aller aux champs en étant muni d'arquebuses, d'arbalètes, d'arcs et d'autres armes de cette espèce.

> *Plac. de Fl.*, liv. Ier, p. 412.

24 décembre 1539, à Malines. — Ordonnance du grand conseil de Malines décernant des peines pécuniaires contre les plaideurs qui présentent des requêtes civiles dans le but de retarder la décision des procès ou de les embrouiller.

> Arch. du royaume : reg. intitulé *Instructions et ordonnances du grand conseil.*

7 février 1539 (1540, n. st.), à Bruxelles. — Lettre de l'Empereur à l'écoutète de Bruges lui ordonnant de défendre sévèrement aux habitants de sa juridiction d'opposer quelque résistance aux gens de guerre avec lesquels il allait entrer dans la Flan-

---

(1) Il est dit, au préambule de la lettre, qu'on craignait que les habitants de la campagne n'allassent se réfugier dans les villes.

dre, en les détrompant sur le bruit qui courait, dans le quartier de Gand, que la résistance était permise et légale.

Arch. de la ville de Bruges : reg. aux *Halleghebroden*, 1530-1542, fol. 358.

14 février 1539 (1540, n. st.), à Bruxelles. — Ordonnance de l'Empereur concernant la vente des biens allodiaux situés dans les pays de Malines et de Termonde.

Reg. de la ch. des comptes, n° 138, fol. 203.

17 février 1539 (1540, n. st.), à Gand. — Ordonnance de l'Empereur qui défend de donner asile à certains rebelles de Gand fugitifs.

GACHARD, *Relation des troubles de Gand sous Charles-Quint*, p. 669. — Original, aux archives de la ville de Gand.

19 février 1539 (1540, n. st.), à Gand. — Ordonnance de l'Empereur statuant que les échevins des deux bancs de Gand renouvelleront leur serment entre les mains du grand bailli de la ville, le sieur de Scardau, en la forme et manière ci-devant accoutumée.

STEUR, *Insurrection des Gantois*, p. 147. — P. VAN DUYSE, *Inventaire analytique des chartes et documents de la ville de Gand*, p. 338.

23 février 1539 (1540, n. st.), à Gand. — Décret de l'Empereur portant que les bourgeois de Gand qui se sont absentés et qui ont été déclarés fugitifs par la commune, « chacun mis sur la « somme de six cents florins », auront à comparaître à Gand, dans les huit jours, devant les conseillers Louis de Schore et Charles Boisot, afin de purger leur coutumace, s'il y a lieu.

STEUR, *Insurrection des Gantois*, p. 147. — P. VAN DUYSE, *Inventaire analytique des chartes et documents de la ville de Gand*, p. 338.

Dernier février 1539 (1540, n. st.), à Gand. — Or-

donnance de l'Empereur prescrivant le rétablissement des accises
dont la perception avait été abolie pendant les troubles de Gand.

> Gachard, *Relation des troubles de Gand sous Charles-
> Quint*, p. 670. — Original, aux archives de la ville de
> Gand.

2 mars 1539 (1540, n. st.), à Gand. — Ordonnance de
l'Empereur défendant l'exportation des chevaux, sous peine de confiscation et de punition arbitraire.

> Arch. de l'État, à Gand : reg. aux ordonnances du cons. de
> Flandre, 1511-1558, *litt. U*, fol. 170. — Arch. de la
> ville de Bruges : reg. aux *Hallegheboden*, 1530-1541,
> fol. 558 v°.

16 mars 1539 (1540, n. st.), à Gand. — Déclaration
de l'Empereur par laquelle il se réserve le jugement des prisonniers
impliqués dans les troubles qui sont arrivés à Gand.

> P. Van Duyse, *Inventaire analytique des chartes et docu-
> ments de la ville de Gand*, p. 340.

17 mars 1539 (1540, n. st.), à Gand. — Ordonnance
de l'Empereur prescrivant de laisser paisiblement jouir les frères et
couvents de l'ordre de Saint-François de leurs anciennes franchises
et immunités, sans exiger aucun droit de tonlieu, de gabelle ou autre
impôt quelconque desdits frères, quand ils sont en tournée pour
recueillir des aumônes.

> Arch. de l'État, à Gand : reg. aux ordonnances du cons. de
> Flandre, 1511-1558, *litt. U*, fol. 281.

19 mars 1539 (1540, n. st.), à Gand. — Ordonnance
de l'Empereur défendant de nouveau de pêcher le long des côtes
maritimes de la Flandre avec les filets et de la manière qui y sont
énoncés.

> *Plac. de Fl.*, liv. I⁰ʳ, p. 351. — Arch. de l'État, à Gand : reg.
> aux ordonnances du cons. de Flandre, 1511-1558, *litt. U*,
> fol. 173. — Arch. de la ville de Bruges : reg. aux *Halle-
> gheboden*, 1503-1513, fol. 342 v°.

24 mars 1539 (1540, n. st.), à Gand. — Ordonnance de l'Empereur qui suspend le renouvellement du doyen et des jurés des tisserands à Gand, et continue dans leurs fonctions ceux qui sont en exercice.

> GACHARD, *Relation des troubles de Gand sous Charles-Quint*, p. 584. — Arch. du royaume : reg. de l'audience, n° 91.

4 avril 1540 après Pâques, à Gand. — Lettre de l'Empereur aux échevins de Gand qui leur prescrit d'exempter des accises et de la maltôte sur le vin et la bière ses serviteurs et domestiques, dont le comte du Rœulx, son grand maître d'hôtel, fournira la liste.

> P. VAN DUYSE, *Inventaire analytique des chartes et documents de la ville de Gand*, p. 341.

7 avril 1540, à Gand. — Ordonnance de l'Empereur enjoignant à tous les gens sans aveu de se retirer de Gand.

> GACHARD, *Relation des troubles de Gand sous Charles-Quint*, p. 674. — Original, aux archives de la ville de Gand.

8 avril 1540, à Gand. — Ordonnance de l'Empereur accordant un délai de trois mois pour le payement de toutes les dettes arriérées de la ville de Gand.

> GACHARD, *Relation des troubles de Gand sous Charles-Quint*, p. 675. — Original, aux archives de la ville de Gand.

14 avril 1540, à Gand. — Ordonnance de l'Empereur défendant de faire sortir du pays, sans autorisation, les chevaux au-dessous de quatre ans et ceux au-dessus de cet âge qui ont plus de quinze palmes de taille.

> *Plac. de Fl.*, liv. Ier, p. 698. — Arch. de l'État, à Gand : reg. aux ordonnances du cons. de Flandre, 1511-1558, *litt. U*, fol. 173. — Archives grand-ducales, à Luxembourg. — Arch. de la ville de Bruges : reg. aux *Halleghebodeu*, 1530-1542, fol. 316 v°.

21 avril 1540, à Gand. — Ordonnance du conseil de Flandre prescrivant, ensuite des ordres de l'Empereur, la publication du billet y inséré, lequel porte à la connaissance du public qu'une nouvelle trève a été conclue par l'Empereur avec le Danemark, la Norwège, le Schleswich et le Holstein.

> P. Van Duyse, *Inventaire des chartes et documents de la ville de Gand*, p. 343. — Arch. de la ville de Bruges : reg. aux *Hallegheboden*, 1530-1543, fol. 315 v°.

22 avril 1540, à Gand. — Ordonnance de l'Empereur touchant le fait et l'exercice de la chasse dans la Flandre.

> *Plac. de Fl.*, liv. Ier, p. 413. — Arch. de l'État, à Gand : reg. aux ordonnances du cons. de Flandre, 1511-1558, *litt. U*, fol. 179 v°. — Arch. de la ville de Bruges : reg. aux *Hallegheboden*, 1530-1543, fol. 319.

30 avril 1540, à Gand. — Sentence rendue par l'Empereur contre la ville de Gand, pour cause des « crimes de desléauté, déso- « béissance, infraction de traités, sédition, rebellion et lèse-majesté » dont elle s'est rendue coupable. Elle porte que les Gantois ont forfait tous leurs privilèges, droits, franchises et coutumes emportant effet de privilège, et elle les en prive à perpétuité; elle ordonne que lesdits privilèges, avec les Livres rouge et noir, soient apportés à l'Empereur, qui en fera selon son bon plaisir ; elle déclare confis- qués tous les biens, rentes, revenus, maisons, artillerie, munitions de guerre, la cloche *Roland* et autres choses que la ville et les métiers ont en commun; elle condamne les Gantois à faire amende hono- rable à l'Empereur et à lui payer, outre leur part dans l'aide de 400,000 carolus d'or votée par les états de Flandre, la somme de 150,000 carolus pour une fois, et chaque année 6,000 carolus de rente perpétuelle, à le décharger d'une rente de 150 livres de gros, à remettre en ses mains l'ammanie de la ville et les prisons, etc., etc. : moyennant quoi l'Empereur leur quitte et remet tous les crimes et délits par eux perpétrés.

> Stela, *Insurrection des Gantois*, pp. 167-186. — Original, aux archives de la ville. — Arch. de l'État, à Gand : reg. aux ordonnances du cons. de Flandre, 1204-1557, *litt. U*, fol. 108 v°.

30 avril 1540, à Gand. — Ordonnance de l'Empereur contenant de nouveaux statuts (en soixante-dix-sept articles) pour le gouvernement et la police de la ville de Gand.

> Original, aux archives de la ville. — *Plac. de Fl.*, liv. III, p. 233. — Reg. de la ch. des comptes, n° 133, fol. 131. — Reg. du grand conseil, n° 0, fol. 129. — Arch. de l'État, à Gand : reg. aux ordonnances du cons. de Flandre, 1294-1557, *litt.* U, fol. 209.

30 avril 1540, à Gand. — Ordonnance de l'Empereur par laquelle il enjoint au magistrat de Gand de faire à ses officiers et au grand bailli la remise de toutes les chartes et privilèges de cette ville, conformément à la sentence qu'il a rendue contre elle.

> Steur, *Insurrection des Gantois*, p. 119.

En mai 1540, à Gand. — Lettres patentes de l'Empereur concédant à ceux de Termonde le droit de rivage ou le monopole du chargement et déchargement de toute espèce de marchandises, à l'exclusion des autres paroisses du pays.

> A. De Vlaminck, *Analyse sommaire des registres aux privilèges de la ville de Termonde*, p. 18.

2 mai 1540, à Gand. — Mandement de l'Empereur à son procureur général lui prescrivant de requérir les échevins des deux bancs de la ville de Gand de se trouver à la cour du prince, le lendemain matin, avec tous ceux qui étaient obligés de lui faire amende honorable, ensuite de la sentence du 30 avril (1).

> P. Van Duyse, *Inventaire analytique des chartes et documents de la ville de Gand*, p. 344.

4 mai 1540, à Gand. — Ordonnance de l'Empereur défendant de faire le commerce de grains, de lin, de chanvre et de fil dans les communes du plat pays de Termonde.

> A. De Vlaminck, *Analyse sommaire des registres aux privilèges de la ville de Termonde*, p. 18.

_____

(1) *Voy.* p. 236.

Le mandement est suivi de la formule de l'amende honorable à faire à l'Empereur par les échevins des deux bancs, pensionnaires, clercs et commis de Gand, au nom de la ville, ainsi que par trente bourgeois, par le doyen des tisserands et par le desservant du grand doyen, par six personnes de chaque métier, par cinquante tisserands et par cinquante *ceerers*. (Van Duyse.)

4 mai 1540, à Gand. — Ordonnance de l'Empereur statuant, sur la requête du magistrat de Menin, que les habitants de cette ville exerçant à Courtrai les métiers de drapier et de brasseur seront soumis, en ce qui concerne l'exercice de ces métiers, aux keures, statuts et ordonnances de ladite ville de Menin.

> Arch. de l'État, à Gand : reg. aux ordonnances du cons. de Flandre, 1294-1557, *litt. U*, fol. 223.

5 mai 1540, à Gand. — Ordonnance de l'Empereur qui fixe le taux des logements en la ville de Gand.

> GACHARD, *Relation des troubles de Gand sous Charles-Quint*, p. 680. — Original, aux archives de la ville.

5 mai 1540, à Gand. — Ordonnance de l'Empereur par laquelle il déclare prendre sous sa protection et sauvegarde les commissaires, capitaines, maîtres-ouvriers, ouvriers, marchands et généralement tous ceux qui contribuent à la construction du château de Gand, avec défense de leur porter aucun empêchement aussi longtemps qu'ils seront employés à cette construction, et de les arrêter ou poursuivre civilement.

> Arch. de l'État, à Gand : reg. aux ordonnances du cons. de Flandre, 1511-1558, *litt. U*, fol. 207.

6 mai 1540, à Gand. — Acte de l'Empereur portant désignation des tours, portes et murailles de la ville de Gand qui seront démolies, pour en employer les matériaux au château en construction.

> STEUR, *Insurrection des Gantois*, p. 151. — P. VAN DUYSE, *Inventaire analytique des chartes et documents de la ville de Gand*, p. 343.

10 mai 1540, à Bruxelles. — Ordonnance de l'Empereur défendant l'introduction et le cours des monnaies d'or nommées *souverains* et *angelots*, ainsi que des pièces d'argent dites *skoters*, frappées en Angleterre.

> *Plac. de Fl.*, liv. Ier, p. 499. — Reg. de la ch. des comptes, nº 86, fol. 14.

11 mai 1540, à Gand. — Ordonnance de l'Empereur touchant la restitution aux grand bailli et échevins de Gand d'une partie des chartes et privilèges qui avaient été enlevés à la ville (1), et la remise à leur faire également d'une copie des Livres rouge et noir.

GACHARD, *Relation des troubles de Gand sous Charles-Quint*, p. 389. — P. VAN DUYSE, *Inventaire analytique des chartes et documents de la ville de Gand*, p. 348.

11 mai 1540, à Gand. — Mandement de l'Empereur à son procureur général portant ordre de faire combler immédiatement, par les échevins de la ville de Gand, les fossés d'enceinte de cette ville, depuis la porte d'Anvers jusqu'à l'Escaut, conformément à la sentence rendue contre la ville.

P. VAN DUYSE, *Inventaire analytique des chartes et documents de la ville de Gand*, p. 343.

24 mai 1540, à Anvers. — Lettres de l'Empereur autorisant la ville d'Anvers à lever les droits (*weghgelt*) y spécifiés sur les chars à voyageurs et les chariots et charrettes à marchandises se servant dès chemins entre ladite ville et celles de Malines et de Lierre, et cela pour couvrir les frais d'entretien de ces chemins dont la ville d'Anvers s'était chargée dans l'intérêt de son commerce.

Reg. de la ch. des comptes, n° 611, fol. 53 v°.

Au mois de juin 1540, à Gand. — Lettres par lesquelles l'Empereur quitte, remet et pardonne aux bourgmestre, échevins et conseil de la ville d'Audenarde, tant pour eux que pour toute la communauté de cette ville, « ce qu'ils peuvent avoir méfait, « mesprins et mésusé envers lui et justice » en l'émotion populaire y advenue, à condition qu'ils lui feront amende honorable, lui payeront 8,000 carolus d'or et le déchargeront du principal et du cours d'une rente de 360 livres de 40 gros.

GACHARD, *Relation des troubles de Gand sous Charles-Quint*, p. 390. — Arch. de la ch. des comptes, à Lille : reg. aux chartes, 1538-1542, fol. 101 v°.

(1) Il est dit, dans l'inventaire des documents restitués, qu'ils seront remis à l'Empereur, à sa première réquisition; que le grand bailli aura une clef du *secret* où ils seront renfermés; qu'une clef en sera aussi remise à chaque collège, afin qu'aucun accès audit *secret* ne soit possible, si ce n'est de commun accord.

12 juin 1540, à ..... — Lettres de l'Empereur par lesquelles il autorise le magistrat de Louvain, dans le présent et dans l'avenir, à rembourser les rentes dues par cette ville, au prix auquel elles ont été constituées.

> Arch. du conseil de Brabant : procès entre les patron et receveur de la fondation d'Adrienne Le Roy et le curé de Bossut (Fondations), 1697.

15 juin 1540, à Bruxelles. — Décret de l'Empereur qui, vu les infractions que les marchands se permettaient à l'édit du 12 juin 1539 sur l'évaluation des monnaies (1), en prescrit la republication immédiate.

> Arch. de l'État, à Gand : reg. aux ordonnances du cons. de Flandre, 1511-1558, litt. U, fol. 181 v°.

18 juin 1540, à Gand. — Déclaration de l'Empereur qui, sur les supplications des échevins de Gand, leur accorde, à certaines conditions, une réduction de 78,000 carolus sur la somme de 150,000 carolus, montant de l'amende à laquelle la ville a été condamnée, et sur celle de 56,000 carolus, formant la quote-part de cette ville dans l'aide de 400,000 carolus votée pour la défense du pays.

> GACHARD, Relation des troubles de Gand sous Charles-Quint, p. 592. — P. VAN DUYSE, Inventaire analytique des chartes et documents de la ville de Gand, p. 340.

25 juin 1540, à Bruges. — Ordonnance de l'Empereur qui règle la manière dont se conduiront ceux de la ville d'Audenarde lorsqu'ils auront à délibérer, soit sur des propositions du souverain, soit sur des affaires regardant exclusivement ladite ville.

> GACHARD, Relation des troubles de Gand sous Charles-Quint, p. 503. — Arch. du royaume : reg. de l'audience, n° 91.

25 juin 1540, à Bruges. — Ordonnance de l'Empereur qui règle la manière dont se conduiront ceux de la châtellenie d'Aude-

---

(1) Voy. p. 229.

narde lorsqu'ils auront à délibérer sur les propositions qui leur seront faites.

Arch. du royaume : reg. de l'audience, n° 91.

25 Juin 1540, à Bruges. — Ordonnance de l'Empereur qui règle la manière dont se conduiront ceux du pays de Termonde lorsqu'ils auront à délibérer sur les propositions qui leur seront faites.

Arch. du royaume : reg. de l'audience, n° 91.

25 Juin 1540, à Bruges. — Ordonnance de l'Empereur qui règle la manière dont se conduiront ceux du pays de Waes lorsqu'ils auront à délibérer sur les propositions qui leur seront faites.

GACHARD, *Relation des troubles de Gand sous Charles-Quint*, p. 398. — Arch. du royaume : reg. de l'audience, n° 91.

25 Juin 1540, à Bruges. — Ordonnance de l'Empereur qui règle la manière dont se conduiront ceux de la châtellenie de Courtrai lorsqu'ils auront à délibérer sur les propositions qui leur seront faites.

GACHARD, *Relation des troubles de Gand sous Charles-Quint*, p. 507. — CH. MUSSELY, *Inventaire des archives de la ville de Courtrai*, t. II, p. 75. — Arch. du royaume : reg. de l'audience, n° 91.

28 Juin 1540, à Malines. — Ordonnance du grand conseil prescrivant aux avocats et procureurs qui ont des causes à défendre de se trouver ponctuellement aux plaids, aux jours et aux heures fixés, sous peine d'amende.

Arch. du royaume : reg. intitulé *Instructions et ordonnances du grand conseil*, fol. 11 v°.

Au mois de Juillet 1540, à Bruges. — Lettres par lesquelles l'Empereur quitte, remet et pardonne aux bourgmestre, échevins et communauté de la ville de Ninove tout ce qu'ils peuvent avoir « méfait, mespris et mésusé envers lui et justice, » en ayant refusé d'ouvrir les portes de leur ville, le 18 octobre 1539, à des gens de guerre que la reine Marie y avait envoyés; et ce pardon, il le leur accorde à condition qu'ils lui feront amende honorable et lui payeront 2,000 florins carolus d'or.

GACHARD, *Relation des troubles de Gand sous Charles-Quint*, p. 407. — Bibliothèque de Bourgogne, MS. n° 14906.

10 juillet 1540, à Bruges. — Lettres par lesquelles l'Empereur ratifie toutes les immunités du chapitre de Saint-Bavon, à Gand, lequel avait été transféré en l'église paroissiale de Saint-Jean, par suite de la construction de la citadelle.

GACHARD, *Relation des troubles de Gand sous Charles-Quint*, p. 680. — P. VAN DUYSE, *Inventaire analytique des chartes et documents de la ville de Gand*, p. 347.

17 juillet 1540, à Gand. — Sentence de l'Empereur déclarant que les prévôt, échevins et conseillers de la ville de Courtrai, ainsi que le corps et commune de cette ville, ont commis les crimes de commotion et sédition; qu'ils ont par là fourfait tous leurs privilèges, coutumes et usances emportant effet de privilèges, avec tous les biens appartenant, tant au corps et commune qu'aux métiers, lesquels il confisque à son profit, se réservant de mettre en ladite ville tel ordre qu'il lui plaira; qu'en outre, ils auront à lui faire amende honorable et à lui payer 12,000 carolus d'or : moyennant quoi il quitte, remet et abolit « ce qu'ils ont offensé ».

GACHARD, *Relation des troubles de Gand sous Charles-Quint*, p. 409. — CH. MUSSELY, *Inventaire des archives de Courtrai*, t. II, p. 74. — Reg. du grand cons. de Malines, n° 4, p. 278. — Arch. de la ch. des comptes, à Lille : reg. aux chartes, 1538-1542, fol. 163 v°.

27 juillet 1540 (1), à La Haye. — Ordonnance de l'Empereur qui accorde provisoirement à ceux de la ville de Courtrai la jouissance de leur maison échevinale, la connaissance et juridiction

___

(1) Dans l'Inventaire des archives de Courtrai publié par M. Mussely, cette ordonnance est datée du 31 juillet.

de leurs bourgeois, la faculté de continuer la levée des impôts courants, l'usage de la halle de la ville, etc.

> GACHARD, *Relation des troubles de Gand sous Charles-Quint*, p. 420. — Arch. du royaume : reg. de l'audience, n° 91.

7 août 1540, à La Haye. — Lettres de l'Empereur par lesquelles il octroie, ordonne et statue, par forme de privilège perpétuel, que les laines d'Espagne importées aux Pays-Bas devront être *estaplées* à Bruges, et non ailleurs, cette ville ayant déjà joui de ce privilège dès le règne de Philippe, duc de Bourgogne.

> *Plac. de Fl.*, liv. III, p. 969. — Arch. de la ville de Bruges: reg. aux *Hallegheboden*, 1530-1542, fol. 331 v°.

10 septembre 1540, à Bruxelles. — Lettres par lesquelles l'Empereur concède à la ville de Bruges l'entrée des draps anglais, et permet que ces draps y soient préparés, teints et entièrement apprêtés, pour y être vendus en gros et non en détail, et cela par forme d'essai, pour le terme de trois ans, à l'exclusion de toute autre ville des Pays-Bas.

> Arch. de la ville de Bruges : reg. aux *Hallegheboden*, 1530-1542, fol. 370 v°.

22 septembre 1540, à Bruxelles. — Édit de l'Empereur prescrivant de nouvelles mesures pour l'extirpation des sectes des luthériens, anabaptistes et autres, et aussi pour empêcher que ces sectes ne se propagent.

> *Plac. de Fl.*, liv. Ier, p. 112. — Arch. du royaume : reg. du grand conseil de Malines, n° 8, fol. 59 v°. — Arch. de l'État, à Mons : reg. du cons. de Hainaut, n° 2, fol. 83 et 220. — Arch. de l'État, à Gand: reg. aux ordonnances du cons. de Flandre, 1511-1558, *litt. U*, fol. 182. — Arch. de l'État, à Tournai : reg. aux ordonnances du bailliage de Tournai-Tournaisis commençant en 1505, p. 313. — Arch. de la ville de Bruges : reg aux *Hallegheboden*, 1530-1542, fol. 350.

Au mois d'octobre 1540, à Bruxelles. — Ordonnance et instruction de l'Empereur pour le conseil d'État.

> Reg. de la ch. des comptes, n° 120, fol. 121.

1er octobre 1540, à Bruxelles. — Lettres de l'Empereur annulant toutes lettres de placet, confirmations, agréations de bénéfices, toutes réserves et expectatives, qui pourraient être un obstacle à la pleine et entière jouissance de ceux des bénéfices dont, en vertu d'un indult du pape Paul III, du xi des calendes de juin 1539, la collation lui est réservée.

Arch. du royaume : Cartulaires et manuscrits, n° 270.

4 octobre 1540, à Bruxelles. — Édit de l'Empereur sur les matières suivantes : 1° les sectes et les hérésies ; 2° les banqueroutiers ; 3° le douaire des épouses ; 4° les monopoles et les contrats illicites ; 5° l'usure et le taux légal de l'intérêt ; 6° l'homologation des coutumes ; 7° la censure ecclésiastique ; 8° les donations ou dispositions faites par des mineurs ; 9° les notaires et leurs protocoles ; 10° le salaire des avocats, procureurs, secrétaires et autres ; 11° les mariages secrets ; 12° les choix à faire pour la nomination aux fonctions municipales.

Arch. du royaume : Original et collection imprimée d'ordon-
nances, in-4°, t. Ier. - *Plac. de Fl.*, liv. Ier, p. 767. —
Reg. du grand conseil, n° 4, p. 623. — Arch. de l'État, à
Gand : reg. aux ordonnances du cons. de Flandre, 1204-
1557, *litt. U*, fol. 210. — Arch. grand-ducales, à Luxem-
bourg.

4 octobre 1540, à Bruxelles. — Ordonnance de Charles-Quint sur la draperie à Bruxelles.

Citée dans l'ordonnance du 3 février 1703 insérée au
tome Ier des *Ordonnances des Pays-Bas autrichiens*,
p. 538.

8 octobre 1540, à Bruxelles. — Ordonnance de l'Empereur défendant d'exercer la médecine ou de débiter des remèdes, à Bruxelles, sans être docteur ou licencié en médecine, ou sans avoir subi un examen à l'université de Louvain.

Plac. de Brab., t. III, p. 261.

12 octobre 1540, à Bruxelles. — Ordonnance et instruction de l'Empereur pour le conseil privé.

Reg. de la ch. des comptes, n° 120, fol. 33, et n° 1325, fol. 44.

12 octobre 1540, à Bruxelles. — Ordonnance et instruction de l'Empereur pour les chefs, trésorier général et commis des domaines et finances, ainsi que pour l'administration desdites finances.

> Arch. du royaume : coll. de l'audience, reg. n° 78, fol. 733. — Reg. de la ch. des comptes, n° 138, fol. 315 v°.

14 octobre 1540, à Bruxelles. — Lettres par lesquelles l'Empereur réduit la somme de 128,000 florins carolus que les Gantois devaient lui payer (1), à celle de 26,000 florins carolus.

> P. Van Duyse, *Inventaire analytique des chartes et documents de la ville de Gand.* p. 340.

25 octobre 1540, à Bruxelles. — Sentence rendue par l'Empereur dans un différend entre le magistrat de Malines et les états de Brabant. Elle statue que les Malinois ne sont pas exempts de contribuer, pour les biens qu'ils possèdent en Brabant, dans les aides que ces états accordent pour la défense du pays, mais que le privilège de l'archiduc Maximilien, de 1489, qu'ils invoquaient, demeurera entier quant aux autres aides.

> Plac. de Brab., t. III, p. 388. — Van Doren, *Inventaire des chartes de la ville de Malines*, t. 1er, p. 215. — Reg. de la ch. des comptes, n° 110, fol. 213.

29 octobre 1540, à Bruxelles. — Ordonnance de l'Empereur statuant qu'on frappera, dans ses monnaies, aux Pays-Bas, une monnaie d'or qui portera le nom de *couronne d'or au soleil*, et en fixant la valeur, de même que celle des monnaies d'or battues à Deventer, Campen et Zwolle.

> Plac. de Fl., liv. 1er, p. 500. — Arch. de l'État, à Gand : reg aux ordonnances du conseil de Flandre, 1511-1558, litt. U, fol. 185 v°. — Archives grand-ducales, à Luxembourg. — Arch. de la ville de Bruges : reg. aux *Halleghebolen*, 1530-1542, fol. 360 v°.

4 novembre 1540, à Courtrai. — Ordonnance de l'Empereur contenant de nouveaux statuts pour le gouvernement et la police de la ville de Courtrai, au lieu des anciens privilèges et cou-

---

(1) Voy. p. 240, à la date du 18 juin 1540.

lumes emportant effet de privilèges dont cette ville avait par ci-devant joui.

Plac. de Fl., liv. III, p. 300. — Arch. de l'État, à Gand : reg. aux ordonnances du cons. de Flandre, 1204-1557, litt. U, fol. 255. — Messely, Inventaire des archives de Courtrai, t. II, p. 79.

5 novembre 1540, à Courtrai. — Ordonnance de l'Empereur qui rend aux gens de loi de la ville de Courtrai la jouissance de la vaisselle et des meubles appartenant à leur maison échevinale.

Gachard, Relation des troubles de Gand sous Charles-Quint, p. 436. — Arch. du royaume : reg. de l'audience, n° 91.

9 novembre 1540, à Lille. — Ordonnance de l'Empereur contenant de nouveaux statuts pour le gouvernement et la police de la ville d'Audenarde, au lieu des anciens privilèges et coutumes emportant effet de privilèges dont cette ville avait par ci-devant joui.

Plac. de Fl., liv. III, p. 323. — Arch. de l'État, à Gand : reg. aux ordonnances du cons. de Flandre, 1204-1557, litt. U, fol. 211.

9 novembre 1540, à Lille. — Ordonnance de l'Empereur portant que les exécuteurs de testaments en la ville de Malines, avant de distribuer quelque legs au profit des pauvres, seront tenus d'en avertir ceux de la loi de ladite ville, afin qu'ils puissent s'assurer de la validité des legs.

Reg. du grand cons. de Malines, n° 4, p. 217.

24 novembre 1540, à Arras. — Ordonnance de l'Empereur défendant, par mesure de représailles, de charger, aux Pays-Bas, des navires anglais de marchandises de ces pays.

Arch. de l'État, à Gand : reg. aux ordonnances du cons. de Flandre, 1511-1558, litt. U, fol. 187. — Arch. de la ville de Bruges : reg. aux Hallegheboden, 1530-1542, fol. 373 v°.

3 des nones de décembre 1540, à Rome. — Bulle du pape Paul III par laquelle il transfère dans l'église de Saint-Jean, à

Gand, le chapitre de l'église de Saint-Bavon, cette dernière église ayant été démolie pour la construction du château qu'avait ordonnée l'Empereur.

Miræus, *Opera diplomatica*, t. II, p. 1050.

15 décembre 1540, à Valenciennes. — Déclaration de l'Empereur modifiant, sur la requête des échevins des deux bancs de la ville de Gand, l'article de son ordonnance du 30 avril (1) par lequel il était statué que, quand quelqu'un ayant commis un crime digne de mort s'absenterait de ladite ville et n'y reviendrait pas, ayant été trois fois ajourné, il serait banni et tous ses biens confisqués.

Plac. de Fl., liv. Ier, p. 246. — Gachard, *Relation des troubles de Gand sous Charles-Quint*, p. 411. — Arch. de l'État, à Gand : reg. aux ordonnances du cons. de Flandre, 1291-1557, *litt. U,* fol. 217 v°. — MS. n° 14002 de la Bibliothèque de Bourgogne.

27 décembre 1540, à Namur. — Édit de l'Empereur statuant que son amiral de la mer sera désormais son lieutenant général et officier supérieur de la mer et que seul, par lui-même ou par ses lieutenants, il poursuivra les crimes et délits qui se commettent à bord des vaisseaux de guerre, ou par suite de la guerre, sur mer ou sur les côtes. Cet édit détermine les autres attributions de l'amiral. Il concerne aussi l'équipement des navires de guerre, les prises, les prisonniers, etc. Un des articles porte que tous les navires indistinctement de l'obéissance de l'Empereur, qui naviguent en mer, seront tenus de porter ses pennons, armes et étendards et ceux dudit amiral, aux peines y indiquées.

Arch. du royaume : reg. du grand cons., n° 4, p. 363. — Arch. de la ville de Bruges : reg. aux *Halleghcboden,* 1530-1542, fol. 531 v°.

14 février 1540 (1541, n. st.), à Binche. — Ordonnance de l'Empereur portant création et institution, en la ville de Gand, d'un juge qui sera nommé le *lieutenant civil* du bailli de cette ville et devant lequel les bourgeois et habitants de Gand pourront attraire leurs débiteurs domiciliés dans les communes que l'ordonnance énumère ; prescrivant, en outre, les règles que ce juge aura à observer dans l'exercice de ses fonctions.

> *Plac. de Fl.*, liv. II, p. 283. — Original, aux arch. de la ville de Gand. — Arch. de l'État, à Gand : reg. aux ordonnances du cons. de Flandre, 1204-1337, *litt. U*, fol. 220 v°.

14 février 1540 (1541, n. st.), à Binche. — Ordonnance de l'Empereur portant règlement pour la navigation sur l'Escaut et la Lys, et décrétant un tarif des droits à payer aux bateliers, selon la nature des marchandises prises à bord et les distances à parcourir. Cette ordonnance fut rendue à l'occasion des démêlés qui s'étaient élevés entre les villes d'Anvers, de Malines, de Courtrai, d'Audenarde, de Menin, de Lille, de Douai, d'Orchies, de Mons, de Valenciennes, d'Aire, de Saint-Omer, de Saint-Venant et d'Armentières.

> *Plac. de Fl.*, liv. III, p. 665. — Van Doren, *Inventaire des chartes de la ville de Malines*, t. Ier, p. 225. — Arch. de la ville de Mons, *Livre rouge*, t. II, fol. 73 v°.

7 mars 1540 (1541, n. st.), à Binche. — Lettres de l'Empereur accordant la restitution des rentes et revenus des métiers de la ville de Gand destinés à l'entretien des pauvres.

> Gachard, *Relation des troubles de Gand sous Charles-Quint*, p. 602. — Arch. de la ville de Gand : copie collationnée.

15 mars 1540 (1541, n. st.), à Gand. — Ordonnance du conseil de Flandre qui, ensuite des ordres de la reine Marie (1), prescrit de faire des prières et des processions publiques afin que Dieu inspire les princes allemands que l'Empereur avait convoqués dans la ville de Ratisbonne en vue de résister aux invasions des Turcs.

> Arch. de la ville de Bruges : reg. aux *Hallegheboden*, 1532-1543, fol. 381 v°.

---

(1) Les mêmes ordres avaient été envoyés aux autres provinces. L'*Inventaire des archives de la ville de Malines*, par Van Doren (t. IV, p. 116), mentionne, sous la date du 12 mars, la lettre de la Reine adressée au magistrat de cette ville.

16 mars 1540 (1541, n. st.), à Bruxelles. — Ordonnance de l'Empereur touchant la création des bourgeois de Grammont, les droits attachés à la bourgeoisie, la juridiction du grand bailli d'Alost en cette ville et celle du magistrat sur les bourgeois forains. L'Empereur, par la même ordonnance, restitue à la ville de Grammont ses privilèges, usances, keures et statuts, qu'il confirme et approuve.

Plac. de Fl., liv. III, p. 281.

18 mars 1540 (1541, n. st.), à Binche. — Ordonnance de l'Empereur sur le fait et l'exercice de la chasse en Flandre.

Arch. de la ville de Bruges : reg. aux Hallegheboden, 1530-1543, fol. 370 v°.

20 mars 1540 avant Pâques (1541, n. st.), à Bruxelles. — Instructions de la reine Marie pour Jean, comte d'Oost-Frise, en qualité de gouverneur du duché de Limbourg et des pays d'Outre-Meuse.

Reg. de la ch. des comptes, n° 130, fol. 28 v°.

11 avril 1540 avant Pâques (1541, n. st.), à Binche. — Ordonnance de l'Empereur par laquelle, vu les pilleries et excès que commettaient dans la Flandre les malfaiteurs, les vagabonds et de soi-disant gens de guerre, il défend, sous des peines très sévères, à toutes personnes, sauf à celles que désigne l'ordonnance, de porter des armes à feu. L'Empereur, voulant châtier lesdits malfaiteurs et vagabonds, statue, par forme d'édit perpétuel, que l'oisiveté, sans preuve de moyens d'existence, est un indice suffisant pour que celui qui la pratique soit mis à la torture. Suivent des dispositions pour l'arrestation des gens de l'espèce.

Plac. de Fl., liv. Ier, p. 18. — Arch. de la ville de Bruges : reg. aux Hallegheboden, 1530-1543, fol. 380 v°, et 1543-1553, fol. 25 v°.

28 avril 1541, à .... — Décret de l'Empereur interprétant plusieurs points et articles qui concernent « le fait de judica-

« ture des indaginghes » étant dans les attributions du lieutenan
civil du grand bailli de Gand.

Arch. de l'État, à Gand : reg. aux ordonnances du cons.
de Flandre, 1291-1557, *litt. U*, fol. 247.

28 avril 1541, à Bruxelles. — Déclaration de la reine
Marie touchant le droit de trois patards que les bourgeois forains
devaient payer à Courtrai.

GACHARD, *Relation des troubles de Gand sous Charles-
Quint*, p. 116. — Arch. du royaume : reg. *Troubles de
Gand*, 1537-1512, t. 1er.

12 mai 1541, à Bruxelles. — Décret de la reine Marie portant que le lieutenant civil du grand bailli de Gand et son greffier
jouiront, pendant la durée de leurs fonctions, de l'exemption des
assises et maltôtes de ladite ville, comme les conseillers et le greffier
du conseil de Flandre.

Arch. de l'État, à Gand : reg. aux ordonnances du cons. de
Flandre, 1294-1557, *litt. U*, fol. 248 v°.

31 mai 1541, à Bruxelles. — Décret de la reine Marie
statuant que le lieutenant civil du grand bailli de Gand et son
greffier suivront, aux processions, exèques et assemblées, le premier
le sous-bailli de la ville, et le second le greffier du conseil de Flandre.

Arch. de l'État, à Gand : reg. aux ordonnances du cons. de
Flandre, 1294-1557, *litt. U*, fol. 249.

En juillet 1541, à Bruxelles. — Lettres par lesquelles
l'Empereur, à la requête du magistrat de Bruxelles, abolit les dix-
sept petits tonlieux que le domaine levait en cette ville, et les con-
vertit en une rente annuelle de 700 florins carolus d'or, payable
par la ville, indépendamment d'une somme de 11,000 florins carolus
une fois donnée.

Reg. de la ch. des comptes, n° 138, fol. 339 v°, et n° 611,
fol. 106 v°.

1er juillet 1541, à Bruxelles. — Décret de l'Empereur en son conseil privé prescrivant à l'écoutète de Malines de se conformer, quant aux compositions avec les criminels, à sa sentence du 19 octobre 1535 (1).

Reg. de la ch. des comptes, n° 910, fol. 180.

11 Juillet 1541, à Bruxelles. — Ordonnance de l'Empereur portant règlement pour la conservation des bois et forêts qui lui appartiennent dans le pays et comté de Namur, notamment en ce qui concerne la paisson des bestiaux et chevaux dans lesdits bois.

Arch. du royaume : Ordonnances minutes, t. 1er.

15 Juillet 1541, à Gand. — Ordonnance du conseil de Flandre prescrivant la publication du billet, y inséré, lequel annonce au public, de la part de l'Empereur et de la reine Marie, que la trêve avec le Danemark, la Norwège, le Holstein et autres principautés du Nord-Est est prolongée jusqu'au 1er novembre suivant.

Arch. de la ville de Bruges : reg. aux Hallegheboden, 1530-1542, fol. 393 v°.

24 Juillet 1541, à Bruxelles. — Décret de l'Empereur interprétant l'article 14 de l'ordonnance du 14 février précédent concernant la navigation sur l'Escaut et la Lys (2).

Plac. de Fl., liv. III, p. 673.

20 août 1541, à Bruxelles. — Ordonnance de l'Empereur renouvelant les instructions de la chambre des comptes de Brabant, ce qui, est-il dit au préambule, n'avait pas été fait depuis longtemps, non plus que pour les chambres des comptes de Lille et de La Haye. (L'ordonnance a soixante-seize articles.)

Arch. du royaume : Ordonnances minutes, t. 1, fol. 181. —
Reg. de la ch. des comptes, n° 110, fol. 213, 120, fol. 113 v°,
et 1328, fol. 93.

30 septembre 1541, à Lille. — Ordonnance de l'Empereur

---

(1) Voy. p. 212.
(2) Voy. p. 248.

lixant le salaire des exécuteurs des hautes œuvres, en Flandre, pour les exécutions et pour les mutilations des condamnés ; déterminant également le salaire des officiers de justice pour l'arrestation des criminels, ainsi que pour leurs vacations dans les poursuites judiciaires qui en résulteront.

> Original, aux arch. du royaume. — Reg. de la ch. des comptes, n° 1217. — Arch. de l'Etat, à Gand : reg. aux ordonnances du cons. de Flandre, 1204-1557, litt. U, fol. 228. — Arch. de l'Etat, à Tournai : reg. aux ordonnances du bailliage de Tournai-Tournaisis commençant en 1503, p. 200.

2 octobre 1541, à Gand. — Ordonnance du conseil de Flandre prescrivant, ensuite des ordres de la reine Marie, de faire des prières, des processions et d'autres œuvres pies, pendant trois mois, pour le succès des armes de l'Empereur contre les Turcs.

> Arch. de la ville de Bruges : reg. aux *Hallegheboden*, 1530-1542, fol. 399.

5 octobre 1541, à Lille. — Ordonnance et instructions de l'Empereur pour la chambre des comptes, à Lille.

> Arch. du royaume : collection de l'audience, reg. n° 78, fol. 107. — Reg. de la ch. des comptes, n°° 881, 883 et 1323.

15 octobre 1541, à Bruges. — Ordonnance de l'Empereur par laquelle, vu le grand nombre de délits et d'abus qui se commettaient dans les tavernes en Flandre et restaient impunis, il défend à tous officiers de justice de livrer de la bière aux taverniers et cabaretiers, et de tenir eux-mêmes des tavernes et cabarets aussi longtemps qu'ils seront en fonctions.

> *Plac. de Fl.*, liv. Ier, p. 218. — Arch. de l'Etat, à Gand : reg. aux ordonnances du cons. de Flandre, 1511-1558, litt. U, fol. 101. — Arch. de l'Etat, à Tournai : reg aux ordonnances du bailliage de Tournai-Tournaisis commençant en 1503, p. 201. — Arch. de la ville de Bruges : reg. aux *Hallegheboden*, 1530-1542, fol. 408 v°.

20 octobre 1541, à Bruges. — Ordonnance de l'Empereur, rendue par forme de loi perpétuelle, touchant 1° les homicides et la délivrance des lettres de rémission ; 2° l'octroi des lettres de légitimation ; 3° les lettres de placet sur les bulles apostoliques ; 4° les lettres de répit et de cession ; 5° les bénéfices d'inventaire.

> *Plac. de Fl.*, liv. 1er, p. 776. — Arch. du royaume : Coll. d'ordonnances imp., in-1°, t. 1er. — Arch. de l'État, à Gand : reg. aux ordonnances du cons. de Flandre, 1204-1557, *litt. U*, fol. 2. — Arch. de l'État, à Tournai : reg. aux ordonnances du bailliage de Tournai-Tournaisis commençant en 1503, p. 331. — Archives grand-ducales, à Luxembourg. — Arch. de la ville de Bruges : reg. aux *Halleghebodden*, 1530-1542, fol. 101 v°.

31 octobre 1541, à Bruxelles. — Ordonnance de l'Empereur, rendue par forme de loi et d'édit perpétuel, sur la traite et le payement des lettres de change. L'ordonnance a en vue les pratiques frauduleuses de prétendus négociants qui cherchaient à gagner de l'argent avec celui d'autrui et auxquels les lettres de change servaient de moyen.

> *Plac. de Brab.*, t. 1er, p. 500. — Reg. de la ch. des comptes, n° 110, fol. 243. — Arch. de l'État, à Gand : reg. aux ordonnances du cons. de Flandre, 1204-1557, *litt. U*, fol. 300. — Arch. de la ville de Bruges : reg. aux *Halleghebodden*, 1530-1542, fol. 407.

7 novembre 1541, à Bruges. — Ordonnance de l'Empereur fixant la valeur des nouveaux sous de France, des nouvelles couronnes d'or du même pays, ainsi que des ducats de Portugal.

> *Plac. de Fl.*, liv. 1er, p. 503. — Reg. de la ch. des comptes, n° 80, fol. 10. — Arch. de l'État, à Gand : reg. aux ordonnances du cons. de Flandre, 1511-1558, *litt. U*, fol. 101. — Arch. de la ville de Bruges : reg. aux *Halleghebodden*, 1530-1542, fol. 418 v°.

27 novembre 1541, à Gand. — Ordonnance de l'Empereur portant défense de se trouver dans les assemblées de gens de guerre (*voet-knechten*) et de vagabonds, de quelque nation qu'ils soient :

défendant aussi de prendre du service à l'étranger, sous peine de mort et de confiscation des biens, à moins qu'on n'y ait été autorisé par des lettres de l'officier du lieu de sa résidence, lequel ne pourra les accorder que du consentement de l'Empereur ou de son représentant.

> *Plac. de Fl.*, liv. Ier, p. 20. — Arch. du royaume : cartulaires et manuscrits, n° 278ᵃ. — Arch. de l'État, à Gand : reg. aux ordonnances du cons. de Flandre, 1511-1538, *litt. U*, fol. 192. — Arch. de la ville de Bruges : reg. aux *Hallegheboden*, 1550-1542, fol. 110 v°.

28 novembre 1541, à .... — Ordonnance de l'Empereur touchant la concession de lettres de pardon aux assassins, les lettres de répit, cession et bénéfice d'inventaire et les autres lettres de grâce.

> *Bibliotheek der Nederlandsche Pamfletten*, 1858, t. Ier, p. 3.

28 novembre 1541, à Gand. — Ordonnance de l'Empereur statuant que les prélats et monastères du comté de Namur se conduiront, au fait des successions de leurs religieux et religieuses, selon son ordonnance du 18 mai 1516 (1), sauf les modifications qu'il détermine.

> Arch. de l'État, à Namur : reg. aux transports et reliefs du souverain bailliage de Namur, de 1551 à 1551, fol. 104 v°.

10 décembre 1541, à Gand. — Édit de l'Empereur statuant, pour loi perpétuelle, que les lettres de change et autres obligations contractées entre marchands, à la bourse d'Anvers, devront être payées, savoir : les deux tiers en or et le tiers restant en argent, monnaies ayant cours et évaluées par les ordonnances.

> Collection de placards de la Bibliothèque royale, n° 21100 du catalogue. — *Catalogus van tractaten en pamfletten*, enz., t. Ier, p. 7, n° 37. — Arch. du royaume : collection de l'audience, reg. n° 83, fol. 120.

12 décembre 1541, à Gand. — Ordonnance de l'Empereur

---

(1) Nous n'avons pas trouvé cette ordonnance.

statuant, par forme d'ampliation du règlement de la corporation des
bateliers de Gand, que la franchise de cette corporation s'étendra
aussi bien aux fils naturels des bateliers qu'à leurs fils légitimes, et
que, pour exercer ledit état, il faut avoir atteint l'âge de vingt ans
ou être marié. Ceux qui l'exerceraient sans y avoir été admis payeront dix florins carolus d'amende.

Plac. de Fl., liv. III, p. 074.

12 décembre 1541, à .... — Ordonnance de l'Empereur qui,
vu la cherté des grains, statue que les marchands de grains ne pourront les vendre ailleurs qu'aux marchés publics, non en gros, mais
en détail, sans pouvoir en exporter.

Arch. de l'État, à Tournai : reg. aux ordonnances du bailliage de Tournai-Tournaisis commençant en 1503, p. 562.

14 décembre 1541, à Gand. — Ordonnance de l'Empereur
prescrivant à tous hommes nobles et vivant comme tels de tenir des
chevaux et d'avoir des armes (harnais), afin d'être prêts pour réprimer les excès des gens de guerre en état de vagabondage et pour
défendre le pays. Les possesseurs de fiefs, ayant justice haute,
moyenne et basse, ou jouissant d'un revenu annuel de 300 carolus
d'or, seront obligés d'entretenir un cheval avec l'équipement nécessaire.

Reg. de la ch. des comptes, n° 138, fol. 230 v°. — Arch. de
l'État, à Gand : reg. aux ordonnances du cons. de
Flandre, 1511-1558, *litt. U*, fol. 193. — Arch. de l'État,
à Tournai : reg. du bailliage de Tournai-Tournaisis, commençant en 1503, p. 360. — Arch. de la ville de Bruges :
reg. aux *Hallegheboden*, 1530-1542, fol. 413 v°.

14 décembre 1541, à Gand. — Décret de l'Empereur par
lequel, désirant que la justice des *indaghinghes* (à Gand) « soit bien,
« commodieusement et diligentement administrée, » il assigne un
local, dans le vieux château de Gand, au lieutenant civil du grand
bailli, et alloue audit lieutenant un gros, monnaie de Flandre, pour
chaque billet d'ajournement qu'il signera.

Arch. de l'État, à Gand : reg. aux ordonnances du cons. de
Flandre, 1291-1557, *litt. V*, fol. 218.

2 janvier 1541 (1542, n. st.), à Binche. — Instruction de la reine Marie suivant laquelle auront à se régler, dans les procès criminels, les baillis et hommes de fiefs de Flobecq et de Lessines.

Reg. du grand conseil de Malines, n° 4, p. 319.

2 janvier 1541 (1542, n. st.), à Gand. — Ordonnance du conseil de Flandre prescrivant, ensuite des ordres de la reine Marie, de faire partout une procession générale pour remercier le ciel de l'heureux retour de l'Empereur de son « voyage en Afrique « et de son arrivée en Espagne, » à part la perte de quelques galères.

Arch. de la ville de Bruges : reg. aux *Halleghebaden*, 1530-1542, fol. 314 v°.

3 janvier 1541 (1542, n. st.), à Binche. — Décret de l'Empereur par lequel, sur la requête du conseil de Flandre, il interprète l'édit du 20 octobre précédent en ce qui touche les lettres de rémission (1).

Plac. de Fl., liv. Ier, p. 781.

24 janvier 1541 (1542, n. st.), à Bruxelles. — Ordonnance de l'Empereur interprétant et amplifiant quelques articles du règlement du 3 janvier 1539 (n. st.), relatif à la suprême charité à Bruxelles (2).

Plac. de Brab., t. III, p. 146. — Collection de placards du XVIe siècle, à la Bibliothèque royale, n° 24409 du catalogue (fonds Van Hulthem).

27 janvier 1541 (1542, n. st.), à Gand. — Ordonnance du conseil de Flandre prescrivant, ensuite des ordres de la reine Marie, de republier l'ordonnance du 12 juin 1539 sur le cours des monnaies (3).

Arch. de la ville de Bruges : reg. aux *Halleghebaden*, 1530-1542, fol. 415 v°.

(1) *Voy.* p. 245.
(2) *Voy.* p. 227.
(3) *Voy.* p. 220.

30 janvier 1541 (1542, n. st.), à Bruxelles. — Ordonnance de l'Empereur portant règlement pour l'exécution du service divin dans l'église collégiale et paroissiale de Saint-Bavon, unie à celle de Saint-Jean, à Gand.

> Miræus, *Opera diplomatica*, t. II, p. 1056.

16 février 1541 (1542, n. st.), à Bruxelles. — Ordonnance de l'Empereur défendant de recevoir ou donner en payement les *Joachim-dalers*, avec ordre de les porter chez les changeurs délégués à cet effet, afin qu'ils y soient rompus et que l'on en reçoive la vraie valeur en monnaie légale.

> *Plac. de Fl.*, liv. Ier, p. 503. — Reg. de la ch. des comptes, n° 86, fol. 23, et n° 130, fol. 53. — Arch. de l'État, à Gand : reg. aux ordonnances du cons. de Flandre, 1511-1558, *litt.* U, fol. 101. — Archives grand-ducales, à Luxembourg. — Arch. de la ville de Bruges : reg. aux *Hallegheboden*, 1530-1542, fol. 420 v°.

18 février 1541 (1542, n. st.), à Bruxelles. — Décret de la reine Marie interprétant et ampliant l'ordonnance du 14 décembre 1541 concernant l'équipement et l'armement des nobles et des feudataires (1).

> Arch. du royaume : correspondance de la cour féodale de Brabant, t. XI, fol. 278.

24 février 1541 (1542, n. st.), à Bruxelles. — Ordonnance de la reine Marie déterminant comment auront à se conduire et ce qu'auront à faire, quand ils seront mandés, avec les états de Flandre, par l'Empereur, par elle, ou par le gouverneur de la province, les députés du Vieux-Bourg de Gand, des villes et châtellenies de Courtrai, Audenarde, Termonde, Alost, Grammont, Ninove, des Quatre-Métiers et du pays de Waes.

> Gachard, *Relation des troubles de Gand sous Charles-Quint*, p. 450. — Arch. du royaume : reg. *Troubles de Gand*, 1537-1542, et reg. de l'audience, n° 91. — Arch. de l'État, à Gand : reg. aux ordonnances du cons. de Flandre, 1201-1557, *litt.* U, fol. 107.

(1) Voy. p. 255.

8 mars 1541 (1542, n. st.), à Bruxelles. — Déclaration par laquelle la reine Marie modifie quelques points des nouvelles instructions de la chambre des comptes de Lille, du 5 octobre 1541 (1).

Inventaire des archives de la chambre des comptes, t. 1er, p. 24.

31 mars 1541 avant Pâques (1542, n. st.), à Bruxelles. — Ordonnance de l'Empereur sur l'exercice de la chasse dans la Flandre.

Plac. de Fl., liv. 1er, p. 417. — Arch. de l'État, à Gand : reg. aux ordonnances du cons. de Flandre, 1511-1558, *litt. U*, fol. 194 v°. — Arch. de la ville de Bruges : reg. aux *Hallegheboden*, 1512-1555, fol. 57.

31 mars 1541 (1542, n. st.), à Bruxelles. — Décret de la reine Marie statuant que le cipier du bourg et prison de Gand pourra se pourvoir d'autant de vivres qu'il jugera nécessaire sans devoir payer, de ce chef, aucune accise ou maltôte.

Arch. de l'État, à Gand : reg. aux ordonnances du cons. de Flandre, 1204-1557, *litt. U*, fol. 320.

24 avril 1542, à Bruxelles. — Ordonnance de l'Empereur rendue sur la requête de Josse Vander Hegghe, bailli du marché au poisson, à Gand, et portant règlement pour la pêche et la conservation de la pêche, tant dans cette ville que dans son échevinage (2).

Plac. de Fl., liv. II, p. 700.

4 mai 1542, à Bruxelles. — Ordonnance de l'Empereur par laquelle, sur les remontrances que lui avaient faites les nobles et les feudataires, il modifie, en la modérant, l'ordonnance du 14 décembre précédent (3) qui enjoignait auxdits nobles et feudataires de tenir des chevaux et de s'équiper pour la guerre.

Original, aux archives du royaume. — Arch. de l'État, à Gand : reg. aux ordonnances du cons. de Flandre, 1511-1558, *litt. U*, fol. 166 v°. — Arch. de la ville de Bruges : reg. aux *Hallegheboden*, 1530-1542, fol. 423 v°.

(1) Voy. p. 242.
(2) Cette ordonnance portait le nom de *halfmaertsche keure*.
(3) Voy. p. 255.

10 juin 1542, à Mons. — Ordonnance de l'Empereur renouvelant la défense, portée par l'ordonnance du 27 novembre 1541 (1), de prendre du service à l'étranger et de se trouver en des assemblées de piétons ou vagabonds, de quelque nation qu'ils soient.

> Original, aux arch. du royaume. — Arch. de l'État, à Gand : reg. aux ordonnances du cons. de Flandre, de 1511-1558, *litt. U,* fol. 107 v°. — Arch. de la ville de Bruges : reg. aux *Hallegheboden,* 1530-1542, fol. 428.

10 juin 1542, à Mons. — Ordonnance de l'Empereur statuant, par forme d'édit perpétuel, que les marchands et autres personnes qui voudront exporter des Pays-Bas, en passant par la Flandre, des chevaux âgés de plus de quatre ans et ayant plus de quinze palmes de taille, devront le faire en plein jour, suivre les grands chemins et se présenter chez le receveur des domaines, à Gravelines, à Bourbourg ou à Cassel, pour prendre un passe-port.

> *Plac. de Fl.,* liv. Ier, p. 600. — Arch. de l'État, à Gand : reg. aux ordonnances du cons. de Flandre, 1511-1558, *litt. U,* fol. 108. – Arch. de la ville de Bruges : reg. aux *Halleghebonden,* 1530-1542, fol. 427.

19 juin 1542, à Bruxelles. — Mandement de l'Empereur au comte du Rœulx, gouverneur et capitaine général de Flandre, d'Artois, de Lille, Douai et Orchies, de faire équiper, pour la garde et la défense du pays, tous les nobles, chacun selon son rang et son avoir, afin de lui amener autant de gens d'armes équipés et montés qu'il sera possible.

> Arch. de l'État, à Gand : reg. aux ordonnances du cons. de Flandre, 1511-1558, *litt. U,* fol 100. — Arch. de la ville de Bruges : reg. aux *Halleghebonden,* 1530-1542, fol. 431.

20 juin 1542, à Bruxelles. — Lettres par lesquelles l'Empereur confirme, en les interprétant, les privilèges, y insérés, accordés aux monnayeurs de Brabant par Philippe, duc de Bourgogne, le 20 avril 1439.

> Reg. de la ch. des comptes, n° 138, fol. 6 v°.

(1) Voy. p. 253.

20 Juin 1542, à Bruxelles. — Ordonnance de l'Empereur statuant que ceux qui tiennent des chevaux et qui ne sont pas aptes à servir à la guerre, peuvent vendre leurs chevaux aux nobles, pourvu que ceux-ci soient à son service : ce dont ils auront à faire conster par des certificats à produire aux vendeurs. Les chevaux vendus devront être signalés aux officiers de justice des localités, afin qu'il en soit tenu note.

Arch. de l'État, à Gand : reg. aux ordonnances du cons. de Flandre, 1511-1558, *litt. U*, fol. 100 v°. — Arch. de la ville de Bruges : reg. aux *Halleghoboden*, 1550-1542, fol. 430.

21 Juin 1542, à Gand. — Ordonnance du conseil de Flandre prescrivant, ensuite des ordres de la reine Marie, de faire des prières publiques à l'occasion des préparatifs qui avaient lieu dans l'Empire pour résister aux Turcs.

Arch. de la ville de Bruges : reg. aux *Halleghoboden*, 1550-1542, fol. 426.

23 Juin 1542, à Gand. — Ordonnance du conseil de Flandre statuant que celui qui est cité pour reconnaître ou nier sa signature est pleinement convaincu d'avoir signé, s'il ne comparaît pas.

Plac. de Fl., liv. 1er, p. 201.

11 Juillet 1542, à Bruxelles. — Mandement de l'Empereur au souverain bailli du comté de Namur pour qu'il ordonne à tous marchands, hôteliers, cabaretiers, etc., de la province d'envoyer des provisions et fourrages au sieur de Bruz, commissaire des vivres pour l'armée ; accordant à ceux qui emmèneront lesdits vivres franchise des droits de tonlieu et autres impôts, et les mettant à l'abri des poursuites pour dettes et obligations quelconques.

Original, aux archives du royaume.

20 Juillet 1542, à Bruxelles. — Ordonnance de l'Empereur par laquelle, vu la guerre qui venait d'éclater entre lui et le roi de France, il prescrit à ses sujets demeurant aux frontières de la France de se mettre en sûreté, avec ordre à un chacun de dénoncer les biens quelconques des Français dont il aurait connaissance.

Arch. de l'État, à Gand : reg. aux ordonnances du cons. de Flandre, 1511-1558, *litt. U*, fol. 200. — Arch. de la ville de Bruges : reg. aux *Hallegheboden*, 1530-1513, fol. 432.

26 juillet 1542, à Malines. — Ordonnance de l'Empereur par laquelle, voulant venir en aide à ceux de ses sujets de la Flandre et de l'Artois, demeurant aux frontières de France, qui ont dû abandonner leurs foyers à cause de la guerre, il les autorise à faire librement paître leurs bestiaux dans les bois de Béthune, de Nieppe et de Thourout.

Arch. de l'État, à Gand : reg. aux ordonnances du cons. de Flandre, 1511-1558, *litt. U*, fol. 201. — Arch. de la ville de Bruges : reg. aux *Hallegheboden*, 1530-1513, fol. 439.

28 juillet 1542, à Malines. — Ordonnance de l'Empereur prescrivant aux habitants du territoire de Termonde de transporter en cette ville leurs denrées et d'y aller travailler aux fortifications.

A. DE VLAMINCK, *Analyse sommaire des registres aux privilèges de la ville de Termonde*, p. 10.

6 août 1542, à Bruxelles. — Ordonnance de l'Empereur prescrivant de dénoncer, sous peine de perdre corps et biens, ceux de ses sujets qui sont d'intelligence secrète avec l'ennemi.

Plac. de Fl., liv. I⁰ʳ, p. 23. — Arch. de l'État, à Gand : reg. aux ordonnances du cons. de Flandre, 1511-1558, *litt. U*, fol. 200 v°. — Arch. de la ville de Bruges : reg. aux *Hallegheboden*, 1530-1513, fol. 441.

16 août 1542, à Bruxelles. — Ordonnance de l'Empereur prescrivant les mesures nécessaires pour la construction des fortifications de la ville d'Anvers, notamment la démolition de toutes les maisons et la coupe de tous les bois, dans un rayon de cinq cents pas autour de la ville.

F. VERACHTER, *Inventaire des chartes et privilèges de la ville d'Anvers*, p. 211. — J.-F. WILLEMS, *Historisch onderzoek naer den oorsprong, etc., van de stad Antwerpen*, p. 233.

25 août 1542, à Bruxelles. — Ordonnance de l'Empereur enjoignant à tous habitants du plat pays du comté de Namur de mettre en sûreté leurs blés dans la ville de Namur, afin que l'ennemi ne s'en empare pas.

Original, aux archives du royaume.

2 septembre 1542, à Bruxelles. — Ordonnance de l'Empereur enjoignant aux charretiers de se mettre au service des marchands, vivandiers et autres personnes qui envoient des vivres à son armée, et déterminant le salaire qu'ils recevront pour ce service.

Original, aux archives du royaume.

3 septembre 1542, à Bruxelles. — Ordonnance de l'Empereur défendant d'exporter en France des denrées ou marchandises quelconques.

Plac. de Fl., liv. Ier, p. 715. — Arch. de l'État, à Gand : reg. aux ordonnances du cons. de Flandre, 1511-1558, litt. U, fol. 201 v°. — Arch. de la ville de Bruges : reg. aux Hallegheboden, 1542-1553, fol. 24.

8 septembre 1542, à Bruxelles. — Ordonnance de l'Empereur enjoignant aux marchands, aubergistes, cabaretiers, « provandiers », de porter leurs vivres et fourrages aux gens de guerre rassemblés à Gembloux ; leur accordant de ce chef pleine exemption d'impôts, de quelque nature que ce soit.

Arch. de l'État, à Gand : reg. aux ordonnances du cons. de Flandre, 1511-1558, litt. U, fol. 202. — Arch. de la ville de Bruges : reg. aux Hallegheboden, 1542-1553, fol. 24 v°.

18 septembre 1542, à Namur. — Ordonnance de l'Empereur défendant, sous peine de la hart, de vivre aux dépens des habitants, soit dans les villes, soit au plat pays, et prescrivant d'arrêter les vagabonds, ainsi que tous autres malfaiteurs, et de les poursuivre de la manière la plus rigoureuse, conformément aux placards.

Plac. de Fl., liv. Iᵉʳ, p. 22. — Arch. de l'État, à Gand : reg. aux ordonnances du cons. de Flandre, 1511-1558, *litt. U*, fol. 202 v°. — Arch. de l'État, à Tournai : reg. du grand bailliage de Tournai-Tournaisis commençant en 1503, p. 363. — Arch. de la ville de Bruges : reg. aux *Hallegheboden*, 1512-1553, fol. 20.

30 septembre 1542, à Louvain. — Ordonnance de l'Empereur défendant aux gens de mer qu'il avait engagés pour servir sur la flotte qui devait le conduire en Espagne, de s'absenter, sous peine de mort et de confiscation des biens (1).

Arch. de l'État, à Gand : reg. aux ordonnances du cons. de Flandre, 1511-1558, *litt. U*, fol. 203. — Arch. de la ville de Bruges : reg. aux *Hallegheboden*, 1512-1553, fol. 32.

13 octobre 1542, à Anvers. — Ordonnance de l'Empereur par laquelle, vu les infractions qui se faisaient à l'ordonnance du 3 septembre précédent (2), il défend de nouveau et bien expressément d'exporter directement ou indirectement des denrées et marchandises en France, et d'en importer de ce royaume, de quelque manière que ce soit.

Arch. de l'État, à Gand : reg. aux ordonnances du cons. de Flandre, 1511-1558, *litt. U*, fol. 203 v°. — Arch. de la ville de Bruges : reg. aux *Hallegheboden*, 1512-1553, fol. 38 v°.

6 novembre 1542, à Bruxelles. — Ordonnance de l'Empereur défendant de recevoir, vendre ou acheter à gain, pour les fondre ou convertir en nouveaux écus, les pièces d'or ou d'argent, soit ducats, soit philippus.

Plac. de Fl., liv. Iᵉʳ, p. 500. — Original, aux arch. du royaume. — Reg. de la ch. des comptes, n° 80, fol. 23, et n° 139, fol. 1. — Arch. de l'État, à Gand : reg. aux ordonnances du cons. de Flandre, 1511-1558, *litt. U*, fol. 204 v°. — Archives grand-ducales, à Luxembourg. — Arch. de la ville de Bruges : reg. aux *Hallegheboden*, 1512-1553, fol. 33 v°.

(1) L'ordonnance cite les noms de plusieurs patrons de navires, ainsi engagés, qui se proposaient de naviguer pour leur compte, sans avoir égard à leurs engagements et malgré l'argent qu'ils avaient touché par anticipation.

(2) Voy. p. 261.

21 novembre 1542, à Bruxelles. — Ordonnance de l'Empereur qui, pour venir en aide à la ville de Louvain, laquelle avait beaucoup souffert de l'ennemi dans le courant de l'été et avait dû faire des armements considérables, défend de brasser de la bière destinée à la vente, à une demi-lieue à la ronde de cette ville.

Reg. de la ch. des comptes, n° 140, fol. 304 v°.

24 novembre 1542, à Bruxelles. — Ordonnance de l'Empereur enjoignant aux nobles et aux feudataires des catégories et ayant les revenus y énoncés, de tenir des chevaux et d'être équipés pour le servir à la guerre. Tous ceux, nobles ou bourgeois, dont les femmes portent des robes de satin ou de damas, devront également avoir des chevaux: le tout sous peine de privation de noblesse, de saisie des fiefs et de confiscation desdites robes.

Arch. de l'État, à Gand : reg. aux ordonnances du cons. de Flandre, 1311-1558, *litt. U*, fol. 205. — Arch. de la ville de Bruges : reg. aux *Hallegheboden*, 1512-1553, fol. 30 v°.

9 décembre 1542, à Bruxelles. — Lettres de l'Empereur par lesquelles, sur la requête des bourgmestres, échevins et conseil de la ville de Louvain, il octroie et consent que ceux-ci prennent connaissance, en première instance, des obligations quelconques contractées devant eux, et qu'ils soient juges immédiats des hommes de Saint-Pierre et des bourgeois de la ville établis au dehors (1): le tout en conformité des anciens privilèges dont les suppliants étaient en possession.

Reg. de la ch. des comptes, n° 110, fol. 251 v°.

12 décembre 1542, à Bruxelles. — Ordonnance de l'Empereur fixant le salaire du clerc de la chef-mairie de Rhode-Saint-Genèse.

Arch. du royaume : cour féodale du Brabant.

21 décembre 1542, à Gand. — Ordonnance provisionnelle

_____
(1) « Buyten poorteren. »

de la reine Marie portant règlement pour la reddition des comptes des receveurs des domaines à la chambre des comptes à laquelle ils ressortissaient respectivement.

Reg. de la ch. des comptes, n° 110, fol. 250 v°, et n° 139, fol. 95.

9 janvier 1542 (1543, n. st.), à Gand, au bureau des finances. — Ordonnance de la reine Marie instituant trois trésoriers de guerre, au lieu d'un seul : l'un pour la Flandre, l'Artois et le Hainaut ; un autre pour le Brabant, le Luxembourg, le Limbourg, le Namurois, Juliers et les pays d'Outre-Meuse ; le troisième pour la Hollande, la Zélande, Utrecht, l'Overyssel, la Frise et Groningue, et déterminant leurs attributions et leurs devoirs, ainsi que leurs gages et émoluments.

Reg. de la ch. des comptes, n° 120, fol. 217.

13 janvier 1542 (1543, n. st.), à Gand. — Ordonnance de l'Empereur par laquelle, vu les grandes dépenses qu'il a dû faire pour défendre les Pays-Bas contre les invasions du roi de France et du duc de Clèves, il statue que personne ne pourra exporter des marchandises desdits Pays-Bas sans payer aux receveurs qui seront nommés à cet effet le centième de leur valeur, outre les droits ordinaires. L'ordonnance fait une exception pour les draps et autres tissus de laine, ainsi que pour les épiceries : ces marchandises seront taxées suivant leur poids.

Original, aux arch. du royaume. — Arch. de l'État, à Gand : reg. aux ordonnances du cons. de Flandre, 1511-1558, litt. U, fol. 205 v°.

13 janvier 1542 (1543, n. st.), à Gand. — Ordonnance de l'Empereur défendant la vente et la lecture d'un petit livre intitulé *Kindenleere,* imprimé par Mathieu Crom et entaché d'erreurs contraires à la religion catholique, et prescrivant d'en remettre les exemplaires aux officiers de justice.

Arch. de l'État, à Gand : reg. aux ordonnances du cons. de Flandre, 1511-1558, litt. U, fol. 206. — Arch. de la ville de Bruges : reg. aux *Halleghebodcn,* 1512-1555, fol. 45.

27 janvier 1542 (1543, n. st.), à Gand. — Ordonnance de l'Empereur qui, par forme d'édit perpétuel, prescrit des mesures pour la conservation de la pêche des rivières passant à Gand et dans l'échevinage de cette ville.

> *Plac. de Fl.*, liv. II, p. 703. — Arch. de l'État, à Gand : reg. aux ordonnances du cons. de Flandre, 1462-1511, *litt. U*, fol. 387.

8 février 1542 (1543, n. st.), à Bruxelles. — Ordonnance de l'Empereur prescrivant de nouvelles mesures contre les malfaiteurs, les vagabonds et autres gens sans aveu.

> *Plac. de Fl.*, liv. Ier, p. 21. — Arch. de l'État, à Gand : reg. aux ordonnances du cons. de Flandre, 1511-1558, *litt. U*, fol 208 v°. — Arch. de l'État, à Tournai : reg. aux ordonnances du bailliage de Tournai-Tournaisis commençant en 1505, p. 503. — Arch. grand-ducales, à Luxembourg. - Arch. de la ville de Bruges : reg. aux *Hallegheboden*, 1543-1553, fol 46.

11 février 1542 (1543, n. st.), à Bruxelles. — Ordonnance de l'Empereur portant que les marchands, facteurs, charretiers ou voituriers qui ont obtenu des passe-ports pour importer aux Pays-Bas ou transporter hors de ces provinces, par les pays de Luxembourg et de Namur, des denrées et marchandises, seront tenus de passer par la ville de Namur.

> Original, aux archives du royaume.

21 février 1542 (1543, n. st.), à Bruxelles. — Ordonnance de l'Empereur statuant que, pour la commodité des marchands et pour faciliter leurs payements, il sera battu un denier d'argent appelé *carolus d'argent*, de la valeur y énoncée.

> *Plac. de Fl.*, liv. Ier, p. 507. — Arch. de l'État, à Gand : reg. aux ordonnances du cons. de Flandre, 1511-1558, *litt. U*, fol. 209 v°. — Arch. de la ville de Bruges : reg. aux *Hallegheboden*, 1543-1553, fol. 48. — Arch. grand-ducales, à Luxembourg.

3 mars 1542 (1543, n. st.), à Bruxelles. — Lettres par

lesquelles l'Empereur établit deux receveurs généraux : l'un pour l'Oost-Flandre, l'autre pour l: West-Flandre.

Reg. de la ch. des comptes, n° 2744.

19 mars 1542 (1543, n. st.), à Bruxelles. — Ordonnance de l'Empereur prescrivant aux habitants de la Flandre, soit propriétaires ou locataires, de faire, dans les douze jours, la déclaration des biens immeubles qu'ils occupent, de leur valeur et de leur produit annuel, et cela afin qu'on puisse lever le dixième denier du revenu desdits biens, accordé par les États de Flandre, le 6 février précédent, pour la guerre contre la France (1).

Arch. de l'État, à Gand : reg. aux ordonnances du cons. de Flandre, 1511-1558, litt. U, fol. 210. — Arch. de la ville de Bruges : reg. aux *Hallegheboden*, 1542-1553, fol. 50 v°.

7 avril 1543 après Pâques, à Bruxelles. — Ordonnance par laquelle l'Empereur, à cause des mauvais livres qui ne cessaient de paraître, défend à tous imprimeurs et libraires d'imprimer ou de vendre n'importe quel livre, sans y être autorisés par lui, sous peine de cent florins carolus pour chaque livre non approuvé. L'ordonnance interdit la vente des ouvrages en langue espagnole et anglaise.

Arch. de l'État, à Gand : reg. aux ordonnances du cons. de Flandre, 1511-1558, litt. U, fol. 211 v°. — Arch. de la ville de Bruges : reg. aux *Hallegheboden*, 1542-1553, fol. 59.

7 avril 1543, à Bruxelles. — Ordonnance de l'Empereur statuant qu'il sera battu, pour l'avantage du public, une monnaie dite *denier noir* (*zwaerte penninck*), de la valeur y énoncée, en remplacement des menues pièces, telles que mites de Flandre et mites de Brabant, dont il circulait une grande quantité qui étaient fausses ou altérées.

Plac. de Fl., liv. Ier, p. 509. — Reg. de la ch. des comptes, n° 86. — Arch. de l'État, à Gand : reg. aux ordonnances du cons. de Flandre, 1511-1558, litt. U, fol. 212 v°. — Arch. de la ville de Bruges : reg. aux *Hallegheboden*, 1542-1553, fol. 55.

1; Une ordonnance semblable fut rendue, le 26 mars, pour la province de Brabant dont les états, le 7 mars, avaient également accordé la levée du dixième denier. (Reg. n° 57 de la chambre des comptes, fol. 55.)

13 avril 1543, à Bruxelles. — Acte de la reine Marie par lequel elle accorde au serment des couleuvriniers, à Bruxelles, l'usage d'une chambre dans la maison dite *S'Hertogen Huys*, au-dessus du tribunal de la foresterie, pour y tenir ses réunions.

Reg. de la ch. des comptes, n° 139, fol. 57 v°.

14 avril 1543, à Bruxelles. — Ordonnance de l'Empereur portant règlement nouveau et organique pour l'école supérieure (1) et les autres écoles autorisées en la ville de Bruxelles, à l'effet de les tirer du fâcheux état où elles étaient tombées et les faire refleurir comme du passé. Ce règlement a 43 articles.

Reg. de la ch. des comptes, n° 110, fol. 266.

30 avril 1543, à Bruxelles. — Ordonnance de la reine Marie prescrivant de laisser passer, exempts de tous droits, les matériaux nécessaires aux fortifications de la ville d'Anvers.

F. Verachter, Inventaire des chartes et privilèges de la ville d'Anvers, p. 215.

1er mai 1543, à Bruxelles. — Ordonnance de l'Empereur statuant que nul ne pourra, avant le terme de quatre mois, exporter des Pays-Bas des grains, denrées, vivres et provisions de bouche quelconques, sous peine de confiscation et de correction arbitraire.

Arch. de l'État, à Gand : reg. aux ordonnances du cons. de Flandre, 1511-1558, litt. U, fol. 212. — Arch. de la ville de Bruges : reg. aux Hallegheboden, 1512-1553, fol. 58 v°.

2 mai 1543, à Gand. — Ordonnance du nseil de Flandre prescrivant, ensuite des ordres de la reine Marie, de faire des processions et des prières publiques pour l'Empereur, qui venait de s'embarquer afin de passer d'Espagne en Italie.

Arch de la ville de Bruges : reg. aux Hallegheboden, 1512-1553, fol. 54.

(1) « Hoochschole. »

9 juin 1543, à Bruxelles. — Ordonnance de l'Empereur qui, vu l'invasion dont le roi de France menaçait les Pays-Bas, enjoint aux hommes en état de prendre les armes, de l'âge de vingt à cinquante ans, de se tenir « prestz, armez et embastonnez », afin d'être enrôlés par les chefs-officiers des villes, bourgs et franchises.

> Arch. de la ville de Bruges : reg. aux *Halleghebodden*, 1542-1555, fol. 61.

30 juin 1543, à Bruxelles. — Ordonnance de l'Empereur prescrivant de nouveau aux marchands et débitants de bières de Gouda de renvoyer les tonneaux vides aux expéditeurs, avec défense expresse d'altérer ces bières ou de les remplacer par d'autres.

> Arch. de l'État, à Gand : reg. aux ordonnances du cons. de Flandre, 1541-1558, *litt. U*, fol. 213 v°.

5 juillet 1543, à Bruxelles. — Décret de la reine Marie défendant aux conseillers fiscaux d'agir en matière criminelle à charge du souverain bailli de Flandre, des baillis de Gand, Bruges et Ypres, avant d'avoir consulté le gouvernement, et leur défendant, de même, d'agir à charge des autres officiers de justice, si ce n'est après les avoir avertis par lettres closes.

> *Plac. de Fl.*, liv. Ier, p. 1120.

8 août 1543, à Bruxelles. — Ordonnance de l'Empereur prorogeant de deux mois l'interdiction, faite par l'ordonnance du 1er mai précédent (1), d'exporter des grains, des denrées et des provisions de bouche quelconques.

> Arch. de l'État, à Gand : reg. aux ordonnances du cons. de Flandre, 1511-1558, *litt. U*, fol. 212 v°. — Arch. de la 'le de Bruges : reg. aux *Halleghebodden*, 1542-1553, fol. 61 v°.

10 août 1543, à Anvers. — Ordonnance de l'Empereur prescrivant aux marchands, taverniers, cab.. iers et vivandiers d'amener des vivres à Liége pour son armée, qui opérait dans la

---

(1) Voy. p. 268.

Gueldre, leur garantissant de ce chef l'exemption de tous droits et impôts.

Arch. de l'État, à Gand : reg. aux ordonnances du cons. de Flandre, 1511-1558, *litt. U*, fol. 213 v°. — Arch. de la ville de Bruges : reg. aux *Hallegheboden*, 1542-1553, fol. 65 v°.

28 août 1543, à Gand. — Ordonnance du conseil de Flandre prescrivant, conformément aux ordres de la reine Marie, de faire des prières et des processions publiques pour le succès des armes de l'Empereur, qui venait d'entrer dans le pays de Juliers avec une puissante armée.

Arch. de la ville de Bruges : reg. aux *Hallegheboden*, 1542-1553, fol. 68 v°.

10 octobre 1543, à Binche. — Ordonnance de l'Empereur prescrivant aux campagnards des villages riverains de l'Escaut, en Flandre, d'amener des fourrages, afin de leur faire remonter la rivière jusqu'à Valenciennes et d'en approvisionner l'armée campée devant Landrecies.

Arch. de l'État, à Gand : reg. aux ordonnances du cons. de Flandre, 1511-1558, *litt. U*, fol. 213 v°.

24 octobre 1543, à Gand. — Ordonnance du conseil de Flandre prescrivant, en conformité des ordres de la reine Marie, de faire des prières publiques et autres actes de dévotion, une fois la semaine, pendant deux mois, pour le succès des armes de l'Empereur.

Arch. de la ville de Bruges : reg. aux *Hallegheboden*, 1542-1553, fol. 70 v°.

4 décembre 1543, à Bruxelles. — Ordonnance de l'Empereur statuant que les riverains du *Schin* et du canal d'Hérenthals sont tenus de nettoyer l'un et l'autre et de travailler au nettoyage quand ils en sont requis.

F. Verachter, *Inventaire des chartes et privilèges de la ville d'Anvers*, p. 216.

24 décembre 1543, à Bruxelles. — Lettres de l'Empereur cassant certain arrêt fait à Amsterdam sur la personne et les biens d'un bourgeois d'Anvers, au mépris de la bulle d'or de l'empereur Charles IV, de l'année 1349.

Plac. de Brab., t. I⁰ʳ, p. 225.

1ᵉʳ Janvier 1543 (1544, n. st.), à Bruxelles. — Déclaration de l'Empereur sur les droits et émoluments réclamés par les lieutenants, chefs de guerre et capitaines généraux de son armée.

Bulletins de la Commission royale d'histoire, 2ᵉ série, t. V, p. 332.

3 Janvier 1543 (1544, n. st.), à Bruxelles. — Ordonnance de l'Empereur qui, vu les excès commis par les gens de guerre au plat pays, depuis le licenciement de son armée, leur défend, sous peine de la hart, de vivre aux dépens des habitants, et enjoint à ceux-ci de s'assembler en armes lorsqu'ils en sont requis par ses officiers, afin de poursuivre tous ceux qui se livrent à des excès et de les tuer impunément.

Original, aux archives du royaume.

3 Janvier 1543 (1544, n. st.), à Bruxelles. — Lettres de l'Empereur nommant Ferdinand de la Barre à l'office de souverain bailli de Flandre, et réglant les attributions ainsi que les émoluments de cet officier.

Plac. de Fl., liv. I⁰ʳ, p. 220.

12 février 1543 (1544, n. st.), à Gand. — Ordonnance de l'Empereur défendant de nouveau l'exportation directe ou indirecte de marchandises en France, sous peine de confiscation et de correction arbitraire.

Plac. de Fl., liv. I⁰ʳ, p. 715. — Arch. de l'État, à Gand : reg. aux ordonnances du cons. de Flandre, 1511-1558, litt. U, fol. 216. — Arch. de la ville de Bruges : reg. aux *Hallegheboden*, 1512-1553, fol. 89.

3 mars 1543 (1544, n. st.), à Gand. — Ordonnance de la reine Marie portant règlement pour la vénerie ducale de Brabant.

Reg. de la ch. des comptes, n° 139, fol. 23.

7 mars 1543 (1544, n. st.), à Gand. — Lettres de l'Empereur interprétatives et ampliatives de ses lettres du 14 février 1541 (n. st.), instituant un lieutenant civil du grand bailli, à Gand (1). L'Empereur détermine les localités des environs de Gand qui seront du ressort dudit lieutenant. Tout bourgeois de Gand pourra attraire devant cet officier ses débiteurs demeurant dans ces localités.

> *Plac. de Fl.*, liv. II, p. 287. — Original, aux archives de la ville de Gand. — Arch. de l'État, à Gand : reg. aux ordonnances du cons. de Flandre, 1291-1537, *litt. U*, fol. 239 v°.

14 mars 1543 (1544, n. st.), à Gand. — Décret de la reine Marie réglant le salaire du lieutenant civil du grand bailli de Gand et de son greffier, ainsi que celui des huissiers du conseil de Flandre chargés de la mise à exécution des sentences rendues par ledit lieutenant.

> Arch. de l'État, à Gand : reg. aux ordonnances du cons. de Flandre, 1291-1537, *litt. U*, fol. 251.

30 mars 1543 avant Pâques (1544, n. st.), à Bruxelles. — Lettres par lesquelles l'Empereur ordonne de restituer à la maison échevinale de Gand la vaisselle, les trompettes d'argent, ainsi que tous les joyaux et ustensiles de la chapelle des magistrats : le tout conformément à l'inventaire inséré dans ces lettres.

> P. Van Duyse, *Inventaire des chartes et documents de la ville de Gand*, p. 360.

1er avril 1543 avant Pâques (1544, n. st.), à Bruxelles. — Ordonnance de l'Empereur confirmant et approuvant par anticipation les rentes que les états de Flandre constitueront pour le payement d'une aide de 400,000 couronnes qu'ils lui ont accordée au mois d'octobre précédent (2).

> *Plac. de Fl.*, liv. II, p. 421. — Arch. de l'État, à Gand : reg. aux ordonnances du cons. de Flandre, 1511-1538, *litt. U*, fol. 217. — Arch. de la ville de Bruges : reg. aux *Hallegheboden*, 1542-1555, fol. 95 v°.

---

(1) *Voy.* p. 247.

(2) L'Empereur rendit er: ce une ordonnance semblable le 6 juin suivant. (Reg. du cons. de Flandre, fol. 219 v°.)

2 avril 1543 avant Pâques (1544, n. st.), à Bruxelles. — Ordonnance de l'Empereur défendant de nouveau de prendre du service à l'étranger, sous peine de confiscation de corps et de biens, et prescrivant à tous nobles, gentilshommes, vassaux, feudataires et autres « qualifiés et puissants de porter armes, « ayant à eux pouvoir de chevaux et harnais », d'être prêts et équipés pour le 15 mai suivant, afin de concourir à la défense du pays. L'Empereur veut que des exemplaires de cette ordonnance soient attachés aux portes des églises, des villes, des maisons échevinales, des halles et aux lieux publics les plus fréquentés.

> Plac. de Fl., liv. Iᵉʳ, p. 730. — Arch. de l'État, à Gand : reg. aux ordonnances du cons. de Flandre, 1511-1558, litt. U, fol. 218. — Arch. de la ville de Bruges : reg. aux Hallegheboden, 1512-1555, fol. 051.

9 avril 1543 avant Pâques (1544, n. st.), à Bruxelles. — Ordonnance de l'Empereur prescrivant des mesures pour mettre un terme aux fraudes qui se commettaient dans le payement des impôts établis afin de fournir aux aides que lui avaient accordées les états de Brabant.

> Arch. du royaume : coll. de plac. imp., in-4°, t. Iᵉʳ.

15 avril 1544, à ..... — Ordonnance défendant de courir la poste et de sonner le cornet.

> Citée dans l'ordonnance du 7 novembre 1551.

19 avril 1544, à Bruxelles. — Ordonnance de l'Empereur défendant l'exportation, avant la fête de Saint-Bavon suivante (1), de tous grains, avoines et provisions de bouche, à peine de confiscation et de correction arbitraire.

> Arch. de l'État, à Gand : reg. du cons. de Flandre, 1511-1558, litt. U, fol. 219. — Arch. de la ville de Bruges : reg. aux Hallegheboden, 1512-1555, fol. 100.

24 avril 1544, à Bruxelles. — Ordonnance de l'Empereur sur le fait et l'exercice de la chasse dans la Flandre.

> Arch. de l'État, à Gand : reg. aux ordonnances du cons. de Flandre, 1511-1558, litt. U, fol. 221.

(1) Le 1ᵉʳ octobre.

18

28 avril 1544, à Bruxelles. — Ordonnance de l'Empereur par laquelle, vu l'aide de 600,000 couronnes que les états de Flandre lui ont accordée pour la guerre contre la France, il statue qu'il sera levé, au profit de ces états, dans toute la province, le dixième denier des revenus, de quelque nature qu'ils soient, les gagères quelconques comprises, de même que le gain supposé des marchands et trafiquants : le tout sur le pied et de la manière y énoncés. Les revenus des villes, des communes et des établissements de charité sont exceptés de cette taxe.

Arch. de l'État, à Gand : reg. aux ordonnances du cons. de
Flandre, 1511-1558, litt. U, fol. 223 v°. — Arch. de la
ville de Bruges : reg. aux Halleghebođen, 1542-1553,
fol. 97.

4 mai 1544, à Bruxelles. — Lettres de l'Empereur par lesquelles il octroie et permet que les bourgeois de Gand puissent attraire en actions personnelles leurs débiteurs demeurant dans les localités y énoncées, devant un lieutenant civil du bailli de Termonde, à nommer à cet effet (1).

Plac. de Fl., liv. II, p. 500. — A. De Vlaminck, Analyse
sommaire des registres aux priviléges de la ville de
Termonde, p. 19.

6 mai 1544, à Bruxelles. — Ordonnance de l'Empereur par laquelle, vu l'aide de 240,000 livres que viennent de lui accorder les quatre membres de Flandre, il statue qu'il sera levé, à leur profit, dans toute la province, le dixième du revenu des biens immeubles, et cela sur le pied et de la manière y énoncés.

Arch. de l'État, à Gand : reg. aux ordonnances du cons. de
Flandre, 1511-1558, litt. U, fol. 232 v°.

7 mai 1544, à Bruxelles. — Ordonnance de l'Empereur qui, à cause de l'alliance contractée par le roi d'Écosse avec le roi de France, déclare les sujets écossais ses ennemis, leur interdit toutes

---

(1) Le lieutenant nommé fut Jacques Van Schoonhoven. Ayant donné sa démission, il fut remplacé par Jean Van Aesdonck, le 2 janvier 1515 n. st.). A. De Vlaminck, *loc. cit.*

relations avec les Pays-Bas et prescrit la confiscation de leurs biens.

Arch. de l'État, à Gand : reg. aux ordonnances du cons. de Flandre, 1511-1558, *litt. U,* fol. 224. — Arch. de la ville de Bruges : reg. aux *Hallegheboden,* 1542-1553, fol. 107 v°.

8 mai 1544, à Bruxelles. — Ordonnance de l'Empereur sur le fait et l'exercice de la chasse dans la Flandre.

Arch. de l'État, à Gand : reg. aux ordonnances du conseil de Flandre, 1511-1558, *litt. U,* fol. 236 v°. — Arch. de la ville de Bruges : reg. aux *Hallegheboden,* 1542-1553, fol. 175.

9 mai 1544, à Gand. — Ordonnance du conseil de Flandre prescrivant, ensuite d'une lettre de la reine Marie, du 3 mai précédent, de republier et d'exécuter partout l'ordonnance du 18 mai 1556 sur la réparation et l'entretien des chemins (1).

Arch. de la ville de Bruges : reg. aux *Hallegheboden,* 1542-1553, fol. 191 v°.

16 mai 1544, à Bruxelles. — Ordonnance, statut et édit de l'Empereur sur le fait et conduite du stile, métier et négociation de la tapisserie. Cette ordonnance a quatre-vingt-dix articles. L'Empereur dit, dans le préambule, qu'il considère « icelle œuvre de « tapisserie comme une des plus renommées et principales négocia- « tions des Pays-Bas, en laquelle, non plus qu'en autre, il ne veut « avoir usé d'aucune fraude ou déception. »

Plac. de Fl., liv. Ier, p. 610. — Arch. du royaume : ordon- nances minutes, t. Ier. — Arch. de l'État, à Gand : reg. aux ordonnances du cons. de Flandre, 1204-1557, *litt. U,* fol. 275.

18 mai 1544, à Bruxelles. — Déclaration de la reine Marie sur le partage du butin dans les prises que fera l'amiral de la mer.

Bulletins de la Commission royale d'histoire, 2e série, t. V, p. 333.

19 mai 1544, à Bruxelles. — Édit perpétuel de l'Empereur relatif à la délivrance de lettres de rémission d'homicides, de légitimation, de placet, de répit, de cession et de bénéfice d'inventaire, ainsi qu'aux formalités et aux devoirs à accomplir par ceux qui obtiennent de pareilles lettres. L'Empereur statue qu'il ne sera plus délivré de lettres de légitimation pour des enfants d'ecclésiastiques et des enfants adultérins.

Arch. du royaume: collection imp. in-4º, t. Iᵉʳ.

19 mai 1544, à Bruxelles. — Ordonnance de l'Empereur prescrivant aux aubergistes, cabaretiers, « provandiers » et autres d'amener des vivres de toute espèce à l'armée anglaise campée près de Gravelines, leur garantissant de ce chef l'exemption des impôts, quels qu'ils soient. Pour prévenir les exactions des voituriers, l'ordonnance fixe à sept sous par jour le prix de location de chaque cheval, à payer par lesdits fournisseurs.

Arch. de l'État, à Gand : reg. aux ordonnances du cons. de Flandre, 1511-1558, litt. U, fol. 225.

21 mai 1544, à Bruxelles. — Ordonnance de l'Empereur par laquelle, sur la requête des prévôts, jurés, mayeurs et échevins de Tournai, il enjoint aux gens d'église de la ville, cité et échevinage dudit Tournai de payer, pendant six mois, l'impôt mis sur la bière et le vin pour le recouvrement de l'aide de 12,000 carolus d'or qui lui a été accordée.

Arch. de l'État, à Tournai : reg. aux ordonnances du bailliage de Tournai-Tournaisis commençant à 1503, p. 500.

26 mai 1544, à Bruxelles. — Ordonnance de l'Empereur défendant, sous peine de mort et de confiscation des biens, de recruter des gens de guerre sans avoir une commission de lui ou de son fidèle frère et perpétuel allié le roi d'Angleterre. Les mêmes peines s'appliqueront à ceux qui débaucheraient des gens de guerre, ou qui s'engageraient à l'étranger, le service dudit roi d'Angleterre excepté.

Arch. de l'État, à Gand : reg. aux ordonnances du cons. de Flandre, 1511-1558, litt. U, fol. 225 vº. — Arch. de la ville de Bruges : reg. aux Hallegheboden, 1542-1553, fol. 110 vº.

1ᵉʳ Juin 1544, à Bruxelles. — Ordonnance de l'Empereur fixant les différents prix auxquels les aubergistes et taverniers devront nourrir, par jour (le vin et la bière non compris), les gens de guerre de passage logés chez eux, ainsi que leurs chevaux, tant dans les villes qu'au plat pays.

> *Plac. de Fl.*, liv. Iᵉʳ, p. 755. — Arch. de l'État, à Gand : reg. aux ordonnances du cons. de Flandre, 1511-1558, litt. *U*, fol. 356. — Arch. de la ville de Bruges : reg. aux *Halleyheboden*, 1512-1553, fol. 115 vᵒ.

4 juin 1544, à Bruxelles. — Instructions de l'Empereur auxquelles le lieutenant civil de Termonde aura à se conformer dans l'exercice de ses fonctions.

> A. DE VLAMINCK, *Analyse sommaire des registres aux privilèges de la ville de Termonde*, p. 19.

9 juin 1544, à Bruxelles. — Règlement de la reine Marie pour l'administration de la ville d'Anvers.

> F. VERACHTER, *Inventaire des chartes et privilèges de la ville d'Anvers*, p. 216.

16 juin 1544, à Bruxelles. — Déclaration de la reine Marie portant interprétation des ordonnances de l'Empereur touchant la défense d'importer des marchandises venant des pays occupés par l'ennemi.

> Arch. du royaume : reg. du grand cons. de Malines, nᵒ 4, fol. 416.

25 juin 1544, à Bruxelles. — Ordonnance de l'Empereur prescrivant aux habitants de la ville d'Anvers, sous des peines sévères, de dénoncer les personnes, les biens et les marchandises des nouveaux chrétiens ou de ceux se faisant passer pour tels, arrivés récemment sur la flotte de Portugal en ladite ville.

> Arch. du royaume : collection de l'audience, ordonnances minutes, t. Iᵉʳ.

25 juin 1544, à Bruxelles. — Lettres de l'Empereur par lesquelles il cède à la ville de Louvain le droit dit *futsel tol* qu'on levait en cette ville sur la vente de certaines marchandises et dont la perception donnait lieu à divers abus.

Reg. de la ch. des comptes, n° 841, fol. 482 v°.

26 juin 1544, à Gand. — Ordonnance du conseil de Flandre rendue ensuite des ordres de la reine Marie, et prescrivant de faire, une fois par semaine, des processions générales dans toutes les églises pour le succès des armes de l'Empereur, qui allait entrer en France avec une puissante armée.

Arch. de la ville de Bruges : reg. aux Hallegheboden, 1512-1553, fol. 118.

26 juin 1544, à Gand. — Ordonnance du conseil de Flandre prescrivant de publier l'avis, y inséré et qui émanait de l'Empereur, de la conclusion d'un traité entre lui et le roi de Danemark.

Arch. de la ville de Bruges : reg. aux Hallegheboden, 1512-1553, fol. 119.

27 juin 1544, à Bruxelles. — Ordonnance de l'Empereur défendant d'enlever les grains en gerbes de la campagne, avant que la dime en ait été perçue par qui de droit.

Plac. de Brab., t. 1er, p. 94.

30 juin 1544, à Bruxelles. — Ordonnance de l'Empereur statuant, dans l'intérêt de la ville de Bruges et pour accroître sa population, que tous ceux qui voudront s'y fixer, y prendre la bourgeoisie et entrer dans un corps de métier ne payeront pour droit d'entrée que cinq sols de gros, sans être tenus à aucune autre dépense : le tout pour un terme de quatre ans et par forme d'essai.

Arch. de la ville de Bruges : reg. aux Hallegheboden, 1512-1553, fol. 111.

24 juillet 1544, à Bruxelles. — Ordonnance de l'Empereur prescrivant aux marchands, aubergistes, taverniers, cabaretiers et vivandiers d'amener toute espèce de vivres à l'armée du roi d'Angleterre, campée près de Montreuil et de Boulogne; leur garantissant l'exemption de tous droits sur leur passage.

Arch. de la ville de Bruges : reg. aux Hallegheboden, 1512-1553, fol. 115 v°.

2 août 1544, à Bruxelles. — Lettres de l'Empereur portant que la contribution des habitants de la seigneurie de Watervliet dans le payement de l'impôt du dixième denier accordé par les états de Flandre, ne pourra être tirée à conséquence pour l'avenir, et qu'elle ne portera aucun préjudice aux privilèges et exemptions de ladite seigneurie, lesquels resteront dans leur force et vigueur.

> Arch. de l'État, à Gand : recueil manuscrit concernant la ferme des impôts en Flandre, de 1702 à 1713, t. III, fol. 1037.

16 août 1544, à Anvers. — Ordonnance de l'Empereur par laquelle, voulant mettre fin au monopole et aux abus dans la vente des aluns d'Espagne et d'Italie, il statue que ceux qui en importeront desdits pays et d'autres ne pourront les vendre ni en disposer qu'après les avoir mis en mains des receveurs des aluns, lesquels en fixeront le prix pour le débit.

> Arch. de l'État, à Gand : reg. aux ordonnances du cons. de Flandre, 1511-1558, *litt. U*, fol. 226 v° Arch. de la ville de Bruges : reg. aux *Halleghebodem*, 1512-1553, fol. 118.

30 septembre 1544, à Gand. — Ordonnance du conseil de Flandre prescrivant de publier l'avis, y inséré, par lequel l'Empereur annonce que la paix a été conclue entre lui et le roi de France.

> Arch. de la ville de Bruges : reg. aux *Halleghebodem*, 1512-1553, fol. 130 v°.

8 octobre 1544, à Bruxelles. — Ordonnance de l'Empereur fixant le prix du logement et de l'entretien, à Bruxelles, des gens de sa suite.

> Reg. de la ch. des comptes, n° 110, fol. 282.

17 octobre 1544, à Bruxelles. — Arrêt du conseil privé statuant sur un différend entre les échevins de la keure, à Gand, et le chapitre de Saint-Bavon, au sujet de la franchise des accises sur le vin et la bière.

> P. Van Duyse, *Inventaire analytique des chartes et documents de la ville de Gand*, p. 362.

10 octobre 1544, à Bruxelles. — Ordonnance de l'Empereur autorisant les états de Flandre à lever les impôts y spécifiés, pour contribuer à l'aide d'un million de couronnes qu'ils lui ont accordée, et qui était payable en deux fois, la première à raison de 600,000 et la seconde de 400,000 couronnes.

> Arch. de l'État, à Gand : reg. aux ordonnances du cons. de Flandre, 1511-1558, *litt. U*, fol. 228. — Arch. de la ville de Bruges : reg. aux *Halleghcboden*, 1512-1553, fol. 130.

25 octobre 1544, à Bruxelles. — Ordonnance de l'Empereur prescrivant d'appréhender, pour être envoyés aux galères, tous gens de guerre et vagabonds qui foulent le plat pays.

> *Plac. de Fl.*, liv. Ier, p. 26. — Arch. de l'État, à Gand : reg. aux ordonnances du cons. de Flandre, 1511-1558, *litt. U*, fol. 229 v°. — Arch. de la ville de Bruges : reg. aux *Halleghcboden*, 1512-1553, fol. 138 v°.

26 novembre 1544, à Bruxelles. — Ordonnance de l'Empereur qui, à cause de la mauvaise récolte et de la cherté des grains, en défend la sortie, sous peine de confiscation de la marchandise, ainsi que des chariots ou des navires servant à la transporter.

> *Plac. de Fl.*, liv. Ier, p. 611. — Reg. de la ch. des comptes, n° 139, fol. 48 v°. — Arch. de l'État, à Gand : reg. aux ordonnances du cons. de Flandre, 1511-1558, *litt. U*, fol. 230 v°. — Arch. de la ville de Bruges : reg. aux *Halleghcboden*, 1512-1553, fol. 112.

1er décembre 1544, à Bruxelles. — Lettres de l'Empereur autorisant la commune de Duffel à lever les droits y énoncés sur le bétail passant par le pont de Duffel et sur les bateaux qui passent dessous.

> Reg. de la ch. des comptes, n° 643, fol. 13 v°.

4 décembre 1544, à Gand. — Ordonnance de l'Empereur statuant que tous ceux qui ont obtenu des lettres de rémission et de rappel de ban de la reine de France (1), à l'occasion de son arrivée

---

(1) Éléonore sœur de Charles-Quint.

aux Pays-Bas, au mois d'octobre précédent, auront à présenter leurs lettres au conseil privé avant la Chandeleur, afin que le conseil s'assure si les cas sont graciables, sous peine, pour les défaillants, de perdre le bénéfice desdites lettres.

> Original, aux archives du royaume. — Arch. de l'État, à Gand : reg. aux ordonnances du cons. de Flandre, 1511-1558, *litt. U*, fol. 251. — Arch. de l'État, à Tournai : reg. du bailliage de Tournai-Tournaisis commençant à 1505, p. 517. — Arch. de la ville de Bruges : reg. aux *Halleghebeden*, 1512-1555, fol. 116.

9 décembre 1544, à Gand. — Lettres de l'Empereur interprétant les lettres du 7 mars précédent (1) relatives à la circonscription territoriale où le lieutenant civil de Gand pouvait exercer sa juridiction.

> *Plac. de Fl.*, liv. II, p. 200. — Original, aux archives de la ville de Gand. — Arch. de l'État, à Gand : reg. aux ordonnances du cons. de Flandre, 1291-1557, *litt. U*, fol. 262.

18 décembre 1544, à Gand. — Édit de l'Empereur prescrivant différentes mesures pour empêcher l'impression et la vente de livres contraires à la religion catholique.

> *Plac. de Fl.*, liv. Ier, p. 120. — *Plac. de Brab.*, t. Ier, p. 465. — Arch. grand-ducales, à Luxembourg. — Arch. de la ville de Bruges : reg. aux *Halleghebeden*, 1512-1555, fol. 140.

18 décembre 1544, à Gand. — Ordonnance du conseil de Flandre prescrivant à tous officiers de justice, échevins et gens de loi de la province de lui fournir une liste des noms et prénoms des desservants des paroisses de leur ressort, en y joignant des renseignements sur la moralité et l'instruction desdits desservants, et en faisant connaître s'ils sont propriétaires ou locataires de leurs cures.

> Arch. du royaume : coll. de plac. imp., in-1o, t. Ier. — *Plac. de Fl.*, liv. Ier, p. 132. — *Plac. de Brab.*, t. Ier, p. 40. — Arch. de la ville de Bruges : reg. aux *Halleghebeden*, 1512-1555, fol. 117.

(1 *Voy.* p. 272.

20 décembre 1544, à Gand. — Décret par lequel l'Empereur rejette une requête des échevins de Gand tendante à rétablir l'exemption de la peine de confiscation des biens, telle qu'elle existait avant la sentence du 30 avril 1540 (1).

> P. Van Duyse, *Inventaire des chartes et documents de la ville de Gand*, p. 303.

23 décembre 1544, à Gand. — Décret de l'Empereur enjoignant aux officiers de justice de republier, chaque année, la veille de la Saint-Jean et de la Noël, l'ordonnance du 22 septembre 1540 (2), rendue contre les sectaires, ainsi que cette ordonnance le leur prescrit, à peine que ceux qui resteront en défaut de le faire seront privés de leurs offices et tenus pour fauteurs des hérétiques.

> Arch. de la ville de Bruges : reg. aux *Halleghceboden*, 1512-1553, fol. 155.

3 Janvier 1544 (1545, n. st.), à Gand. — Ordonnance de l'Empereur défendant l'exportation des vivres et provisions de bouche, de quelque nature qu'ils soient.

> *Plac. de Fl.*, liv. Ier, p. 716. — Arch. de l'État, à Gand : reg. aux ordonnances du cons. de Flandre, 1511-1558, *litt. U*, fol. 231 v°. — Arch. de la ville de Bruges : reg. aux *Halleghceboden*, 1512-1553, fol. 220.

20 Janvier 1544 (1545, n. st.), à Bruxelles. — Ordonnance de l'Empereur défendant l'exportation des chevaux sans son consentement, à peine de confiscation et, en outre, d'une amende de 25 florins carolus par cheval.

> Original, aux archives du royaume. — *Plac. de Fl.*, liv. Ier, p. 700. — Arch. de l'État, à Gand : reg. aux ordonnances du cons. de Flandre, 1511-1558, *litt. U*, fol. 232. — Arch. grand-ducales, à Luxembourg. — Arch. de la ville de Bruges : reg. aux *Halleghceboden*, 1512-1553, fol. 163 v°.

23 Janvier 1544 (1545, n. st.), à Bruxelles. — Ordon-

---

(1) Voy. p. 236.
2) Voy. p. 213.

nance de l'Empereur confirmant l'ordonnance du 4 octobre 1540 (1),
en ce qui concerne les livres, et y ajoutant des dispositions nouvelles.

Reg. de la ch. des comptes, n° 139, fol. 67 v°.

26 janvier 1544 (1545, n. st.), à Bruxelles. — Ordonnance de l'Empereur défendant d'héberger ou recevoir les sectaires
fugitifs qui se tenaient cachés, et d'avoir avec eux des relations quelconques; prescrivant de les dénoncer, de même que leurs biens
meubles et immeubles, à peine d'être tenus pour leurs fauteurs et
punis comme tels.

Arch. grand-ducales, à Luxembourg. — Arch. de la ville de
Bruges : reg. aux *Hallegheboden*, 1512-1553, fol. 156 v°.

26 janvier 1544 (1545, n. st.), à Bruxelles. — Décret
de la reine Marie, qui, vu les poursuites du magistrat de Gand contre
le comte Guillaume de Nassau, le prince d'Orange, son fils, et les
membres de leur famille, ainsi que contre les ambassadeurs d'Angleterre et de France, accorde aux ambassadeurs et aux personnes de
leur suite la franchise des accises et des maltôtes.

P. Van Duyse, *Inventaire analytique des chartes et documents de la ville de Gand*, p. 364.

20 février 1544 (1545, n. st.), à Bruxelles. — Lettres
de l'Empereur approuvant et confirmant une ordonnance des échevins de la ville de Haelen sur le halage des bateaux en cette localité.

Reg. de la ch. des comptes, n° 642, fol. 23.

Dernier février 1544 (1545, n. st.), à Gand. —
Ordonnance du conseil de Flandre qui, ensuite des ordres de la
reine Marie, prescrit de republier partout l'ordonnance du 19 mars
1540 (n. st.) concernant la pêche (2).

Arch. de la ville de Bruges : reg. aux *Hallegheboden*, 1512-
1553, fol. 159.

7 mars 1544 (1545, n. st.), à Bruxelles. — Ordonnance

(1) Voy. p. 211.
(2) Voy. p. 231.

de l'Empereur défendant à ses sujets des Pays-Bas de suivre les cours de l'université qui venait d'être fondée à Wesel, pays de Clèves, sans l'autorisation du pape.

Plac. de Fl., liv. Ier, p. 133. — Arch. de la ville de Bruges : reg. aux *Hallegheboden*, 1342-1533, fol. 160 v°.

9 mars 1544 (1545, n. st.), à Bruxelles. — Ordonnance de l'Empereur portant règlement pour les *renenghers* et pour les *reneurs* héréditaires de Flandre, qui siégeaient à Lille, sous la présidence du prévôt de l'église de Saint-Donatien, à Bruges, comme chancelier de Flandre, ainsi que sur le stile de procédure à observer par eux. Cette ordonnance fixe, de plus, le salaire des commissaires nommés dans les causes, du greffier, des avocats et des procureurs.

Plac. de Fl., liv. Ier, pp. 323 et 331.

14 mars 1544 (1545, n. st.), à Bruxelles. — Édit de l'Empereur confirmant, en tant qu'il est en lui, les articles de foi, y insérés, conçus par la faculté de théologie de l'université de Louvain, sur la demande qu'il lui en avait faite pour résoudre et dissiper les doutes soulevés par les hérétiques.

Plac. de Brab., t. III, p. 83. — Reg. de la ch. des comptes, n° 130, fol. 69. — Arch. grand-ducales, à Luxembourg. — Collection de placards de la Bibliothèque royale, portant le n° 21169.

16 mars 1544 (1545, n. st.), à Bruxelles. — Ordonnance de l'Empereur rendue ensuite de la sentence qu'il avait prononcée contre les habitants de Grammont, le 16 novembre 1540, et en vertu de laquelle il s'était fait remettre et avait fait examiner leurs privilèges. L'Empereur établit différentes règles relatives à la création des bourgeois, aux droits attachés à la bourgeoisie, et, pour le surplus, il confirme la ville dans ses anciens privilèges.

A. DE PORTEMONT, *Recherches historiques sur la ville de Grammont*, t. Ier, p. 81.

26 mars 1544 (1545, n. st.), à ..... — Acte de la reine Marie confirmant l'autorité reconnue à la chambre des comptes de

Flandre par l'arrêt du conseil privé en date du 12 mars 1528 (1).

Citée p. 20 de la *Notice historique sur la chambre des comptes.*

Au mois d'avril 1545, à Anvers. — Ordonnance de l'Empereur modifiant, en beaucoup de points, son ordonnance du 4 novembre 1540 relative au gouvernement et à la police de la ville de Courtrai (2).

Pl. de Fl., liv. III, p. 311. — Cn. Messely, *Inventaire des archives de la ville de Courtrai*, t. II, p. 87. — Arch. de l'État, à Gand : reg. aux ordonnances du cons. de Flandre, 1294-1557, *litt. U,* fol. 263.

25 avril 1545, à Anvers. — Décret de l'Empereur par lequel il accorde et consent que ceux de la loi et échevinage de Gand prennent connaissance du crime de lèse-majesté divine et procèdent contre ceux qui transgressent les ordonnances sur la religion, et ce nonobstant les dispositions contenues en l'article 14 de son ordonnance du 30 avril 1540 (3).

Plac. de Fl., liv. V, p. 121. — Arch. de l'État, à Gand : reg. aux ordonnances du cons. de Flandre, 1294-1557, *litt. U,* fol. 259.

25 avril 1545, à Anvers. — Décret de l'Empereur par lequel il fait la même concession aux bailli et hommes (*sic*) du Vieux-Bourg de Gand.

Arch. de l'État, à Gand : reg. aux ordonnances du cons. de Flandre, 1294-1557, *litt. U,* fol. 259 v°.

25 avril 1545, à Anvers. — Semblables décrets pour ceux de la loi des villes et châtellenies de Courtrai et d'Audenarde et pour ceux de la loi et de l'échevinage de Grammont.

Arch. de l'État, à Gand : reg. aux ordonnances du cons. de Flandre, 1294-1557, *litt. U,* fol. 260 et 261 v°.

(1) Voy. p. 162.
(2) Voy. p. 215.
(3) Voy. p. 237.

6 mai 1545, à Bruxelles. — Ordonnance de l'Empereur autorisant les états de Flandre à lever, pour une fois, le dixième des revenus annuels de tous immeubles quelconques, ainsi que le dixième des bénéfices apparents des marchands : le tout sur le pied y indiqué et pour subvenir à l'aide de 240,000 livres que ces états lui ont accordée.

> Arch. de la ville de Bruges: reg. aux *Hallegheboden*, 1512-1553, fol. 166.

6 mai 1545, à Bruxelles. — Ordonnance de l'Empereur défendant de vendre ou acheter des chevaux ailleurs qu'aux marchés publics, et de les exporter. Sont exceptés de cette défense les chevaliers de la Toison d'or, les seigneurs du sang, les gentilshommes de sa cour et de celle de la reine de Hongrie.

> *Plac. de Fl.*, liv. 1er, p. 700. — Reg. de la ch. des comptes, n° 130, fol. 69 v°. — Arch. de l'État, à Gand : reg. aux ordonnances du cons. de Flandre, 1511-1558, *litt. U*, fol. 234 v°. — Arch. de l'État, à Mons : reg. du cons. de Hainaut, n° 2, fol. 41. — Arch. grand-ducales, à Luxembourg. — Arch. de la ville de Bruges : reg. aux *Halleghebeden*, 1512-1553, fol. 169.

8 mai 1545, à Bruxelles. — Ordonnance de l'Empereur défendant le cours, aux Pays-Bas, des souverains, demis et quarts de souverains, ainsi que des angelots frappés en Angleterre, à cause de leur évaluation exagérée.

> Reg. de la ch. des comptes, n° 130, fol. 53 v°. — Arch. de l'État, à Gand : reg. aux ordonnances du cons. de Flandre, 1511-1558, *litt. U*, fol. 239. — Arch. de la ville de Bruges : reg. aux *Hallegheboden*, 1512-1553, fol. 173 v°.

11 mai 1545, à Bruxelles. — Ordonnance de l'Empereur touchant la chasse dans le comté de Hainaut.

> Arch. de la ville de Mons : reg. aux plac. de 1513 à 1581, fol. 8.

1er août 1545, à Bruxelles. — Mandement de l'Empereur aux mayeur et échevins de Nivelles d'ajourner par édit les habitants de cette ville, suspects d'hérésie, qui ont pris ou qui prendraient la fuite, et de procéder contre eux par défaut.

Bulletins de la Commission royale d'histoire, 2ᵉ série, t. VII, p. 168.

3 août 1545, à ..... — Ordonnance touchant les engagères tenues de l'Empereur.

Arch. grand-ducales, à Luxembourg.

3 août 1545, à Bruxelles. — Décret de la reine Marie défendant au conseil de Flandre de délivrer aucun octroi à des étrangers pour vendre ou charger les biens qu'ils pourraient posséder en Flandre, à moins qu'ils n'exhibent des lettres d'autorisation de l'Empereur à cet effet.

Arch. du royaume : collection de l'audience, reg. aux plac. de 1578 à 1583, fol. 110 ; reg. de la ch. des comptes, nᵒ 120, fol. 070. — Arch. grand-ducales, à Luxembourg.

9 août 1545, à Gand. — Ordonnance du conseil de Flandre rendue ensuite des ordres de la reine Marie, et prescrivant de faire des prières publiques pour la conservation du prince dont la « princesse d'Espagne » venait d'accoucher (1), et pour l'âme de la princesse, morte pendant ses couches.

Arch. de la ville de Bruges : reg. aux *Halleghcboden*, 1542-1553, fol. 181.

25 août 1545, à Bruxelles. — Ordonnance de l'Empereur défendant de vendre, acheter ou garder chez soi un livre imprimé par Josse Lambrechts et intitulé : *Corte instructie hoe een yegelyck kerste mensche met God ende met synen naesten schuldich is ende behoort te leeven* (2).

Reg. de la ch. des comptes, nᵒ 139, fol. 70 vᵒ.

---

(1) Don Carlos.
(2) « Brieve instruction comment tout chrétien doit se comporter envers Dieu et envers son « prochain. » Ce livre, examiné et approuvé par un inquisiteur de la foi, docteur en théologie, etc., à Louvain, fut soumis à la faculté de théologie de l'université, qui le désapprouva.

26 août 1545, à Gand. — Ordonnance du conseil de Flandre prescrivant différentes règles à observer par les huissiers de cette cour qui procèdent à la vente d'immeubles, ensuite de sentences ou de condamnations volontaires.

Plac. de Fl., t. Ier, p. 202.

2 septembre 1545, à Bruxelles. — Décret de l'Empereur rendu sur une requête des échevins de la keure de la ville de Gand, par laquelle ils demandaient d'être déchargés de la connaissance du crime de lèse-majesté divine, pour la laisser au conseil de Flandre (1). Le décret porte : « Les supplians, pour le bien de la « religion, ne doibvent faire déficulté de prendre la cognoissance « des transgresseurs des placcarts publiez contre les sectes ; oins, « pour le service de Dieu et tranquillité de la chose publicque, doib- « vent estroictement et exemplairement chastier lesdicts transgres- « seurs, selon le contenu desdits placcarts; et où ilz treuvent les « matières dificilles, polroient prendre advis de ceulx du conseil en « Flandre. »

Plac. de Fl., liv. V, p. 122. — Arch. de l'État, à Gand : reg. aux ordonnances du cons. de Flandre, 1204-1557, *litt. U*, fol. 201 v°.

10 septembre 1545, à Bruxelles. — Lettres de l'Empereur autorisant la commune de Haecht à remplacer le pont nommé *Ausbrugge*, établi sur la Dyle, par un pont-levis, et à percevoir un droit sur les bateaux qui y passeront.

Reg. de la ch. des comptes, n° 642, fol. 181 v°.

26 septembre 1545, à Bruxelles. — Décret de l'Empereur statuant que le souverain bailli de Flandre ne pourra accorder des rappels de ban, lorsque les condamnations à cette peine auront été prononcées par le conseil de Flandre, sans l'avis de celui-ci, et défendant audit bailli d'accorder des lettres de répit, de sauf-conduit et de rappel de ban à ceux qui ont été condamnés comme hérétiques (2).

Arch. de l'État, à Gand : reg. aux ordonnances du cons. de Flandre, 1204-1557, *litt. U*, fol. 258 v°.

(1) Voy. p. 295, au 25 avril 1545.
(2) Ce décret est précédé de lettres patentes de l'Empereur, du 13 janvier 1544 (n. st.), conférant la charge de souverain bailli de Flandre à Ferdinand de la Barre, écuyer, seigneur de Mouscron, dont elles déterminent les attributions.

30 septembre 1545, à Bruxelles. — Ordonnance de l'Empereur défendant de nouveau de se livrer à la pêche, le long des côtes de la mer, avec les filets et les engins et de la manière y énoncés, sous peine de bannissement en cas de récidive.

> *Plac. de Fl.*, liv. Ier, p. 354. — Arch. de l'État, à Gand : reg. aux ordonnances du cons. de Flandre, 1511-1558, *litt. U*, fol. 210. — Arch. de la ville de Bruges : reg. aux *Halleghebod·n*, 1512-1553, fol. 108.

.. octobre 1545, à Bruxelles. — Ordonnance de l'Empereur défendant aux habitants de la Flandre qui demeurent dans le voisinage de Flobecq, de dérober du bois dans les forêts domaniales dudit Flobecq.

> Arch. de l'État, à Gand : reg. aux ordonnances du cons. de Flandre, 1511-1558, *litt. U*, fol. 211.

2 octobre 1545, à Mons. — Ordonnance de Philippe, sire de Croy, duc d'Arschot, etc., grand bailli de Hainaut, statuant que les marchands étrangers qui conduisent des vins à l'étaple de Mons ne devront pas payer les impôts des états, lesquels seront à la charge des acheteurs.

> Arch. de l'État, à Mons : reg. du cons. de Hainaut, n° 2, fol. 1.

5 octobre 1545, à Bruxelles. — Ordonnance de l'Empereur qui, vu la cherté excessive des grains, en défend sévèrement l'exportation et prescrit différentes mesures pour le commerce intérieur des grains.

> *Plac. de Fl.*, liv. Ier, p. 611. — Arch. de l'État, à Gand : reg. aux ordonnances du cons. de Flandre, 1511-1558, *litt. U*, fol. 212. — Arch. de la ville de Mons : reg. aux placards de 1545 à 1564, fol. 1. — Arch. de la ville de Bruges : reg. aux *Halleghcboden*, 1512-1553, fol. 101.

12 octobre 1545, à Bruxelles. — Ordonnance de l'Empereur fixant à cent bonniers l'étendue des coupes de bois annuelles dans la forêt de Soigne.

> Reg. de la ch. des comptes, n° 508.

3 novembre 1545, à Gand. — Ordonnance du conseil de Flandre qui, ensuite d'une lettre de l'Empereur du 29 octobre précédent, enjoint à tous officiers de justice, bourgmestres et échevins, de faire toutes les diligences possibles pour saisir les exemplaires, et les lui envoyer, d'un petit ouvrage entaché d'hérésie, intitulé *Corte Instructie*, par Corneille Vander Heyden, prêtre (en français De la Bruièr.), et imprimé dans les deux langues par Josse Lambrechts, à Gand (1).

> Arch. de la ville de Bruges : reg. aux *Hallegheboden*, 1542-1553, fol. 203.

9 novembre 1545, à ..... — Décret de l'Empereur rendu sur une requête des échevins de Gand et rétablissant les bourgeois de cette ville dans le droit de faire ajourner, devant le lieutenant du grand bailli, leurs débiteurs demeurant au plat pays, dans un rayon de trois lieues de la ville.

> P. Van Duyse, *Inventaire analytique des chartes et documents de la ville de Gand*, p. 307.

14 novembre 1545, à Bruges. — Ordonnance de l'Empereur établissant une pénalité de douze livres parisis d'amende contre quiconque nuira, de quelque manière que ce soit, aux cygnes qu'il est en droit de tenir dans toutes les rivières et eaux publiques.

> *Plac. de Fl.*, liv. Ier, p. 417. — Arch. de l'État, à Gand : reg. aux ordonnances du cons. de Flandre, 1511-1558, *litt. U*, fol. 215. — Arch. de la ville de Bruges : reg. aux *Hallegheboden*, 1542-1553, fol. 207.

12 décembre 1545, à Utrecht. — Ordonnance de l'Empereur contenant des mesures additionnelles à celles prescrites par l'ordonnance du 5 octobre précédent sur le commerce intérieur des grains (2).

> Arch. de l'État, à Gand : reg. aux ordonnances du cons. de Flandre, 1511-1558, *litt. U*, fol. 215 v°. — Arch. de l'État, à Mons : reg. du cons. de Hainaut, n° 2, fol. 8. — Arch. grand-ducales, à Luxembourg. — Arch. de la ville de Bruges : reg. aux *Hallegheboden*, 1542-1553, fol. 208.

---

(1) Voy. 287, au 25 août 1515.

(2) Voy. p. 289.

22 décembre 1545, à Utrecht. — Lettres par lesquelles l'Empereur accorde mainlevée de la saisie des biens de la commanderie de Chantraine, de l'ordre de Saint-Jean de Jérusalem, à condition qu'elle reste séparée et démembrée du prieuré de France, et que le prieur en fasse conster dans l'année, ainsi que de la confirmation par son supérieur, le grand maître de l'ordre.

Reg. de la ch. des comptes, n° 139, fol. 56 v°.

15 janvier 1545 (1546, n. st.), à Utrecht. — Ordonnance de l'Empereur prescrivant de faire sortir de la ville d'Anvers les militaires étrangers sans occupation et les vagabonds qui s'y trouvent.

Arch. du royaume : collection de l'audience, reg. n° 83, fol. 1.

26 janvier 1545 (1546, n. st.), à Bruxelles. — Ordonnance de l'Empereur défendant à ceux qui ont des terrains contigus à la forêt de Soigne de faire de nouveaux fossés ou de nouvelles clôtures au préjudice des limites de cette forêt.

Reg. de la ch. des comptes, n° 139, fol. 69.

30 janvier 1545 (1546, n. st.), à Utrecht. — Édit perpétuel de l'Empereur touchant les homicides commis en état d'ivresse, le crime de faux, les cadeaux de baptême, le luxe dans les vêtements et accoutrements, les usuriers et ceux qui tiennent des tables de prêt.

Arch. du royaume : collection imprimée d'ordonnances, in-f°, t. Ier; reg. de la ch. des comptes, n° 57, fol. 37; collection de l'audience, ordonnances minutes, t. Ier, et reg. n° 83, fol. 50 v°. – Plac. de Fl., liv. Ier, p. 782. —Arch. de l'État, à Mons : reg. du cons. de Hainaut, n° 2, fol. 11. — Arch. de l'État, à Tournai : reg. aux ordonnances du bailliage de Tournai-Tournaisis commençant en 1503, p. 334. —Arch. grand-ducales, à Luxembourg. —Arch. de la ville de Bruges : reg. aux Halleghebodon, 1512-1553, fol. 214.

26 février 1545 (1546, n. st.), à Maestricht. — Ordonnance de l'Empereur défendant la sortie des grains et des vivres.

Arch. du royaume : collection de l'audience, reg. n° 83, fol. 6.

Pénultième de février 1545 (1546, n. st.), à Maestricht. — Ordonnance et instruction de l'Empereur pour le conseil des finances.

> Arch. du royaume : reg. de la ch. des comptes, n° 81, fol. 83 v°, n° 120, fol. 08, n° 130, fol. 84, n° 1326, fol. 72; collection de l'audience, reg. n° 78, fol. 24.

Dernier février 1545 (1546, n. st.), à Maestricht. — Acte de l'Empereur sanctionnant une instruction pour les inquisiteurs et leurs subdélégués dans les Pays-Bas. Cette instruction détermine les formes à observer par eux, ainsi que l'étendue et les limites de leur juridiction.

> Arch. du royaume : collection de l'audience, reg. « Sur le « faict des hérésies et inquisitions », fol. 817.

Dernier février 1545 (1546, n. st.), à Maestricht. — Ordonnance de l'Empereur enjoignant à ses conseils, justiciers et officiers, ainsi qu'aux officiers de ses vassaux, de faire appréhender et garder en leurs prisons tous ceux, ecclésiastiques ou laïques, que les inquisiteurs et leurs subdélégués leur délivreront; de faire donner à ceux-ci toute aide et assistance, etc.

> Arch. du royaume : collection de l'audience, reg. « Sur le « faict des hérésies et inquisitions », fol. 208.

Dernier février 1545 (1546, n. st.), à Maestricht. — Ordonnance de l'Empereur portant règlement pour l'administration politique et financière de la ville de Bruxelles.

> *Plac. de Brab.,* t. IV, p. 277.

Dernier février 1545 (1546, n. st.), à Maestricht. — Ordonnance et instruction de l'Empereur pour le gruyer (*warantmeester*) de Brabant. Elle concerne aussi les délits de chasse.

> *Plac. de Brab.,* t. II, p. 166. — Reg. de la ch. des comptes, n° 130, fol. 63.

Dernier février 1545 (1546, n. st.), à Mons. —

Ordonnance du grand bailli de Hainaut défendant de brasser du vinaigre avec des grains.

Arch. de l'État, à Mons : reg. du cons. de Hainaut, n° 2, fol. 10.

22 mars 1545 avant Pâques (1546, n. st.), à Binche. — Ordonnance de l'Empereur prescrivant le nettoiement des rivières et cours d'eau depuis Papignies jusqu'aux moulins de Lessines et de ces moulins jusqu'à Acrene, et de là aux moulins d'Ogy et de Flobecq.

Arch. du royaume : collection de l'audience, reg. n° 83. fol. 7.

31 mars 1545 avant Pâques (1546, n. st.), à Binche. — Ordonnance de l'Empereur défendant aux habitants de la ville de Menin et à ceux y établis dans le rayon d'une lieue, de faire moudre leurs grains ailleurs qu'aux moulins domaniaux dudit Menin.

Arch. du royaume : collection de l'audience, ordonnances minutes, t. XXIV, à la suite d'une ordonnance du 7 septembre 1612 concernant les moulins de Haerlebeke.

17 avril 1545 avant Pâques (1546, n. st.), à Binche. — Ordonnance de l'Empereur concernant la vente des chevaux.

Arch. du royaume : collection de l'audience, reg. n° 83. fol. 8.

10 mai 1546, à Binche. — Lettres patentes de l'Empereur par lesquelles il accorde des statuts à la gilde des archers, à Termonde, laquelle formait précédemment deux confréries : celle de Saint-Gilles et celle de Saint-Sébastien.

A. DE VLAMINCK, *Analyse sommaire des registres aux privilèges de la ville de Termonde*, p. 10.

12 mai 1546, à Mons. — Ordonnance de l'Empereur défendant l'importation des vins de France, le roi de France, son frère et allié, en ayant interdit l'exportation à cause de leur cherté, causée par les manœuvres des monopoleurs.

> *Plac. de Fl.*, liv. Iᵉʳ, p. 659. — Arch. du royaume : reg. de la ch. des comptes, nᵒ 159, fol. 71 ; collection de l'audience, ordonnances minutes, t. Iᵉʳ, et reg. nᵒ 83, fol. 9 et 10. — Arch. de l'État, à Mons : reg. du cons. de Hainaut, nᵒ 2, fol. 16. — Arch. de l'État, à Gand : reg. aux ordonnances du conseil de Flandre, 1511-1558, litt. U, fol. 218 vᵒ. — Arch. de l'État, à Tournai : reg. aux ordonnances du bailliage de Tournai-Tournaisis commençant en 1505, p. 315. — Arch. grand-ducales, à Luxembourg. — Arch. de la ville de Bruges : reg. aux *Hallegheboden*, 1542-1553, fol. 235.

12 mai 1546, à Mons. — Ordonnance du grand bailli de Hainaut enjoignant aux vagabonds et gens sans aveu qui courent le plat pays de se retirer chez eux, à peine d'arrestation et de châtiment.

> Arch. de l'État, à Mons : reg. du cons. de Hainaut, nᵒ 2, fol. 16.

15 mai 1546, à Binche. — Décret de la reine Marie interprétant l'ordonnance de l'Empereur du 30 janvier précédent (1), en ce qui concerne le port des draps d'or et d'argent.

> Arch. de l'État, à Mons : reg. du cons. de Hainaut, nᵒ 2, fol. 17. — Arch. du royaume : reg. du grand conseil de Malines, nᵒ 4, p. 580 ; reg. de la ch. des comptes, nᵒ 159, fol. 71 vᵒ (2). — Arch. de la ville de Bruges : reg. aux *Hallegheboden*, 1542-1553, fol. 235 vᵒ.

22 mai 1546, à Binche. — Ordonnance de l'Empereur qui, à cause de la cherté des grains, défend, jusqu'au mois de septembre suivant, de cuire au plat pays du pain de pure farine de froment, ou des gâteaux, de brasser de la bière avec des grains, d'inviter au-delà de vingt personnes aux dîners de noces et autres, etc.

> *Plac. de Fl.*, liv. Iᵉʳ, p. 617. — Arch. du royaume : collection de l'audience, reg. nᵒ 83, fol. 11 vᵒ ; reg. de la ch. des comptes, nᵒ 159, fol. 73 (3). — Arch. grand-ducales, à Luxembourg. — Arch. de la ville de Bruges : reg. aux *Hallegheboden*, 1542-1553, fol. 231 vᵒ.

(1) *Voy.* p. 291.

(2) Dans le registre de la chambre des comptes, ce décret est daté du 20 mai et donné sous le nom de l'Empereur ; il est adressé à l'amman de Bruxelles.

(3) L'ordonnance y est datée de Bruxelles, le 21 mai 1546.

26 mai 1546, à Binche. — Ordonnance de l'Empereur prescrivant à ceux qui doivent des rentes ou des cens aux domaines du comté de Namur de les acquitter à l'époque de leur échéance, à peine d'exécution.

> Arch. du royaume : collection de l'audience, reg. n° 83, fol. 17.

4 juin 1546, à Gand. — Acte du conseil de Flandre statuant que le haut bailli d'Alost ne peut exercer aucune juridiction à Wetteren, pays de Termonde (1).

> A. DE VLAMINCK, *Analyse sommaire des registres aux privilèges de la ville de Termonde*, p. 10.

11 juin 1546, à Binche. — Ordonnance de l'Empereur défendant de molester, dans leurs personnes ou dans leurs biens et marchandises, les sujets du duc de Clèves, à cause de querelles ou dommages survenus durant la guerre à laquelle le traité de Venlo a mis fin.

> Arch. du royaume : collection de l'audience, reg. n° 83, fol. 17.

26 juin 1546, à Bruxelles. — Lettres de l'Empereur consentant et octroyant, par forme de privilège, que les marchands de la nation de Florence résidant à Anvers et ailleurs dans les Pays-Bas puissent créer et renouveler chaque année un consul, deux conseillers et un trésorier pour régir et gouverner ceux appartenant à ladite nation; autorisant ces consul, conseillers et trésorier à faire des statuts et ordonnances sur le fait de leur négoce; leur permettant, en outre, de décider en première instance les différends relatifs aux affaires commerciales. L'Empereur permet, de plus, la levée d'un droit sur les marchandises pour l'érection d'une chapelle à Anvers et le service divin à y célébrer.

> Reg. de la ch. des comptes, n° 643, fol. 176.

27 juin 1546, à Binche. — Ordonnance de l'Empereur

---

(1) M. de Vlaminck (p. 20) signale un acte semblable, à la date du 25 février suivant, où il mentionne le bailli d'Alost.

portant règlement pour les greffiers et clercs de la maison échevinale de la ville de Courtrai.

> Ch. Messely, *Inventaire des archives de la ville de Courtrai*, t. II, p. 88.

28 juin 1546, à Beaumont. — Ordonnance du grand bailli de Hainaut enjoignant aux pauvres qui parcourent le plat pays, par suite de la disette régnante, de se retirer aux lieux de leur demeure, et portant règlement pour les travaux de la moisson.

> Arch. de l'État, à Mons : reg. du cons. de Hainaut, n° 2, fol. 21.

30 juin 1546, à Bruxelles. — Ordonnance de l'Empereur confirmant ses ordonnances précédentes sur l'impression et la vente des livres et y ajoutant de nouvelles dispositions, afin de mieux parvenir à l'extirpation des sectes. Les dispositions finales défendent de tenir des écoles sans y être autorisé, et renferment la liste des ouvrages à employer dans l'enseignement.

> *Plac. de Fl.*, liv. Ier, p. 133 (1). — Reg. du grand cons. de Malines, n° 4, fol. 601. — Arch. de l'État, à Gand : reg. aux ordonnances du cons. de Flandre, 1511-1558, *litt. U*, fol. 260 v°. — Arch. de l'État, à Tournai : reg. aux ordonnances du bailliage de Tournai-Tournaisis commençant en 1505. — Arch. grand-ducales, à Luxembourg. — Arch. de la ville de Bruges : reg. aux *Halleghebouden*, 1542-1553, fol. 246 v°.

30 juin 1546, à Bruxelles. — Ordonnance de l'Empereur prescrivant des mesures pour empêcher qu'au temps de la moisson les champs ne soient dévastés, sous prétexte de glanage et autres.

> *Plac. de Fl.*, liv. Ier, p. 631. — Arch. du royaume : collection de l'audience, reg. n° 83, fol. 18 v°. — Arch. de l'État, à Mons : reg. du cons. de Hainaut, n° 2, fol. 38. — Arch. de l'État, à Gand : reg. aux ordonnances du cons. de Flandre, 1511-1558, *litt. U*, fol. 251. — Arch. de l'État, à Tournai : reg. du bailliage de Tournai-Tournaisis commençant en 1505, p. 318. — Arch. de la ville de Bruges : reg. aux *Halleghebouden*, 1542-1553, fol. 259.

---

(1) L'ordonnance y est suivie (p. 112) d'une consultation de la faculté de théologie, à Louvain, en date du 9 mai 1546, faite sur les ordres de l'Empereur, et (p. 115) de la liste des ouvrages condamnés par ladite faculté.

1er Juillet 1546, à Mons. — Ordonnance du grand bailli de Hainaut permettant, par dérogation à l'édit du 22 mai précédent (1), de brasser et de vendre de la cervoise à dix deniers le lot, jusqu'au mois de septembre.

> Arch. de l'État, à Mons : reg. du cons. de Hainaut, n° 2, fol. 25.

6 Juillet 1546, à Gand. — Ordonnance du conseil de Flandre qui, ensuite des ordres de la reine Marie, prescrit de faire des processions et des prières publiques pour le succès du concile assemblé à Trente.

> Arch. de la ville de Bruges : reg. aux *Hallegheboden*, 1512-1553, fol. 258 v°.

8 Juillet 1546, à Bruxelles. — Ordonnance de l'Empereur sur la réparation et l'entretien des chemins et des cours d'eau dans le pays d'Alost.

> Arch. du royaume : collection de l'audience, reg. n° 83, fol. 34. — Arch. de l'État, à Gand : reg. aux ordonnances du cons. de Flandre, 1511-1558, *litt. U*, fol. 253.

9 Juillet 1546, à Bruxelles. — Ordonnance de l'Empereur portant règlement pour les pêcheurs étant en mer, afin surtout d'empêcher qu'ils ne se nuisent entre eux, comme cela arrivait.

> Arch. du royaume : collection de l'audience, reg. n° 83, fol. 38. — Arch. de l'État, à Gand : reg. aux ordonnances du cons. de Flandre, 1511-1558, *litt. U*, fol. 254 v°. — Arch. de la ville de Bruges : reg. aux *Hallegheboden*, 1542-1553, fol. 214.

12 Juillet 1546, à Bruxelles. — Ordonnance de l'Empereur touchant l'achat, l'entrée et l'étaple des vins de France.

> Arch. du royaume : collection de l'audience, reg. n° 83, fol. 42 et 44. — Arch. de l'État, à Mons : reg. du cons. de Hainaut, n° 2, fol. 55. — Arch. de l'État, à Gand : reg. aux ordonnances du cons. de Flandre, 1511-1558, *litt. U*, fol. 256 v°. — *Plac. de Fl.*, liv. Ier, p. 659 (2). — Arch. grand-ducales, à Luxembourg. — Arch. de la ville de Bruges : reg. aux *Hallegheboden*, 1542-1553, fol. 261.

(1) Voy. p. 294.
(2) Cette ordonnance y porte la date du 12 juin.

16 juillet 1546, à Bruxelles. — Ordonnance de l'Empereur portant règlement pour les ouvriers nommés *gelayeruers* qui chargeaient et déchargeaient les marchandises au *Veer*, sous Zwyndrecht, en face d'Anvers. Les marchands s'étaient plaints de leurs exactions.

> Arch. de l'État, à Gand : reg. aux ordonnances du cons. de Flandre, de 1304-1557, *litt. U*, fol. 38.

15 août 1546, à Bruxelles. — Ordonnance de l'Empereur prolongeant jusqu'au 1er septembre suivant l'échéance des lettres de change et de payement souscrites à la foire d'Anvers.

> Arch. du royaume : collection de l'audience, reg. n° 83, fol. 44.

18 août 1546, à Bruxelles. — Lettres de l'Empereur confirmant les lettres de privilèges accordées à l'université de Louvain par le pape Martin V, par le duc Philippe de Bourgogne et simultanément par l'empereur Maximilien et le roi Philippe de Castille.

> *Privilegia Academiae Lovaniensi concessa*, p. 231.

23 août 1546, à Bruxelles. — Lettres de l'Empereur autorisant les échevins de la châtellenie d'Ypres à connaître et à informer, en première instance, de tous les méfaits commis dans l'exercice de leurs fonctions par les receveurs du droit d'issue sous leur juridiction, pour autant que ce ne soient pas des causes concernant les privilèges généraux d'exemption d'issue ; dans ce cas, c'est le conseil de Flandre qui en devra connaître.

> DIEGERICK, *Inventaire des chartes et documents de la ville d'Ypres*, t. V, p. 278. — Arch. de l'État, à Gand : reg. aux ordonnances du cons. de Flandre, 1304-1557, *litt. U*, fol. 208 v°.

11 septembre 1546, à Bruxelles. — Lettres de l'Empereur par lesquelles il approuve et confirme le règlement fait par le chapitre de Sainte-Waudru, à Mons, dans son assemblée capitulaire du 3 août 1545, touchant les absences, sans congé, des chanoinesses.

> Arch. du royaume : conseil privé, carton n° 1231. — Arch. de l'État, à Mons : chapitre de Sainte-Waudru, n° 87.

21 septembre 1546, à Bruxelles. — Ordonnance de l'Empereur défendant de se mettre au service de princes étrangers et de lever des gens de guerre pour la même fin, sans sa permission.

> Arch. du royaume : collection de l'audience, ordonnances minutes, t. Ier, et reg. n° 83, fol. 46. — Arch. grand-ducales, à Luxembourg.

6 octobre 1546, à Louvain. — Décret de la reine Marie prescrivant de republier et de faire observer l'édit du 5 octobre 1545 sur les grains (1).

> Arch. de l'État, à Mons : reg. du cons. de Hainaut, n° 2, fol. 58. — Arch. de l'État, à Tournai : reg. aux ordonnances du bailliage de Tournai-Tournaisis commençant en 1503, p. 280.

7 octobre 1546, à Louvain. — Ordonnance de l'Empereur fixant le salaire des exécuteurs des hautes œuvres en Flandre, et réglant d'autres frais de la justice criminelle, tels que les vacations des juges et des greffiers, les diners et dépens de bouche, etc. Cette ordonnance abolit celle du 30 septembre 1541 (2).

> Plac. de Fl., liv. Ier, p. 223. — Arch. du royaume : collection de l'audience, reg. n° 83, fol. 48 ; reg. de la ch. des comptes, n° 1317. — Arch. de l'État, à Gand : reg. aux ordonnances du cons. de Flandre, 1544-1558, litt. U, fol. 237 v°. — Arch. de la ville de Bruges : reg. aux *Hallegheboden*, 1542-1553, fol. 202 v°.

9 octobre 1546, à Bruxelles. — Ordonnance de l'Empereur concernant le commerce des grains.

> F. Verachter, *Inventaire des chartes et privilèges de la ville d'Anvers*, p. 218.

12 octobre 1546, à Gand. — Ordonnance du conseil de Flandre qui, ensuite des ordres de la reine Marie, prescrit de republier partout et d'observer strictement l'ordonnance du 5 octobre 1545 concernant les grains (3).

> Arch. de la ville de Bruges : reg. aux *Hallegheboden*, 1542-1553, fol. 157.

(1) Voy. p. 289.
(2) Voy. p. 251.
(3) Voy. p. 289.

20 octobre 1546, à Bruxelles. — Ordonnance de l'Empereur touchant la chasse dans le comté de Flandre.

> *Plac. de Fl.*, liv. Iᵉʳ, p. 118. — Arch. de l'État, à Gand : reg. aux ordonnances du cons. de Flandre, 1511-1558, litt. U, fol. 258 2°. — Arch. de la ville de Bruges : reg. aux *Hallegheboden*, 1512-1553, fol. 254 v°.

12 novembre 1546, à Bruxelles. — Lettres de l'Empereur autorisant le clergé du comté de Hainaut à mettre un décimateur assermenté dans chaque paroisse où il perçoit la grande dîme.

> Arch. de l'État à Mons : reg. du conseil de Hainaut, n° 2, fol. 47.

12 novembre 1546, à Gand. — Ordonnance du conseil de Flandre prescrivant, ensuite des ordres de l'Empereur, de republier et de strictement observer l'édit du 16 mai 1544 concernant les tapissiers (1). — Suit le texte de cet édit en langue française.

> Arch. de la ville de Bruges : reg. aux *Hallegheboden*, 1512-1553, fol. 257 v°.

23 novembre 1546, à ..... — Décret de l'Empereur interprétant le privilège du droit d'étaple des bières étrangères accordé à la ville de Termonde, en 1444.

> A. De Vlaminck, *Analyse sommaire des registres aux privilèges de la ville de Termonde,* p. 19.

27 novembre 1546, à Bruxelles. — Lettres de l'Empereur portant que des sentences définitives des échevins et hommes de fief de Daelhem, Fouron-le-Comte et des bancs subalternes, au pays d'Outre-Meuse, on pourra respectivement réformer au conseil et à la cour féodale de Brabant, mais non en appeler.

> Arch. de la cour féodale du Brabant.

29 novembre 1546, à Bruxelles. — Ordonnance de

(1) Voy. p. 276.]

l'Empereur sur la répartition et la perception des aides dans l'ammanie de Bruxelles.

> Plac. de Brab., t. III, p. 388. — Reg. de la ch. des comptes, n° 139, fol. 150 v°.

24 décembre 1546, à Gand. — Ordonnance du conseil de Flandre portant que l'Empereur, la chambre légale entendue, a prolongé la paix publique et la trève entre toutes les inimitiés privées, à partir de la Noël jusqu'à la Saint-Jean de l'année 1547.

> Arch. de la ville de Bruges : reg. aux *Hallegheboden*, 1542-1553, fol. 378.

24 janvier 1546 (1547, n. st.), à Binche. — Ordonnance de l'Empereur prescrivant de republier l'ordonnance du 6 mai 1545 concernant la vente des chevaux (1), et y ajoutant de nouvelles dispositions.

> Plac. de Fl., liv. Ier, p. 702. — Arch. du royaume : collection de l'audience, reg. n° 83, fol. 58 et 61. — Arch. de l'État, à Gand : reg. aux ordonnances du cons. de Flandre, 1511-1558, *litt. U*, fol. 261 v°. — Arch. de l'État, à Mons : reg. du conseil de Hainaut, n° 2, fol. 41. — Arch. de la ville de Bruges : reg. aux *Hallegheboden*, 1542-1553, fol. 276.

25 janvier 1546 (1547, n. st.), à ..... — Ordonnance de l'Empereur touchant la traite des chevaux et juments.

> Arch. grand-ducales, à Luxembourg.

19 février 1546 (1547, n. st.), à Malines. — Arrêt du grand conseil de Malines rendu entre le magistrat de Malines, tant pour lui que pour les bourgeois de cette ville, d'une part, et certains suppôts de l'université de Louvain, d'autre part, lesquels avaient cité devant le conservateur des priviléges de ladite université des bourgeois de Malines, leurs débiteurs.

> Privilegia Academiae Lovaniensi concessa, 2e partie, p. 39.

(1) Voy. p. 286.

10 avril 1547 après Pâques, à Gand. — Ordonnance du conseil de Flandre prescrivant à ceux qui ont obtenu des lettres de rémission de faire procéder à leur entérinement dans les six semaines, à peine de nullité.

Plac. de Fl., liv. Ier, p. 203.

15 avril 1547, à Bruges. — Ordonnance de l'Empereur défendant d'acheter des marchandises quelconques enlevées sur mer à ses sujets par les Écossais ou par des pirates, à peine d'être puni exemplairement comme rebelle et transgresseur de cette défense.

Arch. de l'État, à Gand : reg. aux ordonnances du cons. de Flandre, 1511-1558, litt. U, fol. 200. — Arch. de la ville de Bruges : reg. aux Halleghebodeu, 1542-1553, fol. 283 v°.

22 avril 1547, à Gand. — Ordonnance du conseil de Flandre qui, ensuite des ordres de la reine Marie, prescrit de faire, pendant trois mois consécutifs, des processions générales et solennelles avec le saint-sacrement, ainsi que des prières et d'autres œuvres pieuses, afin que le ciel accorde à l'Empereur la victoire sur les princes auxquels il est obligé de faire la guerre (1).

Arch. de la ville de Bruges : reg. aux Halleghebodeu, 1542-1553, fol. 281 v°.

29 avril 1547, à Gand. — Décret de la reine Marie attribuant au conseil de Flandre la connaissance de toutes actions qui s'intenteront contre les cipiers, dans son ressort, quand il s'agira de délits commis en leurs offices, les juges des lieux devant connaître des débats de payement entre les prisonniers et lesdits cipiers.

Plac. de Fl., liv. Ier, p. 226.

4 mai 1547, à Gand. — Ordonnance du conseil de Flandre prescrivant, ensuite des ordres de la reine Marie, de faire des processions générales et des prières pour remercier le ciel de la victoire que l'Empereur venait de remporter sur l'électeur de Saxe et les autres princes ses alliés (2).

Arch. de la ville de Bruges : reg. aux Halleghebodeu, 1542-1553, fol. 283.

(1) Aux Archives grand-ducales, à Luxembourg, est une ordonnance du conseil provincial, du 27 avril qui contient les mêmes dispositions.

(2) Le 24 avril, à Mühlberg.

10 juin 1547, à Bruxelles. — Ordonnance de l'Empereur interdisant la pêche du hareng avant ! mois de septembre suivant.

> Arch. du royaume : collection de l'audience, reg. n° 83, fol. 60. — Arch. de l'État, à Gand : reg. aux ordonnances du cons. de Flandre, 1511-1558, *litt. U*, fol. 271 v°. — Arch. de la ville de Bruges : reg. aux *Hallegheboden*, 1512-1553, fol. 284.

18 juin 1547, à Bruxelles. — Ordonnance de l'Empereur permettant l'exportation des grains jusqu'aux Pâques de l'année suivante.

> Arch. du royaume : collection de l'audience, reg. n° 83, fol. 60. — Arch. de l'État, à Gand : reg. aux ordonnances du cons. de Flandre, 1511-1558, *litt. U*, fol. 378 v°. — Arch. de l'État, à Tournai : reg. aux ordonnances du bailliage de Tournai-Tournaisis commençant en 1503, p. 203. — Arch. grand-ducales, à Luxembourg. — Arch. de la ville de Bruges : reg. aux *Halleghcboden*, 1512-1553, fol. 285.

5 juillet 1547, à Binche. — Décret de la reine Marie approuvant l'acte, y inséré, du conseil de Brabant et de la chambre des comptes de Brabant, en date du 20 juin précédent, relatif à la délimitation de la forêt de Soigne.

> Reg. de la ch. des comptes, n° 130, fol. 111.

20 juillet 1547, à Mons. — Ordonnance du grand bailli de Hainaut enjoignant à tous vagabonds valides qui courent le plat pays, de se mettre en service dans les huit jours, à peine de bannissement perpétuel.

> Arch. de l'État, à Mons : reg. du cons. de Hainaut, n° 2, fol. 53.

25 août 1547, à Bruxelles. — Ordonnance de l'Empereur prescrivant de surveiller et de punir rigoureusement ceux qui volent du bois dans la forêt de Soigne, ou qui font pâturer leur bétail dans des plantations ayant moins de vingt ans.

> Reg. de la ch. des comptes, n° 130, fol. 82.

27 août 1547, à Bruxelles. — Ordonnance de l'Empereur statuant que toute communauté religieuse, ou toute personne privée, qui prétendrait avoir le droit de parcours dans la forêt de Soigne, aura à déposer, à la chambre des comptes, les titres et lettres qui lui attribuent ce droit.

Reg. de la ch. des comptes, n° 503, fol. 1.

24 septembre 1547, à Malines. — Arrêt du grand conseil rendu entre Jacques De Merendre, suppôt de l'université de Louvain, et Jean Symonis, promoteur pour la conservation des privilèges de ladite université, d'une part, et George De Lange, bourgeois de Gand, d'autre part, cité devant le conservateur de la même université par ledit De Merendre, son créancier. L'arrêt approuve cette citation et la continuation de la procédure.

Privilegia Academiae Loraniensi concessa, p. 41.

12 octobre 1547, à Bruxelles. — Ordonnance et règlement de l'Empereur touchant la discipline et conduite des bandes d'ordonnances levées pour la garde des frontières.

> *Plac. de Fl.*, liv. Ier, p. 755. — Arch. du royaume : reg. du grand conseil, n° 5, fol. 5. — Arch. de l'État, à Gand : reg. aux ordonnances du cons. de Flandre, 1511-1558, *litt. U*, fol. 271. v°. — Arch. de l'État, à Mons : reg. du cons. de Hainaut, n° 2, fol. 51. — Arch. de l'État, à Tournai : reg. aux ordonnances du bailliage de Tournai-Tournaisis commençant en 1505, pp. 308 et 304. — Arch. grand-ducales, à Luxembourg. — Arch. de la ville de Bruges : reg. aux *Hallegheboden*, 1512-1555, fol. 290 v°.

19 octobre 1547, à Bruxelles. — Ordonnance de l'Empereur prescrivant différentes mesures de police relatives aux lépreux.

> *Plac. de Fl.*, liv. Ier, p. 580. — Arch. du royaume : collection de l'audience, reg. n° 83, fol. 70. — Arch. de l'État, à Mons : reg. du conseil de Hainaut, n° 2, fol. 60. — Arch. de l'État, à Gand : reg. aux ordonnances du cons. de Flandre, 1511-1558, *litt. U*, fol. 275. — Arch. de l'État, à Tournai : reg. aux ordonnances du bailliage de Tournai-Tournaisis commençant en 1505, p. 500. — Arch. grand-ducales, à Luxembourg. — Arch. de la ville de Bruges : reg. aux *Hallegheboden*, 1512-1555, fol. 205.

28 octobre 1547, à Bruxelles. — Ordonnance de l'Empereur défendant sévèrement aux bateliers, gens de mer et autres de dégrader les ouvrages qui servent à contenir la mer et d'en enlever les matériaux tels que pierres, fascines, etc.

> *Plac. de Fl.*, liv. Ier, p. 401. — Arch. de l'État, à Gand : reg. aux ordonnances du cons. de Flandre, 1311-1558, *litt. U*, fol. 376. — Arch. de la ville de Bruges : reg. aux *Hallegheboden*, 1512-1555, fol. 203 vo.

28 novembre 1547, à Bruxelles. — Ordonnance de l'Empereur confirmant et interprétant l'ordonnance du 4 novembre 1540 (1) et celle du mois d'avril 1545 (2) rendues pour la ville de Courtrai, notamment en ce qui concerne la juridiction des échevins de cette ville dans la châtellenie de Courtrai.

> Ch. Mussely, *Inventaire analytique des archives de la ville de Courtrai*, t. II, p. 89. — Arch. de l'État, à Gand : reg. aux ordonnances du cons. de Flandre, 1291-1557, *litt. U*, fol. 270.

10 décembre 1547, à Bruxelles. — Ordonnance de l'Empereur défendant de recueillir les épaves de la mer jetées sur les côtes, sans y être autorisé, et prescrivant différentes mesures sur cette matière.

> *Plac. de Fl.*, liv. Ier, p. 357. — Arch. de l'État, à Gand : reg. aux ordonnances du cons. de Flandre, 1311-1558, *litt. U*, fol. 277. — Arch. de la ville de Bruges : reg. aux *Hallegheboden*, 1512-1555, fol. 203.

22 décembre 1547, à Bruxelles. — Ordonnance de l'Empereur prescrivant aux propriétaires et locataires de terres, en Flandre, d'en fournir une déclaration pertinente, ainsi que du produit de ces terres, afin de lever plus exactement le dixième denier des revenus accordé par les états de Flandre, en 1542, pour la défense du pays.

> Arch. du royaume : collection de l'audience, reg. no 83, fol. 77. — Arch. de l'État, à Gand : reg. aux ordonnances du cons. de Flandre, 1511-1558, *litt. U*, fol. 203 vo.

(1) *Voy.* p. 245.
(2) *Voy.* p. 285.

26 décembre 1547, à Gand. — Ordonnance du conseil de Flandre portant que l'Empereur, par avis de la chambre légale de Flandre, a statué que la paix publique et la trêve à toutes les inimitiés est prolongée jusqu'à la Saint-Jean 1548.

> Arch. de la ville de Bruges : reg. aux *Hallegheboden*, 1542-1553, fol. 203 v°.

28 janvier 1547 (1548, n. st.), à Bruxelles. — Ordonnance de l'Empereur statuant, par forme d'édit perpétuel, que les prévôts et jurés, mayeurs et échevins de Tournai pourront, appelé avec eux le bailli ou son lieutenant, faire telles ordonnances et statuts qu'ils jugeront utiles et profitables pour le bien de la ville et des habitants, lesquels ordonnances et statuts, si avant qu'ils ne dérogent à ses droits, hauteurs et prééminences, sortiront leur plein et entier effet.

> Arch. de l'État, à Tournai : reg. aux ordonnances du bailliage de Tournai-Tournaisis commençant en 1503, p. 317. — Arch. de la ville de Tournai, 1er reg. à tailles, n° 17, fol. 59 v°, et reg. des chartes, n° 8, fol. 82.

4 février 1547 (1548, n. st.), à Bruxelles. — Ordonnance de l'Empereur touchant la pêche dans la Meuse et dans la Sambre.

> Arch. du royaume : collection de l'audience, reg. n° 83, fol. 83, et ordonnances minutes, t. II.

18 février 1547 (1548, n. st.), à Bruxelles. — Édit perpétuel de l'Empereur défendant à qui que ce soit de se mettre, sans son assentiment, au service de princes étrangers, sous peine de confiscation de corps et biens et de bannissement de la femme et des enfants.

> Plac. de Fl., liv. Ier, p. 750. — Arch. du royaume : collection de l'audience, reg. n° 83, fol. 83, et ordonnances minutes, t. II. — Arch. de l'État, à Gand : reg. aux ordonnances du cons. de Flandre, 1511-1558, litt. U, fol. 280. — Arch. de l'État, à Mons : reg. du cons. de Hainaut, n° 2, fol. 61. — Arch. grand-ducales, à Luxembourg. — Arch. de la ville de Bruges : reg. aux *Hallegheboden*, 1542-1553, fol. 299 v°.

21 février 1547 (1548, n. st.), à Bruxelles. — Ordonnance de l'Empereur défendant sévèrement d'établir des moulins à eau et à vent ou d'autres mus par des chevaux, sans avoir obtenu de lui un octroi.

> *Plac. de Fl.*, liv. Ier, p. 608. — Arch. de l'État, à Gand :
> reg. aux ordonnances du cons. de Flandre, 1511-1558,
> litt. U, fol. 281. -- Arch. de la ville de Bruges : reg. aux
> *Hallegheboden*, 1542-1553, fol. 300.

8 mars 1547 (1548, n. st.), à Bruxelles. — Ordonnance provisoire de la reine Marie portant règlement pour les messagers à cheval et à pied, ordinaires ou extraordinaires, et fixant leur salaire.

> Reg. de la ch. des comptes, n° 120, fol. 155.

10 mars 1547 (1548, n. st.), à Augsbourg. — Lettres closes de l'Empereur prescrivant au grand conseil de Malines de s'installer dans la maison que la reine Marie avait cédée, à cet effet, au magistrat de la ville, et qui était située près de l'église de Saint-Pierre, et cela aussitôt que les travaux de restauration et d'appropriation seront terminés. L'Empereur fait remarquer que ce quartier est fort tranquille et que, d'un autre côté, il a été très éprouvé par l'explosion de la poudrière qui eut lieu l'année précédente.

> Arch. du royaume : reg. du grand cons., n° 5, fol. 7 v°.

22 mars 1547 (1548, n. st.), à Bruxelles. — Lettres closes de l'Empereur au conseil de Flandre statuant que les délits commis dans les prisons sont des cas privilégiés, et en réservant la connaissance audit conseil, à l'exclusion des gens de loi des villes.

> *Plac. de Fl.*, liv. Ier, p. 288. — Arch. grand-ducales,
> à Luxembourg.

24 mars 1547 avant Pâques (1548, n. st.), à Bruxelles. — Décret du conseil privé portant que les rentes viagères doivent être considérées comme immeubles; qu'en conséquence, la ville de Malines, qui a accordé le dixième denier de ses biens, le 21 mars 1543 (n. st.), est tenue de payer le dixième denier de ses rentes viagères.

Van Doren, *Inventaire des chartes de la ville de Malines*, t. Ier, p. 233.

24 mars 1547 (1548, n. st.), à Bruxelles. — Ordonnance et instruction du conseil de Brabant pour les avocats et les procureurs.

Reg. de la ch. des comptes, n° 110, fol. 201.

6 avril 1548 après Pâques, à Bruxelles. — Ordonnance de l'Empereur prescrivant un dénombrement des fiefs relevant de la cour féodale de Termonde.

Arch. du royaume : collection de l'audience, ordonnances minutes, t. II.

6 avril 1548, à Bruxelles. — Ordonnance de l'Empereur qui défend la vente de la viande, à Bruxelles, les dimanches et jours fériés.

Arch. du royaume : collection de l'audience, ordonnances minutes, t. II, et reg. n° 83, fol. 91.

19 avril 1548, à Bruxelles. — Acte de l'Empereur par lequel il déclare ratifier les statuts, keures et ordonnances faits par la châtellenie d'Ypres, mais sans préjudice des droits et privilèges des bourgeois de la ville d'Ypres.

Diegerick, *Inventaire des chartes et documents de la ville d'Ypres*, t. VI, p. 4.

10 avril 1548, à Bruxelles. — Ordonnance de l'Empereur portant que les pauvres ne pourront ramasser du bois mort dans la forêt de Soigne, à moins qu'ils ne soient nés en Brabant, ou qu'ils n'aient résidé trois années à Bruxelles, et défendant à ceux qui ramassent ce bois de le vendre à Bruxelles hors de l'époque suivante, savoir : du premier novembre au dernier février de chaque année.

> Arch. du royaume : collection de l'audience, ordonnances minutes, t. II, et reg. n° 83, fol. 92 v° ; reg. de la ch. des comptes, n° 130, fol. 113 v° et 127.

11 mai 1548, à Binche. — Ordonnance de l'Empereur portant à quatorze le nombre des forestiers et sergents de la forêt de Soigne, et fixant leur salaire ainsi que le lieu de leur résidence.

> Reg. de la ch. des comptes, n° 130, fol. 116 v°.

11 mai 1548, à Binche. — Ordonnance de l'Empereur portant défense de laisser pâturer le bétail aux endroits de la forêt de Soigne où des coupes ont été faites, et cela avant que les nouvelles essences aient atteint l'âge de vingt ans.

> Reg. de la ch. des comptes, n° 130, fol. 113 et 128.

18 mai 1548, à Luxembourg. — Ordonnance du conseil de Luxembourg concernant les homicides, les vagabonds et les pillards fréquentant les hauts chemins, les bourgs et les villages du pays.

> Arch. grand-ducales, à Luxembourg.

17 juin 1548, à Bruxelles. — Ordonnance de l'Empereur défendant de se charger de lettres ou de messages de la part du rebelle Christophe de Rogendorff, ci-devant seigneur de Condé.

> Arch. du royaume : collection de l'audience, ordonnances minutes, t. II.

23 juin 1548, à Bruxelles. — Ordonnance de l'Empereur portant règlement pour l'entretien des chemins en Flandre.

> Arch. du royaume : collection de l'audience, ordonnances minutes, t. II. — Arch. de l'État, à Gand : reg. aux ordonnances du cons. de Flandre, 1511-1558, litt. U, fol. 283 v°. — Arch. de l'État, à Tournai : reg. aux ordonnances du bailliage de Tournai-Tournaisis commençant en 1505, fol. 565. — Arch. de la ville de Bruges : reg. aux *Halleghebodeu*, 1512-1555, fol. 503 v°.

11 Juillet 1548, à Bruxelles. — Édit de l'Empereur fixant le cours des espèces d'or et d'argent y énoncées, et réglant plusieurs autres points relatifs à la monnaie et à ce qui en dépend.

> *Plac. de Fl.*, liv. Ier, p. 500. — *Plac. de Brab.*, t. II, p. 473. — Arch. du royaume : collection de l'audience, reg. n° 83, fol. 07 v°, et ordonnances minutes, t. II ; reg. de la ch. des comptes, n° 86, fol. 27, et 139, fol. 119. — Arch. de l'État, à Gand : reg. aux ordonnances du cons. de Flandre, 1511-1558, *litt. U*, fol. 285. — Arch. de l'État, à Mons : reg. du cons. de Hainaut, n° 2, fol. 61. — Arch. de l'État, à Tournai : reg. aux ordonnances du bailliage de Tournai-Tournaisis commençant en 1503, p. 350. — Arch. grand-ducales, à Luxembourg. — Arch. de la ville de Bruges : reg. aux *Hallegheboden*, 1542-1553, fol. 303 v°.

31 Juillet 1548, à Bruxelles. — Ordonnance de l'Empereur par laquelle, sur la requête du magistrat de la ville d'Anvers, il statue qu'on ne pourra intenter le retrait d'immeubles situés en cette ville, mis en vente et chargés de cens s'élevant à moins de quatre florins carolus, et cela afin d'éviter une multitude de procès dont ledit magistrat se plaignait.

> *Plac. de Brab.*, t. II, p. 277.

27 août 1548, à Anvers. — Déclaration de la reine Marie portant que le magistrat de Malines n'a pas le pouvoir de se renouveler lui-même, mais qu'il doit se conformer au privilège de Philippe, duc de Bourgogne, du 29 décembre 1439.

> Van Doren, *Inventaire des chartes de la ville de Malines*, t. Ier, p. 231.

28 août 1548, à Anvers. — Ordonnance de l'Empereur permettant aux marchands de payer leurs lettres de change en monnaies d'or, bien qu'ils fussent tenus de le faire en monnaies d'argent.

> Arch. du royaume : collection de l'audience, ordonnances minutes, t. II.

4 septembre 1548, à Anvers. — Ordonnance de l'Empereur mettant hors de cours certains florins frappés au pays d'Over-Emde, à Deventer, à Kampen et à Zwoll.

> *Plac. de Fl.*, liv. Ier, p. 510. — Arch. du royaume : collection de l'audience, reg. n° 83, fol. 11, et ordonnances minutes, t. 11; reg. de la ch. des comptes, n° 86, fol. 33, et n° 139, fol. 150 v° ; reg. du grand conseil de Malines, n° 5, fol. 10. — Arch. de l'État, à Mons : reg. du cons. de Hainaut, n° 2, fol. 73. — Arch. de l'État, à Gand : reg. aux ordonnances du cons. de Flandre, 1511-1558, *litt. U*, fol. 205 v°. — Arch. de l'État, à Tournai : reg. aux ordonnances du bailliage de Tournai-Tournaisis commençant en 1503, p. 559. — Arch. grand-ducales, à Luxembourg. — Arch. de la ville de Bruges : reg. aux *Hallegheboden*, 1542-1553, fol. 313 v°.

4 septembre 1548, à Anvers. — Ordonnance de l'Empereur portant règlement pour les conducteurs de chariots de voyage (*rolle waghens*) et les voituriers, et déterminant leurs obligations envers les personnes de la cour de la reine de Hongrie, quand elles se rendent d'une ville à une autre.

> *Plac. de Fl.*, liv. Ier, p. 630. — Arch. du royaume : collection de l'audience, reg. n° 83, fol. 113, et ordonnances minutes, t. 11 ; reg. du grand cons. de Malines, n° 5, fol. 12. — Arch. de l'État, à Mons : reg. du cons. de Hainaut, n° 2, fol. 74. — Arch. de l'État, à Gand : reg. aux ordonnances du cons. de Flandre, 1511-1558, *litt. U*, fol. 201. — Arch. de l'État, à Tournai : reg. aux ordonnances du bailliage de Tournai-Tournaisis commençant en 1503, p. 508. — Arch. de la ville de Bruges : reg. aux *Hallegheboden*, 1542-1553, fol. 311 v°.

9 septembre 1548, à ..... — Décret ordonnant au conseil de Luxembourg d'admettre à ses séances le procureur général, ainsi qu'il en avait été usé jusqu'alors.

> Arch. grand-ducales, à Luxembourg.

15 septembre 1548, à Louvain. — Ordonnance de l'Empereur prescrivant des mesures pour la vente des vivres et des fourrages, ainsi que pour les logements, à Bruxelles, pendant le séjour que la cour se proposait d'y faire.

> Arch. du royaume : collection de l'audience, reg. n° 83, fol. 110.

25 septembre 1548, à Bruxelles. — Ordonnance de la reine Marie concernant les vacations et les déboursés des receveurs de l'Empereur dans les foires de la ville d'Anvers.

Arch. du royaume : collection de l'audience, reg. n° 78, fol. 280.

27 septembre 1548, à Mons. — Ordonnance du duc d'Arschot, grand bailli de Hainaut, défendant d'exercer « le style « de sayetterie et de haute-lisse » dans cette province, hors des bonnes villes; accordant aux sayetteurs et haute-lisseurs établis hors d'icelles un délai jusqu'au 1er janvier pour s'y transporter, si bon leur semble, et interdisant à tous *filtriers* d'acheter ou de faire acheter des filets ailleurs qu'aux marchés anciennement ordonnés.

Arch. de l'État, à Mons: reg. du cons. de Hainaut, n° 2, fol. 70. — Arch. de la ville de Mons : reg. aux placards de 1845 à 1584, fol. 76.

15 octobre 1548, à Bruxelles. — Ordonnance de l'Empereur qui fixe le prix du bois, du charbon de bois et du fourrage, à Bruxelles, pendant le temps que la cour séjournera dans cette ville.

Arch. du royaume : collection de l'audience, reg. n° 83, fol. 124.

31 octobre 1548, à Bruxelles. — Instruction et tarif décrétés par la reine Marie pour les receveurs du grand tonlieu (*landthol*) du duché de Brabant.

Reg. de la ch. des comptes, n° 139, fol. 123.

2 novembre 1548, à Bruxelles. — Décret de l'Empereur par lequel, sur la requête des bailli, échevins et receveurs de la ville et châtellenie d'Ypres, il prescrit au conseil de Flandre d'observer ponctuellement les octrois et privilèges, en date du 5 mars 1539 (1) et du 23 août 1546 (2), accordés auxdits bailli, échevins et receveurs, avec défense de dépêcher aucune provision contraire, à peine de nullité.

Arch. de l'État, à Gand : reg. aux ordonnances du cons. de Flandre, 1511-1558, *litt. U*, fol. 310.

(1) Nous ne connaissons pas cet acte.
(2) Voy p. 298.

3 novembre 1548, à Bruxelles. — Ordonnance de l'Empereur interprétant l'édit du 11 juillet précédent sur les monnaies (1), en ce qui touche le payement des loyers, rentes, etc.

> *Plac. de Fl.*, liv. I⁰ʳ, p. 520. — Arch. du royaume : collection de l'audience, reg. n⁰ 83, fol. 120, et ordonnances minutes, t. II; reg. de la ch. des comptes, n⁰ 150, fol. 131 ; reg. du grand conseil de Malines, n⁰ 5, fol. 16 v⁰. — Arch. de l'État, à Gand : reg. aux ordonnances du cons. de Flandre, 1511-1558, *litt. U*, fol. 204. — Arch. de la ville de Bruges : reg. aux *Hallegheboden*, 1512-1553, fol. 313.

27 novembre 1548, à Bruxelles. — Ordonnance de l'Empereur statuant de nouveau et bien expressément que les gens d'église sont tenus d'observer les keures, lois et coutumes du pays de Flandre, ainsi que les ordonnances sur la police audit pays, à peine de la saisie de leurs biens temporels. (Le clergé ne prétendait reconnaître pour juge que le juge ecclésiastique.)

> *Plac. de Fl.*, liv. I⁰ʳ, pp. 63 et 64. — Arch. de l'État, à Gand : reg. aux ordonnances du cons. de Flandre, 1511-1558, *litt. U*, fol. 203. — Arch. grand-ducales, à Luxembourg. — Arch. de la ville de Bruges : reg. aux *Hallegheboden*, 1512-1553, fol. 314 v⁰.

11 décembre 1548, à Bruxelles. — Lettres de l'Empereur accordant et consentant, par forme de privilège, aux bailli, bourgmestres et échevins de la ville de Dixmude que, lorsqu'on appellera au conseil de Flandre de sentences et appointements émanés d'eux, dans des procès instruits par écrit, les parties ne seront pas tenues d'y plaider *de novo*, pourvu que les procès aient été décidés à l'intervention d'une ou de plusieurs personnes versées dans le droit.

> Arch. de l'État, à Gand : reg. aux ordonnances du cons. de Flandre, 1201-1557, *litt. U*, fol. 272 v⁰.

21 décembre 1548, à Bruxelles. — Lettres par lesquelles l'Empereur cède à la ville de Gand la balance établie à la halle, avec tous les droits qui en dépendent.

> P. VAN DUYSE, *Inventaire analytique des chartes et documents de la ville de Gand*, p. 376.

26 décembre 1548, à Gand. — Ordonnance du conseil de Flandre portant que l'Empereur, la chambre légale de Flandre entendue, a prolongé la paix publique et la trêve aux inimitiés, dans cette province, jusqu'à la Saint-Jean de l'année suivante.

Arch. de la ville de Bruges : reg. aux *Hallegheboden*, 1512-1553, fol. 316.

9 janvier 1548 (1549, n. st.), à Gand. — Ordonnance du conseil de Flandre sur l'exécution des condamnations rigoureuses et volontaires.

Plac. de Fl., liv. Ier, p. 204.

11 janvier 1548 (1549, n. st.), à Bruxelles. — Ordonnance de l'Empereur portant règlement pour la police des bois dans le comté de Flandre.

Plac. de Fl., liv. Ier, p. 682. — Arch. de l'État, à Gand : reg. aux ordonnances du cons. de Flandre, 1511-1558, litt. U, fol. 207. — Arch. de la ville de Bruges : reg. aux *Hallegheboden*, 1512-1553, fol. 317 v°.

26 janvier 1548 (1549, n. st.), à Bruxelles. — Décret de la reine Marie ordonnant la publication d'un bref du pape Paul III, en date du 12 mars 1544, donné à la demande de l'Empereur, pour ôter tout doute et scrupule aux bénéficiers, clercs, prêtres ou religieux qui craignaient d'encourir l'irrégularité en déposant ou en accusant dans les causes d'inquisition qui entraînaient peine capitale ou corporelle. (Suit la copie dudit bref.)

Arch. du royaume : reg. du grand cons. de Malines, n° 5, p. 19. — Arch. de l'État, à Tournai : reg. aux ordonnances du bailliage de Tournai-Tournaisis commençant en 1503, p. 581. — Arch. grand-ducales, à Luxembourg.

4 février 1548 (1549, n. st.), à Bruxelles. — Déclaration de la reine Marie prolongeant pour une année les fonctions des inquisiteurs de la foi au pays de Hainaut.

Bulletins de la Commission royale d'histoire, 2e série, t. VIII, p. 38.

5 février 1548 (1549, n. st.), à Bruxelles. — Lettres de l'Empereur approuvant et confirmant en tous leurs points et articles l'accord et appointement, y inséré, fait entre la reine Marie de Hongrie et Gilbert Van Schoonbeke, pour les agrandissements de la ville d'Anvers et l'établissement de nouveaux quais, bassins et ponts, d'après les plans dudit Van Schoonbeke.

Reg. de la ch. des comptes, n° 612, fol. 82.

17 février 1549 (style de Trèves), à Bruxelles. — Ordonnance de l'Empereur portant règlement pour le siège des nobles des duché de Luxembourg et comté de Chiny, tant sous le rapport de sa constitution que sous celui du style de procédure à y observer.

Arch. du royaume : reg. du grand conseil, n° 0, fol. 187 v°. — Arch. grand-ducales, à Luxembourg.

21 février 1548 (1549, n. st.), à Bruxelles. — Ordonnance de l'Empereur autorisant toute personne à vendre des matériaux et à venir travailler à Anvers dans la nouvelle ville, ainsi qu'au jardin des arbalétriers, sans être tenue de se faire inscrire ni d'appartenir à une corporation.

F. Verachter, *Inventaire des chartes et privilèges de la ville d'Anvers,* p. 220.

23 février 1548 (1549, n. st.), à Bruxelles. — Décret de l'Empereur statuant sur un différend entre les jurés et les marchands de la corporation des drapiers, à Gand, au sujet de l'article 70 de leur règlement fait en 1546, et ce par rapport à la confection d'une nouvelle espèce de draps dite *drap d'ordonnance.* L'Empereur défend de vendre des draps sans qu'ils soient munis d'une marque en plomb indiquant leur provenance.

P. Van Duyse, *Inventaire analytique des chartes et documents de la ville de Gand,* p. 377.

4 mars 1548 (1549, n. st.), à Bruxelles. — Décision du conseil privé portant qu'il n'y a pas lieu de confisquer les biens d'un bourgeois de Gand qui s'était suicidé, la confiscation n'étant admise que pour le crime de lèse-majesté divine et humaine.

P. Van Duyse, *Inventaire analytique des chartes et documents de la ville de Gand*, p. 378.

27 mars 1548 avant Pâques (1549, n. st.), à Bruxelles. — Ordonnance de l'Empereur prescrivant aux nombreux étrangers et aux gens de guerre qui se trouvaient en la ville de Bruxelles, de vivre en bonne intelligence entre eux, ainsi qu'avec les habitants, à peine de punition exemplaire; donnant plein pouvoir à l'alcade de la cour et à l'amman de la ville d'arrêter et poursuivre les perturbateurs du repos public, qu'ils soient étrangers, gens de la cour, ou bourgeois et habitants.

Arch. du royaume : coll. impr. in-4°, t. II ; collection de l'audience, reg. n° 80, fol. 120, et ordonnances minutes, t. II ; reg. de la ch. des comptes, n° 58, fol. 226 ; *Plac. de Brab.*, t. II, p. 393. — Arch. grand-ducales, à Luxembourg.

27 mars 1548 (1549, n. st.), à Bruxelles. — Décret de l'Empereur portant augmentation des gages des président, conseillers, maîtres des requêtes, avocat et procureur fiscaux du grand conseil de Malines.

Arch. du royaume : reg. du grand cons. de Malines, n° 3, fol. 32.

8 avril 1548 avant Pâques (1549, n. st.), à Bruxelles. — Ordonnance de l'Empereur prescrivant de faire sortir de Bruxelles les vagabonds et mendiants étrangers qui y séjournent.

Arch. du royaume : collection de l'audience, ordonnances minutes, t. II, et reg. n° 83, fol. 203.

19 mai 1549, à Mons. — Lettre circulaire du grand bailli de Hainaut aux officiers de justice, leur prescrivant de ne laisser sortir aucun militaire du pays de Hainaut, à moins qu'il ne soit pourvu d'une autorisation.

Arch. de l'État, à Mons : reg. du cons. de Hainaut, n° 2, fol. 78.

28 mai 1549, à Bruxelles. — Lettres de l'Empereur confirmant et ratifiant les lettres du 8 novembre 1443 de Philippe, duc de Bourgogne, qui autorisaient les habitants du faubourg d'Over-beke, hors la Steen-poort, à Courtrai, à continuer les fortifications commencées par eux et à leurs frais, pendant la guerre que le duc avait soutenue contre les Gantois pour les réduire à l'obéissance. Il leur est, en outre, permis de donner à bail, à leur profit, pour faire face aux frais d'entretien desdites fortifications, les fossés et herbages qui en dépendent.

> Ch. Messely, *Inventaire des archives de la ville de Courtrai*, t. II, p. 90.

30 mai 1549, à Bruxelles. — Dépêche de la reine Marie aux conseils de justice, au grand bailli de Tournai et Tournaisis et à ceux de la gouvernance de Lille. Quelques inquisiteurs de la foi, gens d'église, par crainte d'encourir l'irrégularité, se font parfois scrupule de communiquer aux officiers fiscaux leurs informations à la charge de personnes suspectées d'hérésie ; il peut arriver aussi que, sans être assistés et autorisés, ils se montrent trop pusillanimes quand les suspectés sont gens de qualité ou en grand nombre. Par ces motifs, la Reine prescrit aux conseils que, sur la réquisition desdits inquisiteurs, ils leur adjoignent un homme de lettres entendu et expérimenté, tant pour être présent aux informations qu'ils auront à prendre, que pour examiner celles-ci et après les communiquer aux conseils et aux officiers fiscaux, afin que, si matière il y a, il soit procédé à l'arrestation et punition des coupables.

> Arch. du royaume : liasses de l'audience, n° 43. — Arch. de l'État, à Tournai : reg. aux ordonnances du bailliage de Tournai-Tournaisis commençant en 1505, p. 378. — Arch. grand-ducales, à Luxembourg.

3 juin 1549, à Gand. — Ordonnance du conseil de Flandre qui, ensuite d'une lettre de l'Empereur, prescrit de republier partout et d'observer ponctuellement l'ordonnance du 22 septembre 1540 concernant les sectaires et dont suit le texte (1).

> Arch. de la ville de Bruges : reg. aux *Hallegheboden*, 1512-1533, fol. 523.

(1) Voy. p. 213.

7 juin 1549, à Malines. — Ordonnance du grand conseil prescrivant des mesures pour mettre un terme aux abus que commettaient les huissiers dans certains de leurs exploits.

Arch. de l'État, à Gand : reg. aux ordonnances du cons. de Flandre, 1204-1557, *litt. U*, fol. 203.

28 juin 1549, à Bruxelles. — Décret de l'Empereur ordonnant à la reine Marie de faire prêter aux chancelier et conseillers du conseil de Brabant le serment requis par l'article 10 de la Joyeuse-Entrée. Ce décret fut rendu sur les remontrances des états de Brabant.

Reg. de la ch. des comptes, n° 072, fol. 247 v°.

30 juin 1549, à Bruxelles. — Lettres de l'Empereur par lesquelles il accepte et promet d'observer, pour lui et ses successeurs, l'acte de consentement des états de Brabant, y inséré, du 28 juin précédent, relatif à la pragmatique sanction (1) et aux modifications à apporter à différents articles de la future Joyeuse-Entrée du prince d'Espagne, son fils.

Reg. de la ch. des comptes, n° 110, fol. 208, et n° 072, fol. 218.

5 juillet 1549, à Louvain. — Lettres de l'Empereur contenant le serment prêté aux états de Brabant par le prince Philippe, son fils, sur l'observation de la Joyeuse-Entrée.

Plac. de Brab., liv. Ier, fol. 103. — Reg. de la ch. des comptes, n° 130, fol. 131, et n° 672, fol. 230 (2).

17 juillet 1549, à Gand. — Ordonnance de l'Empereur révoquant les privilèges accordés aux nouveaux chrétiens, et enjoignant à ceux qui, depuis six ans, sont venus de Portugal, de quitter

(1) Voy au 4 novembre 1549.
(2) On trouve, dans ce dernier registre, les serments sur la Joyeuse-Entrée prêtés, à Louvain, par les états de Brabant et le magistrat de la ville, et par le prince Philippe à Bruxelles, à Anvers et à Bois-le-Duc.

les Pays-Bas dans le terme d'un mois, sous peine de confiscation de corps et de biens.

> *Plac. de Fl.*, liv. Ier, p. 201. — Arch. du royaume : collection de l'audience, reg. n° 83, fol. 145, et ordonnances minutes, t. II. — Arch. de l'État, à Gand : reg. aux ordonnances du cons. de Flandre, 1511-1558, *litt. U*, fol. 303 v°. — Arch. de la ville de Bruges : reg. aux *Halleghedoden*, 1512-1555, fol. 228 v°.

19 Juillet 1549, à Gand. — Décret de la reine Marie portant augmentation des gages du bourgmestre des lignages et des échevins de la ville de Bruxelles.

> Reg. de la ch. des comptes, n° 110, fol. 204 v°.

26 Juillet 1549, à Bruxelles. — Ordonnance de l'Empereur enjoignant aux habitants de la Flandre, propriétaires et fermiers, qui sont demeurés en défaut de donner la déclaration de leurs biens, en conformité du placard sur le dixième denier (1), de le faire dans les quatorze jours, à peine de confiscation desdits biens.

> Arch. du royaume : collection de l'audience, reg. n° 83, fol. 148. — Arch. de l'État, à Gand : reg. aux ordonnances du cons. de Flandre, 1511-1558, *litt. U*, fol. 304 v°. — Arch. de la ville de Bruges : reg. aux *Halleghedoden*, 1512-1555, fol. 330.

8 août 1549, à Tournai. — Acte du serment prêté à la ville de Tournai par Philippe, prince d'Espagne.

> GACHARD, *Notice sur les archives de la ville de Tournai (Documents inédits)*, t. Ier, p. 20. — Arch. de l'État, à Tournai : reg. aux ordonnances du bailliage de Tournai-Tournaisis commençant en 1503, p. 393.

16 août 1549, à Valenciennes. — Lettres de l'Empereur par lesquelles il déclare que le serment prêté par son fils, Philippe, prince d'Espagne, à la ville de Valenciennes, avant de l'avoir prêté aux états de Hainaut, est sans conséquence pour l'avenir.

> Arch. de l'État, à Mons : états de Hainaut, lay. IV, n° 3.

---

1) Voy. p. 308, au 22 décembre 1517.

16 août 1540, à Valenciennes. — Acte de l'Empereur portant acceptation de la réponse des états de Hainaut sur la pragmatique sanction projetée concernant la succession du prince et sur la réception du prince Philippe comme futur souverain des Pays-Bas.

> *Bulletins* de la Commission royale d'histoire, 2ᵉ série, t. VII, p. 117.

1ᵉʳ septembre 1540, à Mons. — Acte des serments réciproques prêtés par Philippe, prince d'Espagne, et par les états de Hainaut, ainsi que par le magistrat de la ville de Mons.

> *Mémoires et publications* de la Société des sciences et lettres du Hainaut, année 1839-1840. — Arch. de l'État, à Mons : états de Hainaut, lay. IV, nᵒ 3.

16 septembre 1540, à Anvers. — Ordonnance de l'Empereur déclarant billon les nouvelles monnaies d'or ou d'argent frappées en Angleterre, et défendant de recevoir les « angelots » marquées d'un *O* à un prix plus élevé que celui fixé.

> *Plac. de Fl.*, liv. Iᵉʳ, p. 520. — Arch. du royaume : collection de l'audience, reg. nᵒ 83, fol. 149; reg. du grand cons., nᵒ 8, fol. 34 vᵒ; reg. de la ch. des comptes, nᵒ 86, fol. 34, et nᵒ 139, fol. 161. — Arch. de l'État, à Mons : reg. du cons. de Hainaut, nᵒ 2, fol. 80. — Arch. de l'État, à Gand : reg. aux ordonnances du cons. de Flandre, 1511-1538, *litt. U*, fol. 306. — Arch. de l'État, à Bruges : reg. aux *Halleghebouden*, 1512-1553, fol. 332.

18 septembre 1540, à Anvers. — Ordonnance de l'Empereur prescrivant de republier les ordonnances sur la vente et l'exportation des chevaux.

> *Plac. de Fl.*, liv. Iᵉʳ, p. 701. — Arch. de l'État, à Gand : reg. aux ordonnances du cons. de Flandre, 1511-1538, *litt. U*, fol. 307. — Arch. de l'État, à Tournai : reg. aux ordonnances du bailliage de Tournai-Tournaisis commençant en 1503, p. 504. — Arch. grand-ducales, à Luxembourg. — Arch. de la ville de Bruges : reg. aux *Halleghebouden*, 1512-1553, fol. 332 vᵒ.

23 septembre 1540, à Bruxelles. — Lettres de l'Em-

pereur confirmant les priviléges, etc., du chapitre de Sainte-Gertrude, à Nivelles.

> Arch. du royaume : conseil privé, carton n° 1203.

8 octobre 1549, à Gand. — Ordonnance du conseil de
Flandre statuant de nouveau que les lettres closes qu'il envoie, relatives aux procédures, ne peuvent être remises aux intéressés que
par ses messagers assermentés.

> Arch. de la ville de Bruges : reg. aux *Hallegheboden*, 1512-
> 1553, fol. 333 v°.

11 octobre 1549, à Lille. — Règlement de la chambre
des comptes qui fixe les mises de justice, à la charge de l'Empereur,
au tribunal du bailliage des bois de Hainaut.

> Reg. de la ch. des comptes, n° 1217, fol. 205.

3 novembre 1549, à Bruxelles. — Déclaration de l'Empereur, donnée à la demande du prince son fils et des états du duché
de Gueldre et comté de Zutphen, par laquelle il statue que, dans lesdits duché et comté, comme dans les autres provinces des Pays-Bas,
les femmes, à défaut de mâles, pourront succéder à la souveraineté.

> *Plac. de Brab.*, t. IV, p. 431. — Arch. du royaume : reg.
> du grand conseil, n° 5, fol. 13 v° ; reg. de la ch. des
> comptes, n° 120, fol. 66, et n° 130, fol. 150.

4 novembre 1549, à Bruxelles. — Pragmatique sanction de l'Empereur pour l'union et la transmission en une masse
indivisible des Pays-Bas et du comté de Bourgogne (1).

> *Plac. de Brab.*, t. IV, pp. 427 et 429. — Reg. de la ch. des
> comptes, n° 120, fol. 25, et n° 673, fol. 207.— Arch. grand-
> ducales, à Luxembourg.

13 novembre 1549, à Bruxelles. — Décret de la reine

___
(1) A la demande de Charles-Quint, le roi Ferdinand, son frère, confirma cette pragmatique,
en qualité de roi des Romains, par des lettres du 14 décembre 1555, qui sont aux *Placards de
Brabant*, t. IV, p. 431.

Marie portant que les militaires, coupables de crimes, arrêtés par les justiciers ordinaires, devront être livrés aux autorités militaires, pour être jugés par le prévôt des maréchaux, et qu'en cas d'absence dudit prévôt, lesdits militaires seront jugés par le conseil provincial du lieu de leur arrestation.

> Arch. de l'État, à Mons : reg. du cons. de Hainaut, n° 2, fol. 80.

20 novembre 1540, à Bruxelles. — Ordonnance de l'Empereur concernant les confiscations de biens féodaux, allodiaux et autres, échues ou à échoir, pour contraventions aux placards sur l'extirpation des sectes et hérésies et pour crime de lèse-majesté humaine. Il y est statué que les confiscations auront lieu par tous les Pays-Bas, nonobstant coutumes, privilèges et usages contraires (1).

> *Plac. de Fl.*, liv. Ier, p. 153. — Arch. du royaume : reg. du grand conseil, n° 5, fol. 131. — Arch. de l'État, à Gand : reg. aux ordonnances du cons. de Flandre, 1511-1558, *litt. U*, fol. 338. — Arch. de l'État, à Tournai : reg. aux ordonnances du bailliage de Tournai-Tournaisis commençant en 1503, p. 463. — Arch. grand-ducales, à Luxembourg. — Arch. de la ville de Mons : reg. aux plac. de 1515-1564, fol. 310.

22 novembre 1540, à Bruxelles. — Ordonnance de l'Empereur statuant que tout soldat qui aura commis un homicide ou un autre fait répréhensible sera cassé et privé de ses gages.

> Arch. du royaume : collection de l'audience, reg. n° 83, fol. 150.

6 décembre 1540, à Bruxelles. — Ordonnance provisionnelle de l'Empereur défendant l'exportation des grains, sous

(1) Il est dit, au bas de la transcription de cette ordonnance qui se trouve dans les registres de la ville de Mons, qu'elle n'a pas été publiée en Hainaut, parce qu'en ce pays il n'y a point de confiscation.

peine de confiscation desdits grains, ainsi que des vaisseaux, bateaux, chariots et chevaux servant à leur transport.

Plac. de Fl., liv. Ier, p. 653. — Arch. du royaume : original ; collection de l'audience, ordonnances minutes, t. II, et reg. n° 83, fol. 170 ; reg. de la ch. des comptes, n° 189, fol. 161 v°. — Arch. de l'État, à Gand : reg. aux ordonnances du cons. de Flandre, 1511-1538, *litt. L*, fol. 308 v°. — Arch. de l'État, à Mons : reg. du cons. de Hainaut, n° 3, fol. 82. — Arch. de l'État, à Tournai : reg. aux ordonnances du bailliage de Tournai-Tournaisis commençant en 1505, p. 401. — Arch. grand-ducales, à Luxembourg. — Arch. de ville de Bruges : reg. aux *Halleghebooden*, 1542-1553, fol. 359.

10 décembre 1549, à ..... — Ordonnance de l'Empereur touchant l'état et l'entretien de la grande et de la petite Nèthe.

Citée dans l'ordonnance du 8 mars 1731 : *Ordonnances des Pays-Bas autrichiens*, t. IV, p. 318.

11 décembre 1549, à Bruxelles. — Ordonnance de l'Empereur par laquelle, sur les remontrances des états de Brabant et en conformité des articles 37, 38 et, en partie, du dernier de la Joyeuse-Entrée, du 5 juillet précédent (1), il prescrit aux personnes n'étant pas nées en Brabant et occupant des emplois publics de s'en « déporter » ; enjoignant, en outre, aux seigneurs de villages de démissionner les officiers de justice et de police à leurs ordres qui sont dans le même cas.

Plac. de Brab., t. Ier, p. 523. — Reg. de la ch. des comptes, n° 120, fol. 139, n° 139, fol. 162, et n° 672, fol. 278 v°.

11 décembre 1549, à Bruxelles. — Mandement de l'Empereur à l'écoutète et margrave d'Anvers de faire prêter le serment requis par l'article 10 de la Joyeuse-Entrée, du 5 juillet précédent (2), tant par les bourgmestres et échevins de la ville que par ceux des communes du quartier d'Anvers.

Plac. de Brab., t. Ier, p. 212.

(1) *Voy.* p 319.
(2) *Ibid.*

11 décembre 1549, à Bruxelles. — Décret de la reine Marie statuant, sur la remontrance des états de Brabant, que les membres du conseil de Brabant qui n'ont pas fait le serment auxdits états d'observer la teneur de l'article 5 de la Joyeuse-Entrée sont obligés de remplir ce devoir.

Reg. de la ch. des comptes, n° 673, fol. 271 v°.

12 décembre 1549, à Utrecht. — Ordonnance de l'Empereur défendant aux marchands de grains de transporter ou vendre hors des lieux de leur résidence les grains du cru du pays qu'ils ont achetés; prescrivant de les vendre en détail au marché public de leurdite résidence, et aux marchands étrangers de n'acheter des grains qu'aux marchés publics et aux heures accoutumées.

Arch. de l'État, à Tournai : reg. aux ordonnances du bailliage de Tournai-Tournaisis commençant en 1505, p. 565.

20 décembre 1549, à Lille. — Règlement de la chambre des comptes qui établit, pour le bailliage de Tournai et Tournaisis, un tarif pareil à celui fixé par son règlement du 11 octobre précédent touchant les mises de justice, à la charge de l'Empereur, au tribunal du bailliage des bois de Hainaut (1).

Reg. de la ch. des comptes, n° 1247, fol. 203. — Arch. de l'État, à Tournai : reg. aux ordonnances du bailliage de Tournai-Tournaisis commençant en 1505, p. 518.

21 décembre 1549, à Bruxelles. — Ordonnance de l'Empereur permettant l'entrée des vins français et autres, et ce nonobstant les placards antérieurs; établissant, en outre, un droit de trente sous, au profit du prince, sur chaque tonneau, et défendant d'altérer les vins, de quelque manière que ce soit.

Plac. de Fl., liv. 1er, p. 601. — Arch. du royaume : collection de l'audience, reg. n° 83, fol. 159 v°, et ordonnances minutes, t. II. — Arch. de l'État, à Gand : reg. aux ordonnances du cons. de Flandre, 1511-1558, litt. U, fol. 309. — Arch. de la ville de Bruges : reg. aux Hallegheboden, 1512-1555, fol. 333 v°.

(1) Voy. p. 321.

23 décembre 1549, à Gand. — Ordonnance du conseil de Flandre qui, ensuite des ordres de l'Empereur, informe le public de la mort du pape Paul III et prescrit de faire des processions et des prières publiques pour l'élection de son successeur.

> Arch. de la ville de Bruges : reg. aux *Halleghebcden*, 1542-1553, fol. 334 v°.

24 décembre 1549, à Gand. — Ordonnance du conseil de Flandre portant que l'Empereur, la chambre légale de Flandre entendue, a prorogé la paix publique de Flandre jusqu'à la Saint-Jean de l'année suivante.

> Arch. de la ville de Bruges : reg. aux *Halleghebodcn*, 1542-1553, fol. 357.

24 décembre 1549, à Bruxelles. — Arrêt du conseil de Brabant fixant l'indemnité que l'amman de Bruxelles a le droit de toucher à chaque exécution de criminels.

> Arch. du conseil de Brabant, office fiscal, farde n° 5109.

24 décembre 1549, à Mons. — Ordonnance du comte de Lalaing, grand bailli de Hainaut, défendant de transporter des fagots et de la houille par la rivière la Haine, depuis la ville de Mons jusqu'au pont dit *le pont à le Haine*.

> Arch. de l'État, à Mons : reg. du cons. de Hainaut, n° 2, fol. 83.

24 décembre 1549, à Mons. — Ordonnance du comte de Lalaing, grand bailli de Hainaut, annulant tous marchés de grains faits avant que les grains soient semés, ainsi que tous marchés de grains étant en granges.

> Arch. de l'État, à Mons : reg. du cons. de Hainaut, n° 2, fol. 83.

28 décembre 1549, à Bruxelles. — Ordonnance de l'Empereur concernant le commerce des vins aux Pays-Bas.

> Arch. du royaume : original ; collection de l'audience, reg. n° 85, fol. 152, et ordonnances minutes, t. II ; reg. de la ch. des comptes, n° 130, fol. 163 v° ; reg. du grand conseil, n° 5, fol. 55 v°. — Arch. de l'État, à Mons : reg. du cons. de Hainaut, n° 2, fol. 83.

9 janvier 1549 (1550, n. st.), à Bruxelles (1). — Ordonnance, statut et édit de l'Empereur sur le fait de la navigation maritime, de l'équipage et de l'armement des vaisseaux.

> *Plac. de Fl.*, liv. Ier, p. 560. — Arch. de l'État, à Gand : reg. aux ordonnances du cons. de Flandre, 1291-1557, *litt. U*, fol. 205 v°.

9 janvier 1549 (1550, n. st.), à Bruxelles. — Lettres de l'Empereur autorisant le magistrat de la ville de Tirlemont à lever, pendant un nouveau terme de douze années (2), les droits de tonlieu, d'écluse et autres sur les bateaux naviguant sur le canal que cette ville avait ouvert et qui la mettait en communication avec Halen, Diest, Aerschot et Malines (3).

> Reg. de la ch. des comptes, n° 613, fol. 290.

25 janvier 1549 (1550, n. st.), à Bruxelles. — Ordonnance de l'Empereur portant défense de naviguer vers l'Est ou l'Ouest (*oost noch west*) jusqu'au 10 mars suivant.

> Arch. du royaume : collection de l'audience, reg. n° 83, fol. 165.

28 janvier 1549 (1550, n. st.), à Bruxelles. — Ordonnance de l'Empereur défendant l'exportation des cuirs.

> *Plac. de Fl.*, liv. Ier, p. 716. — Arch. de l'État, à Mons : reg. du cons. de Hainaut, n° 2, fol. 86. — Arch. de l'État, à Gand : reg. aux ordonnances du cons. de Flandre, 1511-1558, *litt. U*, fol. 312. — Arch. de l'État, à Tournai : reg. aux ordonnances du bailliage de Tournai-Tournaisis commençant en 1505, p. 403. — Arch. grand-ducales, à Luxembourg. — Arch. de la ville de Bruges : reg. aux *Hallegheboden*, 1512-1555, fol. 357.

6 février 1549 (1550, n. st.), à Bruxelles. — Ordonnance de l'Empereur par laquelle, sur les remontrances des états de Brabant, il statue que les étrangers qui, en Brabant, occupent des

---

(1) Dans le registre du conseil de Flandre, la date est le 10 janvier.
(2) Nous n'avons pas trouvé les lettres que celles-ci rappellent.
(3) Ce canal avait été achevé en 1528.

offices, contrairement aux articles 37 et 38 de la Joyeuse-Entrée, en sont déchargés, avec ordre aux seigneurs subalternes du Brabant de révoquer les étrangers qui rempliraient des offices dont ils ont la collation.

> Reg. de la ch. des comptes, n° 110, fol. 207, et n° 139, fol. 164.

10 février 1549 (1550, n. st.), à Bruxelles. —
Ordonnance de l'Empereur prescrivant à l'amman de Bruxelles de faire observer, par les gens de loi des villes et communes du quartier de Bruxelles, l'instruction y insérée, faite par les états de Brabant, pour une juste assiette et répartition des aides (1).

> Arch. du royaume : collection de l'audience, ordonnances minutes, t. II ; reg. de la ch. des comptes, n° 139, fol. 165.

14 février 1549 (1550, n. st.), à Bruxelles. —
Décret de la reine Marie, rendu sur une représentation du conseil de Flandre et interprétant l'ordonnance du 4 octobre 1540 touchant la prescription biennale du salaire et des vacations des avocats, procureurs, médecins, chirurgiens, apothicaires et autres praticiens (2).

> *Plac. de Fl.*, liv. Ier, p. 787. — Arch. du royaume : reg. du grand cons. de Malines, n° 5, fol. 41. — Arch. de l'État, à Gand : reg. aux ordonnances du cons. de Flandre, 1301-1557, *litt. U*, fol. 305. — Arch. de l'État, à Tournai : reg. aux ordonnances du bailliage de Tournai-Tournaisis commençant en 1503, p. 435. — Arch. grand-ducales, à Luxembourg.

20 février 1549 (1550, n. st.), à ...... — Lettre de la reine Marie au conseil de Luxembourg (3), pour l'informer que l'Empereur tient en surséance la défense de la sortie des cuirs portée par l'ordonnance du 28 janvier précédent (4).

> Arch. grand-ducales, à Luxembourg.

26 février 1549 (1550, n. st.), à Bruxelles. —

(1) Cette ordonnance paraît avoir été mise en vigueur dans tout le Brabant.
(2) Voy. p. 211.
(3) La même lettre fut vraisemblablement adressée aux conseils des autres provinces.
(4) Voy. p. 326.

Ordonnance de l'Empereur concernant les vagabonds et malfaiteurs qui, sous prétexte d'être au service de la France ou de l'Angleterre, passent et repassent par troupes au plat pays et y commettent toute espèce d'excès.

> Arch. de l'État, à Mons : reg. du cons. de Hainaut, n° 3, fol. 87.

11 mars 1549 (1550, n. st.), à Bruxelles. — Lettres de l'Empereur autorisant, pour un terme de six années, le magistrat d'Anvers à lever les accises sur le vin et la bière à un mille hors des portes de la ville, attendu que plus de quinze cents maisons avaient dû être démolies pour construire les nouvelles fortifications, et la population expropriée s'étant en grande partie fixée hors de la ville.

> Reg. de la ch. des comptes, n° 643, fol. 232 v°.

13 mars 1549 (1550, n. st.), à Bruxelles. — Décret par lequel la reine Marie, sur la requête des quatre membres de Flandre, statue que les habitants des villes et localités de la Flandre exempts, en vertu de leurs privilèges, de la confiscation des biens, ne tombent pas sous l'application de cette peine que commine l'ordonnance du 6 décembre 1549 défendant la sortie des grains (1). La Reine ajoute que des peines corporelles ou pécuniaires, selon les cas, y seront substituées (2).

> Plac. de Fl., liv. Ier, p. 700. — Arch. de l'État, à Gand : reg. aux ordonnances du cons. de Flandre, 1460-1511, litt. U, fol. 50. — Arch. de la ville de Mons : reg. aux placards de 1515-1581, fol. 300.

16 mars 1549 (1550, n. st.), à Bruxelles. — Décret de la reine Marie, rendu dans un procès entre les commis de l'évêque de Liége, demandeurs, et le procureur général au conseil de Luxembourg, défendeur, au sujet des six mairies de Saint-Hubert, et cela pour la décision ultérieure de ce procès (3). La Reine lève les arrêts

---

(1) Voy. p. 322.
(2) Aux Archives grand-ducales, à Luxembourg, est une ordonnance de la même date et de la même substance qui s'applique à toutes les provinces.
(3) Le sujet n'en est pas énoncé.

mis par le procureur général sur les biens de l'abbé de Saint-Hubert, pour n'avoir pas voulu comparaître aux états de Luxembourg lors de la réception du prince d'Espagne, sauf approbation par ce prélat de tout ce qui s'était passé en l'assemblée desdits états.

Reg. de la ch. des comptes, n° 93, fol. 3.

23 mars 1549 (1550, n. st.), à Bruxelles. — Ordonnance de l'Empereur défendant, aux peines y statuées, de détourner d'une manière quelconque les écoliers et les écolières des deux écoles instituées, en 1517, à Bruges, pour les enfants pauvres, ensuite de son autorisation, appelées l'une des *Bogards* et l'autre de *Sainte-Élisabeth*(1).

Arch. de la ville de Bruges : reg. aux *Halleghebodem*, 1542-1553, fol. 313.

25 mars 1549 (1550, n. st.), à Bruxelles. — Ordonnance de l'Empereur fixant les droits de tonlieu qu'on lèvera sur les marchandises, à Bruges.

Arch. de la ville de Bruges : reg. aux *Halleghebodem*, 1542-1543, fol. 339 v°.

26 mars 1549 (1550, n. st.), à Bruxelles. — Ordonnance de l'Empereur mettant hors de cours les patards et grands blancs de France, rognés ou trop légers.

Reg. de la ch. des comptes, n° 139, fol. 107. — Arch. de l'État, à Gand : reg. aux ordonnances du cons. de Flandre, 1511-1558, litt. L', fol. 313 v°. — Arch. de l'État, à Mons : reg. du cons. de Hainaut, n° 2, fol. 89. — Arch. de l'État, à Tournai : reg. aux ordonnances du bailliage de Tournai-Tournaisis commençant en 1505, p. 438. — Arch. de la ville de Bruges : reg. aux *Halleghebodem*, 1552-1553, fol. 314 v°.

28 mars 1549 (1550, n. st.), à Bruxelles. — Lettres

(1) On lit, au préambule de l'édit, que l'école de garçons avait déjà produit des hommes remarquables comme prélats, prédicateurs et artistes

de l'Empereur confirmant la sentence du conseil privé du 13 mars précédent, par laquelle il était déclaré que la bulle d'or, qui accorde aux sujets brabançons la faveur de ne pouvoir être arrêtés hors de leur province, n'est pas applicable en Hollande, ni à Middelbourg, Goes et Malines.

Van Doren, *Inventaire des chartes de la ville de Malines*, t. Ier, p. 237.

29 mars 1549 avant Pâques (1550, n. st.), à Bruxelles. — Sentence de l'Empereur, en son conseil privé, portant que toutes lettres patentes de grâce, de rémission, de pardon, de rescision, de contrat, de bénéfice d'inventaire, et autres lettres provisionnelles, impétrées par des habitants ressortissant au bailliage de Tournai-Tournaisis, et desquelles connaissance de cause est requise, seront renvoyées au bailli dudit Tournai-Tournaisis, à l'exclusion des prévôts, jurés, mayeurs et échevins de la ville de Tournai.

Arch. de l'État, à Tournai : reg. aux ordonnances du bailliage de Tournai-Tournaisis commençant en 1503, p. 437.

25 avril 1550, à Bruxelles. — Tarif, approuvé par la reine Marie, des droits du grand tonlieu par eau à lever à Anvers.

Reg. de la ch. des comptes, n° 139, fol. 235.

26 avril 1550, à Bruxelles. — Ordonnance de l'Empereur modérant, par mesure de réciprocité, les placards sur la confiscation des marchandises prohibées aux Pays-Bas et en France.

Arch. du royaume : reg. du grand cons. de Malines, n° 5, fol. 46. — Arch. de l'État, à Mons : reg. du cons. de Hainaut, n° 97. — Arch. de l'État, à Tournai : reg. aux ordonnances du bailliage de Tournai-Tournaisis commençant en 1503, p. 449.

29 avril 1550, à Bruxelles. — Ordonnance et édit perpétuel de l'Empereur pour l'extirpation des sectes et erreurs contre la foi catholique et les constitutions de l'Église, avec le catalogue des livres réprouvés et prohibés et de ceux que l'on pourra mettre entre les mains des écoliers, selon l'avis de l'université de Louvain (1).

> *Plac. de Fl.*, liv. Ier, p. 157. — Arch. du royaume : origi-
> nal; collect. imprimée d'ordonnances, in-fo, t. Ier ; collect.
> de l'audience, ordonnances minutes, t. II ; reg. de la ch.
> des comptes, no 57, fol. 55 ; reg. du grand conseil, no 5,
> fol. 59 vo. — Arch. de l'État, à Mons : reg. du cons. de
> Hainaut, no 2, fol. 90. — Arch. de l'État, à Gand : reg.
> aux ordonnances du cons. de Flandre, 1511-1558, *litt. U*,
> fol. 314. — Arch. de la ville de Bruges : reg. aux *Halle-
> gheboden*, 1512-1553, fol. 331 vo.

3 mai 1550, à Bruxelles. — Ordonnance de l'Empereur qui, vu la grande cherté des grains et des vivres en général, en défend expressément, et sous des peines sévères, l'exportation.

> Arch. de l'État, à Gand : reg. aux ordonnances du cons. de
> Flandre, 1511-1558, *litt. U*, fol. 313. — Arch. de l'État,
> à Tournai : reg. aux ordonnances du bailliage de Tournai-
> Tournais's commençant en 1503, p. 443. — Arch. de la ville
> de Bruges : reg. aux *Hallegheboden*, 1512-1553, fol. 346.

11 mai 1550, à Bruxelles. — Ordonnance de l'Empereur portant que les créances et lettres de change souscrites à la dernière foire d'Anvers et qui étaient payables au 10 mai de cette année, ne devront être payées que le 25 du même mois.

> Arch. du royaume : collection de l'audience, reg. no 85, fol. 169.

27 mai 1550, à Bruxelles. — Ordonnance de l'Empereur défendant de nouveau de porter des vêtements de drap d'or et d'argent, de satin, de soie et d'autres étoffes de prix. Sont exceptés de cette défense : les ducs, princes, comtes, chevaliers de la Toison d'or et les chefs et capitaines des ordonnances.

> *Plac. de Fl.*, liv. Ier, p. 603. — Arch. du royaume : collec-
> tion de l'audience, reg. no 85, fol. 180 ; reg. de la ch.
> des comptes, no 159, fol. 168 ; reg. du grand conseil,
> no 5, fol. 47. — Arch. de l'État, à Mons : reg. du cons.
> de Hainaut, no 2, fol. 95. — Arch. de l'État, à Gand : reg.
> aux ordonnances du cons. de Flandre, 1511-1558, *litt. U*,
> fol. 323. — Arch. de la ville de Bruges : reg. aux *Halle-
> gheboden*, 1512-1553, fol. 351.

(1) Dans le registre du grand conseil de Malines, no 5, fol. 60, il y a une lettre de l'Empereur à cette cour relative à l'exécution de cet édit. Elle est signée par lui et porte la date du 31 mai 1550.

27 mai 1550, à Bruxelles. — Ordonnance de l'Empereur convertissant en argent les émoluments en bois et charbon dont ses officiers en Brabant avaient la jouissance.

Inventaire des archives des chambres des comptes,
t. Ier, p. 19.

30 mai 1550, à Bruxelles. — Ordonnance de l'Empereur enjoignant derechef aux nouveaux chrétiens venus de Portugal depuis six ans, de quitter les Pays-Bas dans les trente jours ; interdisant à tous et un chacun de les recevoir, loger, cacher ou favoriser, et prescrivant de dénoncer ceux qui seraient découverts(1).

Plac. de Fl., liv. Ier, p. 202. — Arch. du royaume : original ; collection de l'audience, ordonnances minutes, t. II; reg. du grand conseil, n° 5, fol. 49 v°. — Arch. de l'État, à Mons : reg. du cons. de Hainaut, n° 2, fol. 02. — Arch. de l'État, à Gand : reg. aux ordonnances du cons. de Flandre, 1511-1559, *litt. U*, fol. 320. — Arch. de l'État, à Tournai : reg. aux ordonnances du bailliage de Tournai-Tournaisis commençant en 1503, pp. 475 et 580. — Arch. de la ville de Bruges : reg. aux *Hallegheboden*, 1542-1555, fol. 355.

31 mai 1550, à Bruxelles. — Instruction de l'Empereur pour les inquisiteurs de la foi dans les Pays-Bas.

Plac. de Brab., t. Ier, p. 41 (2). — Arch. du royaume : reg. du grand conseil, n° 5, fol. 61. — Arch. de l'État, à Tournai : reg. aux ordonnances du bailliage de Tournai-Tournaisis commençant en 1503, p. 470.

11 juin 1550, à Turnhout. — Lettres de l'Empereur commettant l'écoutète de Turnhout et lui donnant plein pouvoir pour arrêter les malfaiteurs, vagabonds et gens sans aveu dans toute l'étendue du duché de Brabant et d'en faire prompte et rigoureuse justice, par le feu, le glaive ou la corde, comme il le trouvera convenir,

(1) L'ordonnance du 17 juillet 1549 (p. 318) n'avait été promulguée qu'en Brabant, en Flandre et en Zélande; celle-ci le fut dans les autres provinces.

(2) Cette instruction y est insérée dans des lettres de confirmation de Philippe, roi d'Angleterre et de France, prince d'Espagne, du 28 novembre 1555.

sans forme de procès, les méfaits étant prouvés, et cela nonobstant la juridiction des autres officiers de justice.

Arch. du royaume : collection de l'audience, reg. n° 83, fol. 191.

4 Juillet 1550, à Turnhout. — Lettres de l'Empereur commettant Jean Baert et Antoine de Muelenare, conseillers au grand conseil de Malines, pour connaître des prises en mer faites sur les Français par les sujets des Pays-Bas soumis à la juridiction du grand conseil, sauf ceux de Flandre et de Hollande.

Arch. du royaume : reg. du grand conseil, n° 5, fol. 53 v°.

8 août 1550, à Binche. — Ordonnance de l'Empereur statuant que les pêcheurs de Flandre et de Hollande qui iront à la pêche du hareng devront se conformer aux instructions qu'on leur donnera, afin de se mettre en mesure contre les Écossais, qui avaient équipé un certain nombre de vaisseaux armés en course.

Arch. du royaume : collection de l'audience : reg. n° 83, fol. 192.

10 août 1550, à Binche. — Ordonnance de l'Empereur portant que les sentences rendues en matière fiscale par le bailli de Tournai-Tournaisis seront exécutoires, nonobstant appel, ainsi que les mandements et commissions par lui donnés, quand information préparatoire aura été prise avant le décret d'ajournement personnel ou de prise de corps contre des délinquants.

Arch. de l'État, à Tournai : reg. aux ordonnances du bailliage de Tournai-Tournaisis commençant en 1503, p. 181.

23 août 1550, à Bruxelles. — Ordonnance de l'Empereur portant instruction pour les commissaires nommés par lui à l'effet de procéder en Flandre à un nouveau transport ou recensement des biens immeubles pour la répartition des aides, en remplacement du transport du 17 octobre 1517 (1), lequel était devenu défectueux par les changements survenus depuis, des châtellenies,

(1) Voy. p. 81.

des villes et des communes ayant vu leur prospérité s'accroître, et d'autres l'ayant perdue.

Plac. de Fl., liv. III, p. 373. — Plac. de Brab., t. III, p. 311.
— Arch. du royaume : collect. imprimée d'ordonnances, in-4°, t. I°r. — Arch. de l'État, à Gand : reg. aux ordonnances du cons. de Flandre, 1311-1558, litt. U, fol. 351. — Arch. de la ville de Bruges : reg. aux Halleghebouden, 1312-1553, fol. 374 v°.

26 août 1550, à Bruxelles. — Lettre de la reine Marie au grand conseil de Malines, l'informant que, pendant son voyage en Allemagne, le gouvernement des Pays-Bas sera exercé par le comte du Rœulx, les seigneurs de Praet, de Lalaing, de Berlaymont, et par les présidents du conseil d'État et du conseil privé.

Gachard, Analectes belgiques, p. 435. — Arch. du royaume : reg. du grand conseil, n° 5, fol. 57 v°.

5 septembre 1550, à Bruxelles. — Ordonnance de l'Empereur prescrivant aux colfdragers et autres officiers de justice d'observer strictement l'ordonnance du chancelier de Brabant, du 22 mai 1543, concernant les arrestations de prisonniers (1).

F. Verachter, Inventaire des chartes et privilèges de la ville d'Anvers, p. 222.

11 septembre 1550, à Bruxelles. — Sentence de l'Empereur, en son conseil privé, par laquelle il déclare non fondés en leur requête les prévôts, jurés, mayeurs, échevins et gens de loi des villes et cités de Tournai, Arras, Valenciennes, Douai, Orchies et autres villes ayant métiers de haute-lisse et sayetterie, tendante à ce qu'il soit défendu, par édit perpétuel, de faire des ouvrages appartenant auxdits métiers ailleurs qu'aux bonnes villes franches; absout les haute-lissiers, manants et habitants du bailliage de Tournai et Tournaisis, opposants, de leurs fins, demandes et conclusions, et ordonne que la sentence rendue au conseil privé le 12 juillet 1543 et la déclaration y portée le 18 mai 1547, relatifs à la même matière, sortent leur plein et entier effet.

Arch. de l'État, à Tournai : reg. aux ordonnances du bailliage de Tournai-Tournaisis commençant en 1503, p. 513.

(1) Nous n'avons pas trouvé cette ordonnance du chancelier de Brabant.

25 septembre 1550, à Augsbourg. — Édit de l'Empereur renouvelant, avec quelques modifications, celui du 29 avril précédent pour l'extirpation des sectes et erreurs contre la foi catholique (1).

> *Plac. de Fl*, liv. Iᵉʳ, p. 186. — Arch. du royaume : original ; collect. imprimée d'ordonnances, in-4ᵒ, t. Iᵉʳ ; collection de l'audience, reg. nᵒ 83, fol. 215 ; reg. du grand conseil, nᵒ 5, fol. 80 vᵒ. — Arch. de l'État, à Gand : reg. aux ordonnances du cons. de Flandre, 1294-1557, litt. U, fol. 333. — Arch. de l'État, à Tournai : reg. aux ordonnances du bailliage de Tournai-Tournaisis commençant en 1505, p. 186. — Arch. de la ville de Bruges : reg. aux *Halleghebodeu*, 1512-1555, fol. 378 vᵒ.

En octobre 1550, à .... — Décret de l'Empereur permettant que la franche foire de Termonde ait lieu le vendredi après le premier samedi du mois d'octobre.

> A. DE VLAMINCK, *Analyse sommaire des registres aux privilèges de la ville de Termonde*, p. 20.

24 octobre 1550, à Bruxelles. — Lettres de l'Empereur autorisant la reconstruction de l'hôtel de la Monnaie, à Anvers, d'après le plan présenté par le magistrat de cette ville, avec le changement y indiqué, pour l'élargissement et l'embellissement de la rue où cet hôtel est situé (2). Il est dit, dans le préambule, que « l'Empereur, le Prince, la Reine et autres seigneurs et barons, ensemble les officiers et ambassadeurs suivant la cour, étaient communément tous logés et fourrés, à Anvers, autour de ladite Monnaie. »

> Reg. de la ch. des comptes, nᵒ 643, fol. 352.

30 octobre 1550, à Bruxelles. — Ordonnance de la reine Marie touchant la conduite et l'administration des receveurs de la ville de Malines.

> VAN DOREN, *Supplément à l'Inventaire des chartes de la ville de Malines*, p. 111.

---

(1) *Voy*. p. 330.
(2) C'était entre l'Escaut, l'église de Saint-André et « le grand poix de fer. »

30 octobre 1550, à Bruxelles. — Règlement de l'Empereur pour le receveur de la ville de Malines.

> Van Doren, *Supplément à l'Inventaire des chartes de la ville de Malines*, p. 111.

31 octobre 1550, à Mons. — Ordonnance du grand bailli de Hainaut annulant les marchés de houblons non encore livrés.

> Arch. de l'État, à Mons : reg. du cons. de Hainaut, n° 2, fol. 107.

9 novembre 1550, à Bruxelles. — Ordonnance de l'Empereur défendant la circulation d'une fausse monnaie qui contrefaisait les couronnes et qui était forgée en France.

> Reg. de la ch. des comptes, n° 86, fol. 35.

2 décembre 1550, à Binche. — Ordonnance de l'Empereur portant défense de s'engager dans les troupes rassemblées au quartier de Brême.

> Arch. du royaume : collection de l'audience, reg. n° 83, fol. 217.

2 décembre 1550, à Binche. — Ordonnance de la reine Marie portant interprétation des édits sur le port des vêtements tissés d'or et d'argent (1).

> Arch. de l'État, à Mons : reg. du cons. de Hainaut, n° 2, fol. 201.

3 décembre 1550, à Binche. — Édit de l'Empereur défendant de nouveau d'exporter des chevaux ou d'en acheter ailleurs qu'aux marchés publics, et prescrivant différentes mesures pour prévenir qu'on n'élude cette défense.

> *Plac. de Fl.*, liv. I, p. 701. — Arch. du royaume : ordonnances minutes, t. II. — Arch. de l'État, à Mons: reg. du cons. de Hainaut, n° 2, fol. 200. — Arch. de l'État, à Gand : reg. aux ordonnances du cons. de Flandre, 1511-1558, *litt. U*, fol. 355. — Arch. de l'État, à Tournai : reg. aux ordonnances du bailliage de Tournai-Tournaisis commençant en 1503, p. 51. — Arch. de la ville de Bruges : reg. aux *Halleghebuden* 1542-1553, fol. 388.

(1) Voy. au 27 mai précédent, p. 341.

0 décembre 1550, à Gand. — Ordonnance du conseil de Flandre prescrivant de publier l'avis de la conclusion de la paix entre l'Empereur et le roi d'Écosse. (Cet avis suit.)

> Arch. de la ville de Bruges : reg. aux *Halleghebouden*, 1542-1553, fol. 387 v°.

17 décembre 1550, à Binche. — Lettre de la reine Marie au grand conseil de Malines lui notifiant que, devant retourner auprès de l'Empereur, en Allemagne, elle a de nouveau commis au gouvernement des Pays-Bas le comte du Rœulx, les seigneurs de Pracl, de Lalaing, de Berlaymont, et les présidents des conseils d'État et privé (1).

> Gachard, *Documents inédits concernant l'histoire de la Belgique*, t. Ier, p. 505. — Arch. du royaume : reg. du grand conseil, n° 5, fol. 97.

18 décembre 1550, à Binche. — Ordonnance de l'Empereur statuant que les lettres et provisions de justice du conseil privé et du grand conseil de Malines, concernant le bailliage de Tournai-Tournaisis, devront être adressées au premier huissier ou sergent à cheval dudit bailliage, lequel, en étant requis, les fera mettre à exécution par les autres huissiers de ce bailliage.

> Arch. du royaume : reg. du grand cons. de Malines, n° 5, fol. 97 v°. — Arch. de l'État, à Tournai : reg. aux ordonnances du bailliage de Tournai-Tournaisis commençant en 1565, p. 529.

20 décembre 1550, à Bruxelles. — Lettre de la reine Marie au grand conseil de Malines lui prescrivant de ne vider des procès intentés devant lui par le procureur général qu'en la présence de cet officier, et lui défendant de décider des causes concernant les affaires d'État, les accords faits par les états du pays, le bien, union et repos des provinces, sans qu'il l'ait au préalable informée de la matière de ces causes.

> Arch. du royaume : reg. du grand conseil, n° 5, fol. 97.

1) Voy. au 20 août précédent, p. 331.

22

26 Janvier 1550 (1551, n. st.), à Bruxelles. — Ordonnance de l'Empereur défendant à tous marchands et débitants de bières de remplir les tonneaux vides, ayant contenu de la bière de Menin, avec d'autres bières de moindre qualité, et de vendre celles-ci comme produits de ladite ville de Menin.

> Arch. de l'État, à Gand : reg. aux ordonnances du cons. de Flandre, 1511-1558, *litt. U*, fol. 381.

28 Janvier 1550 (1551, n. st.), à Bruxelles. — Ordonnance de l'Empereur prescrivant de faire publier de nouveau son ordonnance du 16 août 1544 sur la vente des aluns (1).

> Arch. du royaume : collection de l'audience, ordonnances minutes, t. III, et reg. n° 78, fol. 274. — Arch. de l'État, à Mons : reg. du cons. de Hainaut, n° 2, fol. 203. — Arch. de l'État, à Tournai : reg. aux ordonnances du bailliage de Tournai-Tournaisis commençant en 1503, p. 838. — Arch. grand-ducales, à Luxembourg.

20 mars 1550 (1551, n. st.), à Bruxelles. — Lettres de l'Empereur autorisant les doyen et chapitre de Tournai à établir, à leurs frais, en chaque paroisse où ils ont la grande dîme, un « dîmeur assermenté », pour veiller à ce que les laboureurs lient et mettent leurs gerbes en faisceaux, ainsi qu'ils sont tenus de le faire, avant de pouvoir les engranger, et pour empêcher les fraudes.

> Arch. de l'État, à Gand : reg. aux ordonnances du cons. de Flandre, 1201-1557, *litt. U*, fol. 347. — Arch. de l'État, à Tournai : reg. aux ordonnances du bailliage de Tournai-Tournaisis commençant en 1503, p. 816.

5 avril 1551 après Pâques, à Augsbourg. — « Instruction et ordonnance advisée, faite et conclute par l'Empereur sur la conduite des maistre et officiers de son artillerie, en ses pais d'embas, tant en temps de paix que de guerre, laquelle instruction et ordonnance S. M. veut et entend estre par eux respectivement entretenue et observée, sans aucune infraction. »

> Reg. de la ch. des comptes, n° 120, fol. 157.

(1) Voy. p. 279

13 avril 1551, à Bruxelles. — Édit de l'Empereur sur les orfèvres et sur la fabrication et la vente des bijoux.

> Plac. de Brab., t. Ier, p. 498. — Plac. de Fl., liv. Ier, p. 802. — Arch. du royaume : original ; collection imprimée, in-4°, t. Ier ; reg. du grand cons., n° 5, fol. 114 v°. — Arch. de l'État, à Tournai : reg. aux ordonnances du bailliage de Tournai-Tournaisis commençant en 1505, p. 551. — Arch. grand-ducales, à Luxembourg. — Arch. de la ville de Bruges : reg. aux *Halleghebroden*, 1512-1533, fol. 306.

25 mai 1551, à Bruxelles. — Ordonnance par laquelle l'Empereur, sur la requête des échevins des deux bancs de la ville de Gand, défend aux bateliers naviguant sur le nouveau canal, entre cette ville et le Sas de Gand, de décharger des marchandises ou d'y « étapler. »

> Plac. de Fl., liv. III, p. 677. — Arch. de l'État, à Gand : reg. aux ordonnances du cons. de Flandre, 1204-1557, *litt. U*, fol. 312 v°.

En juin 1551, à Bruxelles. — Lettres de l'Empereur établissant à Damme deux marchés francs annuels de chevaux.

> Arch. de l'État, à Gand : reg. aux ordonnances du cons. de Flandre, 1204-1557, *litt. U*, fol. 317 v°.

3 juin 1551, à Bruxelles. — Décret de l'Empereur mettant à néant un procès que le magistrat de la ville d'Ypres avait intenté, devant le conseil de Flandre, à Jérôme de Wyle, écuyer, ex-bailli de la salle et châtellenie d'Ypres, pour avoir porté la verge de justice lors de l'entrée dans la ville, en juillet 1549, du prince d'Espagne. Le décret autorise « tous les grand bailli, avoué et éche-
« vins de la ville d'Ypres, avec le bailli de la salle d'Ypres, respecti-
« vement, de pouvoir porter la verge de justice droite et aller collé-
« gialement à travers la ville et échevinage d'Ypres et dehors, sur
« les limites de ladite châtellenie, ès actes et joyeuses-entrées des
« princes. »

> Arch. de l'État, à Gand : reg. aux ordonnances du cons. de Flandre, 1204-1557, *litt. U*, fol. 315 v°.

7 Juillet 1551, à Bruxelles. — Décret de la reine Marie prescrivant au grand bailli de Hainaut de faire republier l'ordonnance du 11 mai 1513 touchant la chasse (1).

> Arch. de l'État, à Mons : reg. du cons. de Hainaut, n° 2, fol. 213.

15 Juillet 1551, à Bruxelles. — Ordonnance de l'Empereur défendant, jusqu'au 10 août suivant, l'exportation des vins doux, des harengs, du poisson salé, des épiceries et des provisions de bouche en général.

> Arch. du royaume : collection de l'audience, ordonnances minutes, t. III. — Arch. de l'État, à Gand : reg. aux ordonnances du cons. de Flandre, 1511-1558, *litt. U*, fol. 330. — Arch. de l'État, à Mons : reg. du cons. de Hainaut, n° 2, fol. 212. — Arch. de la ville de Bruges : reg. aux *Halleghcboden*, 1542-1553, fol. 401.

10 Juillet 1551, à Bruxelles. — Ordonnance de l'Empereur ampliative et interprétative de l'ordonnance du 9 janvier 1549 (1550, n. st.) sur la navigation maritime (2).

> *Plac. de Fl.*, liv. 1er, p. 373. — *Plac. de Brab.*, t. III, p. 216. — Arch du royaume : coll. imprimée d'ordonnances in-4°, t. 1er. — Arch. de l'État, à Gand : reg. aux ordonnances du cons. de Flandre, 1511-1558, *litt. U*, fol. 310. — Arch. de la ville de Bruges : reg. aux *Halleghcboden*, 1542-1553, fol. 402.

4 août 1551, à Bruxelles. — Déclaration de l'Empereur portant que, toutes et quantes fois que, en affaires et matières d'importance, le gouverneur et le bailli ou leurs lieutenants devront être appelés aux consaux de la ville de Tournai, la résolution se formera par la pluralité des voix recueillies tête par tête, sauf que la voix du gouverneur, comme chef-officier, ou de son lieutenant, en vaudra trois, et celle du bailli ou de son lieutenant, deux.

> Arch. de la ville de Tournai : original, et 1er reg. à tailles, n° 17, fol. 41.

(1) Voy. p. 291.
(2) Voy. p. 326.

22 août 1551, à Bruxelles. — Ordonnance de l'Empereur sur le fait et l'exercice de la chasse en Flandre.

> Plac. de Fl., liv. Ier, p. 410. — Arch. de l'État, à Gand : reg. aux ordonnances du cons. de Flandre, 1311-1558, litt. U, fol. 351. — Arch. de la ville de Bruges : reg. aux Hallegheboden, 1512-1555, fol. 410 v°.

En septembre 1551, à Bruxelles. — Ordonnance de l'Empereur statuant que ceux qui importeront des aluns devront, avant de les faire décharger ou transporter, en faire la déclaration et acquitter les droits dus de ce chef.

> Arch. du royaume : collection de l'audience, ordonnances minutes, t. III.

8 septembre 1551, à Bruxelles. — Lettres de l'Empereur par lesquelles il concède aux serments de la ville d'Anvers ce privilège : que, lorsqu'un membre desdits serments viendra à manquer, le serment auquel il aura appartenu pourra désigner quatre bourgeois ayant les qualités requises et les présenter au magistrat, lequel choisira l'un d'eux pour remplacer le membre manquant.

> Arch. du royaume : conseil de Brabant, procès entre les députés des états de Brabant et le serment des archers, à Anvers, n° 123 de l'inventaire des procès des serments.

15 septembre 1551, à Bruxelles. — Ordonnance de l'Empereur défendant la sortie des grains et l'achat des grains hors des marchés publics.

> Original, aux arch. du royaume. — Arch. de l'État, à Mons : reg. du cons. de Hainaut, n° 2, fol. 214. — Arch. de l'État, à Tournai : reg. aux ordonnances du bailliage de Tournai-Tournaisis commençant en 1503, p. 574. — Arch. de l'État, à Gand : reg. aux ordonnances du cons. de Flandre, 1311-1558, litt. U, fol. 332 (1). — Arch. de la ville de Bruges : reg. aux Hallegheboden, 1512-1555, fol. 412.

19 septembre 1551, à Bruxelles. — Ordonnance de

(1) Dans ce registre, l'ordonnance est datée du 12 septembre.

l'Empereur défendant de nouveau d'exporter des chevaux, à peine de la hart et de confiscation des biens.

Plac. de Fl., liv. 1er, p. 701. — Arch. de l'État, à Gand : reg. aux ordonnances du cons. de Flandre, 1511-1558, *litt. U*, fol. 331. — Arch. grand-ducales, à Luxembourg. — Arch. de la ville de Bruges : reg. aux *Hallegheboden*, 1512-1553, fol. 412 v°.

21 septembre 1551, à Bruxelles. — Ordonnance de l'Empereur prescrivant, à cause de la guerre avec la France, aux habitants des frontières de ce pays, en Flandre, de se retirer avec leurs effets et leur avoir dans les villes et forts; défendant de commercer avec les Français, et confisquant les biens de ceux-ci aux Pays-Bas.

Arch. du royaume : collection de l'audience, ordonnances minutes, t. III ; reg. de la ch. des comptes, n° 50, fol. 32. — Arch. de l'État, à Gand : reg. aux ordonnances du cons. de Flandre, 1511-1558, *litt. U*, fol. 331 v°. — Arch. de la ville de Bruges : reg. aux *Hallegheboden*, 1512-1553, fol. 113.

23 septembre 1551, à Gand. — Ordonnance du conseil de Flandre prescrivant, ensuite des ordres de la reine Marie, aux magistrats des villes et gens de loi de faire rechercher et punir exemplairement les auteurs des crimes qui se commettaient journellement, en Flandre, par des étrangers et des inconnus.

Arch. de la ville de Bruges : reg. aux *Hallegheboden*, 1512-1553, fol. 113.

9 octobre 1551, à Bruxelles. — Ordonnance de l'Empereur défendant d'exporter des marchandises vers les pays neutres ou non soumis à sa domination, pour être envoyées de là en France, ou d'en importer desdits pays, venant du même royaume.

Plac. de Fl., liv. 1er, p. 716. — Arch. du royaume : reg. du grand conseil, n° 5, fol. 120 v°. — Arch. de l'État, à Gand : reg. aux ordonnances du cons. de Flandre, 1511-1558, *litt. U*, fol. 333. — Arch. grand-ducales, à Luxembourg. — Arch. de la ville de Bruges : reg. aux *Hallegheboden*, 1512-1553, fol. 113.

16 octobre 1551, à Bruxelles. — Ordonnance de l'Empereur enjoignant aux Français qui ne résident aux Pays-Bas que depuis un an d'en partir, à peine d'être arrêtés, et aux Français qui auraient pris domicile ou droit de bourgeoisie depuis plus d'un an, de déclarer leurs noms, les lieux de leur demeure, etc., aux chefs-officiers de leur résidence.

> Arch. du royaume : original ; collection de l'audience, ordonnances minutes, t. III ; reg. du grand cons., n° 5, fol. 125. — Arch. de l'État, à Mons : reg. du cons. de Hainaut, n° 2, fol. 223. — Arch. de l'État, à Gand : reg. aux ordonnances du cons. de Flandre, 1511-1558, *litt. U,* fol. 357 v°. — Arch. grand-ducales, à Luxembourg. — Arch. de la ville de Bruges : reg. aux *Hallegheboden,* 1512-1555, fol. 413 v°.

18 octobre 1551, à Bruxelles. — Lettres de l'Empereur par lesquelles il permet aux échevins de la ville de Courtrai de disposer à leur gré, et pour leur plus grand profit, de la charge de greffier de la chambre pupillaire.

> Ch. Mussely, *Inventaire des archives de la ville de Courtrai,* t. II, p. 93.

21 octobre 1551, à Bruxelles. — Ordonnance de l'Empereur ampliative de l'ordonnance du 15 septembre précédent qui défendait la sortie des grains (1).

> *Plac. de Fl.,* liv. Ier, p. 656. — Arch. de l'État, à Gand . reg. aux ordonnances du cons. de Flandre, 1511-1558, *litt. U,* fol. 358. — Arch. de la ville de Bruges : reg. aux *Hallegheboden,* 1512-1555, fol. 317 v°.

26 octobre 1551, à Bruxelles. — Lettres de l'Empereur autorisant les échevins de la ville de Courtrai, ou leurs *weesheeren,* à obliger les proches et amis des orphelins mineurs d'accepter la tutelle de ceux-ci, s'ils sont bourgeois de Courtrai, et à dresser les états des biens desdits orphelins.

> Ch. Mussely, *Inventaire des archives de la ville de Courtrai,* t II, p 93.

(1) Voy. p. 341.

20 octobre 1544, à Bruxelles. — Ordonnance de l'Empereur prescrivant la perception d'un demi pour cent de la valeur de toutes les marchandises qui entreront aux Pays-Bas et qui en sortiront, et cela pendant le terme d'un an, en conformité de ce qui a été consenti par les marchands étrangers résidant auxdits Pays-Bas, ainsi que par les marchands régnicoles, et d'après le tarif sur ce arrêté.

> Arch. du royaume : collection de l'audience, ordonnances originales, t. Ier, et ordonnances minutes, t. III ; reg. du grand cons., n° 5, fol. 120. — Arch. de l'État, à Mons : reg. du cons. de Hainaut, n° 2, fol. 225. — Arch. de l'État, à Gand : reg. aux ordonnances du cons. de Flandre, 1511-1558, *litt. U*, fol. 338 v°. — Arch. de la ville de Bruges : reg. aux *Halleghebooden*, 1512-1553, fol. 418.

4 novembre 1551, à Bruxelles. — Ordonnance de l'Empereur sur le service des postes.

> *Plac. de Fl.*, liv. Ier, p. 628. — Arch. de l'État, à Gand : reg. aux ordonnances du cons. de Flandre, 1511-1558, *litt. U*, fol. 350 v°. — Arch. de la ville de Bruges : reg. aux *Halleghebooden*, 1512-1553, fol. 410 v°.

15 novembre 1551, à Bruxelles. — Ordonnance de l'Empereur défendant aux militaires qui ont été au siège de Magdebourg de se mettre au service de princes étrangers, et leur prescrivant de retourner chez eux dans les douze jours.

> Arch. du royaume : collection de l'audience, ordonnances minutes, t. III.

20 novembre 1551, à Bruxelles. — Décret de la reine Marie, en forme d'apostille, autorisant les habitants de Malines à amener des blés en ladite ville.

> Van Doren, *Supplément à l'inventaire des chartes de la ville de Malines*, t. Ier, p. 115.

22 novembre 1551, à Bruxelles. — Ordonnance de l'Empereur révoquant celle du 10 décembre 1541 qui statuait que les lettres de change et autres obligations souscrites à la bourse d'Anvers devaient être payées, partie en or et partie en argent (1).

> Arch. du royaume : collection de l'audience, ordonnances originales, t. Ier.

28 novembre 1551, à .... — Ordonnance de l'Empereur prolongeant jusqu'au 15 décembre suivant le payement des lettres de change et autres obligations souscrites à la foire d'Anvers.

> Arch. du royaume : collection de l'audience, ordonnances minutes, t. III.

1er décembre 1551, à Bruxelles. — Ordonnance de l'Empereur statuant que toutes sentences interlocutoires et définitives rendues par les prévôts, jurés, mayeurs et échevins de la ville de Tournai ensemble, ou par les prévôts et jurés à part, tant à leurs jours de requêtes qu'aux jours de plaids ordinaires, et semblablement par l'un desdits prévôts ou mayeurs seul, si avant qu'elles soient réparables en définitive, se pourront mettre à exécution, sous caution suffisante, nonobstant opposition ou appellation.

> Arch. de la ville de Tournai : 1er reg. à tailles, no 17, fol. 41 vo ; reg. des chartes, no 8, fol. 112.

9 décembre 1551, à Bruxelles. — Ordonnance de l'Empereur défendant de nouveau de se mettre au service militaire de princes étrangers, sous peine de perdre corps et biens.

> Plac. de Fl., liv. Ier, p. 732. — Arch. de l'Etat, à Gand : reg. aux ordonnances du cons. de Flandre, 1511-1558, litt. U, fol. 300 vo. — Arch. grand-ducales, à Luxembourg. — Arch. de la ville de Bruges : reg. aux Hallegheboden, 1512-1553, fol. 421 vo.

10 décembre 1551, à Bruxelles. — Ordonnance de l'Empereur défendant le cours des thalers, si ce n'est de ceux dont le dessin se trouve dans cette ordonnance (2).

> Arch. du royaume : coll. imprimée d'ordonnances in-4o, t. Ier. — Arch. de l'Etat, à Gand : reg. aux ordonnances du cons. de Flandre, 1511-1558, litt. U, fol. 301.

(1) Voy. p. 264.
(2) Par lettre du 23 décembre, la reine Marie prescrivit aux conseils de justice de faire exactement publier partout cette ordonnance, et de veiller à sa ponctuelle exécution. (Reg. cité du conseil de Flandre, fol. 301, et reg. du conseil de Hainaut, no 2, fol. 239.)

10 décembre 1551, à Bruges. — Ordonnance de l'Empereur prescrivant la restauration des maisons ruinées par les guerres, aux frontières, dans le pays et duché de Luxembourg.

Arch. du royaume : collection de l'audience, ordonnances minutes, t. III.

16 décembre 1551, à Bruxelles. — Décret de la reine Marie statuant, au nom de l'Empereur, que, pendant la guerre contre la France, le receveur général des finances, le trésorier des guerres, le receveur de l'artillerie et les receveurs des domaines et des aides pourront recevoir et donner en payement les espèces d'or et d'argent énoncées dans ce décret, au taux y indiqué (1).

Arch. de l'État, à Gand : reg. aux ordonnances du cons. de Flandre, 1511-1558, *litt. U*, fol. 308 v°.

28 décembre 1551, à Gand. — Ordonnance du conseil de Flandre transmettant aux magistrats des villes et leur prescrivant de publier et afficher les empreintes des thalers dont l'Empereur permettait le cours aux Pays-Bas aux taux indiqués sous ces empreintes (2).

Arch. de la ville de Bruges : reg. aux *Hallegheboden*, 1512-1553, fol. 432.

31 décembre 1551, à Bruges. — Ordonnance de l'Empereur par laquelle, à la requête des échevins de la ville de Gand, il défend de laisser paître le bétail sur les berges du canal que ladite ville venait de faire creuser depuis Nieudonck jusqu'au *Verdroncken land*.

Arch. de l'État, à Gand : reg. aux ordonnances du cons. de Flandre, 1511-1558, *litt. U*, fol. 507.

(1) Le conseil de Flandre ayant écrit à la Reine au sujet de ce décret, elle répondit, le 31 mars 1552 (n. st.), qu'elle avait dû « dissimuler » quant auxdites espèces et en permettre le cours à un taux plus élevé que celui fixé par l'ordonnance de 1548. A une seconde lettre du conseil de Flandre, où il signalait le désordre qui régnait au fait des monnaies, la Reine donna pour réponse qu'elle n'ignorait pas l'existence de ce désordre : ce qui l'avait contrainte « de sur ce faire ordonner ledit billet (l'acte en question) par forme de dissimulation, pour, « durant cette saison, éviter plus grand inconvénient. » Elle ajouta que son billet ne devait pas être publié et qu'il fallait fermer les yeux, pour cette saison, sur les abus qui se commettraient par le public à propos de l'évaluation des monnaies. (Lettre du 7 avril suivant, dans le registre cité, fol. 368 v° et 369 v°.)

(2) Voy. p. 345, à la date du 10 décembre précédent.

2 Janvier 1551 (1552, n. st.), à Bruxelles. — Ordonnance de l'Empereur défendant la pâture dans les jeunes tailles des bois appartenant en partie au domaine d'Ath et en partie à la seigneurie de Condé, et cela jusqu'à ce que ces tailles aient atteint l'âge d'un an.

> Arch. du royaume : collection de l'audience, ordonnances minutes, t. III.

5 Janvier 1551 (1552, n. st.), à Bruges. — Déclaration de la reine Marie statuant sur une contestation entre les états de Brabant et les états de Flandre en matière de préséance, contestation qui s'était élevée dans l'assemblée des états généraux à Bruges.

> Reg. de la ch. des comptes, n° 110, fol. 350, et n° 072, fol. 282 v°.

14 Janvier 1551 (1552, n. st.), à Bruges. — Lettres de l'Empereur autorisant le magistrat de Bruges à limiter la durée des deux franches foires de cette ville, tenues l'une aux Pâques et l'autre au jour de la Conversion de Saint-Paul, à six jours chacune, et cela par forme d'essai et pour le terme de six ans.

> Arch. de la ville de Bruges: reg. aux *Halleghebocden*, 1512-1553, fol. 350.

18 Janvier 1551 (1552, n. st.), à Bruges. — Ordonnance de l'Empereur statuant que ceux, ayant de lui des lettres de sauf-conduit, qui amèneront des marchandises et denrées aux Pays-Bas, ou qui voudront en faire sortir par les provinces de Luxembourg et de Namur, seront obligés de passer par Arlon et Namur, et cela afin d'empêcher la fraude des droits de tonlieu, que les marchands pratiquaient en prenant des chemins détournés.

> Arch. du royaume : collection de l'audience, ordonnances minutes, t. III. — Arch. grand-ducales, à Luxembourg.

28 Janvier 1551 (1552, n. st.), à Gand. — Ordonnance de l'Empereur statuant que les étrangers domiciliés aux Pays-Bas qui n'ont pas satisfait au prescrit de l'ordonnance du 16 octobre 1551 (1), seront tenus, dans les vingt jours, de se présenter aux autorités de leur résidence, pour y faire la déclaration de leur naissance, domicile, etc., et prêter serment de fidélité au souverain, à peine de confiscation de la moitié de leurs biens.

Arch. du royaume : collection de l'audience, ordonnances minutes, t. III.

2 février 1551 (1552, n. st.), à Gand. — Ordonnance du conseil de Flandre qui, ensuite des ordres de la reine Marie et vu la guerre avec la France, prescrit de faire, pendant le terme de trois mois consécutifs, des prières et des processions publiques, afin que le ciel porte les princes chrétiens à la paix et à la concorde et tienne l'Empereur en bonne santé.

Arch. de la ville de Bruges : reg. aux *Halleghebodeu,* 1512-1553, fol. 323.

9 février 1551 (1552, n. st.), à Bruxelles. — Lettres par lesquelles l'Empereur détermine les impôts que les états de Flandre pourront lever pour payer l'aide de 400,000 couronnes qu'ils lui ont accordée.

Arch. de la ville de Bruges : reg. aux *Halleghebodeu,* 1512-1553, fol. 436.

21 février 1551 (1552, n. st.), à Bruxelles. — Ordonnance de l'Empereur portant règlement pour les bandes d'ordonnance qu'il avait fait lever au nombre de trois mille hommes.

Arch. du royaume : collection de l'audience, reg. n° 84, fol. 210.

5 mars 1551 (1552, n. st.), à Bruxelles (2). — Ordonnance de l'Empereur portant défense, à cause de la guerre avec la France, aux habitants des Pays-Bas de négocier, contracter ou commercer, par lettres de change ou autrement, aux foires accoutumées de la ville de Lyon, et de payer les lettres de change venant de cette ville, sous peine de mort et de confiscation de biens, et statuant

(1) Voy. p. 343.
(2) Dans les *Placards de Flandre,* cette ordonnance est datée du 4 mars.

que les négociants habitués à traiter ainsi auxdites foires de Lyon pourront le faire dans la ville impériale d'Augsbourg.

> *Plac. de Fl.*, liv. Ier, p. 550. — Arch. du royaume : collection de l'audience, ordonnances originales, t. Ier, et ordonnances minutes, t. III ; reg. de la ch. des comptes, n° 80, fol. 50. — Arch. de l'État, à Gand : reg. aux ordonnances du cons. de Flandre, 1511-1558, *litt. U*, fol. 308 (1). — Arch. de la ville de Bruges : reg. aux *Hallegheboden*, 1342-1553, fol. 432.

8 mars 1551 (1552, n. st.), à Bruxelles. — Ordonnance de l'Empereur statuant que les sentences rendues par le conseil de Namur dans des procès dont l'objet est d'une valeur de soixante florins une fois et au-dessous, seront exécutoires nonobstant appel.

> Arch. du royaume : reg. du grand cons. de Malines, n° 3, fol. 137 v°.

8 mars 1551 (1552, n. st.), à Bruxelles. — Décret de la reine Marie interprétatif de la sentence du 50 avril 1540, rendue contre la ville de Gand (2), quant au ressort judiciaire des bourgeois de cette ville résidant ailleurs.

> *Plac. de Fl.*, liv. II, p. 201, et liv. III, p. 217. — Arch. de l'État, à Gand ; reg. aux ordonnances du cons. de Flandre, 1204-1557, *litt. U*, fol. 255 v°.

19 mars 1551 (1552, n. st.), à Bruxelles. — Ordonnance de l'Empereur fixant les prix auxquels on fournira les vivres et fourrages aux gens d'armes des vieilles et nouvelles bandes d'ordonnance logés chez les habitants.

> Arch. du royaume : collection de l'audience, ordonnances minutes, t. III.

15 avril 1551 avant Pâques (1552, n. st.), à Bruxelles. — Ordonnance de l'Empereur défendant, sous peine de mort et de confiscation des biens, aux matelots et gens de mer

(1) Le jour du mois est resté en blanc dans ce registre.
(2) Voy. p. 230.

de prendre du service à l'étranger, et promettant un bon salaire à
ceux qui voudront s'engager sur sa flotte réunie en Zélande.

> *Plac. de Fl.*, liv. Ier, p. 593. - Arch. du royaume : collec-
> tion de l'audience, ordonnances minutes, t. III. — Arch.
> de l'État, à Gand : reg. aux ordonnances du cons. de
> Flandre, 1511-1558, *litt. U*, fol. 300 v°. — Arch. de la
> ville de Bruges : reg. aux *Hallegheboden*, 1312-1553,
> fol. 165.

20 avril 1552 après Pâques, à Bruxelles. — Ordonnance de l'Empereur prescrivant à tous marchands, vivandiers,
aubergistes et taverniers d'amener des vivres à son armée campée
près de Marche, dans le Luxembourg, et destinée à combattre les
Français.

> Arch. de l'État, à Gand : reg. aux ordonnances du cons.
> de Flandre, 1511-1558, *litt. U*, fol. 370. - Arch. de la
> ville de Bruges : reg. aux *Hallegheboden*, 1312-1553,
> fol. 430 v°.

22 avril 1552, à Bruxelles. — Placard de l'Empereur
accordant remise de tous droits et tonlieux à ceux qui ravitailleront
les troupes qu'il rassemble aux environs de Marche, dans le duché
de Luxembourg.

> Van Doren, *Supplément à l'inventaire des chartes de la
> ville de Malines*, t. Ier, p. 113.

26 avril 1552, à Bruxelles. — Ordonnance de l'Empereur
additionnelle à celle du 5 janvier 1539 (n. st.) sur l'administration
des établissements de bienfaisance de la ville de Bruxelles (1).

> *Plac. de Brab.*, t. III, p. 150. — Collection imprimée de
> placards du XVIe siècle, à la Bibliothèque royale, n° 21169
> du catalogue, fonds Van Hulthem.

27 avril 1552, à Gand. — Ordonnance du conseil de Flandre
portant que ceux qui ont les aptitudes requises pour servir sur la
flotte de l'Empereur, et qui veulent y prendre du service, auront
à se rendre à Armuiden, dans l'île de Walcheren, le 4 mai suivant.

> Arch. de la ville de Bruges : reg. aux *Hallegheboden*, 1312-
> 1553, fol. 437.

(1) Voy. p. 227.

2 mai 1552, à Gand. — Lettres de l'Empereur portant interprétation de l'article 15 de l'ordonnance du 4 novembre 1540 qui attribue au magistrat de la ville de Courtrai le droit de juger les crimes de lèse-majesté divine (1).

> Ch. Mussely, *Inventaire des archives de la ville de Cour-trai*, t. II, p. 93.

7 mai 1552, à Bruxelles. — Déclaration de la reine Marie interprétative du trente-troisième article de l'ordonnance sur la conduite des officiers de l'artillerie, lequel article concernait la distribution des piques, lances et autres armes (2).

> Reg. de la ch. des comptes, n° 120, fol. 105 v°.

13 juin 1552, à Binche. — Ordonnance de l'Empereur concernant l'expédition des octrois par le conseil de Flandre.

> *Plac. de Fl.*, liv. Ier, p. 727.

25 juin 1552, à Binche. — Ordonnance de l'Empereur défendant, à cause des pirateries des Français, de naviguer avec des marchandises du côté de l'Ouest, à moins que ce ne soit sous bonne escorte et avec la permission du gouvernement.

> Arch. du royaume : collection de l'audience, ordonnances minutes, t. III.

2 juillet 1552, à Binche. — Ordonnance de l'Empereur comminant la peine de la hart contre les gens de guerre qui seront trouvés hors des camps et hors de leurs garnisons, sans congé ou passe-port de leurs supérieurs. Les officiers de justice sont chargés de s'assurer si les gens de guerre sont munis de passe-ports et de congés, et si ces pièces sont en règle (3).

> *Plac. de Fl.*, liv. Ier, p. 740. — Arch. du royaume : collec-tion de l'audience, ordonnances minutes, t. III ; reg. du grand cons. de Malines, n° 3, fol. 119 ; reg. de la ch. des comptes, n° 58, fol. 53. — Arch. de l'Etat, à Gand : reg. aux ordonnances du cons. de Flandre, 1511-1558, litt. U, fol. 309 v°. — Arch. grand-ducales, à Luxem-bourg. — Arch. de la ville de Bruges : reg. aux *Halle-gheboden*, 1533-1561, fol. 3.

(1) Voy. p. 263.
(2) Voy. p. 338.
(3) Par une dépêche de la reine Marie, du 30 août 1554, le grand bailli de Hainaut fut chargé

3 juillet 1552, à Mons: — Ordonnance du comte de Lalaing, grand bailli de Hainaut, défendant de brasser du vinaigre dans cette province pour le transporter au dehors.

> Arch. de la ville de Mons : reg. aux plac. de 1548 à 1564, fol. 23.

4 juillet 1552, à Mons. — Ordonnance du grand bailli de Hainaut défendant aux vivandiers qui transportent des vivres au camp formé par l'Empereur, de faire des dégâts aux champs.

> Arch. de l'État, à Mons : reg. du cons. de Hainaut, n° 2, fol. 231.

6 juillet 1552, à Mons. — Ordonnance du grand bailli de Hainaut défendant aux gens de guerre de quitter leurs enseignes sans permission, et enjoignant à ceux qui l'ont fait de rejoindre lesdites enseignes.

> Arch. de l'État, à Mons : reg. du cons. de Hainaut, n° 2, fol. 231.

28 juillet 1552, à Bruxelles. — Ordonnance de l'Empereur défendant, à cause des pirateries des Français, la pêche du hareng avant que son escadre qui doit escorter les navires des pêcheurs soit prête.

> Arch. du royaume : collection de l'audience, ordonnances minutes, t. III. — Arch. de l'État, à Gand : reg. aux ordonnances du cons. de Flandre, 1511-1588, *litt. U*, fol. 371. — Arch. de la ville de Bruges : reg. aux *Hallegheboden*, 1512-1553, fol. 114 v°.

7 août 1552, à Bruxelles. — Ordonnance de l'Empereur prescrivant aux gens de loi et aux officiers de justice de donner aide et assistance au bailli de Fleurus et au maréchal des logis de la reine de Hongrie, messire Philippe du Chesne, seigneur de Malbihan, chargés de recruter deux mille pionniers au roman pays de Brabant et

---

de faire republier cette ordonnance. (*Voy.* le reg. n° 2, fol. 252, du conseil de Hainaut.) Le conseil de Flandre, le 3] août de la même année 1553, enjoignit aux officiers de justice de se conformer exactement aux dispositions de la même ordonnance, à peine de punition. (*Halleghebode n.*)

dans la province de Namur et, à cet effet, de prendre les vagabonds
et manœuvriers, de tenir un registre de leurs noms et surnoms, et de
contraindre les récalcitrants.

Arch. du royaume : collection de l'audience, ordonnances
originales, t. Ier.

19 août 1552, à Bruxelles. — Règlement de la reine
Marie pour la bonne direction spirituelle et temporelle de l'abbaye
de Postel, dans la Campine (1).

Reg. de la ch. des comptes, n° 139, fol. 209 v°.

1er septembre 1552, à Anvers. — Lettres de l'Empereur autorisant les échevins et jurés de la franchise de Turnhout à
choisir annuellement, de concert avec son écoutète, quatre bourgeois
de ladite franchise, qui seront chargés de vérifier et approuver les
peaux tannées qu'on y exposera en vente.

Reg. de la ch. des comptes, n° 811, fol. 81 v°.

20 septembre 1552, à Bruxelles. — Règlement de l'Empereur pour les serments de la ville d'Anvers, fait à l'occasion des
grands travaux de fortifications exécutés en cette ville.

F. VERACHTER, *Inventaire des chartes et privilèges de la*
ville d'Anvers, p. 231.

23 septembre 1552, à Bruxelles. — Ordonnance de
l'Empereur défendant sévèrement de tuer ou inquiéter, même
d'approcher, les cygnes et autres oiseaux aquatiques qui se tiennent
dans les rivières et autres eaux publiques du Furnambacht et de la
châtellenie de Berg-Saint-Winoc, et de pêcher dans ces eaux avec des
filets.

Arch. de l'État, à Gand : reg. aux ordonnances du cons. de
Flandre, 1511-1558, litt. U, fol. 380.

30 octobre 1552, à Mons. — Ordonnance du grand bailli

---

(1) Par une lettre du même jour, la Reine transmit une copie de ce règlement à la chambre
des comptes de Brabant.
Le 30 août elle adressa le règlement au proviseur du monastère, avec ordre de s'y conformer.
Ce règlement avait été rendu nécessaire par les dissipations qui se faisaient dans l'abbaye.

de Hainaut prescrivant aux paysans, à cause de la guerre avec la France, de faire battre les grains, de payer leurs propriétaires, et de réfugier leurs grains restants dans les villes closes.

Arch. de l'État, à Mons : reg. du cons. de Hainaut, n° 2, fol. 230.

10 novembre 1552, à Malines. — Arrêt du grand conseil rendu entre les fermiers du droit nommé *werfgelt*, qu'on levait à Malines sur le poisson salé, d'une part, et les religieux dominicains et suppôts de l'université de Louvain, d'autre part, touchant le payement de ce droit.

Privilegia Academiae Lovaniensi concessa, 2e partie, p. 7.

12 décembre 1552, à Bruxelles. — Ordonnance de l'Empereur statuant que les huissiers du conseil privé et du grand conseil de Malines sont tenus de remettre, dans les trois jours, les personnes arrêtées par eux entre les mains du juge qui a délivré le mandat d'arrêt.

Plac. de Fl., liv. 1er, p. 226. — Arch. de l'État, à Gand : reg. aux ordonnances du cons. de Flandre, 1201-1557, litt. U, fol. 274.

19 décembre 1552, à Bruxelles. — Ordonnance de l'Empereur défendant, à cause des pirateries des Français et de leurs alliés, de naviguer à l'Ouest, vers l'Andalousie, le Portugal ou autres pays environnants, si ce n'est sous la protection de la flotte équipée par son gouvernement.

Arch. du royaume : collection de l'audience, ordonnances minutes, t. III.

22 décembre 1552, à ... — Ordonnance de l'Empereur sur les dispositions à observer par ceux qui font le commerce avec la France à l'aide de lettres de sauf-conduit qu'ils tiennent de lui.

Arch. du royaume : collection de l'audience, ordonnances originales, t. 1er, et ordonnances minutes, t. III. — Arch. de l'État, à Mons : reg. du cons. de Hainaut, n° 2, fol. 238. — Arch. de l'État, à Gand : reg. aux ordonnances du cons. de Flandre, 1511-1558, litt. U, fol. 371 v°. — Arch. de la ville de Bruges : reg. aux Halleghebouden, 1512-1553, fol. 431 v°.

12 janvier 1552 (1553, n. st.), à Bruxelles. — Ordonnance de l'Empereur prescrivant des mesures propres à empêcher la fraude de la taxe de 2 p. % sur les marchandises en destination pour l'Espagne, le Portugal et les pays voisins. Cette taxe avait été établie, par une ordonnance du 3 mai 1531 (1), pour l'équipement d'une flotte destinée à protéger le commerce maritime contre la France.

> Arch. du royaume : collection de l'audience, ordonnances minutes, t. Ier. — Arch. de l'État, à Gand : reg. aux ordonnances du cons. de Flandre; 1511-1558, *litt. U*, fol. 375 v°.

13 janvier 1552 (1553, n. st.), à Bruxelles. — Ordonnance de l'Empereur défendant l'exportation de toute espèce de provisions de bouche jusqu'au 31 juillet suivant.

> Arch. du royaume : collection de l'audience, ordonnances originales, t. II; reg. du grand conseil, n° 5, p. 111. — Arch. de l'État, à Gand : reg. aux ordonnances du cons. de Flandre, 1511-1558, *litt. U*, fol. 375. — Arch. de la ville de Bruges : reg. aux *Hallegheboden*, 1512-1553, fol. 455 v°.

13 janvier 1552 (1553, n. st.), à Gand. — Ordonnance du conseil de Flandre statuant qu'il est dû le cinquième denier pour tous contrats passés en condamnation volontaire audit conseil.

> *Plac. de Fl.*, liv. Ier, p. 207.

14 janvier 1552 (1553, n. st.), à Bruxelles. — Ordonnance de la reine Marie enjoignant à la flotte marchande qui s'était réunie à Texel et qui avait pris la mer sans l'escadre de convoi que le gouvernement avait fait équiper, de retourner dans ce port.

> Arch. du royaume : collection de l'audience, ordonnances minutes, t. III.

18 février 1552 (1553, n. st.), à Bruxelles. — Lettres de l'Empereur par lesquelles il approuve et confirme le contrat y inséré, passé entre l'administration communale d'Anvers et Gilbert

---

(1) Nous n'avons pas trouvé cette ordonnance.

Van Schoonbeek, entrepreneur, pour la vente et l'emploi des terrains de la nouvelle ville et l'établissement, dans ce quartier, de quatorze brasseries : le tout aux conditions énoncées dans ledit contrat.

> Arch. du conseil de Brabant : procès entre les députés des états de Brabant, jointe à eux l'administration communale d'Anvers, et la corporation des brasseurs en cette ville (1731).

23 mars 1552 avant Pâques (1553, n. st.), à Bruxelles. — Ordonnance de l'Empereur statuant, par manière de provision et de tolérance, que les espèces d'or et d'argent y énoncées pourront avoir cours, à partir du 1er avril jusqu'au 15 mai suivant, au taux indiqué, et qu'à l'expiration de ce terme, l'ordonnance du 11 juillet 1548 sur les monnaies (1) sera remise en vigueur.

> Plac. de Fl., liv. Ier, p. 521. — Arch. du royaume : ordonnances originales, t. Ier; ordonnances minutes, t. III ; reg. de la ch. des comptes, n° 86, fol. 37 ; reg. du grand conseil, n° 5, fol. 141. — Arch. de l'État, à Tournai : reg. aux ordonnances du bailliage de Tournai-Tournaisis commençant en 1505, p. 586. — Arch. de la ville de Bruges : reg. aux Halleghebeden, 1312-1553, fol. 401 v°.

28 avril 1553, à Bruxelles. — Ordonnance de l'Empereur prescrivant aux marchands, vivandiers, aubergistes et taverniers d'amener des vivres à son armée rassemblée dans l'Artois.

> Plac. de Fl., liv. Ier, p. 745. — Arch. de l'État, à Gand : reg. aux ordonnances du cons. de Flandre, 1511-1558, litt. U, fol. 377. — Arch. de la ville de Bruges : reg. aux Halleghebeden, 1312-1553, fol. 404.

1er mai 1553, à Bruxelles. — Ordonnance de l'Empereur enjoignant aux gens de guerre qui ont quitté leurs enseignes sans permission, de les rejoindre incontinent et d'y rester, aux peines y énoncées.

> Arch. du royaume : collection de l'audience, ordonnances minutes, t. III.

(1) Voy. p. 310.

2 mai 1553, à Bruxelles. — Ordonnance de l'Empereur défendant d'importer des marchandises quelconques de France, et d'y en envoyer en vertu de sauf-conduits obtenus avant le 22 décembre précédent ; révoquant lesdits sauf-conduits, et prescrivant l'observation de l'édit du 16 octobre 1551 qui défendait le commerce avec la France (1).

> Arch. du royaume : collection de l'audience, ordonnances originales, t. Ier. — Arch. de l'État, à Mons : reg. du cons. de Hainaut, n° 2, fol. 216. — Arch. de l'État, à Gand : reg. aux ordonnances du cons. de Flandre, 1511-1558, litt. U, fol. 378. — Arch. de la ville de Bruges : reg. aux *Hallegheboden*, 1542-1553, fol. 403 v°.

12 mai 1553, à Bruxelles. — Ordonnance de l'Empereur par laquelle, à la requête des États de plusieurs provinces, il prolonge jusqu'au 1er octobre suivant le cours des monnaies d'or et d'argent, tel qu'il est fixé par l'ordonnance du 23 mars 1553 (2).

> Arch. du royaume : collection de l'audience, ordonnances originales, t. Ier ; ordonnances minutes, t. III ; reg. du grand conseil, n° 8, fol. 147 v° ; reg. de la ch. des comptes, n° 58, fol. 33. — Arch. de l'État, à Mons : reg. du cons. de Hainaut, n° 2, fol. 217. — Arch. de l'État, à Gand : reg. aux ordonnances du cons. de Flandre, 1511-1558, litt. U, fol. 378 v°. — Arch. de la ville de Bruges : reg. aux *Hallegheboden*, 1542-1553, fol. 407.

30 mai 1553, à Bruxelles. — Ordonnance de l'Empereur défendant aux pêcheurs d'aller à la pêche du hareng sans être escortés par l'escadre équipée à cet effet.

> Arch. du royaume : collection de l'audience, ordonnances originales, t. Ier. — Arch. de l'État, à Gand : reg. aux ordonnances du cons. de Flandre, 1511-1558, litt. U, fol. 379 v°. — Arch. de la ville de Bruges : reg. aux *Hallegheboden*, 1542-1553, fol. 407 v°.

31 mai 1553, à Bruxelles. — Ordonnance de l'Empereur prescrivant des mesures pour mettre un terme aux rixes et disputes

---

(1) Voy. p. 343.
(2) Voy. p. 366.

qui avaient lieu, dans la ville de Bruxelles, entre les personnes atta-
chées à sa cour, à celle de la Reine, sa sœur, aux ambassadeurs, etc.,
et les gentilshommes, bourgeois et autres habitants de ladite ville.

Reg. de la ch. des comptes, n° 58, fol. 41.

9 Juillet 1553, à Bruxelles. — Ordonnance de l'Empereur
prescrivant d'arrêter tous soldats qui auraient quitté l'armée sans
congé.

Arch. du royaume : collection de l'audience, ordonnances
originales, t. 1er.

12 Juillet 1553, à Gand. — Ordonnance du conseil de
Flandre prescrivant, ensuite des ordres de l'Empereur, de republier
l'ordonnance du 3 décembre 1550 qui défend l'exportation des
chevaux (1).

Arch. de la ville de Bruges : reg aux *Hallegheboden*,
1512-1553, fol. 470.

20 Juillet 1553, à Bruxelles. — Ordonnance de l'Empereur défendant de répandre le bruit que les dîmes payées aux gens
d'église ne seraient pas dues et qu'elles ne seraient que des aumônes;
prescrivant à chacun d'acquitter les dîmes qu'il doit.

Arch. de l'État, à Gand : reg. aux ordonnances du cons. de
Flandre, 1204-1537, litt. U, fol. 550. — Arch. de l'État,
à Tournai : reg. aux ordonnances du bailliage de Tournai-Tournaisis commençant en 1505, p. 500.

26 Juillet 1553, à Bruxelles. — Ordonnance de l'Empereur prolongeant jusqu'au 30 novembre la défense de l'exportation des provisions de bouche portée par l'ordonnance du 13 janvier
précédent (2).

Arch. du royaume : collection de l'audience, ordonnances
originales, t. 1er ; ordonnances minutes, t. III ; reg. de la
ch. des comptes, n° 58, fol. 41. — Arch. de l'État, à Mons:
reg. du cons. de Hainaut, n° 2, fol. 230. — Arch. de la
ville de Bruges : reg. aux *Hallegheboden*, 1512-1553,
fol. 470 v°.

(1) Voy. p. 316.
(2) Voy. p. 353.

28 juillet 1553, à Gand. — Ordonnance du conseil de Flandre qui, ensuite des ordres de la reine Marie, prescrit de faire des processions et des prières publiques pour remercier le ciel des victoires récentes de l'Empereur.

> Arch. de la ville de Bruges : reg. aux *Halleghebouden*, 1512-1553, fol. 471 v°.

28 août 1553, à Bruxelles. — Ordonnance de l'Empereur prescrivant aux marchands, vivandiers, taverniers, cabaretiers et gens de semblable trafic, au comté de Hainaut, de pourvoir à l'approvisionnement de son armée en Artois.

> Original, aux archives du royaume.

30 août 1553, à Bruxelles. — Ordonnance de l'Empereur prescrivant la ponctuelle observation de l'ordonnance du 16 octobre 1551 (1) qui défendait le commerce avec la France, et y ajoutant des dispositions nouvelles.

> *Plac. de Fl.*, liv. Ier, p. 722. — Arch. du royaume : ordonnances originales, t. 1; ordonnances minutes, t. III. — Arch. de l'État, à Mons : reg. du cons. de Hainaut, n° 2, fol. 233. — Arch. de l'État, à Gand : reg. aux ordonnances du cons. de Flandre, 1511-1558, litt. U, fol. 351 v°. — Arch. de la ville de Bruges : reg. aux *Halleghebouden*, 1553-1561, fol. 1 v°.

30 septembre 1553, à Bruxelles. — Arrêt du conseil privé de l'Empereur rendu dans un procès entre les haut bailli, échevins et conseil de la ville d'Audenarde, jointe à eux la corporation des tapissiers de cette ville, suppliants, et les bailli et échevins de la keure de Gand, opposants, les premiers se plaignant que l'ordonnance sur la tapisserie, du 16 mai 1544 (2), n'ait pas été publiée à Gand et qu'elle n'y soit pas en vigueur. L'arrêt porte qu'elle le sera, et prescrit quelques mesures nouvelles pour les tapissiers.

> *Plac. de Fl.*, liv. Ier, p. 623. — Arch. de l'État, à Gand : reg. aux ordonnances du cons. de Flandre, de 1204-1557, litt. U, fol. 350 v°.

(1) Voy. p. 343.
(2) Voy. p. 275.

5 octobre 1553, à Bruxelles. — Ordonnance de l'Empereur prolongeant, jusqu'à la Chandeleur suivante, le cours des monnaies, tel qu'il est fixé par l'ordonnance du 25 mars 1553 (1), et déclarant billon les thalers.

> *Plac. de Fl.*, liv. Ier, p. 528. — Arch. du royaume : reg. du grand cons. de Malines, n° 5, fol. 150 ; reg. de la ch. des comptes, n° 86, fol. 42. — Arch. de l'État, à Gand : reg. aux ordonnances du cons. de Flandre, 1511-1558, *litt. U,* fol. 384. — Arch. de la ville de Bruges : reg. aux *Hallegheboden,* 1553-1564, fol. 9.

22 octobre 1553, à Bruxelles. — Ordonnance de l'Empereur défendant de porter hors du pays des monnaies d'or ou d'argent, sauf pour les besoins personnels; interdisant, en outre, l'exportation du billon, des cendrées provenant de la fonte de l'or et de l'argent, de même que des métaux non travaillés.

> *Plac. de Fl.*, liv. Ier, p. 532. — Reg. de la ch. des comptes, n° 86, fol. 41. — Arch. de l'État, à Gand : reg. aux ordonnances du cons. de Flandre, 1511-1558, *litt. U,* fol. 485 v°. Arch. grand-ducales, à Luxembourg. — Arch. de la ville de Bruges : reg. aux *Hallegheboden,* 1553-1564, fol. 11.

27 octobre 1553, à Bruxelles. — Édit perpétuel de l'Empereur prescrivant de nouvelles et rigoureuses mesures pour empêcher la vente des chevaux ailleurs qu'aux marchés publics, ainsi que leur exportation. L'édit s'étend sur les formalités à remplir par les vendeurs et par les acheteurs; de plus, les chevaux vendus devaient être annotés par les autorités. Les fraudeurs hors d'état de payer les amendes étaient punis corporellement, etc.

> *Plac. de Fl.*, liv. Ier, p. 704. — Arch. de l'État, à Gand : reg. aux ordonnances du cons. de Flandre, 1511-1558, *litt. U,* fol. 187. — Arch. de la ville de Bruges : reg. aux *Hallegheboden,* 1553-1564, fol. 15.

25 novembre 1553, à Bruxelles. — Ordonnance de l'Empereur prolongeant, jusqu'au 31 mai suivant, la défense d'ex-

(1) Voy. p. 356.

porter des vivres et des provisions de bouche de toute espèce (1).

> Arch. du royaume : collection de l'audience, ordonnances
> originales, t. Ier ; ordonnances minutes, t. III ; reg. du
> grand conseil, n° 5, fol. 153 v°. — Arch. de l'Etat, à Mons :
> reg. du cons. de Hainaut, n° 2, fol. 264. — Arch. de la
> ville de Bruges : reg. aux *Halleghebonden*, 1553-1564,
> fol. 17 v°.

28 novembre 1553, à Gand. — Ordonnance du conseil de Flandre prescrivant, ensuite des ordres de l'Empereur, la stricte observation de l'ordonnance qui défendait le cours des thalers aux Pays-Bas (2).

> Arch. de la ville de Bruges : reg. aux *Halleghebonden*, 1553-
> 1564, fol. 18 v°.

21 décembre 1553, à Bruxelles. — Déclaration de la reine Marie, donnée sur la requête du magistrat de Bruxelles, portant que tous les habitants de cette ville, de quelque qualité qu'ils soient, seront tenus de payer le dixième et le vingtième denier « selon qu'il a été accordé par les trois membres de ladite ville », de même que l'impôt sur le vin et la viande.

> Plac. de Brab., t. III, p. 390.

1er février 1553 (1554, n. st.), à Bruxelles. — Ordonnance de l'Empereur prolongeant jusqu'à la Saint-Jean suivante le cours des monnaies tel qu'il a été réglé par l'ordonnance du 25 mars 1555 (3).

> Arch. du royaume : collection de l'audience, ordonnances
> minutes, t. III. — Arch. de l'Etat, à Mons : reg. du cons.
> de Hainaut, n° 2, fol. 266. — Arch. de l'Etat, à Gand : reg.
> aux ordonnances du cons. de Flandre, 1511-1558, *litt.* L,
> fol. 392 v°. — Arch. grand-ducales, à Luxembourg. —
> Arch. de la ville de Bruges : reg. aux *Halleghebonden*,
> 1553-1564, fol. 43.

---

(1) Voy. aux 13 janvier et 26 juillet précédents, pp. 355 et 358.
(2) Le conseil de Flandre renouvela cette ordonnance le 28 décembre suivant.
(3) Voy. p. 356.

9 février 1553 (1554, n. st.), à Bruxelles. — Ordonnance de l'Empereur concernant ceux qui blasphèment et qui tiennent des propos malhonnêtes.

> Arch. de l'État, à Mons : reg. du cons. de Hainaut, n° 3, fol. 209.

20 février 1553 (1554, n. st.), à Bruxelles. — Ordonnance de l'Empereur concernant l'arrestation et la punition des malfaiteurs et des vagabonds dans le comté de Namur.

> Arch. du royaume : collection de l'audience, ordonnances originales, t. Ier.

23 février 1553 (1554, n. st.), à Bruxelles. — Ordonnance de l'Empereur défendant jusqu'au 30 septembre suivant l'exportation des vivres de toute espèce et du bétail hors des duché de Luxembourg et comté de Chiny, où les ordonnances prohibitives étaient mal observées; enjoignant, de plus, aux juges et aux gens de loi des villes de décider, sans forme de procès et sans délai, toutes contraventions auxdites ordonnances.

> Arch. du royaume : collection de l'audience, ordonnances minutes, t. Ier. — Arch. grand-ducales, à Luxembourg.

5 mars 1553 (1554, n. st.), à Bruxelles. — Ordonnance de l'Empereur interdisant l'entrée des Pays-Bas aux sectaires et aux malfaiteurs qui, s'étant mis en rébellion contre la reine d'Angleterre, étaient obligés de s'expatrier.

> Arch. du royaume : collection de l'audience, ordonnances minutes, t. III.

8 mars 1553 (1554, n. st.), à Bruxelles. — Décret de l'Empereur par lequel, sur les représentations des états de Brabant, il redresse une erreur qui s'était glissée dans le trente-huitième article de la Joyeuse-Entrée du prince d'Espagne, son fils, du 5 juillet 1549 (1), et rétablit le texte de cet article.

> Reg. de la ch. des comptes, n° 110, fol. 320, et n° 672, fol. 251 v° (2).

1) Voy. p. 318.
2) Le même décret y est transcrit, fol. 253, comme émané de la reine Marie et avec la date du 13 mars.

13 mars 1553 (1554, n. st.), à Bruxelles. — Ordonnance de l'Empereur défendant de se mettre, sans autorisation, au service de princes étrangers, et enjoignant à ceux qui y sont de revenir aux Pays-Bas dans les quinze jours, à peine de perdre corps et biens. L'Empereur requiert ceux de ses vassaux qui sont habitués d'aller à la guerre de se tenir prêts à défendre leur patrie, comme de loyaux sujets sont obligés de le faire.

> Arch. du royaume : collection de l'audience, ordonnances originales, t. Ier.

30 mars 1554 après Pâques, à Mons. — Ordonnance du grand bailli de Hainaut défendant de brasser du vinaigre et d'en exporter de la province.

> Arch. de l'État, à Mons : reg. du cons. de Hainaut, no 2, fol. 270.

4 avril 1554, à Bruxelles. — Ordonnance par laquelle l'Empereur, sur les plaintes des états de Brabant, prescrit des mesures pour prévenir les dégâts que l'on commettait, dans les bois du clergé et des particuliers, en cette province, notamment par le pâturage.

> Arch. du royaume : coll. de plac. in-4o, t. Ier ; reg. de la ch. des comptes, no 110, fol. 344, et no 672, fol. 318. — *Plac. de Brab.*, t. III, p. 189.

10 avril 1554, à Mons. — Ordonnance du grand bailli de Hainaut prescrivant des mesures pour empêcher les molestations des gens de guerre envers les habitants du plat pays.

> Arch. de l'État, à Mons : reg. du cons. de Hainaut, no 2, fol. 271.

11 mai 1554, à Bruxelles. — Ordonnance et instruction de la reine Marie pour le watergrave et moermaître de Flandre.

> *Plac. de Fl.*, liv. III, p. 206.

21 mai 1554, à Bruxelles. — Ordonnance de l'Empereur prescrivant des mesures pour réprimer les désordres des malfaiteurs dans le bailliage de Tournai-Tournaisis.

> Arch. du royaume : collection de l'audience, ordonnances minutes, t. III.

27 mai 1554, à Bruxelles. — Ordonnance de l'Empereur prolongeant jusqu'au dernier jour de novembre suivant la défense de l'exportation de toute espèce de vivres (1).

> *Plac. de Fl.*, liv. I⁰, p. 724. — Arch. du royaume : collection de l'audience, ordonnances originales, t. I⁰ ; ordonnances minutes, t. III ; reg. de la ch. des comptes, n° 58, fol. 46. — Arch. de l'État, à Mons : reg. du cons. de Hainaut, n° 2, fol. 271. — Arch. de l'État, à Gand : reg. aux ordonnances du cons. de Flandre, 1511-1558, *litt. U*, fol. 394. — Arch. de la ville de Bruges : reg. aux *Halleghebeden*, 1553-1561, fol. 32 v°.

1er Juin 1554, à Bruxelles. — Ordonnance de l'Empereur portant défense aux pêcheurs d'aller à la pêche du hareng sans être protégés par l'escadre équipée à cet effet.

> Arch. du royaume : collection de l'audience, ordonnances originales, t. I⁰. — Arch. de l'État, à Gand : reg. aux ordonnances du cons. de Flandre, 1511-1558, *litt. U*, fol. 395. — Arch. de la ville de Bruges : reg. aux *Halleghebeden*, 1552-1561, fol. 32.

7 Juin 1554, à Bruxelles. — Ordonnance de l'Empereur défendant de faire courir le bruit qu'on n'est pas tenu d'acquitter les dîmes, et prescrivant de payer exactement celles que l'on doit.

> *Plac. de Fl.*, liv. I⁰, p. 603. — Arch. de l'État, à Gand : reg. aux ordonnances du cons. de Flandre, 1511-1558, *litt. U*, fol. 395 v°.

20 Juin 1554, à Bruxelles. — Ordonnance de l'Empereur prolongeant jusqu'au 1er février suivant le cours des monnaies tel qu'il est réglé par l'ordonnance du 23 mars 1553 (2), après lequel terme, l'ordonnance du 11 juillet 1548 (3) devra être dûment observée.

> Arch. du royaume : collection de l'audience, ordonnances minutes, t. III ; reg. de la ch. des comptes, n° 58, fol. 17. — Arch. de l'État, à Mons : reg. du cons. de Hainaut, n° 2, fol. 273. — Arch. de l'État, à Gand : reg. aux ordonnances du cons. de Flandre, 1511-1558, *litt. U*, fol. 396 v°. — Arch. de la ville de Bruges : reg. aux *Halleghebeden*, 1553-1561, fol. 35.

(1) Voy. au 25 novembre précédent, p. 360.
(2) Voy. p. 356.
(3) Voy. p. 310.

24 juin 1554, à Bruxelles. — Ordonnance de l'Empereur prescrivant aux marchands, vivandiers, aubergistes et taverniers de pourvoir de vivres son armée rassemblée dans le Hainaut.

> Plac. de Fl., liv. Ier, p. 745. — Arch. de l'État, à Gand : reg. aux ordonnances du cons. de Flandre, 1511-1558, litt. U, fol. 398. — Arch. de la ville de Bruges : reg. aux *Hallegheboden*, 1553-1561, fol. 28.

30 juin 1554, à Bruxelles. — Ordonnance de l'Empereur prescrivant aux habitants de la ville de Bruxelles et de sa banlieue, nul réservé, de se munir d'armes et de se tenir prêts dans leurs sections, sous les ordres des centeniers, pour résister aux invasions des ennemis.

> Reg. de la ch. des comptes, n° 58, fol. 49.

12 juillet 1554, à Gand. — Ordonnance du conseil de Flandre qui, ensuite des ordres de la reine Marie, prescrit de faire des prières publiques, des processions et d'autres actes de dévotion pour la prospérité de l'Empereur et le succès de ses armes.

> Arch. de la ville de Bruges : reg. aux *Hallegheboden*, 1553-1561, fol. 38.

29 juillet 1554, à Valenciennes. — Décret de la reine Marie prescrivant aux officiers de justice d'arrêter les gens de guerre qui quittent l'armée sans y être autorisés.

> Arch. de l'État à Mons : reg. du conseil de Hainaut, n° 2, fol. 277.

31 juillet 1554, à Gand. — Ordonnance du conseil de Flandre prescrivant, conformément aux ordres de la reine Marie, de republier l'ordonnance du 2 juillet 1552 (1) concernant les gens de guerre, et enjoignant aux officiers de justice d'en observer exactement les dispositions, à peine d'être punis.

> Arch. de la ville de Bruges : reg. aux *Hallegheboden*, 1553-1561, fol. 59 v°.

(1) Voy. p. 351.

10 août 1554, à Bruxelles. — Ordonnance de l'Empereur défendant aux militaires, terrassiers et pionniers de quitter l'armée sans autorisation, à peine de mort; enjoignant aux officiers de justice de procéder à l'arrestation de ceux qui ne pourraient exhiber de passe-port, afin qu'ils soient poursuivis.

> Original, aux archives du royaume. — Arch. de l'État, à Mons : reg. du cons. de Hainaut, n° 2, fol. 277. — Arch. de l'État, à Gand : reg. aux ordonnances du cons. de Flandre, 1511-1558, *litt. U*, fol. 399. — Arch. de la ville de Bruges : reg. aux *Halleghebodoen*, 1553-1561, fol. 40 v°.

28 août 1554, à Bruxelles. — Ordonnance de l'Empereur permettant l'entrée des vins de France et autres, moyennant payement de certains droits, et prescrivant diverses mesures sur le commerce des vins afin d'en empêcher le monopole.

> Reg. de la ch. des comptes, n° 58, fol. 53. — Arch. de l'État, à Mons : reg. du cons. de Hainaut, n° 2, fol. 279. — Arch. de l'État, à Gand : reg. aux ordonnances du cons. de Flandre, 1511-1558, *litt. U*, fol. 400. — Arch. de la ville de Bruges : reg. aux *Halleghebodoen*, 1553-1561, fol. 45 v°.

23 septembre 1554, à Arras. — Ordonnance de la reine Marie permettant à ceux qui ont des aluns à Hambourg et ailleurs *in Oostlande,* et qui ont acquitté les droits dus de ce chef, d'importer ces aluns aux Pays-Bas et de les vendre sans devoir payer des droits nouveaux.

> Arch. du royaume : collection de l'audience, ordonnances minutes, t. III.

27 septembre 1554, à Arras. — Ordonnance de l'Empereur prolongeant jusqu'au 30 avril 1555 la défense de la sortie des grains et des vivres du duché de Luxembourg et du comté de Chiny, prescrite par l'ordonnance du 23 février précédent (1).

> Arch. du royaume : collection de l'audience, ordonnances originales, t. Ier.

15 octobre 1554, à Bruxelles. — Ordonnance de l'Empe-

(1) Voy p 362.

reur concernant la reconstruction des maisons de la ville de Binche incendiées par les Français.

> Arch. de l'État, à Mons : reg. du cons. de Hainaut, n° 2, fol. 283.

9 novembre 1554, à Bruxelles. — Ordonnance de l'Empereur prescrivant des mesures pour empêcher le cours de fausses monnaies, imitées de celles d'Espagne, qui avaient été enlevées à des Français faits prisonniers sur un vaisseau, en mer.

> Arch. du royaume : collection de l'audience, ordonnances minutes, t. III, et ordonnances originales, t. Ier. — Arch. de l'État, à Mons : reg. du cons. de Hainaut, n° 2, fol. 280. — Arch. de l'État, à Gand : reg. aux ordonnances du cons. de Flandre, 1511-1558, litt. U, fol. 406. — Arch. de la ville de Bruges : reg. aux Hallegheboden, 1553-1564, fol. 61.

21 novembre 1554, à Bruxelles. — Sentence du conseil privé statuant, par interprétation de celle du 12 août 1551 (1), que les bailli, lieutenant, conseillers, avocat et procureur ès bailliages de Tournai et Tournaisis pourront librement et franchement envoyer quérir du vin de la cave et cellier du chapitre et en autres lieux exempts et privilégiés de la ville, sans être tenus de payer aucune maltôte.

> Arch. de la ville de Tournai, 1er reg. à tailles, n° 17, fol. 193.

26 novembre 1554, à Bruxelles. — Ordonnance de l'Empereur prolongeant jusqu'au 31 mai 1555 la défense d'exporter des grains et des vivres, statuée par les ordonnances précédentes.

> Arch. du royaume : collection de l'audience, ordonnances originales, t. Ier, et ordonnances minutes, t. III. — Arch. de l'État, à Mons : reg. du cons. de Hainaut, n° 2, fol. 285. — Arch. de l'État, à Gand : reg. aux ordonnances du cons. de Flandre, 1511-1558, litt. U, fol. 407. — Arch. de la ville de Bruges : reg. aux Hallegheboden, 1553-1564, fol. 63 v°.

27 novembre 1554, à Bruxelles. — Sentence du conseil

---

(1) Nous n'avons pas trouvé cette sentence.

privé statuant sur un différend entre le magistrat de Grammont, joint à lui le métier des tapissiers de cette ville, d'une part, et le métier des tapissiers d'Audenarde, d'autre part. Cette sentence autorise ces derniers à lever huit gros par an sur les tapissiers du pays d'Alost qui chercheront à avoir de l'ouvrage à Audenarde.

> Arch. de l'État, à Gand : reg. aux ordonnances du cons. de Flandre, 1294-1557, *litt. U*, fol. 326 v°.

.. Décembre 1554, à Bruxelles. — Ordonnance de l'Empereur contenant des mesures pour empêcher l'introduction frauduleuse de marchandises françaises, venant par mer, sous prétexte de lettres de sauf-conduit.

> Arch. du royaume : collection de l'audience, ordonnances minutes, t. III.

4 décembre 1554, à Bruxelles. — Ordonnance de la reine Marie prescrivant d'arrêter les vagabonds et fainéants qui courent le plat pays, et de procéder contre eux selon le contenu des placards.

> Arch. du royaume : reg. du grand conseil, n° 5, fol. 156. — Arch. de l'État, à Mons : reg. du cons. de Hainaut, n° 2, fol. 289. — Arch. de l'État, à Gand : reg. aux ordonnances du cons. de Flandre, 1511-1558, *litt. U*, fol. 407 v°.

9 décembre 1554, à Bruxelles. — Déclaration de la reine Marie statuant sur un différend qui s'était élevé entre les députés des états de Brabant relativement à cinq points des instructions pour la levée du dixième et du vingtième denier des revenus des biens immeubles, afin de subvenir à une aide de 400,000 livres que lesdits états avaient accordée à l'Empereur. Le différend était entre les députés du clergé et de la noblesse, d'une part, et ceux des villes, d'autre part.

> Reg. de la ch. des comptes, n° 110, fol. 342.

13 décembre 1554, à Gand. — Ordonnance du conseil de Flandre qui, ensuite des ordres de la reine Marie, prescrit de faire des prières et des processions publiques pour remercier le ciel du retour des Anglais à la religion catholique : ce qui était un fait heureux pour les sujets des Pays-Bas.

Arch. de la ville de Bruges : reg. aux *Halleghebodeu*, 1553-1564, fol. 591.

20 décembre 1554, à Bruxelles. — Lettres de l'Empereur par lesquelles il promet aux états de Brabant, tant pour lui que pour ses successeurs, de ne plus exiger le dixième et le vingtième denier des revenus pour le payement des aides que lui accorderont lesdits états.

Arch. des états de Brabant, reg. n° 302, fol. 280 v°.

10 janvier 1554 (1555, n. st.), à Bruxelles. — Ordonnance de l'Empereur statuant que les bailli, échevins et magistrat de la salle et châtellenie d'Ypres, en aucun procès pendant devant eux, ne pourront être assignés en chef de sens devant les échevins du Franc de Bruges, ni être tenus de se dessaisir du procès sur pareil recours, mais qu'ils pourront passer outre et faire droit, selon l'ordre et le degré de leur compétence.

Diegerick, *Inventaire des archives de la ville d'Ypres*, t. VI, p. 73. — Gilliodts-Van Severen, *Coutume du Franc de Bruges*, t. II, p. 668.

10 janvier 1554 (1555, n. st.), à Bruxelles. — Déclaration de la reine Marie portant que la peine de confiscation des biens, comminée par les ordonnances, ne portera aucun préjudice aux privilèges contraires dont étaient en possession les villes de Bruges et d'Ypres, ainsi que le Franc de Bruges, sauf dans les cas réservés.

Diegerick, *Inventaire des archives de la ville d'Ypres*, t. VI, p. 72. — Arch. de l'État, à Gand : reg. aux ordonnances du cons. de Flandre, 1460-1544, fol. 55.

18 janvier 1554 (1555, n. st.), à Bruxelles. — Ordonnance de l'Empereur prescrivant à un chacun de se conformer strictement à l'instruction y insérée, faite par les états de Brabant pour la levée du dixième et du vingtième du revenu de tous biens immeubles, à l'effet de recouvrer l'aide de 400,000 florins que ces états lui avaient accordée pour défendre les Pays-Bas contre la France.

Arch. du royaume : coll. imprimée de placards, in-4°, t. I⁻ʳ.
— *Plac. de Brab.*, t. III, p. 380.

25 janvier 1554 (1555, n. st.), à Bruxelles. — Ordonnance de l'Empereur prolongeant, jusqu'à la Saint-Jean suivante, le cours des monnaies tel qu'il est réglé par l'ordonnance du 25 mars 1555 (1); fixant, jusqu'à ladite époque, la valeur de certaines monnaies d'or et d'argent; interdisant le cours des thalers et d'autres pièces, et prescrivant de nouvelles dispositions sur les monnaies.

Arch. du royaume : collection de l'audience, ordonnances minutes, t. IV; reg. de la ch. des comptes, n° 58, fol. 60.
— Arch. de l'État, à Mons : reg. du conseil de Hainaut, n° 2, fol. 291. — Arch. de l'État, à Gand : reg. aux ordonnances du cons. de Flandre, 1511-1558, *litt. U*, fol. 409.
— Arch. de la ville de Bruges : reg. aux *Halleghebodem*, 1555-1561, fol. 67 v°.

28 janvier 1554 (1555, n. st.), à Bruxelles. — Lettre circulaire de la reine Marie aux magistrats des villes pour qu'ils fassent savoir, par publications, que les soldats d'infanterie espagnole qui ont quitté leurs enseignes et leurs garnisons doivent les rejoindre dans les trois jours, à peine d'arrestation et de punition ainsi qu'il appartiendra.

Arch. de la ville de Bruges : reg. aux *Halleghebodem*, 1555-1561, fol. 65 v°.

31 janvier 1554 (1555, n. st.), à Bruxelles. — Mandement de l'Empereur au conseil de Flandre le requérant, et tous officiers de justice de la province, de prêter aide et assistance, ainsi que le concours de leur ministère, quand ils en seront requis, aux inquisiteurs de la foi ou à leurs délégués.

Arch. du royaume : collection de l'audience, ordonnances originales, t. I⁻ʳ.

(1) Voy. p. 356.

1er février 1554 (1555, n. st.), à Bruxelles. — Ordonnance de l'Empereur défendant aux domestiques des seigneurs de sa cour, à Bruxelles, de prendre à crédit, chez les marchands, des marchandises ou comestibles, pour le compte de leurs maîtres, sans y être autorisés; interdisant généralement de se masquer et de sortir le soir avec des flambleaux.

> Arch. du royaume : collection de l'audience, ordonnances originales, t. Ier, et ordonnances minutes, t. IV.

1er février 1554 (1555, n. st.), à Bruxelles. — Mandement de l'Empereur à tous huissiers et sergents d'armes ordinaires et extraordinaires, tant du conseil privé que du grand conseil et du conseil de Flandre, de prêter aide et assistance, ainsi que le concours de leur ministère, aux inquisiteurs de la foi ou à leurs délégués dans la province de Flandre.

> Arch. du royaume : collection de l'audience, ordonnances originales, t. Ier.

6 février 1554 (1555, n. st.), à Bruxelles. — Ordonnance de l'Empereur pour la mise en bon état des chemins entre Bruxelles et Anvers, où il devait se rendre avec ses sœurs, les reines de France et de Hongrie.

> Arch. du royaume : ordonnances minutes, t. IV.

9 février 1554 (1555, n. st.), à Bruxelles. — Mandement de l'Empereur à Robert, évêque de Cambrai, et à tous collateurs de bénéfices dans le diocèse de Cambrai, de se conformer scrupuleusement aux concordats faits entre la nation germanique et le saint-siège.

> Plac. de Brab., t. III, p. 187. — Arch. grand-ducales, à Luxembourg.

13 février 1554 (1555, n. st.), à Anvers. — Ordonnance de l'Empereur portant règlement pour la conservation des bois du clergé et des particuliers dans le pays et seigneurie de Malines, vu les dégâts qu'on y commettait.

> Van Doren, *Inventaire des chartes de la ville de Malines,* t. Ier, p. 212. — Arch. du royaume : cartulaires et manuscrits, n° 280bis.

13 février 1554 (1555, n. st.), à Mons. — Ordonnance du grand bailli de Hainaut limitant le nombre des convives aux festins de noces, à cause de la cherté des vivres.

> Arch. de l'État, à Mons; reg. du cons. de Hainaut, n° 2, fol. 295.

14 février 1554 (1555, n. st.), à Anvers. — Ordonnance de l'Empereur défendant de se mettre au service militaire de princes étrangers, et rappelant ceux de ses sujets qui s'y trouvent.

> Arch. du royaume : collection de l'audience, ordonnances originales, t. Ier, et ordonnances minutes, t. IV.

25 février 1554 (1555, n. st.), à Anvers. — Lettres patentes de l'Empereur autorisant les drapiers de Namur à fabriquer, pendant deux ans, des étoffes pour doublure ou fourrure.

> St. Borxins, *Cartulaire de la commune de Namur,* t. III, p. 574.

29 mars 1554 (1555, n. st.), à Bruxelles. — Ordonnance de l'Empereur cassant, comme séditieuses, deux résolutions du magistrat d'Anvers du 12 juillet précédent (1).

> F. Verachter, *Inventaire des chartes et privilèges de la ville d'Anvers,* p. 223.

16 avril 1555 après Pâques, à Bruxelles. — Ordonnance de l'Empereur défendant aux soldats espagnols de quitter les lieux de leur garnison sans permission de leurs supérieurs, et aux officiers de justice de les laisser passer par eau ou par terre, avec injonction à ceux-ci d'arrêter les soldats dépourvus de passe-ports.

> Arch. du royaume : collection de l'audience, ordonnances originales, t. Ier, et ordonnances minutes, t. IV.

27 avril 1555, à Anvers. — Lettres par lesquelles l'Empereur autorise les états de Flandre à lever, dans cette province, le dixième denier de tous les revenus des immeubles et le dixième denier

---

(1 Le 29 avril suivan la reine Marie prescrivit à l'écoutète d'Anvers de publier cette ordonnance.

du gain annuel des marchands ayant un capital de plus de 300 florins ou l'équivalent en marchandises : le tout sur le pied y déterminé et pour fournir au subside de 400,000 couronnes que lesdits états lui ont accordé.

> Arch. de la ville de Bruges : reg. aux *Hallegheboden*, 1551-1563, fol. 82 v°.

27 avril 1555, à Anvers. — Ordonnance de l'Empereur prolongeant jusqu'au 31 décembre suivant la défense d'exporter des grains et des vivres des duché de Luxembourg et comté de Chiny (1).

> Arch. du royaume : collection de l'audience, ordonnances originales, t. Ier.

30 avril 1555, à Anvers. — Ordonnance de l'Empereur défendant de détourner, en les vendant ou autrement, les tonneaux vides des brasseurs de Bruges marqués d'un B, et prescrivant de renvoyer ponctuellement ces tonneaux aux expéditeurs.

> Arch. de l'État, à Gand : reg. aux ordonnances du cons. de Flandre, 1511-1558, *litt. U*, fol. 411 v°.

3 mai 1555, à Anvers. — Ordonnance de l'Empereur défendant strictement aux pêcheurs de harengs de prendre la mer sans l'escadre de convoi équipée pour leur protection.

> Arch. du royaume : collection de l'audience, ordonnances originales, t. Ier. — Arch. de l'État, à Gand : reg. aux ordonnances du cons. de Flandre, 1511-1558, *litt. U*, fol. 411. — Arch. de la ville de Bruges : reg. aux *Hallegheboden*, 1553-1554, fol. 78 v°.

7 mai 1555, à Bruxelles. — Lettres par lesquelles l'Empereur, à la demande des quatre membres de Flandre, exprimée dans leur accord des deux dernières aides, octroie et consent que nul étranger ne pourra remplir en Flandre des fonctions ou dignités civiles, à moins qu'il n'appartienne à une province où les Flamands sont admis à remplir des fonctions semblables. Sont exceptés de cette mesure les gouverneurs et les chevaliers de la Toison d'or.

---

(1) *Voy.* au 27 septembre 1554, p. 366.

Les étrangers actuellement en fonctions dans la Flandre pourront les conserver jusqu'à révocation par l'Empereur.

Plac. de Fl., liv. Ier, p. 210. — Reg. de la ch. des comptes, n° 919, fol. 393.

11 mai 1555, à Anvers. — Lettres de l'Empereur par lesquelles, pour réparer les désastres causés à la ville de Bouvignes par le sac de l'année précédente (1), il accorde aux habitants l'exemption, pour le terme de six ans, de tout droit de tonlieu, et, pendant vingt ans, des aides, maltôtes, gabelles et four banal. L'Empereur les autorise, en outre, à prendre dans les bois du domaine les sommiers dont ils auront besoin pour reconstruire leurs maisons incendiées.

J. BORGNET, *Cartulaire de la commune de Bouvignes,* p. 277.

13 mai 1555, à Anvers. — Lettres de l'Empereur confirmant, ratifiant et approuvant le contrat y inséré, passé entre Augustin Sauli, noble génois, fermier des aluns de la sainte Église romaine, et Baudouin Lecocq, conseiller et procureur général de lui, Empereur, à ce autorisé par la reine de Hongrie, pour la livraison exclusive par ledit Sauli des aluns nécessaires aux Pays-Bas, à livrer à Anvers, et cela pour éviter le monopole de cette marchandise, conformément à son édit du mois d'août 1554 (2).

Arch. du royaume : ordonnances originales, t. Ier, et ordonnances minutes, t. IV.

13 mai 1555, à Anvers. — Ordonnance de l'Empereur touchant l'approvisionnement de l'armée qu'il faisait lever.

Original, aux archives du royaume.

17 mai 1555, à Anvers. — Ordonnance de l'Empereur portant règlement pour l'administration financière et la police de la ville d'Anvers.

Arch. du royaume : coll. imp. de placards, in-f°, t. Ier ; reg. de la ch. des comptes, n° 57, fol. 127. — F. VERACHTER, *Inventaire des chartes et privilèges de la ville d'Anvers,* p. 220.

(1) Par les Français, qui s'emparèrent de la ville le dimanche 8 juillet 1554.
(2) Cet édit n'a pas été trouvé.

22 mai 1555, à Gand. — Ordonnance du conseil de Flandre prescrivant, ensuite des ordres de la reine Marie, de faire des prières publiques pour la réussite des négociations de paix qui allaient s'ouvrir avec la France.

Arch. de la ville de Bruges : reg. aux *Hallegheboden*, 1555-
1561, fol. 78.

25 mai 1555, à Anvers. — Ordonnance de l'Empereur prolongeant, jusqu'au 30 novembre suivant, la défense d'exporter des grains et des vivres (1).

Arch. du royaume : original ; collection de l'audience, ordonnances minutes, t. IV. — Arch. de l'État, à Gand : reg.
aux ordonnances du cons. de Flandre, 1511-1558, *litt. U*,
fol. 415. — Arch. de la ville de Bruges : reg. aux *Hallegheboden*, 1555-1561, fol. 79 v°.

En juin 1555, à Anvers. — Lettres par lesquelles l'Empereur, sur la requête des habitants de Lokeren, établit en cette localité un marché hebdomadaire pour la vente de toute espèce de denrées et de marchandises.

Arch. de l'État, à Gand : reg. aux ordonnances du cons. de
Flandre, 1204-1557, *litt. U*, fol. 328.

2 juin 1555, à Bruxelles. — Ordonnance de l'Empereur portant règlement pour les gens de guerre.

Original, aux archives du royaume.

4 juin 1555, à Gand. — Ordonnance du conseil de Flandre prescrivant de faire faire des services pour la reine de Castille (2), qui venait de mourir.

Arch. de la ville de Bruges : reg. aux *Hallegheboden*, 1555-
1561, fol. 90.

15 juin 1555, à Bruxelles. — Ordonnance de l'Empe-

---

(1) Voy. au 24 novembre 1554, p. 367.
(2) Jeanne la Folle.

reur sur l'entretien des chemins dans la province de Flandre.

> *Plac. de Fl.*, liv. Ier, p. 435. — Arch. de l'État, à Gand :
> reg. aux ordonnances du cons. de Flandre, 1511-1558,
> litt. *U*, fol. 417. — Arch. de la ville de Bruges : reg.
> aux *Hallegheboden*, 1553-1564, fol. 87 v°.

22 juin 1555, à Bruxelles. — Ordonnance de l'Empereur prolongeant, jusqu'à la Chandeleur suivante, le cours des monnaies tel qu'il est réglé par l'ordonnance du 23 mars 1553 (1).

> Arch. du royaume : collection de l'audience, ordonnances
> originales, t. Ier ; ordonnances minutes, t. IV ; reg. de la
> ch. des comptes, n° 58, fol. 68 ; reg. du grand cons. de
> Malines, n° 5, p. 158 v°. — Arch. de l'État, à Gand :
> reg. aux ordonnances du cons. de Flandre, 1311-1558,
> litt. *U*, fol. 416. — Arch. de la ville de Bruges : reg.
> aux *Hallegheboden*, 1553-1564, fol. 81 v°.

30 juin 1555, à Bruxelles. — Ordonnance de la reine de Hongrie prorogeant, jusqu'au 1er août suivant, la permission de faire venir et vendre des aluns aux Pays-Bas.

> Arch. du royaume : collection de l'audience, ordonnances
> minutes, t. IV.

8 juillet 1555, à Mons. — Ordonnance du conseil de Hainaut défendant aux avocats de besogner à la cour pour leurs maîtres, si ceux-ci ne sont présents, à moins d'être pourvus de procuration suffisante.

> Ch. FAIDER, *Coutumes du pays et comté de Hainaut*,
> t. II, p. 520.

18 juillet 1555, à Bruxelles. — Ordonnance de l'Empereur portant règlement pour la pêche des harengs.

> Arch. du royaume : collection de l'audience, ordonnances
> originales, t. Ier.

30 juillet 1555, à Bruxelles. — Ordonnance de l'Empereur défendant de prendre des perdrix, dans le Brabant, avant le

(1) Voy. p. 354.

jour de la Madeleine, et de tirer ou prendre les pigeons, soit sur les habitations, soit aux champs, de même que les cygnes.

Arch. du royaume : collection de l'audience, ordonnances originales, t. Ier, et ordonnances minutes, t. IV ; reg. de la ch. des comptes, no 58, fol. 091.

5 octobre 1555, à Bruxelles. — Ordonnance de l'Empereur statuant que les militaires et pionniers qui ont quitté l'armée sans autorisation auront à rejoindre leurs drapeaux, à peine de punition corporelle.

Plac. de Fl., liv. Ier, p. 740. — Arch. du royaume : collection de l'audience, ordonnances minutes, t. IV.

25 octobre 1555, à Bruxelles. — Lettres de l'Empereur par lesquelles il cède les Pays-Bas, tels qu'ils se composent en duchés, marquisats, principautés, comtés, baronnies, seigneuries, villes, châteaux et forts, à son fils, Philippe, roi d'Angleterre, de France, de Naples, etc.

Du Mont, *Corps diplomatique*, t. IV, 2e partie, p. 05. — Reg. de la ch. des comptes, no 120, fol. 2 vo.

SUPPLÉMENT.

---

28 septembre 1508, à Malines. — Lettres de l'empereur Maximilien et de l'archiduc Charles prorogeant, pour huit années, l'octroi pour la levée d'impôts sur les boissons, accordé à la commune de Bouvignes, par lettres du roi de Castille du 21 janvier 1505 (n. st.).

> J. BORGNET, *Cartulaire de la commune de Bouvignes*, p. 224.

31 mars 1508 (1509, n. st.), à Anvers. — Confirmation par l'empereur Maximilien de tous les privilèges, keures, statuts, etc., du pays du Franc de Bruges.

> GILLIODTS-VAN SEVEREN, *Coutume du Franc de Bruges*, t. II, p. 516.

25 juin 1509, à Mons. — Ordonnance du conseil de Hainaut décrétant différents points et articles à suivre dans la procédure devant cette cour.

> CH. FAIDER, *Coutumes du pays et comté de Hainaut*, t. II, p. 526.

21 janvier 1511 (1512, n. st.), à Malines. — Lettres

de l'Empereur et de l'archiduc Charles prorogeant, pour douze années, l'octroi pour la levée d'impôts sur les boissons accordé à la commune de Bouvignes (1).

> J. Borgnet, *Cartulaire de la commune de Bouvignes,* p. 227.

17 Janvier 1512 (1513, n. st.), à Malines. — Sentence du conseil privé défendant aux receveurs et autres percepteurs des aides de lever, dans la seigneurie de Chambre-hors-Messines (*Camer buylen Meessen*), des tailles plus considérables que celles des années antérieures.

> Diegerick, *Inventaire analytique des chartes et documents de l'abbaye de Messines,* p. 155.

1ᵉ février 1512 (1513, n. st.), à Malines. — Lettres de l'empereur Maximilien et de l'archiduc Charles confirmant une sentence du conseil de Namur rendue, à l'avantage des communautés de Vedrin et Frizet, contre les fermiers des bois et le procureur général, au sujet de la paisson des pourceaux.

> St. Bormans, *Cartulaire des petites communes du comté de Namur,* p. 117.

12 décembre 1514, à Bruxelles. — Lettres de l'empereur Maximilien et de l'archiduc Charles autorisant la ville de Gand, pour subvenir aux grandes charges occasionnées par les guerres et divisions qui ont pesé sur le pays, à racheter les rentes viagères dont elle est chargée, et qui sont en grande partie entre les mains des étrangers, pour les employer à son profit.

> Gheldolf, *Coutume de la ville de Gand,* t. Iᵉʳ, p. 703.

14 décembre 1515, à ... — Lettres de Charles, prince d'Espagne, approuvant et confirmant les privilèges accordés à la commune de Floreffe, en 1151, par Henri l'Aveugle, comte de Namur.

> St. Bormans, *Cartulaire des petites communes du comté de Namur,* p. 39.

1. Voy. a la page précédente.

15 juillet 1516, à Bruxelles. — Lettres de Charles, roi de Castille, par lesquelles, à la requête de Gérard Van Strythaghen, commandeur du bailliage des Joncs, de l'ordre Teutonique, il approuve et confirme les lettres de priviléges et d'exemptions accordées audit bailliage par Antoine de Bourgogne, duc de Brabant, Philippe et Charles, ducs de Bourgogne, et Philippe, roi de Castille.

> Arch. du conseil de Brabant : cahier relié intitulé au dos : *Priviléges de l'ordre Teutonique,* à la suite de la correspondance dudit conseil.

2 décembre 1519, à Malines. — Lettres de Charles, roi de Castille, confirmant l'établissement d'une foire annuelle et d'un marché hebdomadaire à Thielt.

> *Thieltsche mengelingen getrokken uit de archiven van stad, roede en leenhof;* Thielt, 1878, in-8°, p. 70.

14 août 1520, à Bruxelles. — Charte de l'Empereur concernant la nomination des magistrats du Franc de Bruges.

> GILLIODTS-VAN SEVEREN, *Coutumes du Franc de Bruges,* t. II, p. 539.

26 novembre 1520, à Bruxelles. — Lettres de l'Empereur prorogeant, pour douze années, l'octroi accordé à la commune de Bouvignes pour la levée d'impôts sur les boissons (1).

> J. BORGNET, *Cartulaire de la commune de Bouvignes,* t. Ier, p. 255.

14 juillet 1521, à Gand. — Ordonnance de l'Empereur limitant la compétence des officialités.

> GILLIODTS-VAN SEVEREN, *Coutume du Franc de Bruges,* t. II, p. 541.

27 juillet 1521, à ... — Ordonnance touchant les main-mortes.

> Arch. grand-ducales, à Luxembourg.

---

(1) Voy. p. 380.

1er août 1521, à Gand. — Confirmation par l'Empereur du privilège de ceux du Franc de Bruges de pouvoir arrêter au terroir du Franc toutes et quelconques personnes et les juger.

GILLIODTS-VAN SEVEREN, *Coutume du Franc de Bruges,* t. II, p. 548.

14 octobre 1521, à Bruxelles. — Ordonnance de l'Empereur sur les droits et devoirs des possesseurs de fiefs dans le pays du Franc de Bruges.

GILLIODTS-VAN SEVEREN, *Coutume du Franc de Bruges,* t. II, p. 553.

5 septembre 1522, à Gand. — Ordonnance du conseil de Flandre portant défense expresse à tous officiers de justice de son ressort de recevoir à composition quiconque s'est rendu coupable d'un des crimes et délits y spécifiés; leur défendant, en outre, d'accorder des saufs-conduits ou passe-ports à de pareils criminels, si ce n'est de son avis et au nom de l'Empereur.

GILLIODTS-VAN SEVEREN, *Coutume de la ville de Bruges,* t. II, p. 212.

16 mars 1522 (1523, n. st.), à Malines. — Lettres de l'Empereur autorisant la commune de Bouvignes à créer sur le corps de la ville cent livres de rente héritable dont le capital devra être employé au payement des aides et aux travaux de fortification.

J. BORGNET, *Cartulaire de la commune de Bouvignes,* p. 230.

19 septembre 1523, à Bruxelles. — Mandement de l'archiduchesse Marguerite aux « commis à l'assiette de l'accord de « ceux du clergé de Cambrai en Brabant », leur ordonnant expressément de tenir les suppôts de l'université de Louvain francs et exempts de toute contribution avec ceux du clergé de Cambrai.

Privilegia Academiæ Lovaniensi concessa, 2ᵉ partie, p. 1.

7 octobre 1523, à Malines. — Ordonnance de l'Empereur

portant qu'on ne peut attraire des bourgeois et des marchands résidant en Flandre que devant le juge de leur domicile.

> GILLIODTS-VAN SEVEREN, *Coutume de la ville de Bruges,* t. II, p. 262.

27 novembre 1526, à Bruxelles. — Ordonnance de l'Empereur portant règlement, tant pour la levée des accises sur la bière qu'on brasse à Ath, que pour le débit de cette boisson dans ladite ville et son ressort (1).

> *Chartes, statuts et ordonnances de politie* (sic) *de la ville d'Ath,* 1612.

31 août 1528, à Berg-op-Zoom. — Lettres de l'Empereur par lesquelles il déclare qu'en confirmant les privilèges, droits, exemptions et franchises des président et chapitre de son église à Tournai, son intention n'a été et n'est que les réservations des mois apostoliques, grâces expectatives, nominations de l'université de Louvain, ni aussi les *primæ preces,* ni ses lettres de placet obtenues ou à obtenir sur ces réservations, grâces expectatives, nominations ou *primæ preces,* ne doivent avoir lieu ès bénéfices ou offices ecclésiastiques de ladite église de Tournai, ni des président et chapitre susdits ou leurs suppôts, si avant qu'iceux bénéfices ou offices soient situés en ladite cité de Tournai ou au Tournaisis. L'Empereur révoque et déclare nulles toutes lettres de placet et provisions obtenues ou à obtenir de lui au préjudice des suppliants et de leursdits privilèges, exemptions et droits (2).

> *Les Coutumes, stils et usages de l'échevinage de la ville et cité de Tournay,* etc.; Tournay, 1778, in-4°, p. 105.

19 février 1528 (1529, n. st.), à Bruxelles. — Lettres de l'Empereur par lesquelles il autorise l'écoutète de la ville de Bruges à commettre un substitut pour intervenir aux saisies judiciaires.

> GILLIODTS-VAN SEVEREN, *Coutume de la ville de Bruges,* t. II, p. 320.

(1) Cette ordonnance a été mentionnée p. 111, mais d'une manière inexacte.
(2) Voy. au 15 juin 1527, p. 117.

20 mars 1528 (1529, n. st.), à Bruxelles. — Ordonnance de l'Empereur fixant le prix de la bière à Enghien.

E. MATTHIEU, *Histoire de la ville d'Enghien*, p. 357.

18 août 1529, à Bruxelles. — Ordonnance du conseil de Brabant au sujet de la compétence du receveur des domaines, au quartier d'Anvers, en matière d'actions réelles.

DE LONGÉ, *Coutumes du pays et duché de Brabant*, quartier d'Anvers, t. VI, p. 611.

18 juin 1531, à Gand. — Ordonnance de l'Empereur enjoignant aux justiciers et officiers du pays de Flandre de procéder contre les gens d'église qui auront contrevenu aux keures et statuts sur le fait de la police, conservation et entretien dudit pays.

GILLIODTS-VAN SEVEREN, *Coutume du Franc de Bruges*, t. II, p. 500.

16 août 1531, à Bruxelles. — Décret de l'Empereur par lequel il défend aux commissaires nommés pour le renouvellement des lois en Flandre de choisir pour échevins d'Alost ceux qui tiennent un office quelconque de ses vassaux.

Cte DE LIMBURG-STIRUM, *Coutumes des pays et comté de Flandre*, quartier de Gand, t. III, p. 243.

22 décembre 1531, à Bruxelles. — Lettres de l'Empereur confirmant et ratifiant les privilèges accordés par ses prédécesseurs à l'abbaye de Clairefontaine lez-Arlon, pourvu que desdits privilèges elle ait dûment joui et usé.

Le P. GOFFINET, *Cartulaire de Clairefontaine*, p. 235.

10 septembre 1532, à ... — Charte de privilèges pour les habitants de Ham-sur-Sambre.

ST. BORMANS, *Cartulaire des petites communes du comté de Namur*, p. 50.

Décembre 1533, à ... — « Ordonnance et instruction selon « laquelle l'Empereur, notre sire, duc de Luxembourg, veut et

« entend que le justicier des nobles du duché de Luxembourg et du
« comté de Chiny se conduise en l'exercice dudit état. »

Chartes de Luxembourg restituées par l'Autriche, layette 20.

15 mars 1533 (1534, n. st.), à Bruxelles. — Charte
générale de l'Empereur pour le pays et comté de Hainaut.

Ch. FAIDER, *Coutumes du pays et comté de Hainaut*,
t. Ier, p. 213.

3 mai 1534, à ... — Édit de l'Empereur défendant à ses sujets
luxembourgeois de prendre du service militaire à l'étranger.

Arch. grand-ducales, à Luxembourg.

15 février 1534 (1535, n. st.), à Mons. — Déclaration
de la souveraine cour de Mons interprétative de quelques dispositions
des chartes du pays et comté de Hainaut du 15 mars 1534 (n. st.).

J.-B. BIVORT, *Ancien droit belgique*, etc., p. 43.

En juillet 1535, à Malines. — Lettres de l'Empereur par
lesquelles il confirme, maintient, approuve et autorise les coutumes,
usances et style de procédure de la ville de Malines, tels qu'ils
venaient d'être mis par écrit par les communemaîtres, échevins et
conseil de cette ville et revus par le grand conseil. L'Empereur abolit
toutes les autres coutumes et usances observées dans la même ville,
sa franchise et juridiction, avec défense d'interpréter celles qu'il
confirme par les présentes lettres.

VAN DOREN, *Inventaire des chartes de la ville de Malines*,
t. Ier, p. 218. — Collection de la Commission. (Copie
authentique d'après l'original.)

15 février 1535 (1536, n. st.), à ... — Ordonnance
concernant les Égyptiens.

Arch. grand-ducales, à Luxembourg.

4 février 1537 (style de Liége), à Bruxelles. —
Ordonnance de l'Empereur défendant le pâturage dans les bois

25

domaniaux et autres de la province de Namur, aux endroits où les taillis ont moins de sept années de croissance.

Coutumes et ordonnances du comté de Namur; Malines, 1733, in-4°, p. 327.

9 juillet 1537, à ... — Lettres de l'Empereur autorisant les villes du Hainaut à établir des impôts.

J.-B. Bivort, *Ancien droit belgique,* etc., p. 43.

14 juillet 1537, à Malines. — Arrêt du grand conseil de Malines rendu, en matière de juridiction, entre Guillaume d'Humbercourt, seigneur de Middelbourg (en Flandre), demandeur, et les magistrats du Franc de Bruges, défendeurs.

Gilliodts-Van Severen, *Coutume du Franc de Bruges,* t. II, p. 595. — Reg. aux sentences du grand conseil.

8 août 1538, à Bruxelles. — Lettres de l'Empereur par lesquelles, à la requête de Wolter Croneburch, grand maître de l'ordre Teutonique, il approuve et confirme les privilèges que les papes et les empereurs d'Allemagne ont accordés audit ordre en matière d'exemption absolue d'impôts, tant dans l'Empire qu'aux Pays-Bas, et qu'il a lui-même confirmés déjà par des lettres de l'année 1530 (1).

Arch. du conseil de Brabant : cahier relié et intitulé au dos : *Privilèges de l'ordre Teutonique,* à la suite de la correspondance dudit conseil.

21 janvier 1538 (1539, n. st.), à Bruxelles. — Mandement de l'Empereur au duc d'Arschot, capitaine général et grand bailli de Hainaut, pour qu'il fasse connaître dans cette province que ceux, ayant adhéré à la doctrine de Luther ou d'autres hérétiques, qui rentreront dans le giron de l'Église catholique et feront abjuration de leurs erreurs, seront reçus en grâce et pardon.

Arch. du royaume, collection de l'audience : *Registre sur le faict des hérésies et inquisition,* fol. 566.

_____

(1) Elles n'ont pas été trouvées.

6 février 1539 (1540, n. st.), à ... — Édit de l'Empereur touchant les vagabonds.

Arch. grand-ducales, à Luxembourg.

17 février 1539 (1540, n. st.), à Mons. — Ordonnance de Philippe de Croy, duc d'Arschot, grand bailli de Hainaut, défendant aux habitants d'Enghien d'aller boire du vin et de la bière dans des tavernes établies à moins d'une lieue de la ville.

E. Matthieu, *Histoire de la ville d'Enghien*, p. 357.

10 juillet 1540, à Bruges. — Ordonnance de l'Empereur prescrivant la recherche, dans les maisons des imprimeurs, libraires, réthoriciens et autres, des livres réprouvés et défendus, et nommément de ceux dont les titres y sont indiqués; enjoignant de saisir ces livres et de les brûler publiquement; défendant, de plus, à tous « joueurs de la réthorique » de jouer ou communiquer aucuns jeux ou farces suspects concernant la Sainte Écriture et les sacrements, constitutions et ordonnances de l'Église.

Arch. du royaume, collection de l'audience : *Registre sur le faict des hérésies et inquisition*, fol. 560.

2 décembre 1541, à ... — Instructions de la reine Marie pour le receveur général des finances des Pays-Bas.

Liste chronologique manuscrite intitulée : *Ordonnances, institutions et instructions des conseils d'État, privé et des finances.* (Coll. de la Commission.)

4 décembre 1542, à Bruxelles. — Lettres de l'Empereur permettant que le contingent de Bouvignes dans l'aide dernièrement accordée par les états du comté de Namur soit consacré aux travaux de fortification de la ville.

J. Borgnet, *Cartulaire de la commune de Bouvignes*, p. 238.

2 mars 1542 (1543, n. st.), à Bruxelles. — Ordonnance de l'Empereur défendant de vendre, acheter, lire ou garder certains livres réprouvés et défendus dont elle donne les titres, et enjoignant à ceux qui en possèdent de les remettre aux officiers du lieu où ils résident, pour être brûlés.

Arch. du royaume, collection de l'audience : *Registre sur le faict des hérésies et inquisition*, fol. 558.

10 février 1543 (1544, n. st.), à ... — Ordonnance sur la défense des pasquilles.

Arch. grand-ducales, à Luxembourg.

7 mai 1544, à Bruxelles. — Lettres de l'Empereur par lesquelles il octroie aux bourgmestres et échevins du Franc de Bruges qu'ils pourront dorénavant connaître des cas réservés par le vieux *cuerbrief* du pays et la déclaration du comte Louis de Flandre, du 2 septembre 1323.

Gilliodts-Van Severen, *Coutume du Franc de Bruges*, t. II, p. 630.

2 juin 1544, à Bruxelles. — Lettres de la reine Marie statuant que le lieutenant civil de Gand ne peut citer devant lui des habitants du Franc de Bruges.

Gilliodts-Van Severen, *Coutume du Franc de Bruges*, t. II, p. 631.

7 octobre 1545, à Bruxelles. — Ordonnance de l'Empereur fixant, pour un terme de six années, le prix des bières étrangères dans la seigneurie d'Enghien.

E. Matthieu, *Histoire de la ville d'Enghien*, p. 357.

29 décembre 1545, à Utrecht. — Ordonnance et instruction de l'Empereur pour les hérauts et les poursuivants d'armes.

Recueil chronologique de tous les placards, édits, décrets, règlements, etc., concernant les titres et marques d'honneur; Bruxelles, chez Jos. Ermens, t. Ier, p. 20.

Dernier février 1545 (1546, n. st.), à Maestricht. — Ordonnance de l'Empereur enjoignant aux conseils de justice, aux drossards, baillis, prévôts, écoutètes et à tous autres officiers de justice de faire appréhender, toutes les fois qu'ils en seront requis par les inquisiteurs, et de garder en leurs prisons, ceux et celles que lesdits inquisiteurs leur dénonceront, soit gens d'église ou autres, et de donner sans délai toute aide, faveur et assistance aux mêmes inquisiteurs.

Arch. du royaume, collection de l'audience : *Registre sur le faict des hérésies et inquisition,* fol. 260.

17 août 1540, à ... — Édit sur les concessions et entérinements des lettres de rémission et pardon, de répit, cession et bénéfice d'inventaire et autres lettres de grâce.

Arch. grand-ducales, à Luxembourg.

13 octobre 1547, à ... — Instructions données par la reine Marie, qui se rendait auprès de l'Empereur, à Augsbourg, au conseil d'État, pour le gouvernement des Pays-Bas, en son absence.

Citées dans une liste chronologique manuscrite intitulée : *Ordonnances, institutions et instructions des conseils d'État, privé et des finances.* (Coll. de la Commission.)

31 janvier 1547 (1548, n. st.), à ... — Placard de l'Empereur contre les religieux et les religieuses apostats.

Arch. grand-ducales, à Luxembourg.

16 février 1548 (suivant l'usage de Trèves), à Bruxelles. — Ordonnance de l'Empereur pour le siège des nobles du duché de Luxembourg et comté de Chiny.

LECLERCQ, *Coutumes des pays, duché de Luxembourg et comté de Chiny,* t. II, p. 170.

23 juillet 1549, à Bruges. — Formules du serment de Philippe II au Franc de Bruges et du serment des représentants du Franc à Philippe.

GILLIODTS-VAN SEVEREN, *Coutume du Franc de Bruges,* t. II, p. 613.

23 novembre 1540, à Bruxelles. — Lettres de l'Empereur ratifiant, approuvant et confirmant les lettres de Pierre, marquis de Namur, du jour de l'Assomption 1213, et celles de l'empereur Maximilien et de l'archiduc Philippe, du 25 mai 1493, par lesquelles ces princes accordent différents priviléges à la ville de Bouvignes.

J. BORGNET, *Cartulaire de la commune de Bouvignes,* p. 266.

29 mars 1549 (1550, n. st.), à ... — Placard touchant les patards ou grands blancs de France rougis ou lavés.

Arch. grand-ducales, à Luxembourg.

17 décembre 1550, à Binche. — Instructions données par la reine Marie au conseil d'État pour le gouvernement des Pays-Bas, pendant le séjour qu'elle fera à Augsbourg.

Citées dans une liste chronologique manuscrite intitulée : *Ordonnances, institutions et instructions des conseils d'État, privé et des finances.* (Coll. de la Commission.)

14 novembre 1551, à Bruxelles. — Lettres de l'Empereur autorisant les maire, échevins, jurés, élus, corps et communauté de la ville de Bouvignes à retenir, sur les 380 livres qu'ils devaient payer annuellement, pendant quatre années, pour leur part dans l'aide accordée par les états du comté de Namur, la somme de 150 livres, laquelle devra être consacrée, ainsi qu'une autre somme de 100 livres prise annuellement sur les revenus communaux, au payement des frais d'achèvement du boulevard récemment élevé au milieu de la Meuse et du pont qui le relie à la ville.

J. BORGNET, *Cartulaire de la commune de Bouvignes,* p. 273.

13 janvier 1551 (1552, n. st.), à ... — Placard de l'Empereur touchant les ouvrages d'or et le métier des orfévres.

Arch. grand-ducales, à Luxembourg.

2 décembre 1552, à Mons. — Lettres de Charles de Lalaing, grand bailli de Hainaut, par lesquelles il oblige les brasseurs et les taverniers établis hors des portes de la ville d'Enghien à payer la même maltôte sur les vins et les cervoises que celle imposée *intra muros.*

E. MATTHIEU, *Histoire de la ville d'Enghien,* p. 337.

27 janvier 1554 (1555, n. st.), à Bruxelles. — Déclaration de l'Empereur par laquelle, ayant égard aux représentations de ses vassaux et sujets du comté de Hainaut, il suspend, dans cette province, la peine de la confiscation des biens pour cas de contravention à ses édits sur les sectes et hérésies, cette peine demeurant toutefois en son entier dans les cas de crime de lèse-majesté divine et humaine.

Arch. du royaume, collection de l'audience : *Registre sur le faict des hérésies et inquisition*, fol. 350.

7 décembre 1554, à Bruxelles. — Ordonnance de l'Empereur enjoignant aux conseils et aux officiers de justice de prêter toute aide, faveur et assistance aux visiteurs des chartreux pour la poursuite et l'arrestation des religieux de cet ordre fugitifs et apostats.

Arch. du royaume, collection de l'audience : *Registre sur le faict des hérésies et inquisition*, fol. 209.

FIN DU SUPPLÉMENT.

TABLE ALPHABÉTIQUE.

—

A

C

D

E

F

I

J

K

L

M

N

O

Q

R

S

U

U

V

W

Y

V

W

Z

FIN DE LA TABLE ALPHABÉTIQUE.

SUPPLÉMENT.

A

C

F

1) P. 132.
2) Voy. p. 394.
3) Voy. p. 396.
4) Voy. p. 103.
5) Voy. p. 108.
6) Voy. p. 108.
7) Voy. p. 110.
8) Voy. p. 115.

G

M

S

(1) Voy. p. 115.
(2) Voy. p. 129.
(3) Voy. p. 432.
(4) Voy. p. 110.

FIN DU SUPPLÉMENT.

ERRATA.

Page 83, lignes 6 et 8 : 4 juin 1507. *Lises :* 1517.

Page 195, ligne 13 : le 30 mars. *Lises :* le 6 mars.

Page 217, ligne dernière : *voyes* page 183. *Lises :* Cette ordonnance n'a pas été trouvée, ainsi qu'il est dit page 196.

Page 285, ligne première : Flandre. *Lises :* Lille.

Pages 264 et 300, ligne avant-dernière : Cour féodale du Brabant. *Lises :* de Brabant.

www.ingramcontent.com/pod-product-compliance
Lightning Source LLC
Chambersburg PA
CBHW060515220326
41599CB00022B/3327